"十三五"国家重点图书出版规划项目

新版《列国志》与《国际组织志》联合编辑委员会

列国志

GUIDE TO
THE WORLD
NATIONS

新版

裴善勤　钱镇

编著

THE UNITED REPUBLIC OF TANZANIA

坦桑尼亚

社会科学文献出版社

SOCIAL SCIENCES ACADEMIC PRESS (CHINA)

达累斯萨拉姆街头的快速公交车（吴传华　摄）

达累斯萨拉姆廷嘎廷嘎画市场（吴传华　摄）

阿鲁沙当地的水果市场（许洋　摄）

桑岛市中心建筑（吴传华　摄）

桑岛黑人奴隶市场（吴传华　摄）

美丽的桑岛海滨（吴传华　摄）

坦桑尼亚国家图书馆（吴传华　摄）

姆贝亚科技大学（王国森　摄）

坦赞铁路达累斯萨拉姆站（吴传华　摄）

恩戈罗恩戈罗火山口外的日落（许洋　摄）

乌云即将笼罩塞伦盖蒂大草原（许洋　摄）

塞伦盖蒂国家公园（吴传华　摄）

正准备迁徙的角马（许洋　摄）

快乐的坦桑尼亚小学生（吴传华　摄）

坦桑尼亚中国馆（吴传华　摄）

坦桑尼亚中国文化中心（吴传华　摄）

坦桑尼亚副总统比拉勒在多多马大学孔子学院揭牌仪式上致辞（吴传华 摄）

中国第24批援坦队员矫晓玲与当地医生一起查房（矫晓玲 提供）

中坦钢铁工人（吴传华 摄）

出版说明

　　《列国志》编撰出版工作自1999年正式启动，截至目前，已出版144卷，涵盖世界五大洲163个国家和国际组织，成为中国出版史上第一套百科全书式的大型国际知识参考书。该套丛书自出版以来，受到社会各界的广泛好评，被誉为"21世纪的《海国图志》"，中国人了解外部世界的全景式"窗口"。

　　这项凝聚着近千学人、出版人心血与期盼的工程，前后历时十多年，作为此项工作的组织实施者，我们为这煌煌144卷《列国志》的出版深感欣慰。与此同时，我们也深刻认识到当今国际形势风云变幻，国家发展日新月异，人们了解世界各国最新动态的需要也更为迫切。鉴于此，为使《列国志》丛书能够不断补充最新资料，更好地服务于社会各界，我们决定启动新版《列国志》编撰出版工作。

　　与已出版的144卷《列国志》相比，新版《列国志》无论是形式还是内容都有新的调整。国际组织卷次将单独作为一个系列编撰出版，原来合并出版的国家将独立成书，而之前尚未出版的国家都将增补齐全。新版《列国志》的封面设计、版面设计更加新颖，力求带给读者更好的阅读享受。内容上的调整主要体现在数据的更新、最新情况的增补以及章节设置的变化等方面，目的在于进一步加强该套丛书将基础研究和应用对策研究相结合，将基础研究成果应用于实践的特色。例如，增加

了各国有关资源开发、环境治理的内容;特设"社会"一章,介绍各国的国民生活情况、社会管理经验以及存在的社会问题,等等;增设"大事纪年",方便读者在短时间内熟悉各国的发展线索;增设"索引",便于读者根据人名、地名、关键词查找所需相关信息。

顺应时代发展的要求,新版《列国志》将以纸质书为基础,全面整合国别国际问题研究资源,构建列国志数据库。这是《列国志》在新时期发展的一个重大突破,由此形成的国别国际问题研究资讯平台,必将更好地服务于中央和地方政府部门,应对日益繁杂的国际事务的决策需要,促进国别国际问题研究领域的学术交流,拓宽中国民众的国际视野。

新版《列国志》的编撰出版工作得到了各方的支持:国家主管部门高度重视,将其列入国家十二五重点出版规划项目;中国社会科学院将其列为创新工程学术出版资助项目,王伟光院长亲自担任编辑委员会主任,指导相关工作的开展;国内各高校和研究机构鼎力相助,国别国际问题研究领域的知名学者相继加入编辑委员会,提供优质的学术咨询与指导。相信在各方的通力合作之下,新版《列国志》必将更上一层楼,以崭新的面貌呈现给读者,在中国改革开放的新征程中更好地发挥其作为"知识向导""资政参考"和"文化桥梁"的作用!

新版《列国志》编辑委员会

2013 年 9 月

前　言

　　自 1840 年前后中国被迫开关、步入世界以来，对外国舆地政情的了解即应时而起。还在第一次鸦片战争期间，受林则徐之托，1842 年魏源编辑刊刻了近代中国首部介绍当时世界主要国家舆地政情的大型志书《海国图志》。林、魏之目的是为长期生活在闭关锁国之中、对外部世界知之甚少的国人"睁眼看世界"，提供一部基本的参考资料，尤其是让当时中国的各级统治者知道"天朝上国"之外的天地，学习西方的科学技术，"师夷之长技以制夷"。这部著作，在当时乃至其后相当长一段时间内，产生过巨大影响，对国人了解外部世界起到了积极的作用。

　　自那时起，中国认识世界、融入世界的步伐就再也没有停止过。中华人民共和国成立以后，尤其是 1978 年改革开放以来，中国更以积极主动的自信自强的姿态，加速融入世界的步伐。与之相适应，不同时期先后出版过相当数量的不同层次的有关国际问题、列国政情、异域风俗等方面的著作，数量之多，可谓汗牛充栋。它们对时人了解外部世界起到了积极的作用。

　　当今世界，资本与现代科技正以前所未有的速度与广度在国际间流动和传播，"全球化"浪潮席卷世界各地，极大地影响着世界历史进程，对中国的发展也产生极其深刻的影响。面临不同于以往的"大变局"，中国已经并将继续以更开放的姿态、更快的步伐全面步入世界，迎接时代的挑战。不同的是，我们

所面临的已不是林则徐、魏源时代要不要"睁眼看世界"、要不要"开放"的问题，而是在新的历史条件下，在新的世界发展大势下，如何更好地步入世界，如何在融入世界的进程中更好地维护民族国家的主权与独立，积极参与国际事务，为维护世界和平，促进世界与人类共同发展做出贡献。这就要求我们对外部世界有比以往更深切、更全面的了解，我们只有更全面、更深入地了解世界，才能在更高的层次上融入世界，也才能在融入世界的进程中不迷失方向，保持自我。

与此时代要求相比，已有的种种有关介绍、论述各国史地政情的著述，无论从规模还是内容来看，已远远不能适应我们了解外部世界的要求。人们期盼有更新颖、更系统、更权威的著作问世。

中国社会科学院作为国家哲学社会科学的最高研究机构和国际问题综合研究中心，有 11 个专门研究国际问题和外国问题的研究所，学科门类齐全，研究力量雄厚，有能力也有责任担当这一重任。早在 20 世纪 90 年代初，中国社会科学院的领导和中国社会科学出版社就提出编撰"简明国际百科全书"的设想。1993 年 3 月 11 日，时任中国社会科学院院长的胡绳先生在科研局的一份报告上批示："我想，国际片各所可考虑出一套列国志，体例类似几年前出的《简明中国百科全书》，以一国（美、日、英、法等）或几个国家（北欧各国、印支各国）为一册，请考虑可行否。"

中国社会科学院科研局根据胡绳院长的批示，在调查研究的基础上，于 1994 年 2 月 28 日发出《关于编纂〈简明国际百科全书〉和〈列国志〉立项的通报》。《列国志》和《简明国际百科全书》一起被列为中国社会科学院重点项目。按照当时的计划，首先编写《简明国际百科全书》，待这一项目完成后，再着手编写《列国志》。

1998 年，率先完成《简明国际百科全书》有关卷编写任务的研究所开始了《列国志》的编写工作。随后，其他研究所也陆续启动这一项目。为了保证《列国志》这套大型丛书的高质量，科研局和社会科学文献出版社于 1999 年 1 月 27 日召开国际学科片各研究所及世界历史研究所负责人会议，讨论了这套大型丛书的编写大纲及基本要求。根据会议精神，科研局随后印发了《关于〈列国志〉编写工作有关事项的通知》，陆续为启动项目拨付研究经费。

为了加强《列国志》项目编撰出版工作的组织协调，根据时任中国社会科学院院长的李铁映同志的提议，2002 年 8 月，成立了由分管国际学科片的陈佳贵副院长为主任的《列国志》编辑委员会。编委会成员包括国际片各研究所、科研局、研究生院及社会科学文献出版社等部门的主要领导及有关同志。科研局和社会科学文献出版社组成《列国志》项目工作组，社会科学文献出版社成立了《列国志》工作室。同年，《列国志》项目被批准为中国社会科学院重大课题，新闻出版总署将《列国志》项目列入国家重点图书出版计划。

在《列国志》编辑委员会的领导下，《列国志》各承担单位尤其是各位学者加快了编撰进度。作为一项大型研究项目和大型丛书，编委会对《列国志》提出的基本要求是：资料翔实、准确、最新，文笔流畅，学术性和可读性兼备。《列国志》之所以强调学术性，是因为这套丛书不是一般的"手册""概览"，而是在尽可能吸收前人成果的基础上，体现专家学者们的研究所得和个人见解。正因为如此，《列国志》在强调基本要求的同

3

时，本着文责自负的原则，没有对各卷的具体内容及学术观点强行统一。应当指出，参加这一浩繁工程的，除了中国社会科学院的专业科研人员以外，还有院外的一些在该领域颇有研究的专家学者。

现在凝聚着数百位专家学者心血，共计 141 卷，涵盖了当今世界 151 个国家和地区以及数十个主要国际组织的《列国志》丛书，将陆续出版与广大读者见面。我们希望这样一套大型丛书，能为各级干部了解、认识当代世界各国及主要国际组织的情况，了解世界发展趋势，把握时代发展脉络，提供有益的帮助；希望它能成为我国外交外事工作者、国际经贸企业及日渐增多的广大出国公民和旅游者走向世界的忠实"向导"，引领其步入更广阔的世界；希望它在帮助中国人民认识世界的同时，也能够架起世界各国人民认识中国的一座"桥梁"，一座中国走向世界、世界走向中国的"桥梁"。

《列国志》编辑委员会
2003 年 6 月

CONTENTS

目 录

CONTENTS

目 录

CONTENTS

目 录

CONTENTS

目 录

CONTENTS
目 录

CONTENTS
目 录

第一章

概　况

坦桑尼亚全称坦桑尼亚联合共和国（The United Republic of Tanzania），由坦噶尼喀和桑给巴尔构成。坦噶尼喀于 1961 年 12 月 9 日独立，成为君主制国家；1962 年 12 月 9 日废除英国总督，成立坦噶尼喀共和国。桑给巴尔于 1963 年 12 月 10 日独立，成为君主立宪国；1964 年 1 月 12 日发生"一月革命"，建立桑给巴尔人民共和国；1964 年 4 月 26 日，坦噶尼喀和桑给巴尔合并，成立坦噶尼喀和桑给巴尔联合共和国，同年 10 月 29 日改为现国名。

坦噶尼喀为坦桑尼亚的大陆部分，名称源自坦噶尼喀湖，坦噶尼喀的意思是汇合或聚集。桑给巴尔由桑给巴尔岛和其他岛屿组成，"桑给"意为黑色人种，"巴尔"是海岸的意思。桑给巴尔在我国古书曾被称作为"僧祇"、"层拔国"和"层檀国"等。

坦噶尼喀盛产剑麻，被称作剑麻之乡；桑给巴尔盛产丁香，被称作丁香之国。所以，坦桑尼亚也被称作"剑麻之乡"或"丁香之国"。

第一节　国土与人民

一　地理位置与国土面积

坦桑尼亚位于非洲东部、赤道以南，东经 29°～41°、南纬 1°～12°之间。它与八个国家相邻，北部是肯尼亚和乌干达，西北邻卢旺达、布隆迪，西部是刚果民主共和国，西南部是赞比亚，南部与马拉维、莫桑比克

相接，东濒印度洋。边界线总长 3900 公里，全境南北长 1180 公里，东西宽 1200 公里。国土总面积 945087 平方公里，居全球第 31 位、非洲第 13 位。

二 行政区划

根据宪法，坦桑尼亚全国分为 31 个省（或称作区），其中大陆 26 个，桑给巴尔 5 个。31 个省分别是阿鲁沙（Arusha）、滨海省（Pwani）、多多马（Dodoma）、伊林加（Iringa）、基戈马（Kigoma）、乞力马扎罗（Kilimanjaro）、马拉（Mara）、姆贝亚（Mbeya）、莫罗戈罗（Morogoro）、姆特瓦拉（Mtwara）、姆万扎（Mwanza）、林迪（Lindi）、鲁伍马（Ruvuma）、希尼安加（Shinyanga）、马尼亚拉（Manyara）、辛吉达（Singida）、塔波拉（Tabora）、坦噶（Tanga）、卡盖拉（Kagera）、鲁夸（Rukwa）、达累斯萨拉姆（Dar es Salaam）、恩琼贝（Njombe，2012 年增设）、盖塔（Geita，2012 年增设）、锡米尤（Simiyu，2012 年增设）、卡塔维（Katavi，2012 年增设）、松圭（Songwe，2015 年增设）、桑给巴尔南和中区（Zanzibar South and Central）、桑给巴尔北区（Zanzibar North）、桑给巴尔西区（Zanzibar West）、奔巴北区（Pemba North）、奔巴南区（Pemba South）。

省下设县（district），全国现有 133 个县，其中大陆 123 个，桑给巴尔 10 个。县下设区（division），区下设地方乡镇（local wards），城市的镇下设街道，农村的镇下设村（village），村下还可设自然村（hamlets）。

坦桑尼亚联合共和国成立后，首都设在达累斯萨拉姆。1974 年，坦桑尼亚议会决定把首都迁往中部的多多马。

三 气候与地形

坦桑尼亚邻近赤道，日照充沛，气候主要受 11 月至 3 月的东南信风和 4 月至 10 月的东北信风影响，海洋气候和境内的湖泊使坦桑尼亚全年温和、舒适，比同纬度的其他国家气温低，日平均温度在 22.2℃ ~ 32.2℃。由于处于南半球，这里最凉爽的季节正值北半球的夏天。

根据地理位置、地形和地势的不同，坦桑尼亚大致可分为四个气候不同的地区：从达累斯萨拉姆到肯尼亚边界的沿海地区、维多利亚湖地区、内陆高原地区和南部沿海地带。

坦桑尼亚每年有两个雨季：长雨季在 3 月中旬到 5 月底；短雨季在 11 月和 12 月，时断时续，有时候延续到翌年 1 月初。6 月到 10 月为凉季，北部高地气温在 10℃ 左右，海岸气温大约为 23℃。12 月至翌年 2 月为热季，白天气温很高。

坦桑尼亚地形是由 2000 万年前开始的东非地壳大变动决定的。当时，东非地区地壳发生大变动，整个区域抬升，导致地壳板块的大断裂。由于地壳抬升运动连续不断，地壳的断裂和熔岩的涌出不间断地发生，一直延续到距今 250 万年前开始的第四纪地壳运动。抬升的地壳板块形成了高大的东非高原，断裂下陷的地带则形成了著名的东非大裂谷。

东非大裂谷从坦桑尼亚西北部入境，从马拉维湖分成东、西两支，纵贯南北，把全境分为大裂谷西支脉、中部高原、维多利亚湖盆地、大裂谷东支脉、东部高原、沿海低地和岛屿。两个裂谷带的西部和东部以及北部地区形成了许多湖泊，分布着许多死火山。在裂谷相间和中断处分布着许多著名的高山。大陆隆起、断层、火山运动及侵蚀等多种多样的地质进程塑造了坦桑尼亚的地貌。

坦桑尼亚大陆地形总体上东南低、西北高，呈阶梯状。沿海为低地，内陆是东非高原的一部分，自东南向西北，从海拔 6~10 米的滨海平原到海拔 60~80 米的丘陵，再过渡到海拔 300~400 米和 1000~1500 米的高原，此外还有海拔 2000~3000 米的山脉，山脉之间有一些大小不一的冲积平原和湖泊。除宽 10~40 英里的东部沿海低地外，全境平均海拔在 1000 英尺以上。

坦桑尼亚有三条主要山脉，它们是地处东北部的帕雷（Pare）山脉和乌桑巴拉（Usambara）山脉，位于西南部的利文斯顿（livingstone）山脉。位于坦桑尼亚与肯尼亚北部交界处的乞力马扎罗山是非洲最高的山峰，有"非洲屋脊"之称，海拔 5895 米（见表 1-1）。

表 1 - 1　坦桑尼亚十大山峰

单位：米

山峰名	高度
乞力马扎罗山（Mount Kilimanjaro）	5895
梅鲁山（Mount Meru）	4566
卢马拉辛山（Lool Malasin）	3648
奥尔德阿尼山（Oldeani）	3188
莱马鲁提山（Lemagruti）	3132
蒙杜利山（Monduli）	3000
姆特维山（Mtorwi）	2961
伦圭山（Mount Rungwe）	2960
格拉山（Gelar Peak）	2942
查鲁汉吉山（Chaluhangi）	2933

资料来源：*Tanzania in Figures 2012*，National Bureau of Statistics Ministry of Finance，2013，p. 9。

坦桑尼亚内陆高原湖泊和河流众多，总面积达 6 万多平方公里，是非洲内陆水域面积最大的国家。由于地形特点，坦桑尼亚的河流短小，流量随季节变化。维多利亚湖（Lake Victoria）、坦噶尼喀湖（Lake Tanganyika）和尼亚萨湖（Lake Nyasa）是坦桑尼亚的三大湖，均与邻国共有。

维多利亚湖位于坦桑尼亚、肯尼亚和乌干达交界处，面积 6.8 万平方公里，为世界第二大淡水湖，当地人称为"尼扬扎湖"或"乌凯雷韦湖"。维多利亚湖是在东非大裂谷形成时出现的，水源主要是降雨和众多的河流。维多利亚湖海拔 1134 米，长 320 公里，宽 275 公里，平均水深40 米。维多利亚湖的 55% 在坦桑尼亚境内。

坦噶尼喀湖位于坦桑尼亚、刚果（金）、布隆迪和赞比亚四国交界处，处于海拔 773 米的东非大裂谷地带，是非洲最深的湖、世界第二深湖，长 650 公里，宽 40 ~ 80 公里，最深处 1470 米，面积 3.4 万平方公里，约一半在坦桑尼亚境内。

尼亚萨湖又称马拉维湖（Lake Malawi），位于坦桑尼亚、马拉维和莫桑比克交界处，是非洲第三大湖，长 580 公里，宽 80 公里，水深 706 米，面积 3.08 万平方公里，90% 在马拉维境内，5% 左右在坦桑尼亚境内。"尼亚萨"在班图语中是"大湖"的意思。

四 人 口

坦桑尼亚人口为6016.7万人，[①] 居非洲第5位、世界第23位。坦桑尼亚人口增长较快，1967年坦桑尼亚进行第一次人口普查时，人口为1231万人。[②] 2012年进行的一次人口普查结果是4492.9万人，坦桑尼亚人口出生率较高，居世界第15位，人口净自然增长率位居世界第八（见表1-2）。预计到2070年，坦桑尼亚人口将居世界第10位。（见表1-3）

表1-2 坦桑尼亚人口指数

		世界排名
粗出生率	37.631‰	15
粗死亡率	6.351‰	138
粗净移民率	-0.691‰	112
预期寿命	66.356岁	153
预期寿命（男性）	65.053岁	146
预期寿命（女性）	67.67岁	157
总生育率	每位妇女生育4.95人	15
出生男女性别比	103∶100	160
婴儿死亡率	31.581‰	59
五岁以下儿童死亡率	42.557‰	58
平均生育年龄	28.051岁	150
净自然增长率	31.094‰	8
40岁以前死亡的概率	14.121%	161
60岁以前死亡的概率	28.456%	161
粗自杀率	15.1‰	32
中位数年龄	17.6岁	204

资料来源：坦桑尼亚国家统计局网站，http：//www.nbs.go.tz。

[①] http：//worldpopulationreview.com/countries/tanzania-population/，2019年2月1日检索。

[②] 坦桑尼亚国家统计局网站，http：//www.nbs.go.tz。

表 1 - 3　坦桑尼亚人口变化

年份	人口数(人)	世界排名
2070 年(预计)	202342351	10
2060 年(预计)	168831325	11
2050 年(预计)	137135916	14
2040 年(预计)	108174443	17
2030 年(预计)	82927172	19
2020 年(预计)	62267349	23
2017 年	56877529	24
2015 年	53470420	26
2010 年	45648525	29
2005 年	39065600	31
2000 年	33991590	32
1990 年	25458208	34
1980 年	18684893	36
1970 年	13605503	38
1960 年	10074490	40
1950 年	7649766	48

资料来源：http：//worldpopulationreview. com/countries/tanzania - population/。

　　坦桑尼亚的人口地区分布极不平衡，以中央铁路线为界，"南疏北密"，多数人生活在北部边境或东部沿海；东北沿海、维多利亚湖沿岸人口密度明显高于内陆地区，特别是港口所在地形成人口密集区；铁路和主要公路沿线地区的人口密度也高于全国平均水平。[①] 全国平均每平方公里为 64 人。97% 的人口生活在坦噶尼喀地区，每平方公里为 52 人；桑给巴尔每平方公里为 560 人。

　　坦桑尼亚的人口分布与演变受到自然环境、交通设施、历史与政策、

---

① 张家旗、陈爽：《坦桑尼亚人口分布空间格局及演变特征》，《地理科学进展》2017 年第 5 期，第 610 ~ 617 页。

经济发展与城市化发展等因素影响，农村地区的极度贫困与大城市在就业、医疗、教育等方面的优势是人口流动最主要的驱动力。大城市的人口集聚能力突出。达累斯萨拉姆市是坦桑尼亚唯一超过百万人口的城市（见表1-4）。另有15个城市人口在10万人到100万人之间，有222个城市人口在1万人到10万人之间。1960年，城镇人口只占总人口的5%，到2015年，城镇人口占比达32%。

表1-4 坦桑尼亚人口最多的十大城市

单位：人

排名	城市	1978年	1988年	2002年	2012年
1	达累斯萨拉姆	769445	1205443	2497940	4364541
2	姆万扎	110553	172287	476646	706543
3	阿鲁沙	55223	102544	282712	416442
4	多多马	45807	83205	324347	410956
5	姆贝亚	76601	130798	266422	385279
6	莫罗戈罗	60782	117760	228863	315866
7	坦噶	103399	137364	243580	273332
8	卡哈马	—	—	—	242208
9	塔波拉	67388	92779	135243	226999
10	桑给巴尔市	110531	157634	206292	223033

资料来源：坦桑尼亚进行的四次全国人口普查。

坦桑尼亚年轻人较多。15岁以下人口占总人口的44.4%；15~64岁人占总人口的52.6%；65岁及以上人口仅占总人口的3.0%。其中，24岁以前的年龄组中，男性多于女性；25岁以后的年龄组中，女性多于男性。①

坦桑尼亚的性别比例比较均衡，男性略少于女性。2012年男女之比

---

① http：//unstats. un. org/unsd/demographic/products/dyb/dyb2. htm.

为 95∶100。

坦桑尼亚的家庭规模在变小。1991~1992 年度，坦桑尼亚每个育龄妇女平均生育 6.2 个孩子，到 2017 年减少到 4.95 人。

外来移民总计占坦桑尼亚人口的 1%。阿拉伯人约 7 万人，亚洲人口 5 万多人，欧洲人约 2 万人（90% 是英国侨民）。

居住在国外的坦桑尼亚人主要分布在英国、美国、加拿大和澳大利亚等国。

五　民　族

坦桑尼亚是世界上民族成分最复杂的国家之一。占人口总数 99% 的非洲人分属 130 多个部族。它们基本归属于班图人、苏丹人、库希特人和科伊桑人。

班图人包括 100 多个部族，人口约占当地居民人数的 94.91%，分布在各地。全国人口超过 100 万人的苏库马族（Sukuma）、尼亚姆维齐族（Nyamwezi）、马孔德族（Makonde）、哈亚族（Haya）、赫赫族（Hehe）、戈戈族（Gogo）、哈族（Ha）、尼亚库萨族（Nyakusa）、查加族（Chagga）和扎拉莫族都属于班图人。[①]

苏库马族主要分布在经济比较发达的维多利亚湖南部沿岸。由于曾作为尼亚姆维齐族的一个支系生活于这个部族的北部，因而有"北方人"之称。他们主要种植棉花、甘蔗、香蕉、薯类，渔业和畜牧业也比较发达。

斯瓦希里人主要分布在大陆沿海地区和桑给巴尔诸岛，包括坦噶省、滨海省、达累斯萨拉姆市和林迪省北部沿海地区。斯瓦希里人原意为"沿海居民"，是中世纪以来由南阿拉伯人、波斯设拉子人、印度人和巴基斯坦人同当地班图黑人混血而成，也称为"设拉子人"。斯瓦希里人皮肤一般呈古铜色，体态较为端庄，受阿拉伯文化影响较大，多信仰伊斯兰教。斯瓦希里人长期以来以贸易谋生。坦桑尼亚前副总统和桑给巴尔总统

---

① 根据 2002 年的数据。

卡鲁姆、琼布、瓦基勒和萨勒明都是斯瓦希里人，坦桑尼亚前总统姆维尼和坦桑尼亚前政府总理萨利姆也是斯瓦希里人。

尼亚姆维齐族主要分布在中央高原。他们是最早进入坦桑尼亚的班图人的一支。苏库马人、尼亚图鲁人和姆布圭人都是它的分支。尼亚姆维齐族以农业为主，也饲养牲畜。他们善于制陶，是坦桑尼亚制陶文化的创始者之一。他们在语言、风俗以及社会结构上与苏库马族相似。

马孔德族生活坦桑尼亚和莫桑比克两国边界地区。他们以农业为主，主要种玉米、腰果、花生和薯类等。乌木雕刻是他们的主要副业。马孔德人擅长制作装饰品，妇女装饰独特而美丽。马孔德人英勇善战，曾参加著名的"马及马及起义"和反抗葡萄牙人入侵的斗争。

哈亚族主要分布在与卢旺达、布隆迪和乌干达交界的卡盖拉省。他们擅长农业，几乎家家都种植香蕉和咖啡；他们还从事放牧和渔业生产。他们与内地班图人不尽相同，而与西邻的湖间班图各族相近，曾建立津扎和温扎两个小王国，对游牧的希马人（Hima）的东侵起过遏制作用。

赫赫族聚居在伊林加省和姆贝亚省。他们主要从事山地农耕，也从事牧业生产。赫赫人性格强悍，以英勇善战著称。1891年曾发动反对德国殖民者占领的武装起义，起义领导人姆克瓦瓦（Mkwawa）是坦桑尼亚历史上著名的民族英雄。

戈戈族居住在中央高原东北部，主要集聚在多多马一带。他们以农业为主，粮食作物有高粱、谷子、玉米、木薯、豆类、红豆、花生和芝麻等。家家放牧牛羊，牛在经济社会生活中占有重要地位。

哈族主要分布在坦桑尼亚大陆与布隆迪交界的边境地区，即基戈马省北部和中部地区。他们以农业为主，也从事畜牧业生产，主要粮食作物有高粱、谷子、玉米、木薯、豆类和红豆。他们也种植了许多香蕉，主要是为了酿酒。

尼亚库萨族主要集中在姆贝亚地区。他们主要从事农业，也从事放牧和渔业生产。他们耕作水平较高，很早就开始用牛耕地。他们把土地分成小块，耕作细作；使用草绿肥；实行土地休耕制。他们以香蕉和大米为主食。他们有种树的习惯，还喜欢种竹子。村庄的四周满是茂密的树林、

竹林。

查加族主要分布在乞力马扎罗山麓，社会经济比较发达，最有创业精神。他们很早以前就开始开沟挖渠，引水浇灌，精耕细作，以种植香蕉和咖啡为主。

扎拉莫族主要分布在达累斯萨拉姆周围的沿海平原和山丘地区以及莫罗戈罗地区，他们于 18 世纪以后从内陆迁到这里，19 世纪末开始经商，成为沿海地区的主要商人。他们曾卷入奴隶贸易，到内地抓获奴隶。扎拉莫族曾是母系社会族体，迄今其家庭或家族仍在以女性姓氏为主线延续和发展着。扎拉莫族认为他们源自一个女性祖先。他们以农业为生，种植粮食、水果和蔬菜，饲养羊、鸡和家禽，除自己消费外，还供应达累斯萨拉姆和周围城镇。扎拉莫人同这些地区的卢古姆族（Lugum）关系密切，语言相通，有时人们把卢古姆人也当成扎拉莫人。

恩戈尼族分布在南部鲁伍马和伊林加地区。19 世纪初，居住在今日南非的部分祖鲁人由于内部矛盾北迁，经过半个世纪左右进入坦桑尼亚大陆，成为恩戈尼人。恩戈尼人以牧业为主，也从事农业生产。恩戈尼人英勇善战，其传统社会结构类似军事建制，是"马及马及起义"的主要参加者之一。前政府总理、革命党总书记卡瓦瓦及军队中的不少军官都是恩戈尼人。

库利亚族居住在维多利亚湖畔马拉省的塔里梅县，从事农业和渔业生产。他们在历史和文化方面与布干达人和卢旺达人相近。库利亚族与其南部的"姊妹部族"扎纳基族和伊基祖族关系密切，三个部族被外界称为"库利亚族团"。库利亚族团在坦桑尼亚当代政治生活中占有特殊地位。库利亚人体格健壮，英勇、强悍，军队中不少军官和士兵都来自库利亚族，坦桑尼亚开国总统、革命党奠基人尼雷尔是扎纳基人，前政府总理瓦里奥巴是伊基祖人。

坦桑尼亚第二大民族集团是苏丹人，包括马赛族、卢奥族、塔托格族、巴拉拜格族（又称马阿蒂族）、恩加萨族、阿鲁沙族和巴拉古尤族等部族，约占坦桑尼亚人口的 2.6％，主要分布在大陆东北部与肯尼亚交界的边境地区。

马赛族（Masai）为尼罗特人的一支，属苏丹尼格罗人，是东非主要的半游牧部族，主要在坦桑尼亚和肯尼亚两国边界地区放牧。马赛人强烈地捍卫他们的文化和传统，他们的生活围绕着保护、照看牲畜和寻找富足的牧场转。根据部落传统，他们将男人和女人划分为不同的年龄组群：最年轻的成员负责放牧绵羊和山羊群，年轻的男性勇士负责保护和照看家族的牲畜。在马赛人社会中，男性年长者受人尊敬，一旦勇士们具有了较老的资格，就可以结婚、组建自己的家庭。

马赛人的牧业生产在坦桑尼亚牧业中占有举足轻重的地位。独立后，马赛人定居下来，成为半游牧民族，开始融入社会，上学、参军、当警察或是到政府部门工作。目前，在坦桑尼亚军队和警察部队中有许多官兵来自马赛族，在工商界和政界也不乏其人，著名的前政府总理索科伊内（Sokoine）就是马赛人。

库希特人包括 5 个部族，即伊拉库族（Iraqw）、姆布古族、戈罗瓦族、布隆吉族和兰吉族等，主要分布在多多马省北部和中部地区，人口约占全国人口的 2.1%。其中伊拉库族属今日埃塞俄比亚人的一支，是坦桑尼亚大陆北中部最早的土著民族之一，主要分布在阿鲁沙省西南部和多多马省北部地区，以犁耕农业为生，也从事牧业。他们是坦桑尼亚最早用犁耕地、使用厩肥、实行水利灌溉的部族，是坦桑尼亚乃至东非农耕文化的传播者之一。

科伊桑人是班图人大迁徙时幸存下来的科伊桑人的后裔，是坦桑尼亚最古老的土著，包括桑达维族和哈扎族（或廷迪加族）两个部族，仅占全国人口的 0.2%。桑达维族主要聚居在大陆中部多多马省的孔多阿地区；哈扎族聚居在北部维多利亚湖以南的埃亚西湖（Lake Eyasi）一带。桑达维族和哈扎族长相基本一样：肤色较浅，呈黄褐色；面部扁平多皱，颧骨突出，眼睛细小，多内眦褶；身材矮小，成人平均身高仅为 145～150 厘米。他们的先祖有创作岩石壁画的艺术才能。受班图人大迁徙的排挤，他们长期生活在林地和草原，与外界隔绝，以狩猎、捕鱼和采集野果、蜂蜜以及挖植物根茎维持生计，住在山洞或在丛林中临时搭建的茅草"窝棚"里，以钻木取火的办法取暖，过着原始公社制的生活。独立后，政府采取措施，鼓励他们走出深山，从事农牧业生产。一些桑达维人已开始从事农业和渔业生产，生活方式有所改变。

坦桑尼亚人的国家认同感强。由于当年尼雷尔总统的正确决策，在坦桑尼亚没有哪个单一部族在政治上居于优势或统治地位，因此保证了社会的稳定。同时，坦桑尼亚流行小圈子文化，比如老板在雇人时往往找本部族或本村的。

六　语言

非洲传统社会部落众多、交通不便，导致语言种类繁多，达上百种。坦桑尼亚部族的分类主要是依据语言的接近程度。当地原有语言中，班图人的语言使用得最广泛，特别是苏库马语，使用者达543万人，仅次于斯瓦希里语。

坦桑尼亚的官方语言是斯瓦希里语。斯瓦希里语源自阿拉伯统治下的桑给巴尔，它以班图语为基础，吸收了阿拉伯语和英语等语言的词汇。历史上，斯瓦希里语促进了沿海班图人和阿拉伯人的交流互动。

坦桑尼亚众多的语言给交流带来困难，所以独立后坦桑尼亚把斯瓦希里语定为国语。现在，斯瓦希里语已经成为东部非洲的通用语言。

目前，虽然每个部族都讲当地的语言，但几乎所有坦桑尼亚人都能流利地使用斯瓦希里语。在日常生活中，人们大多讲斯瓦希里语。斯瓦希里语的推广便利了交流，增强了国民认同感。斯瓦希里语也在不断演进，经常诞生新的口语表达方式。与斯瓦希里语的广泛使用形成鲜明对照的是，伴随着现代化发展和人口的流动，不少当地语言濒临消失，有的已经消亡。

英语也是坦桑尼亚的官方语言。

七　国家标志

坦桑尼亚国旗由坦噶尼喀和桑给巴尔的旗帜组合而成。国旗呈长方形，长与宽之比为3∶2。旗面由绿、蓝、黑、黄四色构成，左上方和右下方为绿色和蓝色的两个相等的直角三角形，带黄边的黑色宽条从左下角斜贯至右上角。绿色代表土地；蓝色象征河流、湖泊和海域；黑色代表非洲人的肤色；黄色象征丰富的矿产资源和财富。

（一）国徽

坦桑尼亚国徽图案的设计如下。下方的山峰象征乞力马扎罗山，山坡上的棉桃和咖啡等图案象征该国的主要经济作物。盾形图案两侧各有一只象牙和一男一女。盾面分四部分，自上而下依次为象征自由和光明的火炬，坦桑尼亚国旗，交叉着的斧头、镰刀和长矛以及蓝白相间的波纹。底部的绶带上用斯瓦希里文写着"自由和团结"。

（二）国歌

坦桑尼亚的国歌采用了东非和南部非洲广为流传的一首歌曲，并增加了一段歌词。歌词如下：

上帝保佑阿非利加洲。上帝保佑她的众领袖。祝愿非洲和她的人民，拥有才智聪明，享有统一、享有和平。祈求上帝保佑非洲，祈喜庆，上帝保佑，上帝保佑，我们祈求。

上帝保佑阿非利加洲。上帝保佑坦桑尼亚。祝愿坦桑尼亚和她的儿女，拥有自由团结，直到永远。祈求上帝保佑非洲，祈喜庆，上帝保佑，上帝保佑，我们祈求。

非洲最高峰乞力马扎罗山峰是坦桑尼亚的重要标志物，自由火炬及士兵雕像是民族解放的重要标志物。国花为丁香花，国鸟为灰冠鹤，乌木雕刻是具有坦桑尼亚特色的艺术品。

坦桑尼亚位于东三区，比北京时间晚5个小时，不实行夏时制。在坦桑尼亚，还有一种斯瓦希里时间，它比当时官方时间晚6个小时。

坦桑尼亚法定货币为坦桑尼亚先令。

第二节 宗教与民俗

坦桑尼亚人的宗教信仰主要是伊斯兰教、基督教和传统宗教，三者长期和平相处。坦桑尼亚的民俗首先源自当地居民悠久的传统，然后是阿拉伯人带来的伊斯兰文明，英国等西方国家上百年的殖民统治也留下了很深的印记。坦桑尼亚的本土风俗丰富多样，这种丰富性体现在它的衣、食、婚礼、丧葬等各种民间习俗中。坦桑尼亚拥有光荣的争取民族独立和革命的传统，这在日常生活中也有体现，比如节假日的设立。

一　宗教

坦桑尼亚实行宗教自由政策，93%的坦桑尼亚人认为宗教在他们的生活中非常重要，80%的人每周参加宗教仪式，94%的人相信上帝存在，60%的人相信向精灵和祖先献祭会保佑他们免于灾祸，89%的人相信存在天堂和地狱。[1]

伊斯兰教、基督教和传统宗教是三大主要信仰。信奉不同宗教的人数被视为政治敏感问题，因此坦桑尼亚人口普查不包括这一项。美国中央情报局称，伊斯兰教、基督教和传统宗教的信奉者各占1/3。[2] 根据皮尤伊斯兰教与基督教报告2010年的数据，基督徒占60%，穆斯林占36%。[3]

大部分基督教徒居住在大陆地区，沿海地区的主要宗教信仰是伊斯兰教。在桑给巴尔，95%以上的居民信奉伊斯兰教（逊尼派）。坦桑尼亚人信仰的宗教还包括印度教、印度锡克教等。在坦桑尼亚，传统文化往往渗入外来宗教，所以基督徒可能不止一个妻子，穆斯林可能也会饮酒。

宗教在坦桑尼亚人的日常生活中扮演着重要角色。婚姻、丧葬、毕业典礼及许多公共庆典都离不开宗教。宗教领袖受到普遍尊重，甚至比许多政治家受人敬重。基督教和伊斯兰教领袖更有影响力。

在坦桑尼亚，从总统的产生到高级官员的任命，都要考虑到宗教的平衡，特别是基督教和伊斯兰教的平衡。

---

[1] Kefa M. Otiso, *Culture and Customs of Tanzania*, Creenwood, 2013, p. 43.

[2] Central Intelligence Agency, "The World Fact Book".

[3] "Islam and Christianity in Subsaharan Africa (2010)," Pew Research Center's Forum on Religion & Public Life.

三大宗教所体现的本土文化、伊斯兰文化和西方文化是内涵丰富的坦桑尼亚文化的三个重要来源。

（一）伊斯兰教

伊斯兰教是最早传入坦桑尼亚的外来宗教。穆斯林占坦桑尼亚总人口的比例自 20 世纪 60 年代以来没有大的变化。

中世纪末，阿拉伯商人在桑给巴尔和大陆沿海地区建立商站，他们在公元 800 年到公元 1000 年间把伊斯兰教传播到这里。与基督教传播主要通过传教活动不同，伊斯兰教的传播主要借助于阿拉伯人与非洲人的贸易，因此穆斯林主要集中在沿海一带和传统的商路，包括桑给巴尔岛、奔巴岛、达累斯萨拉姆、基戈马、塔波拉、坦噶、孔多阿和辛吉达地区。另外，鲁伏河（Ruvu River）沿岸一些城镇中也有不少穆斯林。离印度洋海岸和交通要道越远，穆斯林就越少。当年直接参与象牙和奴隶贸易的部族信奉伊斯兰教的较多，如尼亚姆维齐人。

坦桑尼亚的穆斯林构成多样，除了占多数的逊尼派外，也有什叶派、艾哈迈迪亚派，以及许多不便归类的穆斯林。坦桑尼亚的什叶派穆斯林多数是伊斯玛仪派，他们长于经商，致力于推动私营企业，热心复兴历史名城，对桑给巴尔石头城的恢复起了重要作用。

坦桑尼亚有两个重要的伊斯兰教组织：1969 年成立的坦桑尼亚穆斯林全国委员会，负责大陆穆斯林事务；1991 年成立的坦桑尼亚桑给巴尔最高穆斯林委员会，负责桑给巴尔穆斯林事务。

（二）基督教

大体上说，有 1/3～2/3 的坦桑尼亚人信奉基督教，主要是天主教和基督教新教，其中天主教徒占 51%，新教徒占 44%。基督教影响到坦桑尼亚的许多方面。基督徒在坦桑尼亚东北部的莫希附近最集中。

天主教进入坦桑尼亚较早。1505～1513 年葡萄牙占领期间，罗马天主教圣方济各修会就在沿海城镇基卢瓦建立了教堂。1698 年，阿曼苏丹征服了桑给巴尔，赶走了葡萄牙人，罗马天主教传教活动随之中止。1863 年，圣灵神父抵达桑给巴尔，并于 1868 年到达巴加莫约，在那里为自由奴隶建立了一个村庄，使他们皈依天主教，把他们培训成传教士，帮助圣

灵神父在巴加莫约至乞力马扎罗山一带传道，这些本土传教士对罗马天主教乃至整个基督教传播起到了至关重要的作用。1878 年，"白衣传教会"（The White Fathers）抵达坦噶尼喀湖和维多利亚湖一带，给坦桑尼亚西部及周边国家带来了天主教。"圣灵神父会"（Holy Ghost）和"白衣传教会"都是法国人的组织，1887 年，本笃会传教士抵达达累斯萨拉姆并开展传教活动，随后向南扩展到坦桑尼亚与莫桑比克交界的鲁伍马（Ruvuma）河一带。他们传教的地方不久就成为坦桑尼亚南部现代化发展的中心。两次世界大战后，天主教传教士纷纷来到坦桑尼亚。现在坦桑尼亚的 29 个教区都由非洲人的教士领导，教区特别集中于姆宾加（Mbinga）、松巴万加（Sumbawanga）、布科巴（Bukoba）、马亨盖（Mahenge）和莫希（Moshi）。

坦桑尼亚的基督教新教主要是路德教、圣公会和五旬节派。坦桑尼亚基督教新教 1878 年在姆普瓦普瓦（Mpwapwa）建立教堂。1970 年，坦桑尼亚基督教新教教会正式成立。1974 年，坦桑尼亚福音路德教派基督教会和坦桑尼亚基督教新教教会联合组成一个统一的坦桑尼亚基督教教会组织——坦桑尼亚基督教委员会。坦桑尼亚基督教各个教派的神职人员大都是这个组织的成员。

坦桑尼亚的天主教会通过坦桑尼亚圣公会联盟与坦桑尼亚基督教新教教会紧密合作，在教育和医疗等方面做了很多事情。

坦桑尼亚基督教各层面的活动都很活跃。周日礼拜持续时间很长，人们利用这一机会互通消息、互致问候。

坦桑尼亚的基督教受到非洲传统宗教的影响，许多信徒在信仰基督教的同时，仍相信非洲的传统宗教。其中，非洲独立教会和罗马天主教会所受影响最深，主流的新教受影响最小。

（三）传统宗教

在基督教和伊斯兰教传入以前，坦桑尼亚人主要信奉非洲传统宗教。虽然越来越多的人信奉基督教或伊斯兰教，但传统宗教在坦桑尼亚的影响依然很大。传统宗教与生活紧密结合，1/3 以上的坦桑尼亚人会参加诸如祭奠祖先、使用传统宗教治病术等活动。传统宗教在马赛人、苏库马人和瓦哈人中最受推崇。传统宗教与基督教或伊斯兰教融合，其中，穆斯林比基督徒参加传统宗教活动的比例更高。传统宗教仍有很强的生命力，它比基督教和伊斯兰教更深地渗入坦桑尼亚人生活的方方面面。如果一个坦桑尼亚人不参加某些家庭或社区的传统仪式，就会被孤立。

坦桑尼亚传统宗教认为，在人类生存的物质世界之外，还存在一个精灵世界，两个世界密切联系，精灵世界能影响到现世生活，从祭司、占卜者到逝去的祖先，最后是众神、至高的存在，离精灵世界越来越近，敬拜活动便与这种敬畏感有关。信奉传统宗教的人相信善行与恶行在今世都会得到相应的报应。不仅如此，一个人的行为还会决定他在精灵世界中的位置，因此行为正直会让一个人在死后成为沟通众神与世俗社会的精灵，而恶行则使人死后成为邪恶的精灵。干了坏事、不敬长者和先人或者触犯禁忌会招致恶鬼缠身。

传统宗教还认为，人一旦死亡，就会实现物质世界和精灵世界两个世界的结合，便可游走于可见的和不可见的两个世界，所以生活的最终目的就是在死后能成为受人尊敬的好的精灵或祖先。为此，葬礼举办要恰当，要遵守适当的仪轨，否则逝者会成为游魂，对生者不利，对来生也不利。

传统宗教敬拜的神灵可以存在于自然物中，如太阳、岩石、山河湖海、花草树木，野生动物、家畜。不同的部族信奉不同的神灵。比如，马赛人拜天神，查加人拜乞力马扎罗山，半农半牧的卢奥人敬"草"为神。

传统宗教主要靠世代口耳相传，如今正面临挑战。这些挑战包括：外国人带来的外来信仰和文化的挑战；由于几代同堂的传统社会发生变化，传统难以向下传承；用现代方法治病解难，抢了传统宗教的"饭碗"，使后者的吸引力下降。

当遇到疾病、不幸等解决不了的问题时，坦桑尼亚人仍求助于传统宗教，向神祈求。比如在干旱时举行大规模的求雨活动，在生病或遇到不幸时求助民间神医。

（四）巫医

非洲许多国家存在巫术，在坦桑尼亚更显著。坦桑尼亚登记注册的巫医有 75000 名，几乎每个村庄都有自己的巫医。巫医住在远离其他人的棚

屋里，可以是男人也可以是女人，他们熟悉当地植物和草药，但他们最主要的能力还是超自然疗法。

皮尤研究中心 2010 年的一项研究表明，93% 的坦桑尼亚人相信巫术，认为人生病或是发生什么事故都源于巫术。家长要求孩子尽量避开被认为是女巫的人。即使需要现代医学救治，人们也会先从巫医那里寻求建议，人们认为他们的诊断和治疗是祖先或神灵托梦的结果。在坦桑尼亚选举期间，巫医会受到特别的尊重，因为几乎所有的政治人物都会寻求巫术帮助自己获胜。

二　民俗

（一）服饰

前殖民时代，坦桑尼亚人穿的衣服是用树皮布和动物皮等当地可以获取的原料制成的。成人穿草裙和用树皮、动物皮制成的衣服，这种衣服至少要遮盖住下体。妇女一般佩戴串珠和手镯，小孩子极少穿衣服，除非在公共场合。

阿拉伯人和欧洲人到来后，传统服饰发生变化。非洲、亚洲、阿拉伯和欧洲元素融合，服饰多样化。现在多数坦桑尼亚人穿宽松的、体现性别特征的欧式衣服，如欧式上衣、西裤、T 恤、衬衫、过膝裙、连衣裙等。受传统影响，坦桑尼亚人很看重穿着，衣着庄重。即使是热天，许多男人也都穿皮鞋、长裤和长袖衬衫。坦桑尼亚人出家门不穿人字拖，认为这种鞋只适合在浴室穿。即便是底层社会的人，也都尽量穿得干干净净。

穆斯林妇女遵循伊斯兰教要求，穿从头到脚能遮盖住胳膊和腿的既长又宽松的衣服，并且戴一块只露出脸部的头巾。

在官方场合，政府官员以往大多穿卡翁达装，这是一种短袖或长袖制服，也叫尼雷尔装。近年来，在官方场合，政府官员多西装革履。如果是穆斯林，则穿白色长袍，外套一件西装。

坦桑尼亚多数地区既不过冷也不过热，这也影响到坦桑尼亚人的穿着。"基藤盖"（Kitenge 或 chitenge）和"坎嘎"（Kanga）是比较典型的妇女裙装。"基藤盖"是坦桑尼亚、肯尼亚、乌干达、苏丹等国女性的衣饰，类似马来人的纱笼裙，经常由女性围在胸间或腰上，做头上的头巾或是婴儿背带。"基藤盖"经常用各种颜色、图案做装饰，布料印花用的是传统蜡染技术，许多设计是有含义的，包括各种各样的宗教和政治的设计以及传统部落图案。"基藤盖"布料也用作礼服的材料。

"坎嘎"据说是桑给巴尔妇女发明的，已有大约150年的历史。它原由六块手帕缝在一起制成。现在，缝制的"坎嘎"被整幅的布面代替，更绚丽多彩。标准的"坎嘎"为长方形，长1.5米、宽1米，四周有边框。中间是图案，多呈中轴对称，基本花纹分布于中轴线两侧；图案新颖别致，明快、生动，内涵丰富。"坎嘎"用途广，使用方便。男女求爱时互赠"坎嘎"。新婚之夜，新娘头上一块"坎嘎"，腰上一块"坎嘎"，还要把其中一块送给新郎作为信物。"坎嘎"还被用来传递特定信息。比如，人们可能戴上一块写有"如果闲言碎语是金钱，那么有的人就成富人了"的"坎嘎"去往爱饶舌的邻居家。坎嘎也被当成礼物送人，上面写着符合特定场景的话。现在，人们还用坎嘎作为布料裁制时尚的服装。

部族特有的民族服饰与生活方式有关。马赛族男人的衣服以红色为基调，据说红色可以防范野兽侵害，起到保护作用，显眼的红色也便于牧民间相互照应。在正式场合尤其是在重要庆典活动中，多数马赛人要穿红袍。

（二）饮食

坦桑尼亚有悠久丰富的饮食文化，它受到部族、宗教、文化、农业、贸易、生态、城乡等诸多因素的影响，社会经济地位的不同也会体现在饮食中。坦桑尼亚的饮食还受到阿拉伯穆斯林、葡萄牙人、印度人、巴基斯坦人、德国人和英国人的影响。

坦桑尼亚人的饮食与其生活的地区有关。以畜牧业为主的部族吃牛羊肉、喝牛奶较多，羊肉比牛肉更受欢迎。以渔业为主的部族吃鱼较多。

传统饮食中，比较有名的是乌嘎利（ugali）、三布撒（Sambusa）和乌吉（uji）粥。乌嘎利是东非百姓餐桌上最常吃的主食、招待客人的必备。乌嘎利是用玉米面、面粉和水混合而成的粥状物，也可以用木薯面、小米面或高粱面做。乌嘎利要用右手抓着吃。按传统，用拇指、中指和食

指从大盘或大碗中抠出一小块，在自己的餐盘上连捏带揉，捏成小团团，然后蘸上自己喜欢的汁、汤或酱，也可以配上蔬菜、豆子、鱼、牛肉、鸡肉或羊肉等一起吃。乌嘎利原料不贵，穷人也吃得起，所以在坦桑尼亚很流行，已进入全国各地的餐厅。乌吉粥是用小米面或玉米面做的粥。

坦桑尼亚还有不少其他特色饮食。有一种抓饭（pilau）是用米饭配上咖喱、肉桂、小茴香、辣椒和丁香做成。还有一种叫"恰巴提"（chapati），是用面粉、水和盐为原料做成的类似面包的食品。

坦桑尼亚人的早餐比较简单，通常是喝杯红茶或是咖啡，再吃些乌嘎利、香蕉、木薯、土豆或其他应季食物。在许多农村地区和寄宿学校，早餐常喝乌吉粥。午餐人们常常吃乌嘎利。不少人或因为时间紧，或因为家境差，不吃午餐。晚餐是正餐，通常全家人聚到一起。最丰盛、最隆重的往往是晚餐。传统用餐配有调汁、汤和咖喱。

坦桑尼亚人通常用手抓着吃饭，就餐前人们在桌边的一个大碗里洗手，用右手吃饭，有的信教家庭饭前要祷告。

坦桑尼亚邻近赤道，盛产水果。当地人可以常年吃到香蕉、木瓜。其他水果有橙子、椰子、杧果、菠萝、苹果、梨、李子、葡萄、西番莲果、牛油果，以及其他一些不知名的水果等。坦桑尼亚人一般在主食后吃水果。坦桑尼亚人常吃的蔬菜包括白菜、西红柿、菜花、生菜、甜辣椒和其他当地蔬菜。

受殖民地文化影响，坦桑尼亚人特别喜欢喝茶。坦桑尼亚盛产红茶，每年喝掉的茶占本国总产量的25%～30%。坦桑尼亚人主要在早上喝茶，是典型的英国口味。不少政府机关、工厂和公司工休时间免费提供茶水。坦桑尼亚是咖啡的主要生产国之一，但坦桑尼亚人咖啡喝得较少，坦桑尼亚每年国内消费的咖啡仅占总产量的1.2%。

坦桑尼亚大陆风行酒文化。坦桑尼亚人喜欢喝啤酒。许多部族都会用粮食酿酒。酿酒的原料广泛，包括玉米、小米、香蕉、木瓜等。沿海地区的人会酿椰子啤酒。在小城镇的市场上，可以买到政府允许销售的土啤酒，村里人遇到大事小情，就会聚在一起喝这种酒。有些部族有平日请朋友喝酒的习惯，称为"酒会"。

（三）民居

坦桑尼亚的民居建筑有由泥巴树棍搭建的小茅屋，有城市的多层高楼，也有豪华别墅。房屋设计考虑夏天防晒、雨季排水、防贼防盗，波纹状屋顶可以反射日光，屋顶向下延伸以提供荫凉，高门、围墙和窗户上的铁栅栏用来防盗。城市民居多为砖石墙、铁皮顶。低收入家庭住得比较密集。有些城市民居受到欧洲风格影响。

在坦桑尼亚农村，村庄大多位于农田或牧场中央，房屋大多以树枝、细棍插在地上，围成圆形，用横梁加以固定，房屋上部为伞状顶盖，整个房屋呈圆锥形。树枝和细棍表面涂上泥巴、牛粪，房顶铺上茅草。

由于自然条件、经济发展水平不同和民俗的差异，各部族住房建筑各具风格和特点。班图人的村庄往往比较大，人口也多，往往居住在土地肥沃的地区，而尼罗 – 哈米特人居住的村庄比较小，人口也稀少。马赛人生活在围成环形的村庄里，小型泥土房屋建在一片安全的开阔地周围，晚上将牛群和其他动物群体圈养在里面。马赛人的居住地都是暂时的，他们会选择最好的牧场和水源地进行迁移。住在沿海地区的扎拉莫人，他们的房屋为圆形或长方形，屋顶与墙壁都用皮革做成，外面铺上压平的树皮。伦迪人的房屋狭小而简朴，多以柳条为材料，建成碗状。住在隆格威地区的部族，他们的住房几乎全部用竹子搭成。查加人的"姆巴"小屋则是将许多长木棍插入地里，棍顶拢在一起捆扎牢固，使其呈圆锥形，然后用泥涂抹，再以茅草、香蕉叶盖顶。

（四）取名

坦桑尼亚人的姓名通常由三部分组成，即本人名＋父名＋祖父名，所以是有名无姓。一个人的全名可以显示出祖孙三代的血统关系。平常只叫前两个名字或第一个名字。基督徒接受洗礼后使用受洗礼时授予的教名，根据出生时的地点、时间、环境、节假日起名或是根据崇拜的人物、喜爱的动物名字起名的做法相当普遍，比如"辛巴"（狮子）等。已婚妇女的名字或保持自己的原名，或在本人名字后面加上夫名。

（五）发型

坦桑尼亚的女人和男人很重视发型和头饰。

班图妇女的头发短而卷曲，柔软而富有弹性，她们喜欢把卷曲的头发梳直，再做成各种发型。较为流行的发式有 20 多种，包括辫子式、束发式、波浪式、希望式、未来式等。比较流行发型的是"索科莫科"。即把头发从前向后梳，在脑后收拢，打成两结，形成一道道均匀的花纹。一些姑娘爱将自己的头发编成一排一排的细小发辫，小辫或垂肩或直立或弯曲，并在发辫上缀以种种饰物。还有一种较流行的是"斯瓦希里式"发型。受亚洲人的影响，一些姑娘喜欢把头发梳直后扎成两条小辫子或一条大辫子。一些成年妇女喜欢让梳直的头发垂肩，或将在后边卡一个发卡。马赛族妇女喜欢剃光头，认为剃得越光、越亮就越漂亮。在有的部族，妇女佩戴项圈越多，表示年龄越大。城镇地区的班图男子喜欢把卷曲的头发梳直后留成小分头或剪成小平头。马萨伊族男子则喜爱梳辫子。苏库马族的一些乡村青年喜欢在头发上插上彩色羽毛，以增加男性美。马赛族青年男子喜欢留长发。马康迪人常在自己脸上刺花纹。在其他一些部族，男子戴耳环或臂环，女子则饰脚铃或足环。

（六）割礼

依据传统，青年人要施行割礼。割礼被视作人生一件大事，只有施行过割礼的人，才被公认已步入成年，才有婚嫁和繁衍后代的资格和能力。有一种说法是，对女子行割礼是为了让她们保持忠贞。

割礼通常会造成女性生殖器感染、不育症等健康问题，受割礼者甚至可能因手术过程中失血过多而死。因此，坦桑尼亚反对割礼，并不断加大反对女性割礼的力度，越来越多的父母也开始认识到女性割礼的危害，不再让女儿接受割礼。一些未婚青年也改变了观念。割礼曾被视作少女迈入成人阶段必经的仪式，如今成年礼已经改成接受集训，向长辈们学习歌舞，了解成人应具备的传统价值观和基本责任。[①] 1998 年，坦桑尼亚通过法律规定，凡对 18 岁以下少女施行割礼手术者，将视情节轻重处 5～15 年有期徒刑，或罚款，或者监禁与罚款并处，因手术造成死亡者将被依法严惩。

---

① http://news.eastday.com/w/20100721/u1a5345054.html.

（七）婚姻

坦桑尼亚人把婚姻看得很重，结了婚的人享有很高的社会地位，才有资格担当重要的领导。坦桑尼亚人选择伴侣的因素包括种族、宗教、职业、父母认可和社会地位。随着城市化和现代化的发展，坦桑尼亚人越来越采用西式的求爱方式和结婚方式，婚姻中的种族因素减少，跨种族婚姻增加。

坦桑尼亚人办婚礼花费较大。参加婚礼的亲朋众多，往往要由朋友们成立一个委员会专门操办。婚礼上有吃有喝，还有现场演奏音乐。音乐舞蹈往往要持续到第二天早晨。

婚礼有宗教方式、世俗方式和传统方式三种。基督徒往往在教堂举行婚礼，在各种传统婚姻要求都得到满足后，婚礼效仿西方仪式进行。穆斯林的婚姻往往由父母安排，并征得青年男女同意。接下来双方互送订婚戒指，新郎向新娘送彩礼。然后举办婚礼。婚礼时新娘并不必须到场，她的父亲或其他证人到场也行。穆斯林女子不得和非穆斯林男子结婚，反之则可以。

对既没宗教信仰又办不起或不愿办传统婚礼的，政府官员出面为其举办世俗婚礼。举办世俗婚礼不需要彩礼。

传统婚礼形式多样，下面介绍其中几种。

班图人的"二次婚礼"。班图人的婚礼一般举行两次。先由男方托人向女方父母求婚，然后男方付订婚费，确定婚期和彩礼。彩礼以牛为主。第一次婚礼在女方家举行，要出嫁的女孩借此表达对父母养育之恩的感激。第二次在男方家举行，仪式上新娘要对男方的所有长辈一一跪拜，长辈都会给新娘送"见面礼"，有金银首饰、"坎嘎"和现金等。女方家和男方家举行婚礼时，双方家长及亲戚朋友都要到场，全村的人也参加。仪式后是盛大的婚宴。婚宴后，载歌载舞，通宵达旦。

马赛族的"指腹为婚"。妇女怀孕后，有男孩的母亲或亲属前来提亲。如果孕妇生了男孩，就要结为终生好友。

哈亚族的"摸脚定亲"。男方父母向女方父母提亲时，如获同意，男方父母要摸一下女方双亲的脚以示谢意，表示婚事已说定。"摸脚定亲"

后，如女方反悔，男方可上告祖灵，请求惩罚女方。

哈亚族的"露乳引情郎"。姑娘为了吸引小伙子注意，常把乳房袒露在外，把这看作一种自然美。根据乳房的变化，父母也可以发现自己的女儿是否怀孕。未婚先孕会被视为家门不幸。

津古族的"鸡、蜜订婚"。小伙子到姑娘家求婚时，由姑娘的祖母出面接待，姑娘则躲在隐蔽处偷看，确定是否中意。第二次登门时，男方父母要带上4只活鸡和3只宰好的鸡送给女方家以示吉利。男方还要带一桶玉米面或高粱面给女方用以招待客人。随后，女方要请人送给男方一桶蜂蜜，供男方家里酿造喜酒。结婚时，新娘的姑妈横躺在新房的门槛上，新郎在送上礼物后才会被允许与新娘共进洞房。

甸丁拉姆族的"迷藏婚"。婚礼举行前，娘家人把新娘送到新郎所在的村庄，把新娘藏起来，请新郎找。如果新郎经别人通风报信后找到新娘，便是"假婚"，即使结了婚两人以后也不会幸福。如果新郎不能在第一户人家找到新娘，再到另一家，一次可连续寻找三家。如果还没找到，女方送亲的人就要将新娘接回娘家，7天后再送来，让新郎重新寻找，直到找到为止。

马康迪族的收礼成亲。马康迪族规定，姑娘接受礼金，即算与男方成亲，第二天小伙子便可与姑娘共同生活。

（八）葬礼

坦桑尼亚不同部族的葬礼各有特点。

大部分班图人认为，老人去世不只是一家的不幸，它是整个家族和全村的不幸，全村都要哀悼。哈亚族老人去世后，首先由家中的妇女号啕大哭，向全村人报丧。得知消息的村民到死者家中吊唁。死者家属要守灵4天。守灵期间村里人要照顾死者家属，送水、送饭。守灵期满后，家属剃成光头守孝，这时照顾他们的村里人才可以回家。举丧期间，亲朋好友要为死者送寿衣。大多数班图人实行火葬，葬礼后，寿衣与死者一起火化。火化时，全村人要同死者家属一起以痛哭的方式送别死者。

有些班图部族实行土葬，如库利亚人。他们先把死者埋好，然后再举行悼念活动。墓地设在住房两侧,男墓在右,女墓在左。安葬时男人尸体头朝东、面向右,女人尸体头朝东、面向左,表示死后他们仍在保佑全家平安。丧葬期间,亲属剃光头、沐浴,干干净净地为死者送行和守灵。安葬死者尸体一般在中午举行,安葬时要宰羊,祭祀死者。若死者为男性,悼念活动则举行 5 天;若为女性,则举行 4 天。

马赛人实行"天葬"。他们认为,土地为万恶之源,所以要"天葬"。人死后,用水将死者全身洗干净,涂上一层奶油,停放在房子中央,供人吊唁。亲属和死者的好友跪在尸体周围,为死者祈祷一天。然后,由全村长老引路,将尸体抬到荒郊野外,任野兽飞鸟吞食。

游牧部族马阿蒂人认为,要把老人尸体葬好,以便他的灵魂保佑他的子孙后代。如果老人死在游牧途中,就要在其非永久性住处附近选一处风水好的地方安葬。修一座一米多高的大坟,并在坟顶上栽一棵"生命之树",以便将来再到这里放牧时容易找到。一般人死后,同样是土葬,但不在坟上栽树。

伦圭人死者的坟墓要朝向伦圭山。他们认为伦圭山是其祖先圣灵居住的地方,死后都要到那里寻找归宿。

查加族人去世后,家人要把死者的尸体以坐姿放到墓穴中,面朝乞力马扎罗山的基博峰,18 个月后再把尸骨掘出,放在香蕉林中,头骨则送到祖先的树丛里或存放在瓮里。

(九) 社交礼仪与禁忌

坦桑尼亚是享誉非洲的礼仪之邦,坦桑尼亚人热情好客,重礼节,举止文明。

坦桑尼亚人平常称呼本人名 + 父名,而朋友之间则只称呼本人名。客人受到尊敬,通常尊称男客人为"爸爸"、女客人为"妈妈"。对长辈可按辈分关系称伯父、伯母、叔叔、婶母、舅舅、舅母、爷爷、奶奶等。坦桑尼亚人尊称男性年长者为"姆泽埃",意为"老人家"。对有地位、有身份的人,称"阁下"。日常交往中,常以"兄弟"和"朋友"相称,即"恩杜古"和"拉菲克"。在政府内或一般人之间,相互都称"恩杜古"或"恩杜古 + 对方名字"。民众在称呼国家领导人时,也在名字前加

"恩杜古"，以示亲切和尊重。

独立以来，在执政党和政府机关内部打招呼时喜欢称对方为"同志"，现在在官方活动中听到"同志"的称呼，是指"自己人"。

坦桑尼亚人有敬老传统。日常生活中亲近、信赖、关爱父母，对老年人多有关照，称呼老人要用敬语。不同年龄段的人讲话时声调不一样。讨论重大事情时，要征求老年人的意见。在解决矛盾、调解纠纷中，老年人特别是男性长老的意见至关重要。在年长者面前，说话要恭敬，站立或坐时姿势要端庄，不可先于老年人离席。孩子从小就被教育要尊重父母，举止得体，懂礼貌；孩子若要进父母的房间，则必须敲门并询问是否可以入内。

青年男女交往时，很少当众拉手、亲吻。结婚前，男方要向女方家送彩礼。

在坦桑尼亚，人们见面总是主动打招呼，互致问候，直接谈事是不礼貌的。要问候对方，问候家人、孩子，谈论工作，谈体育运动、当下时事、巫术迷信以及邻国战事等，通常这要花去几分钟到十几分钟。

坦桑尼亚人以本国食物为傲。请客时饭菜丰盛，如果客人吃光了盘子里的食物，主人就会再添。

对外交往时，握手或拥抱是最常见的礼节。握手有三种形式。年轻人比较随意。先是撞下拳头，然后把你握紧着的拳头的拇指一边拍向你的胸。稍正式的也适用于任何场合的是，先像通常人们那样握手，然后手掌向上向前滑动，抓住对方的拇指，然后再滑回原来的位置。第三种是最正式的，也是我们常见的握手方式。如果你的右手不方便，你要伸出手腕或右胳膊上别的地方。

传统的迎宾礼节比较特别。一是拍肚，在迎接贵宾时，习惯先拍拍自己的肚子，接着热烈鼓掌，然后再与之握手，以示"心口如一、热烈欢迎"。二是举拳，这是最高级别的礼节，行礼者高举握紧的右拳或双拳，轻轻地晃动或上下反复晃动，以示行礼者见到对方十分高兴，对对方无比爱戴与崇敬。三是尖叫，在乡间，妇女在迎接女宾时习惯围绕着客人跑圈，同时口中发出有节奏的尖叫声，以示对客人光临倍感喜悦。四是屈膝。妇女见到身份高的人士或长者，通常以屈膝的方式向对方致以崇高敬意。

在日常生活中，坦桑尼亚人有以下禁忌：

* 不挑战长者及官员的权威；对待他们要礼貌、尊重。

* 不谩骂招徕顾客及拉客者。

* 不穿着暴露。

* 不喝得醉醺醺。

* 不在私人领地上露营或闲逛，如要参观，先要征询主人的许可。

* 不用左手吃东西或递东西给别人。

* 不在公共场合示爱。

* 用尊敬的语言称呼他人，不直呼其名。

* 未经允许擅自给当地居民拍照被视为无礼行为。军事和安全敏感区不得进入，也不得拍照。

* 信奉基督教的人忌讳"13"。

* 信仰伊斯兰教的人禁食猪肉和使用猪制品，忌讳谈论有关猪的问题。

* 坦桑尼亚人不喜欢被认作肯尼亚人或者与肯尼亚人相比。

* 未经允许，不得进入清真寺。

* 在祷告期间不得从门口向清真寺内拍照。

* 穆斯林斋月期间不当众吃喝和吸烟。

* 在穆斯林社会，不要裸露膝和肩。

* 不要将坦桑尼亚人称为"黑人"。

不同部族也有自己独特的禁忌，比如哈亚人忌食飞禽、鸡、鸡蛋、昆虫，忌饮酒。

三 节日

坦桑尼亚的法定节假日主要是政治性节假日和宗教性节假日（见表1-5和表1-6）。

表 1 – 5　坦桑尼亚法定的政治性假日

名　称	日期	天数	备注
桑给巴尔革命日(Zanzibar Revolutionary Day)	1 月 12 日	1	
卡鲁姆日(Karume Day)	4 月 7 日	1	前桑给巴尔总统卡鲁姆的忌日
坦桑尼亚联合日(Union Day)	4 月 26 日	1	国庆日
国际劳动节(International Workers'Day)	5 月 1 日	1	
萨巴萨巴节(Saba Saba Day,又称达累斯萨拉姆国际贸易展览会日)	7 月 7 日	1	坦盟成立日
农民节(Farmers Day,Nane Nane Day)	8 月 8 日	1	
尼雷尔日(Nyerere Day)	10 月 14 日	1	尼雷尔忌日
坦噶尼喀独立日(Independence Day)	12 月 9 日	1	

随着时代的发展，政治性节假日的内涵悄然发生变化。比如，按惯例，萨巴萨巴节当天，是达累斯萨拉姆为期一周到十天的国际贸易博览会开幕日，1977 年，坦桑尼亚政府正式把其定名为达累斯萨拉姆国际贸易博览会，每年七月上旬举办。2004 年，萨巴萨巴节更名为工业节。20 世纪 90 年代初确立的农民节旨在推动农业发展，近年来，在节日前后举办为期一周的农业展览会，节日的经济含义更趋明显。

坦桑尼亚法定的宗教性节假日主要是伊斯兰教和基督教的节日。

表 1 – 6　坦桑尼亚法定的宗教性节假日

名　称	日　期	天数
耶稣受难日(Good Friday)	复活节前一周的星期五	1
复活节星期一(Easter Monday)	复活节后的第一个星期一	1
开斋节(Eid al-Fitr)	按伊斯兰教历确定	2
圣纪节(Maulid)	按伊斯兰教历确定	1
朝圣节(Idd-el Hadji)	按伊斯兰教历确定	1
圣诞节(Christmas)	12 月 25 日	1
节礼日(Boxing Day)	12 月 26 日	1

除前述法定政治性和宗教性假日外，元旦也是法定假日，放假一天。元旦前夕，坦桑尼亚沿海的斯瓦希里人要用木炭爆玉米花，并撒在屋内各

个角落，以驱散妖魔，祈求幸福。他们还用玉米和菜豆煮饭，盛在碗盘里，放在门前，供串亲的人或路人随便食用。元旦当天，人们鸡鸣即起，姑娘们身穿彩裙，走家串户唱民歌，互相祝福，异常欢乐。

除法定假日外，坦桑尼亚还有其他纪念性节日，如9月1日的建军节。

每逢庆祝重大节日时，坦桑尼亚全国上下往往伴着非洲鼓，跳起激情的非洲舞。但这一习俗也会发变化，比如，马古富力总统上台后，力促节俭节约，提倡以"大扫除""大清扫"的方式庆祝节日。

坦桑尼亚也有一些民俗性的节日，如月圆节。月圆节是公历9月的月圆之夜。这一天，各家各户的大门都轻轻打开，人们静悄悄地走到空旷处，围成一个个圆圈，默默坐下。直到月亮高悬中天，人们才打破沉默，热烈交谈，并举行各种各样的庆祝活动。关于月圆节的来历，有一个古老的传说。说很久以前，外敌曾入侵这块土地，这天正值月圆，被追杀的当地人逃进森林藏身。敌人追近后不敢贸然进入，只好撤离，当地人因此免于一场灾难。

坦桑尼亚各地其他的主要节日还有：斗牛节，每年2月在奔巴岛举行；桑给巴尔国际音乐节（Sauti za Busara，意为"智慧之声"），每年2月在桑给巴尔石头城举办；布拉伯·布若拉节（Bulabo Bujora），每年6月在姆万扎举办，苏库马族的传统音乐比赛；维阿维阿音乐节（ViaVia music festBUJORAival），每年6月在阿鲁沙举行，包括戏剧、杂技和音乐表演；桑给巴尔国际电影节，每年7月在桑给巴尔举办；马库亚节，坦桑尼亚南部传统音乐舞蹈节，每年8月举行；阿鲁沙狂欢节，每年8月底或9月初在阿鲁沙举行；巴加莫约艺术节，每年10月在巴加莫约举行，参加者主要是国内外大学生；东非艺术双年展，奇数年的12月在达累斯萨拉姆举行；基济姆卡济文化艺术节，每年12月在桑给巴尔举行。

第三节 名胜与建筑

一 名胜古迹

坦桑尼亚1/3国土为国家公园、动物和森林保护区，拥有15个国家

公园、16个狩猎保护区。被列入《世界遗产名录》的名胜古迹有7处。

（一）世界遗产

坦桑尼亚的世界遗产有7处，分别是塞伦盖蒂国家公园、恩戈罗恩戈罗自然保护区、乞力马扎罗国家公园、孔多阿岩画遗址、桑给巴尔石城、塞卢斯禁猎区、基卢瓦基西瓦尼遗址和松戈姆纳拉遗址（见表1-7）。

表1-7　坦桑尼亚的世界遗产

	名称	类型	所在地	批准年
1	塞伦盖蒂国家公园（Serengeti National Park）	自然遗产	马拉省	1981年
2	恩戈罗恩戈罗自然保护区（Ngorongoro Carter）	自然遗产 文化遗产	阿鲁沙省	1979年 2010年
3	乞力马扎罗国家公园（Kilimanjaro National Park）	自然遗产	乞力马扎罗省	1987年
4	孔多阿岩画遗址（Kondoa Rock Art Sites）	文化遗产	多多马省	2002年
5	桑给巴尔石城（The Stone Town of Zanzibar）	文化遗产	桑给巴尔岛	2000年
6	塞卢斯禁猎区（Selous Game Reserve）	自然遗产	莫罗戈罗省、林迪省	1982年
7	基卢瓦基西瓦尼遗址和松戈姆纳拉遗址（Ruins of KilwaKisiwani and Ruins of SongoMnara）	文化遗产	林迪省	1981年

1. 塞伦盖蒂国家公园

坦桑尼亚最著名的国家公园，位于东非大裂谷以西、阿鲁沙西北偏西130公里处，一部分狭长地带向西伸入维多利亚湖，北部延伸到肯尼亚边境。1929年被划定为狩猎保护区，1940年后成为保护区，1951年建成国家公园，1959年扩大。面积14763平方公里。作为联合国教科文组织人与生态计划中塞伦盖蒂-恩戈罗恩戈罗生物保护区（连同毗邻的马苏瓦狩猎保护区）的一部分得到国际公认，同年列入世界遗产名录。

塞伦盖蒂国家公园拥有独一无二的地质和气象环境，植被以开阔草原型植物为主，草类生长带有显著时间差，呈季节性分布。塞伦盖蒂国家公园是坦桑尼亚最古老和最受青睐的国家公园，因动物年度大迁徙而闻名。公园有 300 多万只大型哺乳动物，包括牛羚、斑马、羚羊、狮子、斑鬣狗等。这些动物群在季节性的水源地和草场之间来回迁徙。

2. 恩戈罗恩戈罗自然保护区

保护区位于北部东非大裂谷，在马尼亚拉湖、纳特龙湖和埃亚西湖之间、阿鲁沙以西。保护区以恩戈罗恩戈罗火山口为中心，面积约 8.1 万平方公里。火山口外有 6 座海拔 3000 米以上的山峰。恩戈罗恩戈罗火山口也被称为"破火山口"，是世界第二大火山口，也是世界上最完整的火山口，以前呈圆锥形，高度为现在的两倍。最后一次爆发时，将所有熔岩喷出，锥体顶部下塌成凹穴，只剩下火山口西北边的圆桌山。火山口周围山势险峻，林木葱茂，水源丰沛，适宜野生动物繁衍栖息。恩戈罗恩戈罗火山口生活着 50 多种大型哺乳动物，包括角马、斑马、瞪羚、水牛、狮子、大象、犀牛、河马、长颈鹿、猴子、狒狒、疣猪、鬣狗及各种羚羊。恩戈罗恩戈罗自然保护区是大量鸟类生活、繁殖、越冬或迁徙途中停留的重要地区，生活着 200 多种鸟类。

保护区内生态环境多样，有林地、沼泽、湖泊以及热带稀树草原［即"萨王纳"（Savanna）］。"萨王纳"是塞伦盖蒂生态系统的一部分。

20 世纪 50 年代中期，在距恩戈罗恩戈罗火山口西侧 40 公里处发现了奥杜瓦伊峡谷。1959 年人类学家在这里发掘出距今 125 万年的南方古猿头盖骨。1960 年又发掘出距今 190 万年的能人化石残骸、石器以及迄今仍被狩猎的动物之远祖化石。

3. 乞力马扎罗国家公园

乞力马扎罗国家公园位于坦桑尼亚东北部，邻近肯尼亚，距离赤道仅 300 多公里。公园建于 1968 年，面积 756 平方公里，1979 年列入世界遗产名录。乞力马扎罗山国家公园和森林保护区覆盖了整个乞力马扎罗山及周围的山地森林，由林木线以上的所有山区和穿过山地森林带的 6 个森林走廊组成。

乞力马扎罗山是至今仍在活动的休眠火山，是非洲第一高峰，海拔

5895 米。乞力马扎罗山是世界上最高的几座可以攀登的山峰之一,有基博峰和马文济峰两座主峰。四周山林里生活着大象、豹、水牛、濒危的阿伯特小羚羊、其他的羚羊和灵长类动物。在更高处的高原沼泽地带,生长着大石楠树林。在海拔 4000 米以上的高山荒原地带,只生长着少量的苔藓和地衣。再往上是几乎没有植被的地区,山顶终年为冰雪所覆盖。

乞力马扎罗山占据长 97 公里、宽 64 公里的地域,山体如此之大,以致影响到气候。饱含水汽的风从印度洋吹来后,遇到乞力马扎罗山被迫抬升,带来雨雪形式的降水。因此,山上生长着与周围半荒漠灌丛截然不同的植物。

乞力马扎罗山的轮廓非常鲜明:缓缓上升的斜坡引向一座长长的、扁平的山峰,即一个巨型火山口。山麓的气温有时高达 59℃,而峰顶的气温又常在 −34℃,故乞力马扎罗山有"赤道雪峰"之称。

4. 孔多阿岩画遗址

孔多阿位于坦桑尼亚中部多多马省东非大裂谷东缘,由于地壳运动,形成了直立岩壁和岩洞,曾经居住在那里的人,在两千年间创作了众多岩画。现已发现整理出 150 多处孔多阿岩画群,其中有大量高质量、高艺术性、成系列的岩画,系统地记录了孔多阿人从狩猎生活逐渐向农牧定居生活的社会转型。部分岩画群被推测与居民的生活信仰、祭典传统和宇宙观相关。当地人现在仍保留着到其中一些岩画群前顶礼膜拜以避邪祈福的习俗。

5. 桑给巴尔石头城

桑给巴尔石头城是东非地区斯瓦希里人建造的海滨商业城市的杰出范例。

这里曾是探险者进入东非和中非内陆的踏脚石,这可能是"石头城"名称的由来。另一个说法是城内建筑多由珊瑚石建造,故而得名。"石头城"的建立可以追溯到公元 8 世纪,乘着独桅帆船的阿拉伯商人借助印度洋季风来此经商。不少人定居下来,与当地土著居民通婚,产生了斯瓦希里文化。随后波斯人也陆续到来,他们与阿拉伯人给当地带来了伊斯兰教。

12 世纪,石头城是一个穆斯林小国的首都,17 世纪初阿曼阿拉伯人在这里建立苏丹王国,留下了至今仍保存完好的苏丹王宫。19 世纪初葡萄牙人入侵桑给巴尔，同阿曼阿拉伯人在石头城有过几次大的战役。

桑给巴尔曾是黑奴交易的地方。石头城靠东部海边的一隅如今仍保留着一间年代久远、残破不堪的房子，人称"奴隶洞"，是当年关押奴隶的地方。殖民者买来的奴隶从这里被推上小船装上停泊在港口外面的货轮，运往美洲。

石头城现存的建筑大都建于 19 世纪，由于受到东非文化、阿拉伯文化、印度文化、英国文化、葡萄牙文化等多种文化的影响，石头城的建筑多种多样。以宗教建筑为例，除了清真寺外，还有基督教教堂、天主教教堂、印度教神庙等。

市区西部临海一带为古老的石城区，当年桑给巴尔帝国的石头城墙、塔形堡垒和原苏丹王宫珍奇宫至今犹存。

桑给巴尔石头城被列为世界 100 个最重要的城市之一。

6. 塞卢斯禁猎区

塞卢斯禁猎区占地 5 万平方公里，是非洲最大的保护区。这里生活着众多的大象、黑犀牛、印度豹、长颈鹿、河马以及鳄鱼。拥有许多不同的栖息地，如米欧埔林地、开阔的草原、河边森林和沼泽，是研究持续的生态和生物过程的天然"实验室"。

大规模的偷猎活动正在使禁猎区内的野生动物物种濒临灭绝，2014年 6 月 18 日世界遗产委员会决定将塞卢斯禁猎区列入《濒危世界遗产名录》[1]。

7. 基卢瓦基瓦西尼遗址和松戈姆纳拉遗址

基卢瓦基瓦西尼岛紧靠非洲大陆海岸，13 ~ 14 世纪是印度洋沿岸城市与非洲海岸各地区间联系的枢纽，一直到 16 世纪还是印度洋沿岸的交易活动中心，基卢瓦基瓦西尼的商人从事黄金、白银、珍珠、香水、阿拉伯陶器、波斯土陶以及中国瓷器的贸易。基卢瓦基瓦西尼遗址发掘出大批古建筑物和中国古瓷。发掘出的中国古瓷器烧制于宋、元、明、清各个朝代。

---

[1] http：//www. unmultimedia. org/radio/chinese/archives/207331/#. WZkwjZ73ctI.

基卢瓦基瓦西尼保存有 13～16 世纪壮观的遗迹，极为精美、完好如初的撒哈拉沙漠以南的伊斯兰建筑蜚声海外。始建于 12 世纪的大清真寺，是当时东非海岸地区最大的清真寺。

这些遗迹和岛上几公里以南的石城遗迹，以及无人居住的长方形房屋，使这一地区成为南方的历史中心。

位于松戈岛北部的松戈姆纳拉建于 14 世纪末，也曾是繁华的商贸中心，控制着沿印度洋地区的大部分贸易活动，至今还完好地保存着 5 座清真寺及多处由矮护墙围护的民居。遗址西南方是一座宫殿。

（二）国家公园

坦桑尼亚现有 15 个国家公园①，它们是：阿鲁沙国家公园（Arusha National Park）、贡贝河国家公园（Gombe Stream National Park）、卡塔维国家公园（Katavi National Park）、乞力马扎罗国家公园（Kilimanjaro National Park）、基图洛国家公园（Kitulo National Park）、马哈雷山国家公园（Mahale Mountains National Park）、马尼亚拉湖国家公园（Lake Manyara National Park）、米库米国家公园（Mikumi National Park）、姆科马济国家公园（Mkomazi National Park）、鲁阿哈国家公园（Ruaha National Park）、鲁邦多岛国家公园（Rubondo Island National Park）、萨达尼国家公园（Saadani National Park）、塞伦盖蒂国家公园（Serengeti National Park）、塔兰吉雷国家公园（Tarangire National Park）、乌德宗瓦山国家公园（Udzungwa Mountains National Park）。

阿鲁沙国家公园位于阿鲁沙镇东北部，面积 137 平方公里。距离乞力马扎罗山 50 公里，海拔 4566 米的非洲第五高峰梅鲁山高耸于公园地平线。山顶和东边坡麓属于国家公园梅鲁保护区。公园内地势和海拔落差很大，大体上沿东南—西北方向由低到高攀升，相应地垂直分布着不同气候带的动植物。公园内有草原、山地森林、沙漠淡水湖泊、野生动植物等，野生动物有狒狒、非洲象、野牛、长颈鹿、河马、猎豹、鬣狗等。

---

① 公园的译名依据坦桑尼亚国家官方网站，引用信息也多来自该网站。

贡贝河国家公园位于坦桑尼亚西部、坦噶尼喀湖畔，北距基戈马（Kigoma）16 公里，是一个狭长地带，面积 52 平方公里，是坦桑尼亚最小的公园。这里生活着众多灵长类哺乳动物，其中黑猩猩闻名于世。

卡塔维国家公园位于坦桑尼亚西南部、坦噶尼喀湖东部，面积 4471 平方公里，是坦桑尼亚第三大国家公园。它坐落于比较偏僻的东非大裂谷（Great Rift Valley）狭窄山腰处，靠近鲁夸湖，是大羚羊、黑色羚羊和花色羚羊的避难所。雨季青葱繁茂，沼泽湖是大量水鸟的避难所，也吸引着坦桑尼亚河马和鳄鱼密集于此。旱季大象、水牛成群而来，此外还有种类众多的长颈鹿、斑马、黑斑羚、小苇羚。

基图洛国家公园是拟建中的国家公园，位于坦桑尼亚南部，面积412.9 平方公里。这里有坦桑尼亚最大也是最重要的草甸生态系统。这里植被丰富，有 350 种维管植物，被当地人称作上帝的花园。公园内生活着坦桑尼亚唯一的稀有登氏大鸨种群、濒临灭绝的青燕，还生活着地域性很强的山区沼泽鱼鹀、恩仲贝莺和齐本戈里食籽雀等。

马哈雷山国家公园位于坦桑尼亚西部，与坦噶尼喀湖相邻，面积1613 平方公里，是非洲最后残存野生黑猩猩的聚集地。公园里生活着众多森林动物，包括红疣猴和红尾巴蓝猴以及多种色彩斑斓的森林鸟类。

马尼亚拉湖国家公园位于坦桑尼亚北部，面积 330 平方公里。马尼亚拉湖是位于东非大裂谷底部的碱性湖。公园空气清新，阴凉湿润。这里是各种猴类的天堂，包括绿狒狒、草原猴和难得一见的蓝猴。鸟类超过 400种，最引人注目的是粉红色的火烈鸟。

米库米国家公园位于达累斯萨拉姆以西 283 公里、塞卢斯以北，面积 3230 平方公里，是坦桑尼亚第四大国家公园、世界"十大国家野生动物园"之一，也是广阔的塞卢斯（Selous）动物保护区生态系统的一部分。公园东、西、南三面环山、灌木丛生、牧草丰富，生活着狮子、大象、斑马、长颈鹿、角马、羚羊、河马、珍珠鸡等动物及 400多种鸟类。

姆科马济国家公园位于坦桑尼亚东北区，距离达累斯萨拉姆 550 公里。公园由姆科马济和温巴（Umba）野生动物保护区两部分组成，占地

面积大，森林茂密。公园内栖息着犀牛、野狗、豺狼、狮子、印度豹、美洲豹、捻角羚、长颈鹿、大象和斑马等众多动物及 450 种鸟类。

鲁阿哈国家公园地貌多种多样，包括东非大裂谷、河流系统、天然泉水、湿地、温泉和山丘，以及连绵不绝、风景如画的群山峻岭。公园拥有从未开发的几近原始的生态系统，动植物丰富。公园内大象聚居密度高，也是濒危野犬的栖息地，还生活着狮子、猎豹、长颈鹿、斑马、大角斑羚、黑斑羚、蝠耳狐和豺狼等大型动物，以及各种爬行动物和两栖动物，鸟类有 571 种，植物种类超过 1650 种。公园内有多处历史文化遗迹，有些遗迹曾是举行宗教仪式的地方。阿拉伯商队的早期贸易路线曾途经此地，理查德·波顿和约翰·斯皮克等欧洲探险家也曾从此经过。

鲁邦多岛国家公园位于坦桑尼亚西南部、维多利亚湖西南角，距离姆万扎西部 150 公里，面积 240 平方公里。除了鲁邦多岛以外，还有 9 个小岛。1965 年成为禁猎区，1977 年宣布为国家公园。岛上 80% 的土地被森林覆盖。公园内的动物除了河马、非洲草原猴、香猫和猫鼬外，还有从外部引进的黑猩猩、黑白相间的疣猴、大象和长颈鹿等。

萨达尼国家公园位于巴加莫约、潘加尼和桑给巴尔历史三角的中心，占地 1100 平方公里，是坦桑尼亚唯一位于海边的野生动物避难所。毗邻海边，炎热潮湿，繁茂的水生和陆生动植物群共同构成独特而迷人的自然景观。这里有大约 30 种大型哺乳动物和各种爬行动物和鸟类。除超过 40 种的鱼类之外，附近海域还会出现绿海龟、座头鲸和海豚的身影。

塔兰吉雷国家公园位于阿鲁沙西南部 118 公里、马尼亚拉湖国家公园南侧，面积 2600 平方公里。终年不干的塔兰吉雷河流经其中，为动物的生存提供了充足的水源。公园内著名的动植物有大象、瞪羚、角马、斑马、非洲岩蟒和猴面包树等。

乌德宗瓦山国家公园位于米库米国家公园西侧，占地面积 1990 平方公里，是坦桑尼亚唯一一座从海拔 250 米至 2000 米都有连绵不绝的森林覆盖的山丘。公园动植物丰富，有大象、斑马、长颈鹿、角马、河马；鸟类有 400 多种，其中 4 种是乌德宗瓦特有的。在有记录的六大灵长类动物中，红疣猴和白颈白睑猴是当地特有的。

（三）狩猎保护区

坦桑尼亚有 16 个狩猎保护区，如表 1 - 8 所示。

表 1 - 8　坦桑尼亚的狩猎保护区

单位：平方公里

名称	面积	名称	面积
Selous	50000	Kizigo	2000
Ruangwa	9000	Umba	1500
Kigosi	8000	Biharamulo	1300
Moyowosi	6000	Mkomazi	1000
Ugalla	5000	Kilimanjaro	900
Uwanda	5000	Mount Meru	300
Burigi	2200	Ibanda	200
Maswa	2200	Saa Nane Island	50

资料来源：*Tanzania in Figures 2012*，Tanzania National Bureau of Statistics Ministry of Finance，June 2013，p. 12。

二　著名城市①

坦桑尼亚的许多海滨城市是因港口贸易而修建，许多内陆城镇则是当时商队去往中非地区、维多利亚湖或者回到东非海岸边上的主要休息地。在北部高地，德国人建立了许多小城镇，作为殖民统治和农业的中心。今天，坦桑尼亚的很多城镇和城市仍是各自所在地区的经济活动中心，拥有许多历史和文化景点。

达累斯萨拉姆（Dar es Salaam）

达累斯萨拉姆是坦桑尼亚第一大城市，也是东非仅次于内罗毕的第二大城市。它位于非洲印度洋岸中段，地处印度洋海岸线外宁静的海湾，扼西印度洋航运要冲。达累斯萨拉姆曾是坦桑尼亚的首都，是全国政治、经济、文化和交通中心。达累斯萨拉姆地处低纬度地区，受印度洋季风影

---

① http：//www. visittanzania. com. cn/towns_ and_ cities. htm.

响，气候湿热，年平均气温为 25.8℃，雨量充沛，地表水丰富。

达累斯萨拉姆原为渔村，一百多年前，莫罗戈罗一带的库突人迁此建镇。1857 年，桑给巴尔的马吉德苏丹在此修建宫殿。1862 年建城，并得现名，意为"和平之港"。它曾是德、英殖民统治和掠夺的据点。1887 年德国东非公司在此建立锚地。1891～1916 年为德属东非首府。德国占领期间，达累斯萨拉姆既是殖民统治中心，又是以农业为主的大陆地区与印度洋和斯瓦希里海岸贸易、商业联系的主要据点。第二次世界大战后，城市迅速扩展。1961～1964 年为坦噶尼喀首都，坦桑尼亚独立后为坦桑尼亚首都。是"海上丝绸之路"沿线城市。达累斯萨拉姆全市终年翠绿，环境优美，城市呈同心圆结构。

达累斯萨拉姆市工业产值占全国一半以上，以轻纺工业为主。达累斯萨拉姆是全国交通枢纽。这里的公路通往全国各大城镇。几条重要的铁路均从这里向内陆伸展。机场有定期航班飞往世界各地及国内主要城市。达累斯萨拉姆的港口是全国最大的港口，也是东非的著名港口。全国 2/3 地区的进出口物资通过这里集散。港口水域开阔，港内避风浪条件良好，仓库、修船、装卸设备齐全。

达累斯萨拉姆的文化教育、医疗卫生、体育娱乐、新闻出版等事业都比较发达。有达累斯萨拉姆大学、技术学院及若干图书馆和研究所，还有著名的国家博物馆、自然村博物馆、中央图书馆、国家视听中心、艺术中心和热带动物园等。

市内的地标和建筑物仍保留着德国和英国殖民统治的印记，也有不少保存较为完整的阿拉伯式古建筑。市内有许多标志性的历史建筑，如圣约瑟夫天主教堂、白衣传教会礼拜堂、植物园和古老的州议会大楼。

达累斯萨拉姆是非洲重要的政治都市，许多重要的非洲国家会议都在这里举行。

姆万扎（Mwanza）

姆万扎是坦桑尼亚第二大城市，是位于维多利亚湖沿岸的主要港口城市，也是重要的经济中心。与乌干达、肯尼亚之间的出口和运输业是姆万扎的经济基础。姆万扎周围农业发达，茶叶、棉花和咖啡种植园随处可见。姆万扎邻近鲁邦多岛国家公园和塞伦盖蒂西部地区，是坦桑尼亚最大的部落——苏库马人的中心地域。

阿鲁沙（Arusha）

阿鲁沙是坦桑尼亚第三大城市，位于坦桑尼亚东北部，北邻肯尼亚。它位于梅鲁山和乞力马扎罗山之下，靠近坦桑尼亚国内主要的国家公园。西北部是塞伦盖蒂高原，东南部是马萨伊草原，中部是火山口高原。有埃亚西湖、马尼亚拉湖、纳特龙湖等断层湖，以及梅鲁山、伦圭山等火山。阿鲁沙海拔1409米，气候凉爽宜人。20世纪早期，德国人将阿鲁沙建成殖民行政管理中心。阿鲁沙是北部交通和工业中心，铁路通坦噶、蒙巴萨，公路通多多马、内罗毕，有坦桑尼亚最大的乞力马扎罗国际机场。阿鲁沙也是坦桑尼亚外交和国际关系的重要中心，审判卢旺达种族大屠杀的联合国国际刑事法庭及东非合作三方委员会的总部都位于此，被称作"非洲的日内瓦"。

多多马（Dodoma）

多多马是坦桑尼亚第四大城市，位于坦桑尼亚中部高原，南部高地的东端，接近国土的几何中心，东距达累斯萨拉姆400公里。多多马面积2669平方公里，海拔1115米，气候干燥凉爽。1974年，坦桑尼亚议会决定把首都迁至此地。

多多马位处交通要道，是当年从斯瓦希里海岸往内陆进发到坦噶尼喀湖的商队路线上的休息站。多多马曾是中部地区农产品和牲畜贸易中心，有面粉、碾米等工业，但由于干旱少雨，经济发展缓慢。20世纪早期，多多马是中线铁路上的主要站点，经此农作物被运到达累斯萨拉姆的港口再转出口。如今，多多马依然是全国交通枢纽，是中央铁路和著名的非洲国际公路干线大北公路的交会点。

迁都后，多多马在老城改造、新区建设、基础设施建设、公路网建设、工业建设和医疗卫生、教育事业等方面都有较快发展。此外，多多马也是坦桑尼亚新兴的酿酒业中心。

姆贝亚（Mbeya）

姆贝亚位于坦桑尼亚南部高地深处、坦赞边境附近。最初建于19世纪30年代，当时这里发现了金子，掀起了"淘金热"。

姆贝亚是坦桑尼亚西南地区的农业中心。姆贝亚山延伸至北部，普罗托山（Poroto mountain）延伸至东南部，周围有大型咖啡和茶叶种植园、香蕉农场和可可园，姆贝亚是上述农产品包装和运输中心，也是坦桑尼亚和赞比亚、马拉维往来交通的中转点。

莫洛戈罗（Morogoro）

莫洛戈罗位于南部高地、乌卢古鲁山底部。莫洛戈罗地处坦桑尼亚的农业中心地带，种植有烟草。莫洛戈罗是坦桑尼亚国内传教事业的工作中心，城镇里有各类传教站，还有许多学校和医院。

坦噶（Tanga）

坦噶是坦桑尼亚第二大港口，是海运进出口和对外贸易中心。历史上，它是到中非内陆地区寻找象牙和奴隶的商队路经的休息站。20世纪初期德国占领时，坦噶是殖民统治的中心。城市仍保留有许多古老的殖民统治建筑和少数阿拉伯风格的房屋。

巴加莫约（Bagamoyo）

巴加莫约在斯瓦希里语里的意思是"把您的心留下"，它是东非海岸线上最重要的贸易港口之一，是古代奴隶商队和象牙贸易商队从坦噶尼喀湖步行到桑给巴尔路途中的休息站。它曾是呼吁废除奴隶贸易的传教活动的中心地区。

现在，巴加莫约是罗望子独桅帆船制造中心。镇上仍耸立着几座德国殖民统治时期的建筑物，以及斯瓦希里风格的建筑和古老的奴隶城堡。

伊林加（Iringa）

伊林加位处坦桑尼亚南部高地，靠近多多马和莫洛戈罗。伊林加在历史上是殖民统治的中心。德国人于占领期间在这里建镇，以抵御赫赫部落的战士。伊林加还是一战和二战时多场战斗的发生地。小镇邻近小鲁阿哈河（Little Ruaha River）和鲁阿哈国家公园。

卡拉图（Karatu）

卡拉图镇在去塞伦盖蒂和恩戈罗恩戈罗火山口的路上。德国殖民统治时期，卡拉图曾是重要的城镇。气候凉爽，山林郁葱。卡拉图是地区农业和制造业中心。火山山坡上和卡拉图镇周围有大片平整的农田，种有经济作物。咖啡豆是主要的出口作物。

基戈马（Kigoma）

基戈马是坦桑尼亚西部城市和湖港，位于坦噶尼喀湖东北岸，是基戈马区首府。基戈马历史上曾是贩卖奴隶的据点，也曾是铁路中心线路最后的停靠站，现为渔港，也是稻谷、植物油和鱼类产品集散地。它是水陆交通枢纽和中央铁路终点，湖运连通布隆迪的布琼布拉和刚果（金）的卡莱米。

基卢瓦（Kilwa）

基卢瓦位于坦桑尼亚南部海岸，有古老的基卢瓦基西瓦尼遗址。

米金达尼（Mikindani）

米金达尼位处印度洋海岸，是斯瓦希里人的遗址，与周边的姆纳兹湾－鲁伍马河口海洋公园（Mnazi Bay-Ruvuma Estuary Marine Park）的美丽海滩一同构成宁静祥和的世界。

莫希（Moshi）

莫希位于乞力马扎罗山山下，是坦桑尼亚的咖啡生产中心。咖啡拍卖会是这里的盛事。糖料种植园对地区经济也很重要。

姆特瓦拉（Mtwara）

姆特瓦拉是位于坦桑尼亚东南海岸的小镇，位处马孔德高原附近，与莫桑比克交界。与姆纳兹湾—鲁伍马河口海洋公园相距不远。姆特瓦拉是二战后由英国人建立的，当时计划作为大型农业中心发展花生种植园，缓解英国战后食物短缺，后来这一计划失败了。

穆索马（Musoma）

穆索马镇位于坦桑尼亚北部、维多利亚湖的岸边，邻近肯尼亚，拥有港口。尼雷尔的家乡在其附近，建有著名的尼雷尔博物馆。

潘加尼（Pangani）

潘加尼位于潘加尼河注入印度洋的地方。潘加尼河流经城镇的北部地区，将古老建筑物和现代市场与南部地区的农场和小房屋分隔开。

潘加尼曾经是斯瓦希里人与非洲大陆进行贸易的中心，现在它变成了一个安静的小村庄，镇上有古老的德国行政建筑——博马，也有不少殖民

风格和传统斯瓦希里风格的古老房屋。

塔波拉（Tabora）

塔波拉镇位于坦桑尼亚西部内地，很安静。历史上，塔波拉曾经是重要的贸易地点和中转站。19世纪，塔波拉是象牙和奴隶大型贸易的中心，欧洲人到来后，成为重要的传教站。德国占领期间，塔波拉曾是整个东非人口最密集、经济最繁荣的地区之一。

塔波拉现在仍是重要的运输中转站。铁路中心线路在塔波拉有分支线路通往基戈马和姆万扎，塔波拉周围地区以生产蜂蜜享誉全国。

三　著名建筑

坦桑尼亚的建筑可分为三种，即传统型、现代型和融合型。传统型建筑主要在农村，现代建筑集中于城市，大多数是殖民地时期欧洲和美国式的设计风格。传统与现代相结合便形成了第三种建筑样式。沿海城市的许多建筑具有传统中东风格。

坦桑尼亚最有名的建筑物有阿斯卡里纪念碑（Askari Monument）、自由火炬和皇宫博物馆。

阿斯卡里纪念碑是为了祭奠在第一次世界大战期间参加英国军队的非洲阵亡士兵建造的，位于达累斯萨拉姆中心，于1927年揭幕。纪念碑的主体是"阿斯卡里"，即一个士兵的青铜雕像。雕像由英国雕塑家詹姆斯·亚历山大·史蒂文森创作完成。雕像上的士兵手持步枪，刺刀指向达累斯萨拉姆港口。雕像下面有一个基座，基座狭窄的一面上刻有用英语和斯瓦希里语写的献词，宽广的一面上刻有非洲士兵和英国战斗的场景。

阿斯卡里纪念碑所在地以前立有一座雕像，雕像的主人是德国探险家、陆军少校魏斯曼（Hermann von Wissmann），他是19世纪晚期德属东非总督。雕像于1911年揭幕。雕像中的魏斯曼呈站立状，一只手放在臀部，另一只手持剑，目光投向港口。他的脚下，是一名非洲士兵、一只死亡的狮子和一面德国国旗。1916年英国人到来后，把这座雕像移走。

自由火炬是坦桑尼亚国家的象征物，象征自由和光明。1961年12月9日由尼雷尔在乞力马扎罗山点燃，寓意"照亮国家，给绝望者带来希望，给有敌意处带来爱，给有仇恨处带来尊重"。每年 7 月 7 日都会举办自由火炬传递活动，人们从不同的地方会集于此，现在是跑向新首都多多马。

皇宫博物馆位于桑给巴尔，是桑给巴尔石头城的主要历史建筑，当年是苏丹宫殿。宫殿有三层，为白色墙壁。宫殿始建于 19 世纪后期，供苏丹和家庭成员居住。1964 年，革命后的桑给巴尔把它更名为人民宫，作为政府所在地，1994 年改作展示有关桑给巴尔皇家史和历史的博物馆。博物馆存放了桑给巴尔早期历代王储肖像和他们使用过的日常用品。

另外，值得一提的是由中国企业承建的尼雷尔国际会议中心。中心于2013 年建成，建筑面积约 12000 平方米，是集会议、宴请和媒体发布于一体的大型现代化国际会议。主要设施包括可容纳 1000 人的大型会议厅、中型会议厅、多功能会议厅、休息厅、新闻发布厅、中小会议室及配套设施。设计注重经济实用，利用简洁的几何形体和现代手法，给人以和谐、庄重之感。主入口处弧形柱廊一字排开，气势恢宏，寓意"开放的非洲"；中心对称的布局形成"一方美玉"，体现中国"美玉赠友人"的真诚；大会议厅、休息厅装饰有凸显地方风情的木格、花窗、木梁，并结合中国传统木构形式，兼具时代及地方性。

第二章

历　史

第一节　上古简史

一　坦桑尼亚——人类发祥地之一

英国生物学家达尔文早在 1871 年就提出，人类的诞生地在非洲。从 1924 年起，考古学家先后在非洲发现了 7 类南方古猿化石。经过研究和测定，南方古猿已被人类学家一致归于人的系统。人类学家和考古学家普遍认为，人类起源于非洲。已发现的南方古猿化石主要分布在坦桑尼亚、埃塞俄比亚和肯尼亚。他们普遍认为，南方古猿起源于东非地区，坦桑尼亚是人类发祥地之一。

半个多世纪以来，考古学家在坦桑尼亚北中部裂谷地区陆续发掘出一些早期人类化石，而且这些化石涵盖了南方古猿进化为人的几个重要阶段。

1931 年，英国古人类学家路易斯·利基（Louis Leakey）在坦桑北部奥杜瓦伊（Olduvai）峡谷发现了一个早期骨架，断定是非洲最早的古代人类的骨架。1959 年 7 月 17 日，经过近 30 年的艰苦发掘，他的夫人、英国古人类学家玛丽·利基（Mary Leakey）终于在奥杜瓦伊峡谷发现了一个似人似猿、近乎完整的粗壮型南方古猿的头骨和一根小腿骨，同时还发现了石器。这个南方古猿的头骨相当大，因为有石器伴存，由此断定他能制造工具，将他命名为"鲍氏东非人"，经测定确定"鲍氏东非人"生活在 175 万年前。

1963 年，利基的大儿子乔纳森·利基（Jonathan Leakey）在发现"东非人"头骨地点附近发现了另一类型人类的头骨及其附有大部分牙齿的下颌骨。这种头骨骨片较薄。研究结果表明，他是比"东非人"更为进步的人，他的脑容量比"东非人"几乎多出 50%，生存于 178 万年前。1964 年，利基得出结论：南方古猿的一个支系是人类的祖先，"新发现的这些化石标本就属于这一支系"。他推测那个时代他们能制造工具，因此将他们确定为人类的第一批早期成员，并命名为"能人"（Homo habilis）。他说，只有"能人"才能最终进化为现代人。

1974 年，玛丽·利基的研究小组在奥杜瓦伊峡谷的莱托利（Laetoli）发现了 12 颗人的牙齿和颌骨，其年代测定为距今 350 万 ~ 375 万年。最为重要的是，1976 年他们在莱托利发现了一组和现代人特征十分相近的原始人的脚印。这些脚印在火山灰沉积岩化石上。经放射性测定，这些脚印有 340 万 ~ 380 万年的历史。脚印共两串，平行紧挨着分布，延伸了约 27 米。根据对足弓形态和步态的分析，认定这些脚印是人类直立行走时留下来的，因此这一脚印化石成为人类开始直立行走的最早证据。

二　从早石器时期到晚石器时期的发展

从人类社会发展史看，人类的进化经历了先从南方古猿演变成直立人，后从直立人进化为智人，再从智人进化为现代人的漫长过程。这一过程涵盖了坦桑尼亚早石器、中石器和晚石器三个时期。

（一）早石器时期

在草原、林地或丛林中生活的南方古猿，从能直立行走以后开始制造石器，并逐渐进化为狩猎兼采集者。在奥杜瓦伊峡谷发现的石器是迄今为止发现的世界上最早、最原始的石器，其年代距今 250 万 ~ 300 万年，属非洲早石器时期。

石器出现以后，人类开始了能动地适应自然、利用自然直至改造自然的技术发展进程。这些狩猎兼采集者适应草原和林地生活，大体上经历了约 200 万年的漫长历程。大约 50 万年前，人类的体质和智力得到进一步发展，从"开始直立行走"发展到能完全直立行走，从"直立人"进化为"智人"。由于有了容量较大的大脑和较为灵巧的手，这时他们能够制造更有效的石器，如"手斧"等。

人类进入直立人阶段以后，行动比较自由，他们开始走出奥杜瓦伊峡谷，向周围林地和草原迁移，逐渐迁移到坦桑尼亚大陆其他林地和草原地区，也迁移到非洲其他国家的一些林地和草原地区。[1]

坦桑尼亚历史学家萨顿说："在大约 50 万年前的'直立人'阶段，人类已远远越过非洲边界，扩散到欧洲、亚洲和远东的广大地区。"[2]

（二）中石器时期

有关专家认为，大约距今 12.5 万年前非洲开始向中石器时期过渡，中石器时期距今 2 万~5 万年。

在坦桑尼亚出现的兼狩猎和采集的原始人进化较快，在距今 5 万~6 万年以前有了自己的语言，尤其是在距今 4 万~5 万年以前，他们的智慧和技能都有了新的发展，[3] 已经从智人进化为现代人，由于人口增加，他们占领了更多的草原和林地。

中石器时期，这些狩猎兼采集者在适应草原和林地生活的过程中学会制造精致的石矛，再装上木把，变得擅长猎取大型和中型野兽；林地的人群也开始制造带柄的工具，特别是打猎或捕鱼用的带头长矛。另外，他们逐渐避开了缺乏食物和水源的最干旱地区，也避开了不适于聚居的潮湿的林地和森林。这些狩猎者兼采集者已经用火取暖和烹煮食物。

目前，越来越多的考古学家和人类学家通过基因测试确认，曾经生活在奥杜瓦伊峡谷或东非的原始人是人类的祖先。他们普遍认为，从奥杜瓦伊峡谷迁移到非洲及世界各地的原始人，由于长期生活的区域、环境和气候不同，他们在智人阶段后期（距今约 5 万年）大体上在体质上形成了各不相同的具有某些遗传性状（包括肤色、眼色、发色和发型、身高、面型、头型、鼻型、血型、遗传性疾病等）的人群。专家们把他们划分

---

[1] 伊·基曼博、阿·特穆：《坦桑尼亚史》上册，钟丘译，商务印书馆，1973，第13页。
[2] 伊·基曼博、阿·特穆：《坦桑尼亚史》上册，钟丘译，商务印书馆，1973，第16页。
[3] 游修龄：《人种迁徙、语言演变与农业起源的思考》，《中国农史》，天涯在线书库，http：//www tianyabook com/lishi/017 htm－25k。

为四大人种，即蒙古人（或称黄种人）、高加索人（或白种人）、尼格罗人（或称黑种人）和澳大利亚人（或称棕种人），又把撒哈拉以南非洲的尼格罗人分为班图人、苏丹人、科伊桑人和俾格米人。

（三）晚石器时期

在距今 1.2 万 ~2 万年的非洲晚石器（或新石器）时期，坦桑尼亚的原始人群进化速度很快。他们的石器制作技术进一步提高，有了石制刀片、锯子和其他工具，用以加工食物、制作兽皮衣服或切割建筑材料，还会把刀片安装在木制箭杆上作为箭头或倒钩。

在语言产生以后，不仅石器工具进一步发展，人口迅速增长，生产和生活有了进步，而且文化艺术也得到了发展。坦桑尼亚有许多中石器时期后期和晚石器时期的遗址，这些遗址大都有巨大的岩石做掩蔽，打猎的人群可以用来临时宿营。这些岩石掩蔽地，有的既是作坊又是住处。

另外，在这些遗址中，有大量岩石壁画。坦桑尼亚岩画的年代应是非洲岩画中最古老的。经测定，现已发现的岩画创作时间距今 1.9 万 ~2.6 万年，为中石器晚期或晚石器早期的艺术品。[①]

英国考古学家玛丽·利基认为，那些最古老的壁画的年代可能会更古远。

三 班图人迁徙迫使科伊桑人南下

从考古和古人类遗址的情况看，狩猎兼采集者在大约 50 万年以前走出奥杜瓦伊峡谷，向附近林地和草原地区迁移，并逐渐迁移到非洲及世界各地。继续留在本土（今日坦桑尼亚）的狩猎兼采集者，到智人阶段后期（距今约 5 万年前）进化为一种遗传基因大体相同的人群，人类学家把他们划定为非洲黑人中的"科伊桑人"。在这前后，一些狩猎兼采集者或科伊桑人从坦桑尼亚向外迁移到南部非洲的一些地区。有关研究表明，公元前几世纪班图人从西非向东非和南部非洲大迁徙之前，科伊桑人一直自由自在地生活在东非（主要在坦桑尼亚）和南部非洲的林地和草原地区，他们是东非和南部非洲的主人。

---

① 陈兆复、邢琏：《外国岩画发现史》，上海人民出版社，1993。

　　起源于西非乍得湖以南贝努埃河上游一带的班图人为农耕者，为寻找耕地，于公元前 10 世纪前开始南迁，到公元前几个世纪开始进入东非大湖西部地区，进入坦桑尼亚，并从坦桑尼亚向南部非洲继续迁移。在班图人向东非和南部非洲迁徙的浪潮中，聚集在坦桑尼亚境内的科伊桑人，绝大部分被迫退出坦桑尼亚，向南部非洲退去，小部分被班图人"征服"或同化，极少数则留居在不利于农耕的地区。坦桑尼亚历史学家萨顿认为，现在坦桑尼亚境内的桑达维人（Sandawe）和哈扎人（Hadza）就是班图人大迁徙时幸存的科伊桑人的后裔，是起源于奥杜瓦伊峡谷的狩猎兼采集者的后裔，是坦桑尼亚最古老的土著人。[①]

第二节　中古简史

一　民族迁徙与交融带来社会的发展

　　从公元前 10 世纪左右开始，非洲一些民族开始迁移，以寻找更多的适于耕种的土地和放牧的草原。坦桑尼亚自然条件较好，先后迁入库希特人、班图人、尼罗特人，后来还从南非迁来一批祖鲁人。伴随着民族大迁入、大交融，农业、畜牧业、陶器和铁器生产技术等传入，推动了今日坦桑尼亚生产、生活和社会文化的发展。

　　公元前 10 世纪左右，埃塞俄比亚库希特人为寻找土地和草地南下。他们中的一些人经肯尼亚进入坦桑尼亚，为坦桑尼亚带来了农耕文化。据说，库希特人在公元 500 年左右就已经使用铁器。

　　班图人南迁进入坦桑尼亚后，就在当时科伊桑人居住的地区开荒种地，他们已经懂得制造和使用铁器。

　　考古学家在一些历史遗址中发掘的"凹底"和"刻纹"陶器等文物，经检测大都是在 1 ~ 10 世纪制造的，是早期进入坦桑尼亚的班图人的杰作。

---

　　① 伊·基曼博、阿·特穆：《坦桑尼亚史》上册，钟丘译，商务印书馆，1973，第 20 页。

考古发掘证明，7世纪，坦桑尼亚境内已出现冶铁术和制陶术。早期进入坦桑尼亚的班图人已经掌握冶炼和打铁技术，他们开始使用类似锄头的铁器种植粮食作物。在坦桑尼亚，铁器代替了石器，大大推动了农业的发展。

在西部温扎地区，发掘出两口古代盐井；在鲁夸湖附近的伊伏纳地区，还发现了一个古老的盐场遗址。这不仅说明早期进入坦桑尼亚的班图人掌握了制盐技术，而且可以推断他们在铁器时代已经开始进行盐的贸易和地区之间的交往。

到中世纪，一批以畜牧业为生的尼罗特人自白尼罗河上游（今南苏丹）沿东非大裂谷东缘南下，经肯尼亚进入坦桑尼亚北部地区。从公元前1000年前后到公元16世纪前后，先后有三支尼罗特人——卡伦津人、卢奥人和游牧民族马赛人进入坦桑尼亚，马赛人的迁入对以后坦桑农牧业的发展起到了积极作用。

19世纪初，居住在今日南非纳塔尔北部的祖鲁人，在其大酋长恰卡（Shaka）时期（1818～1828年）建立了强大的军事部落联盟，但由于内部矛盾，一支祖鲁人开始北上，经过半个世纪左右的长途跋涉，进入坦桑尼亚南部的鲁伍马省和伊林加省，他们依靠强大的军事力量，很快征服了当地一些部族并留在那里。祖鲁人也是班图人，他们的进入不仅带来了"南班图农耕文化"，而且把当时南非祖鲁人"建立军事力量，保卫民族安全"的思想也带到了坦桑尼亚。今日生活在坦桑尼亚南部的恩戈尼人就是这支祖鲁人的后裔。

二　1500年前后内地的发展

随着民族大迁徙、大交融，坦桑尼亚社会出现阶段性的发展。到15世纪前后，随着原始社会逐步解体，内地的社会结构出现了一些变化。

（一）维多利亚湖西部地区出现国家

这个地区包括布科巴（Bukoba）、卡拉圭（Karagwe）和比哈拉穆洛（Biharamulo）等地，还可能延伸到哈族地区，其发展与当时乌干达西部地区的发展变化有一定关系。

公元 1500 年以前，在乌干达布尼奥罗（Bunyoro）地区就建立了一个强大的基塔拉（Kitara）王国。这个王国的政治制度以一种等级制度为基础，把人民划分为不同阶层，规定了各个阶层的义务和职责。游牧民族希马人为最高阶层，王国统治者就产生于这个阶层。第二个阶层是从事农业的巴伊鲁人，他们对希马人承担一些义务。一个名叫比托的人和他的族人卢奥人，于公元 1500 年窃取了基塔拉王国政权，前国王及其统治阶层希马人被赶出布尼奥罗后，南撤进入坦桑尼亚境内。据说，他们把基塔拉王国的等级制度带进坦桑尼亚，从而推动了靠近乌干达边界的哈亚人、津扎人可能还有哈人社会的发展。

在此期间，哈亚人与津扎人在维多利亚湖西部地区建立了一个土邦，称为鲁欣达（Ruhinda）王国。这个王国是由一个名叫鲁欣达的人建立的，据说鲁欣达是布尼奥罗基塔拉王国最后一位国王瓦马拉的兄弟。鲁欣达王国实行王权制。在这种制度下，酋长不仅是掌管祭祀和礼仪的领袖，而且是行政长官，而宫廷大部分重要职务，包括酋长的首席顾问、首席部长和部长们，均由有能力的平民担任。

鲁欣达王国建立前，这个地区已经出现了一些世袭统治的家族，它们建立了土邦或小酋长国。例如，在卡拉圭有巴西塔氏族土邦，在布津扎族地区有巴赫塔氏族土邦，在其他地区也出现了一些类似的土邦。一些观察家认为，鲁欣达王国并非一夜之间出现的，而是该地区家族统治在政治上和组织上进行变革的结果，这种变革适应了当时部族社会发展的需要，是历史发展的必然。

（二）东北部地区发展了中央集权制

在东北部的北帕雷地区，15 世纪格韦诺（Gweno）人建立了自己的酋长国。格韦诺酋长国拥有铁矿石资源，人们用铁打造农具和武器。由于冶铁和制造铁器的技术掌握在铁匠手里，所以铁匠在格韦诺酋长国里占据了统治地位。

16 世纪初，格韦诺酋长国的一个平民氏族——瓦苏亚族发动政变，夺取了政权，将铁匠排除出领导集团，并宣布建立格韦诺王国。

经过几年的努力，格韦诺王国国王姆兰加创建了一套新的国家管理体

制。第一，建立了政府机构，国王为国家元首，政府下设几个有关部门；第二，创建了各级参议会，既有县一级的，也有王国范围的；第三，改革了教育制度，即把各氏族的启蒙教育由分别负责改为由中央政府统一管理。

姆兰加在格韦诺王国创建的中央集权制具有强大的生命力，即使进入19世纪以后，姆兰加的中央集权制仍延续了很长一段时间。达累斯萨拉姆大学教授伊萨利亚·基曼博说，回顾坦噶尼喀的历史，我们"必须把姆兰加作为最先进的改良者之一来纪念"。①

三 东部沿海地区和桑给巴尔岛贸易的发展

东部沿海地区（包括桑给巴尔岛等沿海岛屿）同外部世界接触得早。由于印度洋季风的原因，公元前就与阿拉伯地区、波斯、印度等地有了贸易往来，并且成为历史上西印度洋贸易区的重要组成部分。外部民族的进入，带动了沿海地区的发展；而沿海地区的发展又推动了内地的发展。

早在公元纪元前，今日印度尼西亚加里曼丹岛上的一支惯于航海的马来人就来到了东部沿海地区，他们带来自己的农耕文化，带来了稻谷和椰树种植技术。

公元元年前后，一些印度人就乘船经印度洋来到这里同当地人做生意。公元1世纪，阿拉伯人也来这里经商。

公元元年前后，古希腊托勒密王朝控制了埃及，开始发展红海及北印度洋的海上贸易。罗马帝国时期，海上贸易活动趋于活跃。由于坦桑尼亚东部沿海和桑给巴尔岛诸岛地处海上交通要冲，与外界交往逐渐增多。在桑给巴尔岛发掘出的托勒密王朝和古波斯王朝的钱币，就证明了桑给巴尔岛与外界的频繁接触。

到5世纪，班图人从内地扩展到东部沿海地区。他们中还有人乘坐独木舟，穿过宽36公里的海峡，抵达桑给巴尔岛，并在那里定居下来。与此同时，印度人和苏门答腊商人也开始到桑给巴尔岛和东部沿海地区定居。

---

① 伊·基曼博、阿·特穆:《坦桑尼亚史》上册，钟丘译，商务印书馆，1973，第57页。

7 世纪末，波斯苏丹苏莱曼与阿曼苏丹交战，阿曼战败，许多阿曼人逃到东非沿海地区和桑给巴尔岛避难。当时，象牙和奴隶贸易已经开始。作为东非桥头堡，桑给巴尔岛卷入了奴隶贸易活动。阿拉伯人、波斯人移民的增多和海上贸易的发展，以及铜器和铁器的输入，极大地促进了桑给巴尔岛经济的发展。

7 世纪以后，随着伊斯兰教的兴起和向外扩散，越来越多的阿拉伯人来到东非沿海地区。7 ~ 8 世纪，大量阿拉伯人和波斯人移居东非沿海地区（包括桑给巴尔岛等）经商，到基尔瓦岛的外来移民也越来越多。

四　桑给帝国的建立和斯瓦希里文化

975 年，波斯设拉子王子哈桑·伊本·阿里为躲避战乱，带着他的 6 个儿子及其家族来到东非沿海地区。经过几代人的努力，阿里家族逐渐征服并统一了北起拉穆岛（在今肯尼亚境内）南至科摩罗岛的东非沿海诸岛，在东非沿海建立了以基卢瓦为首都的桑给帝国。

桑给帝国建立后，许多阿拉伯人、设拉子人和印度人，都到坦桑尼亚东部沿海地区尤其是基卢瓦和桑给巴尔岛等岛上定居和经商；与此同时，一批又一批坦桑尼亚内地的班图人也涌向东部沿海地区定居和经商或从事贸易辅助工作。这样，在坦桑尼亚基卢瓦岛和桑给巴尔岛等沿海岛屿以及整个东非沿海地区，很快就建立起一些贸易站和居民区。到 12 世纪末，东非沿海地区出现了一系列城邦国家，基卢瓦成为一个重要的商业城市。

这时，东非沿海地区已经建立起一种较为正规的商业体系。沿海地区的阿拉伯经纪人派代理商前往内地购买象牙、罗得西亚的黄金和加丹加的铜。这些商品都是通过当时由阿拉伯商人控制的印度洋上的商业航道运出去的。反过来，非洲人用自己的产品换取印度和中国的布匹和丝绸、串珠和各种奢侈品，包括中国瓷器。

从那时起，在同内地正常开展贸易的同时，阿拉伯人开始从事奴隶贸易。

由于阿拉伯商人（包括设拉子人）和其他移民与当地黑人住在同一地区，杂居和通婚越来越多。经过几个世纪的民族交往、通婚和融合，到

12 世纪在东非沿海地区产生了一个新的民族——当地班图人与阿拉伯人的混血民族斯瓦希里人。他们的语言就是斯瓦希里语。这种语言是一种以班图语为主的班图语和阿拉伯语的混合语，是应当时东非沿海贸易发展的需要而产生的，后来成为东非地区的商业用语。斯瓦希里人吸收了阿拉伯文化、波斯文化、印度文化及东亚、东南亚文化，在当地班图文化的基础之上，创造了一种具有鲜明商业城邦文明特征的斯瓦希里文化。斯瓦希里文化受阿拉伯文化影响较大，从宗教信仰、服饰、音乐舞蹈到建筑风格、习俗礼仪等，均带有阿拉伯色彩。随着印度洋贸易的繁荣、阿拉伯人在东非沿海地区贸易（包括奴隶贸易）的扩大，斯瓦希里文化开始传往内陆，促进了坦桑尼亚内地乃至整个东非地区文化的交流和发展。

东非沿海地区贸易的发展带来了沿海城镇和城邦的繁荣。基卢瓦建于公元 800 年左右，到公元 1200 年就成为印度洋沿岸一个重要的商业中心，基卢瓦和桑给巴尔建立了自己的造币厂，铸造了大量铜币，桑给帝国成为赤道以南非洲能够制造硬币的第一个国家。大约在 1270 年，哈桑·本·苏莱曼三世建造的"大宫殿"（Husuni Kubwa），在当时是撒哈拉以南非洲最大的石头建筑，至今看上去依然十分壮观。同时，在基卢瓦修建了一座清真寺，在阿拉伯商人的影响下，到公元 1000 年左右，基卢瓦成为伊斯兰教活动的中心。

繁荣的岛屿城市基卢瓦是 11 世纪至 15 世纪初期沿东非海岸发展起来的 35 个贸易中心中最重要的一个。

桑给帝国于 12 ~ 14 世纪处于鼎盛时期，14 世纪末开始衰落，到 16 世纪初被西班牙征服。桑给帝国在我国历史文献中被称作僧祇国。15 世纪初，明成祖朱棣多次派郑和下西洋，郑和到过桑给帝国的蒙巴萨港，对促进中国和非洲人民的交往做出了重大贡献。

应当提及的是，尽管桑给帝国是外来移民在东非沿海地区建立的一个历史王朝，它却给这个地区尤其是坦桑尼亚留下了丰富的文化遗产。联合国教科文组织于 1981 年将基卢瓦基西瓦尼遗址列为世界文化遗址之一，并于 1955 年派出考古工作者开始在那里的发掘工作。

第三节　近代简史

一　葡萄牙殖民势力入侵，摧毁桑给帝国

从 15 世纪初侵入非洲至 20 世纪初殖民统治结束，葡萄牙殖民主义者对非洲侵略、统治、掠夺长达 400 多年，使非洲的经济、文化遭到严重的摧残与破坏，使非洲人民长期陷于灾难的深渊。坦桑尼亚是这场空前浩劫中遭受苦难最深的地区之一。当然，在此期间，随着内部政治、经济和文化的交流，包括与外部政治、经济和文化的交融，坦桑尼亚社会也得到了一定程度的发展。

（一）入侵东非沿海地区

1497 年 7 月，葡萄牙派出一支船队驶往印度海岸，在驶向印度的途中"发现"东非海岸一些沿海城邦贸易非常繁荣。葡萄牙人决心控制东非沿海地区。

其目标有三：一是控制东非沿海向印度的出口，以黄金出口补偿其从印度的香料进口；二是在经印度洋通往印度的航程中，他们需要在东非沿海地区建立一个中转站，如有必要船队可在那里停泊或进行维修；三是他们当时正在从事奴隶贸易，认为东非是捕获奴隶的有潜力地区之一。

葡萄牙人以炮舰政策实施了上述计划。1502 年 6 月底，派出 8 艘军舰直接驶入基卢瓦港，在那里建立贸易站和堡垒，控制了基卢瓦港。一个半月以后，葡萄牙舰队占领了蒙巴萨。1503 年，用武力占领了桑给巴尔。1505 年，在占领索法拉以及其他一些重要港口和城邦以后，葡萄牙人大体完成了他们控制东非沿海贸易和贸易通道的计划。1507 年，葡萄牙人在索法拉修建了莫桑比克堡垒，把索法拉建成葡萄牙占领者在东非沿海地区的政治行政中心。

（二）入侵给坦桑尼亚带来的影响

从 1502 年占领基卢瓦到 1698 年被赶出肯尼亚和坦桑尼亚沿海地区，葡萄牙人控制东非沿海地区将近 200 年。

　　葡萄牙人占领东非沿海地区以后，把其东非沿海地区殖民当局设在莫桑比克的索法拉，控制东非沿海同印度的贸易（主要是黄金贸易），禁止阿拉伯商人到索法拉经商，这不仅切断了基尔瓦的经济命脉——索法拉的黄金贸易，而且切断了阿拉伯人同印度的贸易往来，使阿拉伯人在东非沿海的贸易受到致命打击，基卢瓦和东非沿海其他各城邦从此开始衰落。

　　在葡萄牙人控制黄金贸易之后，基卢瓦商人加强了同内陆的贸易往来。起初，基卢瓦和附近内地的商业联系只是一些粮食贸易。后来，根据葡萄牙人出口当地产品的情况，基卢瓦商人便向内地商人提出供应象牙、蜂蜡、犀牛角和兽皮等产品的需求，收到这些产品后转手卖给葡萄牙人。这种做法激发了内地商人向沿海商人提供商品的积极性，使已经衰落的沿海贸易有所恢复。

　　在占领东非沿海地区以后，葡萄牙人为建立通往印度的海上中转站，保证其占领和远洋贸易的顺利进行，在包括桑给巴尔岛在内的几个港口扩建了码头、船坞，建立了食品加工厂、机械修理厂等，推动了桑给巴尔岛等地的经济发展。商业方面，葡萄牙人主要是从东非掠夺象牙、黄金、玳瑁，从中国购进东非所需要的丝绸、茶叶和瓷器等。这样，桑给巴尔岛很快就成了葡萄牙人货物的集散地和过往船只的后勤补给基地。

二　阿曼苏丹国势力扩张到东非沿海地区

（一）桑给巴尔和东非海岸王国的建立

　　阿曼亚里巴王朝 1624 年建立后发展很快，1643 年把葡萄牙人赶出阿拉伯半岛，1729 年把葡萄牙人赶出东非沿海地区，并在东非沿海地区建立了北起摩加迪沙南至莫桑比克德尔加杜角以北的沿海地区和岛屿的海外领地。不久又向桑给巴尔派驻了军队，温古贾岛和奔巴岛逐渐成为阿曼苏丹王国海外领地的战略要地和海外堡垒。

　　随着贸易的发展和防御形势的好转，为加强对东非沿海海外飞地的控制，阿曼苏丹赛义德·萨义德（Seyyid Said）1840 年决定把阿曼首都从马斯喀特迁到桑给巴尔，他把长子赛义德·斯瓦尼（Seyyid Thuwani）留在马斯喀特管理阿曼本土事务。

赛义德苏丹喜欢待在桑给巴尔岛,到 1837 年他住在桑给巴尔岛和留在马斯喀特的时间几乎各半。1856 年赛义德苏丹逝世,其次子赛义德·马吉德（Seyyid Majid）在奴隶贸易商和英国支持下,自立为"桑给巴尔和东非海岸王国"的新苏丹。这是他在阿曼的兄长斯瓦尼所不能接受的,因为他是长子,是法定的王位继承人。这一矛盾,最后按英国人建议的"一分为二"的办法得以解决:斯瓦尼为阿曼本土的苏丹;马吉德接管桑给巴尔和东非海岸飞地,建立桑给巴尔和东非海岸王国,任新王国苏丹。

（二）桑给巴尔丁香和奴隶贸易的发展

作为阿曼王国海外领地的战略要地,桑给巴尔的发展和建设一直受到阿曼王朝的重视。1824 年,阿曼王国政府宣布将桑给巴尔（一个小渔村）扩建为桑给巴尔市。到 1832 年,桑给巴尔市已具有一定规模。

1. 桑给巴尔成为东非沿海贸易中心

阿曼是一个传统的海外贸易国,一直同东非沿海地区有着密切的贸易联系。18 世纪末 19 世纪初,莫桑比克象牙来源的枯竭和欧美对象牙需求的增加,给阿曼人和斯瓦希里人提供了开发东非海岸德尔加杜角以北腹地的机会。阿曼王朝建立东非沿海地区海外领地,就是要抓住这个机遇,拓展海外贸易。为此,从 1729 年建立桑给巴尔岛这片海外领地之日起,阿曼王朝就不断采取促进发展的措施,到赛义德苏丹时期已初见成效。

第一,为控制印度、阿拉伯国家与东非海岸进行贸易的商路,1741年阿布·赛义德王朝建立后大力发展阿曼的海军力量和商业船队。

第二,鼓励阿曼人和外国商人到桑给巴尔岛经商,尤其是印度人。到桑给巴尔岛和东非海岸经商的印度人越来越多。据估计,1835 年桑给巴尔岛有印度人 300～400 人,10 年后超过 1000 人,到 1850 年增至近 2000 人。

第三,积极发展东非沿海地区同内地的贸易。赛义德苏丹鼓励商人向大陆内地扩张,1820 年前后他还亲自向尼亚姆维齐地区派出了一个庞大的商队。

第四,赛义德苏丹积极开展外交活动,加强了同美国、英国及其他欧洲国家的贸易联系,以得到它们的海上支持。

随着向阿拉伯、欧洲、印度、美国和远东地区出口的增加,桑给巴尔

岛的贸易发展起来，不仅成为东非沿海地区的贸易中心，而且成为该地区各国货物的集散地。

2. 桑给巴尔引种丁香获得巨大成功

赛义德王朝建立后不久，1812 年阿曼人就从东南亚的马鲁古群岛引进和试种丁香。1827 年，赛义德苏丹制订了丁香种植计划，决定在桑给巴尔岛大规模发展丁香种植，以增加出口创汇。

1828 年，赛义德苏丹要求桑给巴尔岛的土地所有者都种植丁香。1840 年阿曼迁都桑给巴尔后，许多阿曼人同赛义德苏丹一起到桑给巴尔岛定居，他们中的许多人都开发了丁香种植园。这样，桑给巴尔岛很快就发展为一个以种植园经济为基础的殖民地。

桑给巴尔岛的丁香种植园都是阿曼人的，其大部分属于阿曼苏丹王室。据统计，赛义德苏丹 1856 年逝世时，有大型丁香种植园 45 个，面积占桑给巴尔岛丁香种植园的一半以上；其余大部分则被他的儿子、妻妾和皇亲国戚霸占。

当地居民不愿为阿拉伯人卖命，阿拉伯人就从外边进口奴隶。整个 19 世纪，温古贾岛和奔巴岛一半以上的人口（10 多万人）是奴隶。

在桑给巴尔岛，丁香种植发展非常迅速，到赛义德执政后期，丁香已经成为桑给巴尔岛的重要出口商品，其出口额仅次于该岛一向被视为经济命脉的象牙贸易和奴隶贸易收入的总和。到 19 世纪中期，桑给巴尔岛的丁香株数已达到 400 多万株，其种植面积占桑给巴尔岛全部耕地面积的 1/6 以上，每年出产丁香 8000～20000 吨，供应世界需求量的 90%，成为世界上最大的丁香生产地。随着丁香和其他农产品出口的增加，桑给巴尔变得"越来越繁荣"。

3. 阿曼商人大力从事奴隶贸易

阿曼王朝统治初期，阿曼人只向波斯和阿拉伯国家贩卖少量奴隶。但 18 世纪以后，法国要开发它刚占领的属地，美国要开发西部地区，英国也要开发新属地，都需要大量的廉价劳动力，他们对奴隶的需求量大大增加。1811 年，赛义德苏丹在桑给巴尔市设立了奴隶"大市场"，桑给巴尔市很快就成了东非沿海地区的奴隶贸易中心。1820 年西非海岸的奴隶贸易被欧洲大国禁止后，桑给巴尔岛的奴隶贸易又得到了进一步发展。

阿曼人在东非沿海地区从事的奴隶贸易，是东非历史上的一大浩劫。据估计，17 世纪中期至 19 世纪 70 年代，从桑给巴尔岛等东非沿海港口出口的奴隶达到 250 万人。据专家估计，在此期间，东非大陆内地大约有上千万无辜居民惨死于奴隶贸易。

直至 1907 年桑给巴尔岛宣布取消奴隶制后，桑给巴尔岛的奴隶贸易才真正得以废除。

第四节　现代简史

一　西方列强瓜分东非

1869 年苏伊士运河的开通，为西方殖民主义者入侵非洲提供了便利，德国、英国、意大利、荷兰等国相继侵入东非，争夺殖民地与势力范围。其中，以德国最为突出。

1884 年 11 月，由卡尔·彼得斯（Karl Peters）率领的一支德国远征队在温古贾岛对岸登陆，进入大陆内地，他们"立桩为界"，占领了乌萨加拉地区，并同当地 12 位酋长签订了"同意"把其领土割让给德国公司的条约。

1885 年 4 月 25 日，桑给巴尔苏丹王巴加什（Barghash bin Said）向德国提出抗议，称那些酋长无权签署条约。1885 年 8 月，德国首相俾斯麦向桑给巴尔岛派出战舰。在炮舰威胁下，巴加什苏丹只好同意德国的领土要求。接着，德国东非公司又占领了坦噶尼喀内地桑巴、赛雷、查加族、扎拉莫族、乌赫赫和恩京多等部族所在的地区。

1886 年 10 月，英国和德国在伦敦达成瓜分东非的《伦敦协议》，英国同意将鲁伍马河与塔纳河之间的东非大陆内地划为德国的"保护地"。根据协议，英国支持德国向苏丹租借达累斯萨拉姆，并在达累斯萨拉姆设立了海关。1890 年 7 月，英国和德国又签署了瓜分东非的《赫耳果兰条约》。至此，东非基本上被西方列强瓜分完毕。

二　德国殖民统治时期

根据 1886 年德国和英国瓜分东非的《伦敦协议》，坦噶尼喀成为德国的"保护国"，从此坦噶尼喀进入德国殖民统治时期。

（一）德国殖民者实行残暴统治

德国人建立东非属地（坦噶尼喀地区）的计划是：在东非建立一个"非洲帝国"，为德国带来财富，同时为德国移民提供发展机会。德国人进入坦噶尼喀后，将其划分为 19 个行政区，每个行政区分为若干乡，每个乡下辖若干村，实行直接统治。

德国人进入后，他们以军队先行占领巴加莫约、基卢瓦和达累斯萨拉姆等重要港口，打通和控制从沿海到西部地区的主要商路，以收取数目可观的关税和贸易税。过去，这些关税和贸易税分别由桑给巴尔王国和当地的酋长国收取。殖民当局还巧立名目，设立了苛捐杂税，开始了对当地人的敲诈勒索。

德国东非公司建立后，德国移民陆续来到坦噶尼喀，他们"立桩为界"，霸占土地，建立剑麻和咖啡种植园，到 1888 年他们已经建立了 30 个大型种植园。

欧洲移民（主要是德国人）增多以后，开发种植园的土地不够用了。1896 年，德国殖民当局颁布一项"土地法"，规定除酋长、土著部落和地主个人的土地外，坦噶尼喀全境的土地均归德国君主所有；坦噶尼喀人当时主要以传统轮作方式进行耕作，德国圈地委员会还把休耕的土地全部划归德国君主所有，这些休耕地面积是当时已耕地面积的 4 倍。

殖民当局对欧洲移民特别优待，所以当时来到坦噶尼喀的欧洲移民越来越多。据统计，1903 年欧洲移民为 650 人，1914 年达到 5400 人。被这些移民霸占的土地达到 77.8 万多公顷，致使当地许多人无地可种，失去了赖以生存的条件。

出于掠夺东非内陆资源的需要，德国殖民当局在坦噶尼喀修建了铁路。1893～1900 年，修建了一条长 25 英里的乌桑巴拉铁路，并于 1911 年将其延伸到莫希；1905～1907 年修建一条从达累斯萨拉姆市到莫罗戈罗的铁路,即"中央铁路",1912年延伸到塔波拉,并于1914年延伸到坦噶尼喀湖畔的基戈马。修建铁路期间,殖民当局到处抓人,强迫他们为修路做"贡献"。德国人对当地劳工非常残暴。据报道,1901~1913年,共有6.5万人受到残酷的体罚;1902~1914年,在修建坦噶到莫希和达累斯萨拉姆市到基戈马的铁路期间,因工伤、疾病和折磨致死的当地劳工就有两万多人。

除铁路等"公共工程项目"外,许多非洲人还要经常被迫到殖民政府的种植园里服劳役。

(二) 坦噶尼喀人民早期的反殖民斗争

从德国殖民者侵入之日起,坦噶尼喀各族人民就奋起反抗,连续不断地开展反抗入侵的英勇斗争。有三次规模很大。

1. 布希里起义 (1888~1890年)

这是德国殖民主义者进入坦噶尼喀不久就爆发的一次反抗殖民入侵的斗争。

起义领导人布希里·萨利姆·阿里哈尔提 (Abushiri ibn Salim al-Harthi, 1850~1889),是一位斯瓦希里商人。德国东非公司接管东非属地后,改革税制,影响到布希里等阿拉伯、斯瓦希里和其他一些部族商人的利益。在布希里的号召下,沿海城镇商人揭竿而起,反对德国人的税制改革,内地许多斯瓦希里人、阿拉伯人、赫赫人和尧族商人纷纷加入起义队伍,起义军曾攻占德国人占据的一些沿海城镇。1889年,俾斯麦派赫尔曼·魏斯曼上尉率领一支来自埃及和莫桑比克的1000人的雇佣军来镇压起义,由于势单力薄等原因,1890年5月布希里起义宣告失败。

2. 赫赫族起义 (1890~1898年)

这是坦噶尼喀历史上规模较大、坚持时间较长的一次反抗殖民统治的斗争。

赫赫族集聚在南部山林地区,一直控制着从沿海到塔波拉及其西部地区的主要商路,对来往商队进行检查和抽税。德国人侵入后,他们照章办理。对此,德国人恼羞成怒,向赫赫族酋长姆克瓦瓦 (Mukewawa, 1855 - 1898) 发出了"让路"的最后通牒。为了民族尊严,姆克瓦瓦决定率领

臣民与德国殖民者血战到底。

1891 年 6 月，德意志帝国专员泽列夫斯基亲自率领一支 1000 人的部队从基卢瓦出发，向赫赫族地区进军。姆克瓦瓦率领部队进行伏击。在这场伏击战中，10 名德国军官、300 多名士兵毙命，就连堂堂帝国专员泽列夫斯基也被乱箭射死，其余德军官兵则不战自溃，仓皇逃跑。

第二年，赫赫人主动出击，攻打基洛萨要塞并取得了全胜。

1894 年 10 月 28 日，德军派来精锐部队，攻打赫赫族酋长国首府卡伦加（Kalenga）。经过几天猛烈炮火轰击之后，德军终于攻克了卡伦加。

战斗失利后，姆克瓦瓦指挥战士转入山区，同侵略军展开了游击战。由于叛徒出卖，1898 年 6 月 19 日姆克瓦瓦在藏身之处遭到搜捕。他英勇不屈，悲壮牺牲。至此，持续了 8 年的赫赫人起义，由于失去领袖终告结束。

作为战利品，德国人将姆克瓦瓦的头颅运到柏林。根据 1919 年的《凡尔赛和约》，姆克瓦瓦的头颅须归还坦噶尼喀，但直至 1955 年才予运回。姆克瓦瓦领导赫赫人英勇抗击德国殖民侵略者的事迹，至今仍在坦桑尼亚各族人民中间传颂，坦噶尼喀独立后，他成为坦噶尼喀的第一位民族英雄。

3. 马及马及起义（1905～1907 年）

这是德国殖民统治期间坦噶尼喀发生的规模最大的武装起义。

这次起义，以秘密传递一种名为"马及"的信息为媒介，组织和动员群众进行抗击德国殖民统治的斗争。在恩加兰贝（Ngarambe）有一位名叫金吉基蒂勒·恩格瓦勒（Kinjikitile Ngwale）的巫医，他号召同胞们抗捐、抗税、抗劳役，把德国人赶出坦噶尼喀。据说他得到一种"圣水"，谁带上这种水，在同德国人打仗时喊两声"马及"（斯瓦希里语"水"的谐音），就会受到"圣水"保护，刀枪不入，并能使欧洲人射来的子弹化为"一滴水"。

起义发源地在南方高原。1902 年，德国总督强迫南方农民种植棉花，引起当地农民强烈不满。1905 年 7 月，在南方马通比族（Matumbi）地区殖民政府的棉花种植园里，突然间有人高喊"马及-马及"。喊声未落，分散在棉花地里拔草的马通比人就都站立起来，他们不拔草了，而是拔起了棉苗。他们欢呼雀跃，舞之蹈之，"马及马及"起义就这样爆发了。

"马及马及"起义的烈火迅速向周边地区和全国蔓延。两个月左右，在达累斯萨拉姆至基洛萨一线以南，以及基洛萨至尼亚萨湖一线以东的整个地区都燃起了反抗德国殖民统治的烈火。

坦噶尼喀人民反抗殖民统治的斗争，使德国总督阿道夫·冯·戈岑（Adolf von Götzen）惊恐万状。他从德国调来大批增援部队，从 1905 年 11 月开始对起义队伍进行残酷镇压。1907 年 8 月，"马及马及"起义被镇压。

坦噶尼喀独立后，政府在"马及马及"起义的重要遗址建立了纪念碑，在桑格阿修建了"马及马及"起义烈士公墓。1956 年 12 月 20 日，尼雷尔在联合国第四委员会发表声明指出："人民进行战斗是因为他们不相信白人有权统治黑人和'开化'黑人。他们揭竿而起，不是由于某种恐怖主义运动的胁迫，也不是由于害怕某种迷信的誓约，而是响应自然的召唤、精神的召唤，这种召唤每时每刻都在震撼所有受过教育和未受过教育的人们的心灵，召唤他们反抗异族统治。"

三　英国殖民统治时期

（一）坦噶尼喀

第一次世界大战德国战败，根据 1920 年正式生效的《凡尔赛条约》，英国得到对德属东非的委任统治权。第二次世界大战后，联合国仍将坦噶尼喀交由英国"托管"。在强大军事力量支持下，英国对坦噶尼喀进行了 40 多年的殖民统治和掠夺，直至 1961 年 12 月 9 日坦噶尼喀获得独立。

1. 英国殖民者对坦噶尼喀的统治

（1）实行间接统治和种族主义政策

英国殖民者进入坦噶尼喀后即恢复其传统的部落管理机构，实行"间接统治"。他们把坦噶尼喀划分为 11 个省，在每个省派驻 1 名专员；将各省专员所辖地域划分为地区，聘任当地酋长及其助手为地方政府雇员，代为管理各地区及其下属基层单位的各项事务。

同时，英国殖民者坚持推行种族主义政策。1926 年，英殖民当局成立了坦噶尼喀立法会议，其议员均由总督指定。1948 年实行"多种族"政策，规定在立法会议中英国官员占 15 席，其余 14 席（"非正式"议员名额）按"种族"划分：欧洲人 7 席，印巴人 3 席，非洲人 4 席。20 世纪 50 年代，在非洲和坦噶尼喀争取独立呼声日渐高涨的形势下，英国殖民当局被迫于 1955 年增加了立法议会非官方议员名额，但其种族主义政策没有变，因为在增至 30 席后，仍规定欧洲人、非洲人和亚洲人各占 10 席。

（2）大肆掠夺农业和矿产资源

为缓解坦噶尼喀人民同英国殖民者直接对抗情绪，英国人进入后，除接管和收买原来德国人开发的剑麻种植园外，又新建了许多剑麻种植园。坦噶尼喀剑麻生产发展很快。1912～1938 年，剑麻产量从 1.7 万吨增至 10.3 万吨。

第二次世界大战期间，英国粮食和工业原料奇缺，殖民政府却要坦噶尼喀人种植更多的农作物；战后，又迫使坦噶尼喀发展农业生产，强制推行"姆布卢发展计划""苏库马发展计划""姆拉洛复兴计划""卢古鲁土地利用计划"等一系列农业计划。[①]

随着英国和欧洲移民的大量涌入，土地矛盾日益尖锐。为霸占更多土地，1945 年英国殖民当局公然修改土地政策，强调所谓"经济发展优先于非洲人的需要和取得他们的同意，只要有利于国家，只要土地占有者能够最大限度地利用土地，政府就可以为其征用"。随后，殖民政府强占土地的事件频频发生。

另外，坦噶尼喀矿产资源丰富，从 20 世纪 30 年代末起，英国殖民者就开始对黄金和钻石矿产资源进行掠夺性开采。1953 年，黄金采掘量达到 1200 公斤。其次是钻石，到 1951 年坦噶尼喀出口钻石所得利润为黄金利润的 8 倍；1958 年以前，坦噶尼喀钻石的开采被英国约翰逊公司垄断，1958 年以后由英、美两国垄断公司联合开采，1960 年产量为 25 万克拉。

---

① 伊·基曼博、阿·特穆：《坦桑尼亚史》下册，商务印书馆，1973，第 392 页。

（3）坦噶尼喀人处在社会最底层

如上所述，英殖民政府和欧洲移民控制了坦噶尼喀农产品和矿产品的生产和出口。英国人鼓吹"白人至上"，宣扬在坦噶尼喀建立"白人天堂"，由此英国和其他欧洲国家的移民越来越多。德国统治时期，到1914年欧洲移民为5400人；英国统治时期，到1954年欧洲人就达到1.8万多人。

亚洲人，主要是印度人，在坦噶尼喀成为仅次于英国和其他欧洲国家移民的"二等公民"。到20世纪50年代，在坦噶尼喀的印度人有6万人左右，他们不仅控制了坦噶尼喀小商业，还参与了一定数量的进出口贸易；他们从那些在两次世界大战后被迫出卖财产的德国人那里购买了土地，成了大地主，开始经营一些剑麻、甘蔗和茶叶种植园；同时，他们还大量占有达累斯萨拉姆市和其他许多市镇的房地产。

占人口绝大多数的当地黑人是坦噶尼喀的主人，但他们一直处在社会底层。到1953年，其人数已达800万人左右，其中90%以上是以土地为生的农民，而他们的许多耕地都被殖民政府"征用"去建种植园。据估计，德国统治时期，被占的土地约77.8万多公顷；但到20世纪50年代，被占的土地就达到200多万公顷。

为了养家糊口，许多失去土地的农民不得不到英国人和其他欧洲人的种植园里做苦力；有些则到英国人开办的金矿或钻石矿当矿工。据统计，1959年坦噶尼喀约有43.3万名工人（绝大部分为种植园里的农业工人）。

2. 坦噶尼喀人民争取独立的斗争

（1）坦噶尼喀非洲人协会的建立和发展

从20世纪20年代开始，当地非洲人就成立了一些部落联盟或协会。这些组织领导哈亚人、查加人、尚巴人和卢奥人等当地非洲人开展了反抗殖民统治的斗争。

引人注目的是，殖民政府的一些非洲人官员和雇员于1929年在达累斯萨拉姆市成立了坦噶尼喀非洲人协会，该协会逐步发展为坦噶尼喀一个跨部族、跨宗教和跨行业的争取民族独立的政治组织。与此同时，在城镇也出现了一些非洲人工会组织，开始领导工人进行斗争。1937年，达累

斯萨拉姆港爆发了坦噶尼喀历史上第一次港口工人大罢工。

1945 年，坦噶尼喀非洲人协会在多多马举行年会。会议认为，只有动员民众才能取得反抗殖民统治的胜利。大会决定：向全国发展，尤其是乡村地区，争取广大农村民众的支持；关心城镇和乡村民众的权利、福利和进步，把民众组织和动员起来参加民族独立的斗争。

多多马年会以后，坦噶尼喀非洲人协会得到迅速发展。到 1948 年，分会就从 1945 年的 10 多个增加到 39 个，会员从几百人猛增到 1780 人。更重要的是，在广大乡村地区，坦噶尼喀非洲人协会领导开展了一系列反抗英国殖民统治的群众运动。非洲人协会 1947 年还在达累斯萨拉姆市组织领导了一次大罢工，涉及坦噶尼喀许多地区，参加罢工的有铁路职工、码头工人、教员、乌温扎的盐工和坦噶的剑麻工人。

（2）坦噶尼喀非洲民主联盟领导坦噶尼喀人民获得独立

第二次世界大战以后，坦噶尼喀非洲人协会加强了反抗殖民统治、争取民族独立的斗争。

1953 年，尼雷尔参加坦噶尼喀非洲人协会，并当选为协会主席。1954 年 7 月 7 日，坦噶尼喀非洲人协会在达累斯萨拉姆市举行年会，决定将协会改组为坦噶尼喀非洲民族联盟（简称"坦盟"），并推举尼雷尔为坦盟主席。

尼雷尔认为，用和平斗争手段争取民族独立是可行的，并且能够取得胜利。会议通过的坦盟章程明确规定：坦盟要为坦噶尼喀的自治和独立进行斗争；坦盟反对部族主义，要为建立一个统一的民族主义国家而奋斗。尼雷尔指出，坦盟要把农民组织起来，农村青年要同城市的知识分子在争取民族独立的旗帜下携手前进。他呼吁穆斯林和基督教徒联合起来。他还表示，坦盟将积极支持工会运动、妇女运动和合作社运动，以赢得社会各界的广泛支持。

坦盟建立后，为提高非洲人工资、取消体罚、争取使非洲人进入政府咨询和立法机构展开了坚持不懈的斗争。1955 年 2 月，尼雷尔到纽约联合国总部，以坦盟主席身份向联合国托管理事会申述了要求坦噶尼喀独立的立场；1956 年他第二次去联合国，再次提出坦噶尼喀实现自治和独立的要求。尼雷尔两次访问联合国，赢得了国际上的承认和尊敬。尼雷尔认为，要实现坦噶尼喀独立，坦盟还须发展和壮大，得到全国各族人民的支持。所以，他回国后即辞去教师工作，全身心地投入争取坦噶尼喀民族独立的斗争。

在尼雷尔领导下，坦盟发展很快。1955 年，在坦盟领导下，建立了坦噶尼喀劳动者联盟，成立了坦噶尼喀妇女联合会；1956 年还成立了坦噶尼喀青年联盟。到 1957 年坦盟党员就从 1955 年的 10 万人增加到 50 万人。

在 1958 年 9 月举行的坦噶尼喀立法会议选举中，坦盟获胜。1959年，尼雷尔第三次到联合国大会，再次表明"坦噶尼喀已经具备实行自治的条件，是实现独立的时候了"。

1960 年初，坦盟同英国当局举行谈判，确定了由"责任政府"到"内部自治"，后从"内部自治"到完全独立的进程。1960 年 9 月，坦盟在立法会议选举中获得 71 个席位中的 58 席，尼雷尔被任命为坦噶尼喀"责任政府"首席部长。

1961 年 3 月，在达累斯萨拉姆市举行了由英国和坦噶尼喀代表参加的制宪会议，会议决定同年 12 月 9 日坦噶尼喀正式独立，先成为君主制国家。1961 年 5 月 1 日，坦噶尼喀实行"内部自治"，尼雷尔当选为坦噶尼喀"自治政府"总理；12 月 9 日，坦噶尼喀宣告独立，尼雷尔继续担任政府总理。1962 年 12 月 9 日，坦噶尼喀宣布废除英国总督，成立坦噶尼喀共和国，尼雷尔为首任总统。

（二）桑给巴尔

1. 英国对桑给巴尔实行"全面保护"

1890 年 7 月 1 日，根据英国和德国签署的瓜分东非的协议，桑给巴尔岛成为英国的保护国。英殖民者进入桑给巴尔岛后，依靠炮舰政策，很快就控制了桑给巴尔岛的内外权力。

第一，掌握了桑给巴尔岛政权。第二，接管了桑给巴尔岛的涉外权。第三，控制了桑给巴尔政府的财政大权。第四，也是最重要的，每一位苏丹都要经过英国人严格挑选并向英国行效忠仪式。例如，赛义德·阿里苏丹 1893 年去世后，英国便对哈迈德·本·斯瓦因说，如果他愿接受英国"保护",英国则支持其继承王位。为得到王位,斯瓦因立即接受了英国的条件。如果有谁胆敢不接受英国的指令,那就会陷于灭顶之灾。

2. 英国殖民者依靠阿拉伯人进行统治

由于历史原因和对桑给巴尔岛进行殖民统治的需要,英国人进入桑给巴尔岛后,始终把阿拉伯人当成得力助手。从一开始就吸收阿拉伯人进入桑给巴尔保护理事会,并有计划地选拔阿拉伯人担任殖民政府的高级官员。与此同时,英殖民当局还鼓励和支持阿拉伯人在桑给巴尔岛继续发展丁香种植和其他热带作物种植。在这种情况下,到桑给巴尔岛的阿曼移民越来越多。据估计,在桑给巴尔岛的阿拉伯人(主要是阿曼人)1924年为18884人,到1948年就增加到44560人。[①]

3. 英国殖民当局操纵桑给巴尔"大选"

英国殖民者进入前后,桑给巴尔出现了一些政党。

(1)桑给巴尔民族主义党(简称"民族党")。1956年由阿拉伯人协会和桑给巴尔苏丹臣民民族主义党"合并而成。以阿拉伯人为主,也有一些设拉子人。其计划是"在非洲民族主义运动兴起之前,就把政权从英国人手里接管过来"。

(2)非洲-设拉子党。1957年2月由非洲人协会和设拉子人协会联合组成,非洲人协会主席阿贝德·阿马尼·卡鲁姆(Sheikh Abeid Amani Karume)被选为联盟主席,设拉子人协会书记塔比特·坎博被选为总书记。

(3)桑给巴尔和奔巴人民党(简称"人民党")。在设拉子人协会和非洲人协会结盟以后,1956年底3位设拉子领导人成立了人民党,"旨在维护设拉子人的独立性",1959年他们又在人民党的基础上参与创建了桑给巴尔和奔巴人民党。

(4)乌玛党。在民族党内,以时任民族党总书记阿卜杜勒·拉赫曼·穆罕默德·巴布(Abdul Rahman Mohammed Babu)为首的设拉子人,主张在桑给巴尔岛建立一个种族平等和民族平等的民主社会。1963年7

---

① 伊·基曼博、阿·特穆:《坦桑尼亚史》下册,商务印书馆,1973,第428页。

月，巴布及其支持者因不满民主党亲英的政策和种族主义政策退党，组建了乌玛党，并于8月与非洲－设拉子党结盟，建立了乌玛党和非洲－设拉子党统一阵线，巴布任主席。

20世纪50年代以后，桑给巴尔岛人民要求独立的呼声日渐高涨。1960年，迫于桑给巴尔岛人民争取民族独立运动发展的强大压力，英国殖民当局宣布1961年1月举行桑给巴尔岛大选，以组成"责任政府"，经过"自治"，实现独立。

在1961年1月的大选中，因没有任何一党在议会里所获席位过半，只能重选。

在1961年6月1日举行的第二次大选中，经英国殖民当局拉拢，民族党与人民党结盟，结果非洲－设拉子党和民族党各得10席，人民党获得3席，民族党与人民党联盟获胜，英国殖民当局准其组成桑给巴尔岛"责任政府"。

1963年7月，桑给巴尔岛举行"独立大选"。民族党同人民党继续结盟，再次获胜，英国人宣布桑给巴尔岛"内部自治"，由民族党与人民党组成"责任政府"。

观察家们一致认为，英国人就是要通过"选举"把政权交给阿拉伯人，建立一个傀儡政权，使英国在桑给巴尔岛的利益得到保护。

在英国人眼里，桑给巴尔岛是个战略要地。正如当时一位英国官员所说，桑给巴尔岛"是英国在东非重要战略计划的连接点"。他说："英国石油公司正在那里勘探石油。英国人设想，如果在桑给巴尔岛真的找到了石油，与对岸肯尼亚蒙巴萨炼油厂相接，就将成为帝国防卫系统中的重要组成部分。战争期间，如果中东石油断绝供应，这里就将是一个安全的石油生产基地，因此英国希望对桑给巴尔实行永久保护。"[1]

4. 桑给巴尔"一月革命"取得成功

经过1961年1月、6月和1963年7月的竞选以后，非洲－设拉子党通过合法大选取得政权的幻想已经完全破灭。

---

[1]　李汝燊等：《非洲》，中国青年出版社，1961，第234~235页。

　　非洲－设拉子党主席卡鲁姆在 1962 年 5 月的一次讲话中，公开谴责英国从承诺对桑给巴尔岛实行"永久保护"之日起，"始终考虑的就是保护阿拉伯人"。他表示桑给巴尔岛人民只接受非洲人占支配地位的政府，"如果有人希望在英国人离开时把政权交到在 30 万居民中只有 42000 人的外来移民阿拉伯人的手里，那是白日做梦！"他还郑重宣布："在桑给巴尔岛，少数必须服从多数，这就是民主！"

　　桑给巴尔岛"责任政府"成立后，阿拉伯人统治集团在"桑给巴尔化"的幌子下推行种族主义政策。据报道，在招聘政府雇员时，公开宣称"应聘者必须是殿下臣民，必须懂阿拉伯语"。于是，民族党领导人的一些亲朋好友及其子女，不久就都得到录用、任命、提拔或晋升。在桑给巴尔岛，阿拉伯人统治集团推行的种族主义政策遭到非洲人的坚决反对，阿拉伯人和非洲人之间的种族矛盾激化，种族仇恨进一步加深，甚至出现了种族对抗。

　　坦桑尼亚历史学家约翰内斯·莫萨雷说，桑给巴尔岛革命领导人的主要目标是调整多数非洲人和少数阿拉伯人之间在政治和经济上的不平等关系。但是他们知道，如果不取得政权，就不能有效地完成这项任务。[1]

　　有些观察家认为，桑给巴尔岛人民在三次大选中连连受挫，他们对通过立宪手段解决问题已经完全失去信心。而在新宪法刚刚实施三个星期之后，苏丹政权就开始镇压反对派，并开始从国外购买武器。他们说："现在摆在桑给巴尔岛人民面前的问题是：要立即动手，否则机会就会失去。"[2]

　　1963 年 12 月 10 日，桑给巴尔岛宣布"独立"，保留苏丹，成立君主立宪国，由当时的执政党民族党与桑给巴尔和奔巴人民党组成联合政府。这一天，桑给巴尔岛许多地区都没有升国旗。一位老园丁和他的朋友在窃窃私语："不久就要流血了！"[3]

---

①　伊·基曼博、阿·特穆：《坦桑尼亚史》下册，商务印书馆，1973，第 453 页。
②　伊·基曼博、阿·特穆：《坦桑尼亚史》下册，商务印书馆，1973，第 453 页。
③　伊·基曼博、阿·特穆：《坦桑尼亚史》下册，商务印书馆，1973，第 452 页。

结果，1964 年 1 月 12 日，非洲 - 设拉子党与乌玛党联合发动武装起义，推翻苏丹及其联合政府，成立了桑给巴尔人民共和国。这就是著名的桑给巴尔岛"一月革命"。

桑给巴尔革命委员会宣布接管政府，国家更名为"桑给巴尔和奔巴人民共和国"，还宣布非洲 - 设拉子党领导人卡鲁姆任共和国总统；汉加（Sheikh Abdulla Kassim Hanga）任政府总理；乌玛党领导人巴布任国防和外交部长；在新宪法颁布之前，内阁和政府所有各部将在革命委员会领导下工作。

同年 2 月，桑给巴尔革命委员会宣布：桑给巴尔为一党制国家；巴布所领导的乌玛党并入非洲 - 设拉子党；其他政党一律取缔；同时，成立非洲 - 设拉子党领导下的统一的革命工会联合会。

新政府采取了一系列措施，包括镇压苏丹王室成员，将一切土地收归国有，无偿没收阿拉伯人的种植园和所有不动产等。

第五节 当代简史

1964 年 4 月 26 日，坦噶尼喀和桑给巴尔联合成立坦噶尼喀和桑给巴尔联合共和国，同年 10 月 29 日，改名为坦桑尼亚联合共和国，从此开启了坦桑尼亚当代历史的进程。

一 尼雷尔时期（1961～1985 年）

从 1961 年坦噶尼喀独立到 1985 年主动让贤，尼雷尔在任 24 年。这 24 年在坦桑历史上称作"尼雷尔时期"，即"开国时期"。这一时期具有如下特点。

（一）为南部非洲民族独立和解放做出贡献

在尼雷尔领导下，自 20 世纪 60 年代初开始，坦桑尼亚始终支持津巴布韦、莫桑比克、安哥拉、纳米比亚人民争取民族独立的斗争，一直支持南非人民反对南非少数白人政权推行种族主义政策和争取民族解放的斗争，做出了牺牲，为非洲大陆非殖民化运动做出了杰出贡献。

坦桑尼亚呼吁国际社会对非洲白人种族主义政权实行制裁，并在独立后率先中止了坦噶尼喀向南非提供劳工的协议。1965年12月15日，因英国支持罗得西亚少数白人政权单方面宣布独立（11月11日），坦桑尼亚断然与英国断交，从而失去了英国提供的大量援助。

非洲统一组织（简称"非统"）解放委员会总部设在达累斯萨拉姆市，许多南部非洲解放运动的总部都曾设在达累斯萨拉姆市，它们在达累斯萨拉姆市中心的办公大楼至今仍被称为"解放大楼"。

坦桑尼亚一直站在支持南部非洲民族独立和反种族主义斗争的最前线。一方面，为津巴布韦、莫桑比克、南非、纳米比亚等国家争取民族独立和解放的组织在坦桑尼亚建立训练营地，如帮助莫桑比克等国家训练自由战士；另一方面，还向刚刚独立的国家提供援助，如莫桑比克等，帮助它们巩固和捍卫民族独立。

（二）推行"社会主义"政策导致经济困难

由于殖民者的长期掠夺，坦噶尼喀经济十分落后。尼雷尔认为，只有经济发展了，才能摆脱愚昧、疾病、贫穷的困扰。他常说，"别人在走，我们就得跑"，以激励人民发奋图强，建设国家。

1967年1月坦盟在阿鲁沙召开会议，尼雷尔发表了关于乌贾马社会主义和自力更生的讲话，并通过了《阿鲁沙宣言和坦盟关于乌贾马社会主义与自力更生政策的决议》，简称《阿鲁沙宣言》。"乌贾马"为斯瓦希里语"Ujamma"的音译，原义指"非洲部族传统社会中集体劳动、相互合作、共享成果的家族社会关系"，尼雷尔称"这种精神就是非洲人所需要的社会主义"。《阿鲁沙宣言》正式宣布"坦桑尼亚走社会主义的发展道路"，还明确提出"坦桑尼亚要自力更生地建设社会主义"。

同一年，政府根据《阿鲁沙宣言》精神实行了国有化政策，将外国银行和保险公司收归国有，对部分大型工业、外贸企业和种植园也实行了国有化，并在农村开始建立"乌贾马"村，开展"村庄化"运动，即将原来零散的小村落合并为较大的村庄，在乌贾马村中建设饮用水源库、小学校、医疗站等，向村民提供社会服务。另外，在党内实行"领导人守则"，严禁党和国家工作人员从事私人实业活动，以防止领导层出现"资产阶级化倾向"。

从 1976 年起，政府一直坚持对工矿企业和商业的国有化政策。1978 年，将英国人的 18 家公司收归国有；1980 年，对所有私人办的医院、诊所和药店实行了国有化。到 80 年代初，坦桑尼亚所有的银行和保险公司、70% 的采矿业企业、55% 的交通运输业企业、40% 的加工工业企业，都成为国营企业。然而，由于政府缺少资金，新上任的管理者缺乏经验，这些公司和企业的运转日益困难。从 70 年代中期到 80 年代初，坦桑尼亚经济陷入恶性循环：工厂开工不足，日用品奇缺，燃料不足，农业生产下滑，出口收入锐减。

"村庄化"运动的影响更大。习惯于分散居住、个体经营的农民对"村庄化"运动不热心，到 1973 年初全国只有 15% 的农民加入了"乌贾马"村。尼雷尔认为这是传统习俗在作怪。他指示全国乡村地区要在 1976 年前全部"村庄化"。为完成任务，有的地区出现了出动军队和民兵强迫农民迁居并村的现象，极大地挫伤了农民的生产积极性，使全国农业生产受到严重影响。1974 年和 1975 年又恰逢严重干旱，粮食产量锐减，全国出现了粮荒。

自 1967 年以来推行的"乌贾马社会主义"政策、国有化和村庄化运动都严重脱离国情，"社会主义建设"不仅没有取得成功，反而导致经济困难，甚至出现负增长的局面。对此，尼雷尔没有推卸责任。他在 1985 年的离职讲话中说："我失败了，让我们承认这一点。"后来，尼雷尔还多次公开表示：将世世代代分散耕种的农户集中起来，"实行集体化是一个严重错误"。

（三）注重政权建设，国家长期和平与稳定

独立以来，坦桑尼亚国内长期和平稳定。尼雷尔生前曾把这一局面的出现作为经验归纳为三条：一是坦桑尼亚领导人一直重视党的建设，二是坦桑尼亚建立了自己的军队，三是独立后政府在全国推广斯瓦希里语，把全国人民紧密地团结在一起。

观察家们普遍认为，坦桑尼亚长期和平与稳定局面的形成，与其开国总统尼雷尔为坦桑尼亚独立和发展呕心沥血、艰苦奋斗有着直接关系。尼

雷尔深受人民爱戴，他的崇高威望已经变成建立和发展国家、维护和平与稳定的强大凝聚力。在非洲大陆的领导人中，尼雷尔被称为"非洲贤人"。他担任总统20多年，生活简朴，廉洁奉公，他既没有自己的庄园，没有企业和股票，在外国银行也没有存款；他平易近人，因从政前曾在学校教书，人们就一直亲切地称他为"姆瓦利穆"（斯瓦希里语中"Mwalimu"为"教师""导师"之谐音），尼雷尔也喜欢这一朴素的称呼；作为国家领导人，他身体力行，遵守党纪国法，也不允许自己的家属享受特权或营私舞弊。坦桑尼亚国内外许多媒体都称赞尼雷尔这一高尚品德"不仅在非洲大陆，就是在全世界也是罕见的，难能可贵"，认为这就是坦桑尼亚人民在"乌贾马社会主义"导致经济困难以后，仍然爱戴他们的开国总统尼雷尔的最重要的原因。

1984年3月尼雷尔提出，1985年任期届满时他将辞去总统职务。当时，全国上下多数人都希望他继续留任。他却说，"党是永存的，但领导人必须有上有下"；"坦桑尼亚需要新领导去解决新问题"。他重申到1985年10月任期届满后将告老还乡，决不再担任总统。1985年10月，姆维尼被选为坦桑尼亚总统，实现了领导权的和平过渡。当时，尼雷尔是非洲乃至世界主动让位的少数领导人之一，赢得了国内外的广泛尊敬。

二 姆维尼时期（1985～1995年）

在1985年10月大选中，姆维尼当选为坦桑尼亚总统；1990年10月再次当选，直至1995年10月届满卸任。在这10年里，姆维尼改弦易辙，修改了《阿鲁沙宣言》，开创了坦桑尼亚政治和经济改革的先河。

（一）修改《阿鲁沙宣言》，实施结构调整计划

姆维尼就任总统后，就对《阿鲁沙宣言》规定的"建国方针"进行了根本性调整，改变了国有化政策和建立"乌贾马"村的做法，开始建立以市场经济为基础和以私营化为发展动力的经济体系。

姆维尼恢复同国际货币基金组织的贷款谈判，并于1986年8月接受其贷款条件，实行"结构调整计划"。这不仅使国际货币基金组织和世界银行向坦桑尼亚提供了大量财政援助，而且疏通了从其他国际组织、

援助国获得贷款和赠款的渠道，使坦桑尼亚恢复和发展经济所需外部资金大致有了着落，同时也为其债务的重新安排铺平了道路。在国际货币基金组织和西方捐赠国的帮助下，坦桑尼亚政府在 1986～1995 年执行了三个经济恢复和发展计划，使陷入困境的坦桑经济得到某种程度的恢复和发展。据估计，1986～1995 年，坦桑尼亚国内生产总值年均增长率在 3%～4%。

在建立以市场为导向和以发展私营部门为动力的市场经济改革中，姆维尼政府勇于探索，勇于实践。姆维尼执政初期，实施了使坦桑尼亚先令大幅度贬值的政策；允许商人自筹外汇进口商品，将出口创汇留成比例提升至 50%；开始对国营企业进行调整，实行了"关、停、并、转"和私营化政策，并于 1990 年批准第一批国营企业私营化计划，把一些国营剑麻种植园卖给私人。

1991 年 2 月，姆维尼在桑给巴尔召开革命党全国执行委员会会议，对 1967 年 2 月《阿鲁沙宣言》中有关党员准则的规定进行了修改，并通过了相关的《桑给巴尔宣言》。《阿鲁沙宣言》规定：党政官员不能参与任何资本主义经营活动；官员及其家属不能在任何公司占有股份，不能在任何资本主义私人企业中担任董事，不能领两份或两份以上工资，不能出租房产。这次修改把过去"不能"的字样完全改为"可以"。对《阿鲁沙宣言》的正式修改，是经过相当长的一段时间的实践检验后做出的，为坦桑尼亚进一步改革开放提供了理论依据。

《桑给巴尔宣言》通过以后，姆维尼政府提出一系列加快改革步伐的方针政策，包括：1991 年颁布《坦桑尼亚投资促进法》，取消对私人（包括外资）的投资限制，鼓励他们单独投资或与当地合作投资，同时建立了国家投资促进中心；1991 年出台《银行和金融机构法》，向国内外私人资本开放金融市场；1992 年制定《外汇法》，放宽了对外汇的控制，建立了货币自由兑换的市场机制，进而取消了进出口许可证；1993 年提出国营企业改革计划，把国营企业推向市场，实行了国营企业私营化政策；1993 年 8 月坦桑尼亚银行放开了对商业银行利率的限制；1994 年出台《资本市场和债券法》，建立了资本市场和证券局；1995 年制定《坦桑尼

亚银行法》，以发挥和加强中央银行的宏观调控职能；等等。所有这些不仅为姆维尼时期的经济改革增添了活力，使经济恢复计划得以顺利完成，而且为以后坦桑尼亚进一步改革开放奠定了基础。

（二）实行多党制，保证国家的和平与稳定

东欧剧变、苏联解体后，多党民主之风刮进非洲大陆。自 1964 年以来一直实行一党制的坦桑尼亚，面临严峻的挑战。

1990 年 2 月，革命党在全国公开讨论坦桑尼亚是否实行多党制问题。1991 年 2 月，革命党任命了一个总统委员会，调查全国人民对坦桑尼亚未来政治体制的意见。1991 年 11 月公布的调查结果表明：大陆主张继续实行一党制者占 80%，主张多党制者占 20%；桑给巴尔主张一党制者占 45%，主张多党制者占 55%。总统委员会认为，尽管目前要求实行多党制者占少数，但在当前形势下或放眼于未来，还是及早向多党制过渡对国家有利。姆维尼说，在一个真正民主的国家里，从不忽视少数人的意见，坦桑尼亚应向政治多元化转型，同世界其他地区发生的民主变化保持一致。

1992 年 1 月 17～20 日，革命党执委会在达累斯萨拉姆市开会，一致同意总统委员会实行多党制的建议。1992 年 2 月 20 日，革命党代表大会通过决议，决定在坦桑尼亚实行多党制。1992 年 4 月，坦桑尼亚议会和桑给巴尔代表院分别通过关于在坦桑尼亚实行多党制的宪法修正案，决定从即日起在坦桑尼亚正式实行多党制，宣布从 7 月 1 日开始启动新政党的注册工作。

姆维尼推行的这场政治改革取得了成功，多党制的顺利实施，保证了国家的和平与稳定。

三　姆卡帕时期（1995～2005 年）

姆卡帕 1995 年 10 月当选为坦桑尼亚总统，并在 2000 年 10 月连选连任，直至 2005 年 10 月届满卸任。这 10 年里，姆卡帕政府出台一系列政策法规，推动了坦桑尼亚政治、经济和社会的改革和发展，实现了"计划经济"向市场经济的转型。

（一） 深化改革，积极建立市场经济

姆卡帕执政后，通过与西方制订"增强经济结构调整计划"，继续执行经济改革政策，建立和发展市场经济。

随着经济改革的深入发展，2000 年国民议会通过第十三次宪法修正案，明确现阶段坦桑尼亚"不再具有社会主义国家性质"，为坦桑尼亚建立以私营部门为"引擎"的市场经济提供了政治和法律依据，加快了坦桑尼亚市场经济建设的步伐。

姆卡帕时期，坦桑尼亚出台了一系列法规、政策和计划，实行了经济向私营部门全方位开放的政策，包括《工业可持续发展政策（1996～2020）》（1996）、《保险业法》（1996）、《建立达累斯萨拉姆股票市场的政策》（1996）、《农业和畜牧业发展策略》（1997）、《恢复乡村地区销售合作社组织的政策》（1997）、《渔业部门发展战略》（1997）、《矿业发展政策》（1997）、《矿业法》（1998）、《国家电信业发展政策》（1997）、《国家养蜂政策》（1998）、《国家林业政策》（1998）、《森林法》（2002）、《国家旅游业发展政策》（1999）、《坦桑尼亚电力工业发展政策》（1999）、《电力工业发展计划》（2000）、《国家微观金融政策》（2000）、《海运公司法》（2002）、《中小企业发展政策》（2003）、《国家贸易政策》（2003）、《出口信贷担保计划》（2003）、《港口法》（2004）等，为私营部门的发展提供了广阔的天地。

为吸引投资，国民议会 1997 年 7 月对《坦桑尼亚投资促进法》（1990）进行修改，出台了新的《坦桑尼亚投资促进法》，增加了一些投资优惠政策；2001 年，政府还成立了以总统为首的"国家商业委员会"和以总理为首的"投资指导委员会"，分别负责协调有关各方的关系，以使投资项目能"一步到位"；为增加出口，2002 年 7 月国民议会通过了《出口加工区法》；2003 年，国民议会还通过了新的《土地法》；等等。

经过 10 年的努力，坦桑尼亚的投资环境有了明显改善，使坦桑尼亚各经济部门的投资都有了大幅度增加。据统计，1990～1996 年，坦桑尼亚投资中心共批准投资项目 90 个；1997 年以来，投资项目迅速增加，到

2004 年达到 2891 个。报道说，1990～2004 年坦桑尼亚投资中心批准的投资项目可提供 497539 个就业机会。引人注目的是，自 1997 年以来外国直接投资大幅增加。据统计，1997～2004 年在坦桑尼亚的外国直接投资达到 23.86 亿美元，年均 2.98 亿美元，而 1990～1996 年坦桑尼亚年均直接投资仅为 2.4 亿美元。

在这些投资项目中，约 25% 是坦桑尼亚过去的国营企业。1994 年，政府制订了对国营企业实行私营化的计划。国营部门改革委员会 2004/2005 年度报告说，截至 2004 年底已有 724 家国营企业完成了改制任务。其中，307 家是工业、旅游业和农业部门的骨干企业；417 家为非骨干企业。报告说，骨干企业中，156 家卖给了本国人，23 家卖给了外国人，另外 128 家变成坦桑尼亚人和外国人或政府和私人的合资企业。

姆卡帕总统曾说，经过 20 年的改革，坦桑尼亚私营部门发展了，并已成为国家经济发展的动力。他说："今天，私营部门的产值已占国内生产总值的约 2/3；在私营部门工作的雇员约占全国雇员的 84%；私营部门基本上经营着全部出口贸易。"①

（二）《2025 年远景发展规划》带来希望

姆卡帕执政初期，经过姆维尼时期的改革，坦桑尼亚经济已得到一定程度的恢复和发展，但人民生活却没有什么改善，全国仍有一半以上人口生活在贫困之中。

姆卡帕认为，坦桑尼亚应当以结构调整带来的宏观经济发展成果，推动经济社会的全面发展，让人民逐步摆脱贫困。1996 年，姆卡帕组织制定了《2025 年远景发展规划》，并于 1997 年由国民议会通过。《2025 年远景发展规划》的主要目标有两个：一是建立一种发展强劲、有竞争力的经济，二是人民的生活水平要不断得到改善和提高。

2000 年 1 月政府制定了一个《2025 年远景发展规划》的中期实施方案，即《减贫战略计划（2000～2010 年）》，到 2010 年的主要指标包括：（1）全国

---

① "Mkapa Leaves Behind Tools to Help Tanzanians Reach the Promised Land," *The Guardian*, June 11, 2005.

生活在贫困线以下的人口比例，要从 48% 降至 24%；（2）乡村地区贫困人口比例，要从 57% 降至 7.5%；（3）粮食贫困人口比例，要从 27% 降至 3.5%。教育方面，政府决定从 2001 年 7 月起免除小学学费，等等。

国际货币基金组织和世界银行对这份计划倍加赞赏，认为"这项计划为坦桑人民提出了更加明确的发展目标"，"为坦桑尼亚带来了希望"。它们建议把减贫计划的内容充实到计划实施的第三个《加强结构调整计划（2001/2002～2003/2004）》中去，合二为一，并取名为"减贫和发展计划"。从 2001/2002 年度起，坦桑尼亚开始实施"减贫和发展计划"（2000～2010）。

（三）反腐倡廉，保证经济顺利发展

为增加政府税收和争取国际多边和双边援助，解决政府财政困难，姆卡帕执政后继续实行紧缩的财政和货币政策，同时加强了以反腐为中心的良政建设。

姆卡帕上台伊始，在和部长们宣誓就职时都公开宣布自己的个人财产及其来源，表明了政府反腐倡廉的决心。

姆卡帕首先在政府机关开展了反腐败斗争。他于 1997 年 11 月在革命党"五大"上通报说，两年来已有 122 名政府官员因涉嫌腐败案被勒令退休。姆卡帕还说，848 名原海关、税务局的高级官员和职员，因涉嫌腐败案已被清理出税务局。[1] 1998 年 9 月姆卡帕改组内阁，免除 5 名有贪腐嫌疑的政府高级官员的职务，同时任命了几名形象清廉的新人，树立了政府廉洁的形象。

在反腐败斗争中，姆卡帕重视法制建设。1996 年 6 月，国民议会通过《国家领导人道德规范法修正案》，正式规定国家领导人、政府部长和国家公务员任职时要公布个人财产（以后每年公布一次）。

姆卡帕时期所进行的良政建设受到国际社会的称赞。世界银行和国际货币基金组织 2001 年宣布免除坦桑尼亚债务的时候，曾就非洲"良政"

---

[1] "Retired for Corruption, 122 Government Officials in Two Years," *Tanzania News Online*, November 22, 1997.

建设情况撰写了一份调查报告，称赞坦桑尼亚是"非洲在良政建设中各个方面都取得进展的唯一国家"。[①]

（四）经济出现持续发展新局面

由于政府采取了上述一系列政策和措施，姆卡帕 1995 年执政初期的困难形势得到改善，并且出现了经济社会全面恢复和发展的大好形势。

据统计，到 2004 年，国内生产总值增长率已从 1996 年的 4.2% 增至 6.7%，由此坦桑尼亚成为非洲地区发展最快的国家之一，2000～2004 年国内生产总值年均增长率达到 5.8%；人均国内生产总值已从 1996 年的 138 美元增加到 303 美元；通货膨胀率从 1996 年的 21% 下降到 4.2%；外汇储备水平也从 10 年前仅够支付两个月的进口费用增加到近几年可供 7 个月使用。另外，由于自 2001/2002 财年以来政府把 40% 以上的支出预算用于教育、医疗卫生、农业发展、供水工程和乡村地区道路等项目，在减贫方面也取得了进展。

由于姆卡帕政府执行的经济政策切实可行，加之良政建设取得成效和信誉，坦桑尼亚恢复了同发展合作伙伴的友好关系，为今后的经济发展创造了有利条件。这样，坦桑尼亚得到的外援增加；国际赠款和对债务的减免也在不断增加，国际货币基金组织和世界银行 2001 年决定在今后 20 年免除坦桑尼亚 30 亿美元的债务。另外，自 2002 年政府制定《坦桑尼亚援助策略》以来，国际上对坦桑政府的"预算援助"不断增加。过去，坦桑尼亚发展合作伙伴的援助都是拨款到具体项目，并由援助者直接负责项目的落实；现在这种发展援助，从项目的提出到计划的制订和落实，全由坦桑尼亚政府负责。这表明国际社会对姆卡帕政府充满信心，坦桑尼亚已经成为撒哈拉以南非洲少数几个得到国际社会信任的国家之一。[②]

---

① Speech by the President of the United Republic of Tanzania, His Excellency Jakaya Mrisho Kikwete, On Inaugurating the Fourth Phase Parliament of the United Republic of Tanzania, Parliament Buildings, Dodoma, 30 December, 2005.

② Speech by the Minister for Finance Hon. Basil P. Mramba（MP）Introducing to the National Assembly the Estimates of Government Revenue and Expenditure For The Financial Year 2005/06, June 8, 2005.

四　基奎特时期（2005～2015 年）

基奎特在 2005 年 10 月当选为坦桑尼亚总统，2010 年 10 月连选连任，直至 2015 年 10 月届满卸任。基奎特就任总统后，继承姆卡帕时期的内外政策，提出"新热情、新动力、新步伐"的口号，采取一系列新举措，推动了坦桑尼亚各项事业的发展。

（一）为维护国家统一和党政建设做出贡献

基奎特重视国家的统一和安定团结，倡议并成立了"联合政府总理与桑给巴尔岛首席部长会晤机制"，推动并恢复革命党与反对党公民联合阵线关于桑给巴尔岛问题的政治和解谈判，使桑给巴尔岛问题和桑给巴尔岛与大陆之间的一些矛盾得到缓解，维护了大陆与桑给巴尔岛的联合，保证了国家的安定团结，为国家经济社会的发展奠定了基础。

他坚持反腐倡廉，加大了惩治腐败力度。2008 年 1 月和 2 月，先后撤换涉嫌腐败的中央银行行长、责令总理辞职并重组内阁；2012 年 5 月，大幅改组内阁，并任命大批省、县级年轻官员；2014 年 1 月，再次改组内阁，撤换部分工作不力和受到贪腐指控的内阁部长。这不仅提高了政府的工作效率，而且增强了政府的威信。

发人深省的是，基奎特 2005 年是以 80.28% 的得票率当选为总统的，但 2010 年争取连任时得票率则下降到 62.83%。据一家民调机构 2013 年的数据，2012 年革命党的支持率已经降到 60% 以下。按此趋势，该机构预计革命党的支持率到 2015 年将会下降到 40%，与反对党民主发展党旗鼓相当，甚至可能在 2015 年大选中失利。面对这种严峻形势，以基奎特为首的革命党开展了以党内反腐和内部改革为重点的"蜕皮运动"，包括上述三次改组内阁，旨在恢复和增强革命党的威信。从 2013 年下半年开始，革命党由阿卜杜拉曼·基纳纳总书记带队，开展全国范围的"走基层"活动。他们深入农村，与农民同吃同住同劳动，广泛听取民众对政府和执政党的意见。经过"走基层"活动，革命党密切了同人民群众的联系，基层选民对革命党的支持率明显回升。在 2014 年底举行的地方选举中，革命党赢得了 9406 个村庄和街道的席位，占总席位的 76.14%，大大领先于

反对党，为革命党赢得 2015 年 10 月的全国大选奠定了基础。[①]

（二）推行私有化和自由市场经济取得进展

基奎特政府不断加大对基础设施建设的投入，并通过建立经济特区和出口加工区等措施吸引外资。基奎特重视私营部门在经济发展中的作用，专门设立了扶植中小企业和个体经营者的"基奎特基金"，还采取了诸多措施，促进教育和医疗卫生事业的发展，帮助弱势群体改善生活条件。

在基奎特执政前 3 年，坦桑尼亚经济年均增长率超过 7%，2008 年高达 7.4%。尽管全球经济危机对坦桑尼亚经济增长有负面影响，但基奎特政府于 2009 年 6 月采取了总额约 13 亿美元的刺激经济措施，保证 2009 年经济增长率达到 6%，好于经济危机开始后对经济增长的预测。

坦桑尼亚 75% ~ 80% 的人口以农业为生计，基奎特执政伊始即制订了以农业为基础、大力发展农业的计划；2006 年政府出台了为期 7 年、总额达 21 亿美元的农业发展规划；2009 年 6 月，基奎特正式提出"农业第一"的发展战略，旨在加大对农业的投入，提高农业生产力，实现农业转型，推动经济社会的全面发展和加快减贫的步伐。他说，坦桑尼亚是一个农业国，经济要持续快速发展离不开农业，要实现减贫和脱贫的目标更离不开农业，因为绝大部分贫困人口在乡村地区。

基奎特注重改善民生，强调经济发展成果必须惠及普通百姓。2011 年出台《国家发展五年计划（2011 ~ 2015）》，确定了农业、基础设施、工业、旅游、人力资源、信息通信六大优先发展领域。坦桑尼亚改革成效日益显现，经济增长率连续多年超过 6.5%，在撒哈拉以南非洲国家中名列前茅，矿业和旅游业发展强劲，投资环境不断改善，外国直接投资持续增加。

（三）实施务实的经济外交政策取得丰硕成果

基奎特就任总统后，遍访邻国，继续发展与邻国的睦邻友好关系。2008 年，作为非盟轮值主席，积极推动邻国肯尼亚政治争端的和解；作为东共体首脑会议轮值主席，努力推进地区一体化进程；2012 年 8 月，

---

① 中国驻坦桑尼亚大使吕友清：《全方位评估 2015 年坦桑尼亚大选》。

作为南共体政治防务安全机构轮值主席，积极参与调解肯尼亚大选后危机、津巴布韦大选政治危机，大力斡旋刚果（金）及马达加斯加内部矛盾，关注索马里和平进程，为非盟驻索马里维和部队提供培训，参与调解布隆迪问题；参与联合国在苏丹达尔富尔、刚果（金）、科特迪瓦和南苏丹等地区的维和行动。他的这些努力，都取得了积极效果，提高了坦桑尼亚在东非乃至整个非洲的影响力。

他多次率政府和企业家代表团访问欧美发达国家，以争取外援和招商引资。2007 年 9 月，基奎特出席联大会议并访美，广交朋友，宣传坦桑尼亚。2008 年 2 月，美国总统小布什在访问坦桑尼亚时称赞基奎特是一位"聪明的、强有力的模范领导人"，两国签署《千年挑战合作协定》，"千年挑战账户"向坦桑尼亚提供 6.98 亿美元的援助协议。2012 年 5 月，基奎特出席在纽约举行的 G8 峰会关于全球农业和粮食安全的国际研讨会并访美，受到奥巴马总统的热情接待。2012 年 12 月，鉴于坦桑尼亚经济的出色表现，美国"千年挑战账户"确认向坦桑尼亚提供第二期资金援助。2013 年 7 月，美国总统奥巴马访问坦桑尼亚，将坦桑尼亚列入实施"电力非洲"首批 6 个重点国家。

基奎特为坦桑尼亚、非洲地区和国际社会所做的努力得到国际社会的高度赞赏。2007 年荣获非洲领袖成就奖，2011 年获得联合国南南发展奖，2013 年被《非洲领袖》杂志评选为年度非洲最有影响力的领导人，2014 年获民主政治奖，2015 年获泛非青年联盟卓越领导奖，等等。

第三章

政　治

第一节　国体

坦桑尼亚是一个联合共和国，1964 年 4 月 26 日由坦噶尼喀共和国和桑给巴尔人民共和国联合组成。

一　坦桑尼亚联合共和国的建立

坦噶尼喀和桑给巴尔在联合前是两个独立的主权国家。

坦噶尼喀，1961 年 12 月 9 日独立，1962 年 12 月 9 日成立坦噶尼喀共和国。桑给巴尔，1963 年 12 月 10 日宣告"独立"，成为由阿曼苏丹统治的君主立宪国，1964 年 1 月 12 日桑给巴尔人民在非洲－设拉子党领导下发动"一月革命"，推翻了阿曼人苏丹的封建统治，建立了桑给巴尔人民共和国。

1964 年 4 月 22 日，尼雷尔总统同卡鲁姆总统就建立联邦问题举行会谈，达成共识，并签署了建立联邦的《坦噶尼喀共和国和桑给巴尔人民共和国联合条款》（简称《联合条款》）；4 月 25 日，坦噶尼喀国民议会和桑给巴尔革命委员会分别批准了《联合条款》；4 月 26 日，两国总统在达累斯萨拉姆市交换《联合条款》批准书，坦噶尼喀和桑给巴尔联合共和国正式成立；10 月 29 日，更名为坦桑尼亚联合共和国。

根据《联合条款》，两国联合成为一个主权共和国，联合共和国首任总统由尼雷尔担任，另设两名副总统，第一副总统由卡鲁姆担任。卡鲁姆

为桑给巴尔岛的行政首脑（总统），作为联合共和国总统的主要助手，协助总统履行其在桑给巴尔岛的行政职责。

二　坦桑尼亚联合共和国建立背景

在桑给巴尔岛"一月革命"之后，坦噶尼喀和桑给巴尔岛之所以能迅速实现联合，完全出于它们各自需要。

"一月革命"成功后，桑给巴尔岛新政权立即得到苏联、中国和民主德国等社会主义国家的承认和支持，西方媒体把桑给巴尔岛称作"非洲的古巴"。桑给巴尔岛的风云突变首先引起了英国人的关注，因为他们"按法律程序"在桑给巴尔岛扶持的阿拉伯人傀儡政权上台还不到一个月即被推翻，"使英国在桑给巴尔岛的利益受到了威胁"。而美国出于冷战需要，从 20 世纪 50 年代起开始进入非洲，还在桑给巴尔岛建立了卫星追踪站，担心"一月革命"后共产党国家乘机进入桑给巴尔岛，使美国的"非洲计划"受阻。于是，美、英向桑给巴尔岛附近海域派出舰队，大有要对桑给巴尔岛"一月革命"进行武装干涉之势。

当时，桑给巴尔岛没有军队，卡鲁姆担心美、英海军一旦发起进攻，桑给巴尔岛反对派就会趁机反扑。另外，卡鲁姆还担心帝国主义对桑给巴尔岛实行经济封锁。总之，大国干涉的威胁使桑给巴尔岛新政权面临巨大压力。

从坦噶尼喀方面讲，"一月革命"后桑给巴尔岛局势复杂，尼雷尔担心桑给巴尔岛成为东西方争夺的场所，也担心外国势力对桑给巴尔岛的干涉会给坦噶尼喀带来威胁。因此，坦噶尼喀在"一月革命"之后就应卡鲁姆要求派出警察予以帮助，并开始考虑两国联合问题。

三　坦桑尼亚是一个特殊的联邦制国家

尼雷尔和卡鲁姆根据当时两国联合的实际情况，确定了与众不同的联邦框架。根据《联合条款》，坦桑尼亚建立两个政府：联合共和国（即中央）政府和桑给巴尔政府，坦噶尼喀（现称大陆）不再单独设立政府，中央政府负责"联合事务"和大陆事务，桑给巴尔岛政府负责"联合事务之外"的桑给巴尔岛事务；与此同时，建立两套与之相适应的立法和司法机构。

1965 年，坦桑尼亚国民议会根据《联合条款》制定了坦桑尼亚临时宪法，1977 年制定了正式宪法，后来又多次对宪法进行修改，但都坚持了"建立两个政府"这一基本原则。

四　联合中的矛盾与斗争时起时伏

坦噶尼喀和桑给巴尔岛的联合，是两国政治上的一件大事，受到两国人民的普遍欢迎。但由于两国在许多方面的差异，尤其是联合过于仓促，是由少数领导人做出的决定，因此联合 50 多年来，始终存在联合形式化甚至"合与分"的矛盾和斗争。

1977 年坦盟和非洲－设拉子党合并为坦桑尼亚革命党后，桑给巴尔岛有人认为大陆在通过革命党插手桑给巴尔岛的非联合事务，还认为桑给巴尔岛在外交方面代表权不足，外援分配比例也不合理。

1983 年 12 月，以桑给巴尔岛首席部长法克为首的一批桑给巴尔岛高级官员竟要求将联合改为联邦，建立三个政府，扩大桑给巴尔岛自主权，允许桑给巴尔岛直接同外国接触，争取外援。

1992 年 12 月 1 日，为从伊斯兰发展银行获得优惠贷款，桑给巴尔岛政府私自加入伊斯兰会议组织（Organization of the Islamic conference, OIC），遭到联合政府的坚决反对，遂于 1993 年被迫退出。

坦桑尼亚实行多党制以来，一些反对党如全国建设与改革大会、多党民主联盟和公民联合阵线等不断提出要重新讨论坦、桑联合问题，甚至有些桑给巴尔岛人还公开提出解散联盟，实现"独立"。1995 年 1 月，公民联合阵线等 6 个反对党领导人开会，再次提出了制定新宪法和建立坦噶尼喀政府的要求。1996 年以后，桑给巴尔岛反对派加紧反对联合的行动。对此，桑给巴尔岛政府在联合政府的支持下，采取强硬措施压制反对派的分裂活动，维护了联合体制。2000 年 10 月卡鲁姆当选总统后，多次表示维护联合的立场，进一步打压了桑给巴尔岛的分裂势力。2001 年以来，联合政府为巩固统一局面，维护联合政体，努力争取温和力量，打击桑给巴尔岛分裂势力，并在预算资金分配和其他事关桑给巴尔岛切身利益的问题上给予照顾。在这种情况下，桑给巴尔岛反对派，包括公民联合阵线，不再公开反对联合，但仍坚持要求中央政府给予桑给巴尔岛更大的自治权力。①

从坦、桑联合 50 多年来时隐时现的矛盾看，主要有两方面的问题尚待审慎处理和解决。

第一，关于权利与义务问题。桑给巴尔岛革命党内部部分官员和公民联合阵线（包括大陆的一些人）认为，桑给巴尔岛与大陆联合后仍是独立国家，应拥有与其地位相称的部分主权；坦、桑联合是双方平等合并，目前联合体制中联合政府地位高于桑给巴尔岛政府不合理，应建立三个政府联合体制，使坦、桑都享有独立国家的地位。

第二，关于经济利益分配问题。桑给巴尔岛认为其与大陆地位平等，联合政府每年将外国援助的 4% 分配给桑给巴尔岛政府"严重不公"，但联合政府则认为每年已在财政上给予桑给巴尔岛大量补贴；桑给巴尔岛拥有潜在的油气资源，桑给巴尔岛领导人多次要求将油气资源从联合事务中分离出来，桑给巴尔岛代表院会议还通过了自主开发油气资源的决议，但联合政府则称联合事务变动涉及修宪，须经国民议会 2/3 以上多数通过；桑给巴尔岛出口到大陆的商品被征收双重关税问题；等等。

桑给巴尔岛第二副总统伊迪 2011 年在接受媒体采访时表示，桑给巴尔岛已将其利益诉求诉诸文字，并正在为制定一部坦桑尼亚新宪法而努力。伊迪还说，目前两个政府之间有待解决的具体问题包括：（1）桑给巴尔岛油气资源权益分配问题；（2）桑给巴尔岛在东非共同体（EAC）中的地位问题；（3）桑给巴尔岛拖欠坦桑尼亚电力供应有限公司（TANESCO）债务的问题；（4）桑给巴尔岛对外关系问题，特别是允许桑给巴尔岛申请外国贷款问题；（5）桑给巴尔岛在坦桑尼亚中央银行（BOT）中的利益问题；等等。②

---

① 《坦桑尼亚国家概况》，中国人民共和国外交部网站，http://www.fmprc.gov.cn/web/gjhdq_676201/gj_676203/fz_677316/1206_678574/1206x0_678576/t9449.shtml。
② 中国驻桑给巴尔总领馆经商室领事李乐禹：《坦桑尼亚讨论新宪法，桑给巴尔提出利益诉求》，2011 年 5 月 10 日，http://www.mofcom.gov.cn/aarticle/i/jyjl/k/201105/20110507540780.html。

第二节 宪法

按照《联合条款》的规定，坦桑尼亚有两部宪法：一部是坦桑尼亚联合共和国宪法，是全国大法，同时涉及联合事务之外的大陆（坦噶尼喀）事务；另一部是桑给巴尔岛宪法，仅涉及联合事务之外的桑给巴尔岛事务。

一 坦桑尼亚宪法[①]

（一）1964 年临时宪法

这是坦、桑联合后的第一部宪法，于 1964 年 12 月由双方立法机构批准，全称为《坦噶尼喀和桑给巴尔联合共和国临时宪法》。这部宪法的主要内容如下：

（1）坦、桑建立两个政府，一个是坦桑尼亚政府（中央政府），负责联合事务和坦桑尼亚大陆（坦噶尼喀）事务；另一个是桑给巴尔政府，负责联合事务之外的所有桑给巴尔岛事务。

（2）宪法规定 11 项事务为联合事务，由中央政府负责，包括联合共和国宪法和政府，外交，国防，警察，宣布处于紧急状态的权力，公民权，移民，对外贸易和国际借贷，联合共和国的公共服务事业，所得税、公司税、海关和营业税，港口、民航、邮政和电信服务。

（3）桑给巴尔岛总统为联合共和国副总统，联合共和国总统通过桑给巴尔岛总统行使其管理桑给巴尔联合事务的权力。

（二）1965 年临时宪法

这部宪法是对 1964 年临时宪法进行修改以后形成的主要内容包括以下两方面。

---

① Tanzania, "Key Historical and Constitutional Developments," Kituo cha Katiba East African Centre for Constitutional Development, Makerere University Faculty of Law, http://www.Kituochakatiba.co.ug.

（1）规定"联合共和国为一党制国家"，国家机关的所有工作都要在党的领导下进行，巩固了执政党的领导地位。

（2）将联合事务从 11 项增加到 22 项，新增事务包括货币发行（硬币和纸币）、银行（包括储蓄银行）和所有银行业务，外汇及外汇管理，工业企业的注册和登记，高等教育事业，矿物和油气资源（包括原油和天然气），全国考试委员会及与该委员会作用相关的事务，民航事业，研究部门或调查机构，气象事业，统计工作，联合共和国上诉法院，政党注册及与政党相关的事务。

但是，这部临时宪法还保留了桑给巴尔岛在非联合事务上的自治权，并规定对桑给巴尔岛参加中央政府和中央其他机构给予平等考量甚至予以优待。

（三）1977 年宪法

这是坦、桑联合 13 年后制定的一部正式宪法，迄今仍在使用。

这部宪法是 1977 年 4 月 16 日革命党全国执行委员会召开制宪会议讨论通过的。

这部宪法规定了国家发展的总原则和总目标，即建设一个致力于独立、统一、主权和民主的国家，建立一个基于民主、人权与和平共处的团结的社会。规定"坦桑是一党制的民主社会主义国家"。规定了国家活动的基本原则和方向："尊重人权；根据国家利益发展和使用国家资源；吸引全体有劳动能力的公民参加生产劳动；有计划地发展民族经济；消灭一切形式的剥削、种族歧视、腐败、走私；向贫穷、愚昧和疾病开战；基本生产资料由国家控制，保证国家在民主和社会主义原则下前进。"规定了公民的基本权利和公民的自由权。

这部宪法还突出了"党的至高无上的领导地位"，规定"作为全国唯一的执政党，革命党拥有提名桑给巴尔总统候选人的权力，然后交桑给巴尔人民投票选举"，此前这一权力归桑给巴尔革命委员会所有。

这部宪法重申在坦桑尼亚只建立两个政府，同时重申坦桑尼亚实行一党制。

这部宪法还强调总统拥有"至高无上的国家权力"，"联合共和国总统有权按规定将有关法律扩大到桑给巴尔或废除桑给巴尔相应的法律，必要时有权在大陆和桑给巴尔宣布紧急状态"。

1977 年以来，这部宪法已进行过多次修改，突出的几次修改如下。

1984 年修宪，规定设置两位副总统，一位由联合政府总理兼任，另一位由桑给巴尔总统担任。联合政府总统任期为 5 年，连任不得超过两届。

1992 年修宪为第八次修宪，是在革命党决定在坦桑尼亚恢复多党制后进行的，删去了原宪法中有关一党制、革命党在国家体制中享有垄断权和居于最高领导地位等条款，明确规定"坦桑尼亚是一个多党民主国家"。为适应多党制新形势，宪法扩大了国民议会权力，并相应削弱了总统的权力。

1994 年，对宪法进行了第十一次修改，规定联合共和国政府设总统和 1 名副总统（副总统候选人在竞选中作为总统候选人的竞选伙伴；总统与副总统必须来自同一政党，并分别来自大陆与桑给巴尔岛；副总统不再由桑给巴尔岛总统或联合共和国总理兼任），任期 5 年，可连任一届。联合共和国总统为国家元首、政府首脑和武装部队总司令。总统任命总理，总理主持联合政府日常事务。

2000 年，国民议会通过宪法第十三修正案，对"社会主义"的含义重新进行界定，明确坦桑尼亚"不再具有社会主义国家性质"。

2010 年大选后，坦桑尼亚国内修宪呼声不断。2011 年 11 月，国民议会通过《宪法审核议案》，经基奎特总统签署后正式生效。2012 年 4 月，修宪委员会成立；6 月和 12 月，两个新宪法草案先后出台，提出设立坦噶尼喀政府、桑给巴尔政府和联合政府三个政府，缩减联合事务以及限制总统权力等重大修改。2013 年 1 月，开始向政党、学术界、非政府组织、宗教团体等征集意见，完成后开始起草新宪法草案，然后提交国民议会审核，国民议会审核通过后将进行全民公决。新宪法草案原定于 2015 年 4 月进行公投，但因"技术原因"被无限期推迟。

本次修宪，各方意见内容丰富，涉及联合体制、政府设置、议会规模、总统权力、基础教育、社会福利、土地和能源及矿业政策等诸多方面。在联合体制问题上，桑给巴尔岛借修宪之机努力争取自身主

权，追求与大陆同等地位以及自主开发其沿岸海域天然气资源的权力。各政党也竞相发表意见，以在未来政治权力安排等核心问题上处于有利地位。

二 桑给巴尔宪法①

1977 年《坦桑尼亚宪法》出台后，1979 年 1 月 14 日桑给巴尔岛革命委员会举行会议，讨论通过了"一月革命"以来的第一部宪法《桑给巴尔宪法》，同时通过了联合共和国宪法中有关桑给巴尔岛的所有条款。

宪法规定在桑给巴尔岛实行三权分立，即设立行政、立法和司法机构，此前一直是桑给巴尔岛革命委员会集行政、立法和司法权于一身。同一年，桑给巴尔岛建立了代表院，代表院由各级革命委员会成员及各级革命委员会推举的代表组成。

1984 年 10 月 10 日，桑给巴尔岛修改宪法，制定了一部新宪法。新宪法进一步明确联合共和国分设联合政府和桑给巴尔岛地方政府，规定桑给巴尔岛革命政府由 20 人组成，由首席部长主持政府日常事务，对桑给巴尔岛代表院负责；桑给巴尔岛政府有权处理除外交、国防和安全等联合事务以外的桑给巴尔岛事务。规定代表院的绝大部分成员由选举产生。还规定桑给巴尔岛可以有自己的国旗和国歌。

在 1992 年 2 月革命党决定在坦桑尼亚恢复多党制后，同年 4 月桑给巴尔岛代表院对桑给巴尔岛宪法做了相应修改，为在桑给巴尔岛实行多党制铺平了道路。

2001 年 10 月 10 日，坦桑尼亚革命党和公民联合阵线签署了和解协议，桑给巴尔岛代表院据此修改桑给巴尔岛宪法中的有关条款，规定在选举委员会中有两名反对党成员，并在总检察官办公室下为他们设立一个办公室。

---

① Zanzibar, "Key Historical and Constitutional Developments," Kituo cha Katiba East African Centre for Constitutional Development, Makerere University Faculty of Law, http://www.Kituochakatiba co ug.

2010 年 8 月 10 日，桑给巴尔岛代表院通过桑给巴尔岛宪法修正案，规定桑给巴尔岛选举与联合共和国总统大选同时举行，桑给巴尔岛总统候选人由桑给巴尔岛各政党提名，由桑给巴尔岛全体选民直选，获 1/2 以上选票者当选，任期 5 年，可连任一届。桑给巴尔岛总统为桑给巴尔岛民族团结政府首脑，取消首席部长职位，设立第一和第二副总统，总统对政府事务拥有决定权，第一和第二副总统向总统负责；第一副总统由在大选中获代表会议议席第二多的政党的成员出任；第二副总统由与总统来自同一政党的议员担任，经总统任命，作为总统的主要助手并在代表会议中负责政府事务，在总统逝世或无法履行公职时代行总统职权；总统和第一副总统根据各政党的议席比例分配和任命内阁各部部长。桑给巴尔岛团结政府有权处理除外交、国防、警务、税收、银行、货币、外汇、航空、港口和邮电等 22 项联合事务以外的桑给巴尔岛内部事务。

第三节　政体

一　总统

坦桑尼亚联合共和国实行总统内阁制。

联合共和国政府由总统、副总统、桑给巴尔岛总统、总理、内阁部长和总检察长组成。总统是国家元首、政府首脑和武装部队总司令，副总统协助总统处理联合共和国的一切事务。总统是坦桑尼亚联合共和国政府最高领导人，有权任命和罢免副总统、总理（提名后需经国民议会审议并通过）、部长、副部长、常务秘书、副常务秘书和各部司局长及其他军政要员，任命和罢免最高法官；有权召集和解散国民议会，任命议员；有权宣布国家处于战争或紧急状态。

总统及副总统在选民直接、平等和亲自投票的基础上由选举产生。如果总统来自大陆，副总统就必须来自桑给巴尔岛；反之亦然。总统候选人必须来自一个完全注册的政党方能生效，总统候选人必须是年满 40 岁以

上的坦桑尼亚公民，而这个政党在提名其总统候选人资格时，必须考虑到该候选人需得到全国 10 个省的 2000 名选民提名，10 个省中必须包括桑给巴尔岛的两个省。总统候选人必须得到半数以上的有效选票才能当选为总统。每届总统任期 5 年；总统任期不能超过两届。

根据坦桑尼亚宪法和桑给巴尔岛宪法，桑给巴尔岛也实行总统内阁制，其总统亦通过全民直接选举产生，任期 5 年，选举与联合共和国总统选举同期举行。桑给巴尔岛总统是桑给巴尔岛政府机构最高领导人，是坦桑联合共和国内阁的成员，拥有赦免权；是桑给巴尔岛政府首脑、桑给巴尔岛特种部队（包括经济建设部队）和社会治安小分队司令；有权任免桑给巴尔岛政府各部部长（部长必须是当选的桑给巴尔岛代表院代表）、法院负责人、桑给巴尔岛各省省长和地区专员。

二　政府

（一）坦桑尼亚政府

约翰·蓬贝·约瑟夫·马古富力（John Pombe Joseph Magufuli），2015年 10 月当选为坦桑尼亚总统；12 月 10 日，马古富力总统任命新一届内阁。新内阁规模大幅精简，成员普遍业绩突出、年富力强。新内阁由总统、副总统、总理、桑给巴尔总统和各部部长组成，如表 3－1 所示。

表 3－1　坦桑尼亚新内阁成员

序号	职务	姓名
1	总统	约翰·蓬贝·约瑟夫·马古富力
2	副总统	萨米娅·苏卢胡·哈桑（Samia Suluhu Hassan）
3	总理	马贾利瓦·卡西姆·马贾利瓦（Majaliwa Kassim Majaliwa）
4	总统府国务部长	乔治·希姆巴查维内（George Simbachawene）
5	总统府国务部长	安盖拉·凯卢姬（Angellah Kairuki）
6	副总统府国务部长	加弩阿里·马坎巴（January Makamba）
7	总理府国务部长	詹尼斯塔·姆哈噶马（Jenista Mhagama）
8	外交和国际合作部长	奥古斯丁·马希加（Augustine Mahiga）
9	财政和计划部长	菲利普·姆潘戈（Philip Mpango）

续表

序号	职务	姓名
10	农业、畜牧业和渔业部长	姆维古卢·恩琴巴(Mwigulu Nchemba)
11	工贸部长	查尔斯·姆维贾盖(Charles Mwijage)
12	自然资源和旅游部长	朱马内·阿卜杜拉·马根贝(Jumanne Abdallah Maghembe)
13	能源和矿产部长	索斯佩特·穆洪戈(Sospeter Muhongo)
14	工程、交通和通信部长	马卡梅·姆巴拉瓦(Makame Mbarawa)
15	水利和灌溉部长	格尔森·卢温格(Engineer Gerson Lwenge)
16	土地、住房和人居事务发展部长	威廉·卢库维(William Lukuvi)
17	卫生、社区发展和社会福利部长	乌米·阿里·姆瓦利
18	教育、科技和培训部长	乔伊丝·恩达利查科(Joyce Ndalichako)
19	新闻、文化、艺术和体育部长	纳普·恩瑙耶(Nape Nnauye)
20	国防和国民服务部长	侯赛因·阿里·姆维尼(Hussein Ali Mwinyi)
21	内政部长	查尔斯·基图万加(Charles Kitwanga)
22	宪法和法律事务部长	哈里森·姆瓦基延贝(Harrison Mwakyembe)

马古富力总统在宣布本届内阁名单时表示，除4名国务部长外，设有15个部，共有部长19人（上一届内阁有30位部长）和副部长15人，是坦桑尼亚20年来最精简的一届内阁。他说："我之所以决定组建一个小内阁，目的在于减少开支和提高内阁的工作效率。"

（二）桑给巴尔政府

按桑给巴尔岛宪法规定，桑给巴尔岛总统为桑给巴尔岛政府首脑，负责桑给巴尔岛内部事务。2010年8月，桑给巴尔岛举行公投，通过了成立民族团结政府的桑给巴尔岛宪法修正案。在2010年10月举行的桑给巴尔岛总统大选中，革命党总统候选人阿里·穆罕默德·谢因（Ali Mohamed Shein）获得50.1%的选票，公民联合阵线总统候选人赛义夫·沙里夫·哈马德（Seif Sharrif Hamad）获得49.51%的选票，谢因当选为坦桑尼亚自1992年恢复多党制以来的第三位桑给巴尔岛总统，据宪法修正案，哈马德出任第一副总统。桑给巴尔岛民族团结政府顺利组建，主要成员有总统谢因、第一副总统哈马德、第二副总统赛义夫·伊迪（Seif

Iddi）和 19 名部长（11 名来自革命党，8 名来自公民联合阵线）。桑给巴尔岛民族团结政府自成立以来，运转一直比较平稳。

然而，在 2015 年 10 月 25 日举行的大选中，因怀疑投票结果的公正性，桑给巴尔岛选举委员会宣布选举无效。2016 年 3 月 20 日，桑给巴尔岛重新举行总统和议会选举，公民联合阵线等政党予以抵制，哈马德称其"已经赢得了 2015 年 10 月大选的胜利"。谢因在 3 月 20 日的大选中（有 3 个反对党参选）以 91.4% 的得票率取胜，获得连任。

2016 年 4 月 9 日，谢因总统宣布了新内阁名单，包括 15 名部长和 7 名副部长。在桑给巴尔岛代表院宣布这些任命时，他希望各部部长努力工作，并敦促他们在反对不公正和同腐败做斗争中勇往直前。

因公民联合阵线拒绝参选，在组阁中不存在"分享权力"问题，但 15 名内阁部长中还是有 3 名来自少数反对党。

（三）地方政府

坦桑尼亚现有 31 个省，大陆 26 个，桑给巴尔岛 5 个（温古贾岛 3 个，奔巴岛 2 个）。大陆和桑给巴尔岛对省、县或区以及村的行政机构的称呼不尽相同。

在大陆，中央政府以下分为省、地区（或县）、乡、村四个层级。最基层的组织为村，各村都有村民会议（即村民代表机构），凡年满 18 岁的村民均享有选举权和被选举权，由村民会议选举产生的村委会为行政村领导机构。乡由若干村组成，每个乡都有一个"乡发展委员会"，其成员包括本乡各村村委会主席以及有关政府机构的工作人员。乡发展委员会决定其下属各村村委会主席人选；而乡长人选则由地区委员会决定。在大陆省和地区两级都设有"发展委员会"，又称议会，省长和地区专员均由总统任命。在城市地区，每个城市都划分为若干行政区，各市都有市政府、区政府（通常称作"区发展委员会"）；在小城市，都设有一个市政委员会。市长、区长和市政委员会主席均由总统任命。

在桑给巴尔岛，地方行政机构分四级，即村（城市中为"住宅区"）、乡、县和省。各级委员会成员均为地方选举中产生的代表。在县和省一级委员会成员中，包括当地选出的桑给巴尔岛代表院代表，还有少数由桑给巴尔岛总统任命的工商企业界代表。5 个省的省长和各县县长均由桑给巴尔岛总统任命，但他们必须是桑给巴尔岛代表院代表。

三 立法与司法机构

（一）立法机构

根据宪法规定，坦桑尼亚有两套立法机构：坦桑尼亚国民议会（Tanzania National Assembly）为坦桑尼亚联合共和国议会，除了制定适用于整个联合共和国的法律以外，还制定只适用于大陆的法律；桑给巴尔岛代表院（House of Representatives），为桑给巴尔岛议会，制定除联合事务之外的只适用于桑给巴尔岛的法律。坦桑尼亚国民议会和桑给巴尔岛代表院均为一院制。

1. 坦桑尼亚国民议会

国民议会是独立于司法和行政的国家机构，是坦桑尼亚最高的立法机构，由联合共和国总统和议员组成，但其通过的任何法律只有在总统批准后才能生效。

宪法规定，在国民议会选举中，凡年满 18 岁的坦桑尼亚公民均有选举权，但只有年满 21 岁以上者才有被选举权。国民议会每 5 年选举一次。国民议会选举与总统选举同期举行。

宪法规定国民议会要具有广泛的代表性。实行多党制以来，关于议员的构成有以下规定：（1）为增加妇女在国民议会中的代表性，增加"推荐女议员"席位，所谓"推荐女议员"，即除在大选中选出的女议员外，再增加一些女议员席位（具体数目在每届议会选举前协商决定），其名额按各政党在大选中所获席位的比例予以分配，然后由有关政党从其党内推荐相应数量的人选；交由全国选举委员会任命；（2）按规定，除选举产生的议员外，再为桑给巴尔岛增加 5 个国民议会席位，人选由桑给巴尔岛代表院从其代表中推荐；（3）检察长和议长为当然议员；（4）总统可根据工作需要任命 10 名议员。

自 1995 年恢复多党民主大选以来，革命党议员在国民议会中一直占据绝对多数。以最近两届国民议会为例，在 2010 年大选产生的 239 个议

会席位中，革命党赢得 186 席，占 77.82%；反对党 53 席，其中公民联合阵线 24 席、民主发展党 23 席、全国建设和改革会议 4 席、劳动党 1 席、联合民主党 1 席。在 2015 年大选产生的 257 个议会席位中，革命党 189 席，占 73.54%；反对党 68 席，其中民主发展党 34 席、公民联合阵线 32 席、全国建设和改革会议 1 席、公开改革联盟 1 席。

在国民议会席位数量上，有两点引人注目：第一，"推荐女议员"不断增加，致使国民议会的席位越来越多。据统计，1995 年"推荐女议员"为 37 人，2000 年为 48 人，2005 年为 75 人，2015 年增至 110 人。第二，近些年来执政党革命党在国民议会席位中所占议席比例逐年下降。据统计，2005 年这一比例为 88.8%，2010 年下降到 77.82%，2015 年又进一步下降到 73.54%。

国民议会下设 13 个常设委员会，包括财政和经济事务委员会、司法和宪法事务委员会、公共利益委员会、准国家机构委员会、外交事务委员会、国防和安全委员会、特殊利益委员会、社会服务委员会、地方当局利益委员会、环境委员会、妇女发展委员会和其他社会集团委员会等。各委员会负责考察和研究相关问题，如果必要，则向国民议会提出有关议案，一般情况下可在国民议会会议上书面或口头地对相关问题提出意见或建议。国民议会还可根据特殊需要设立专门委员会。

现任议长为乔布·尤斯蒂诺·恩杜加伊（Job Yustino Ndugai）。

2. 桑给巴尔代表院

桑给巴尔岛代表院是桑给巴尔岛立法机构，由桑给巴尔岛总统和桑给巴尔岛代表组成。

坦桑尼亚实行多党制后，桑给巴尔岛代表院规定名额为 76 人（从 1995 年 10 月大选开始）。其中，由桑给巴尔岛各选区选民选举产生 50 人；由桑给巴尔岛总统任命的代表，不超过 10 人；温古贾岛和奔巴岛两岛 5 个省的省长和桑给巴尔岛检察长为当然代表，共 6 人；由有关政党按其在代表院选举中所获席位的比例推荐的女代表，共 10 人。2002 年 5 月，桑给巴尔岛选举委员会决定从下一届代表院开始，有关政党向代表院推荐的女代表名额从原来的 10 人增至 15 人，使代表总人数增加到 81 人。根据 2010 年 8 月 10 日桑给巴尔岛代表院通过的桑给巴尔岛宪法修正案，代表席位增至 82

个，变化如下：取消了为温古贾岛和奔巴岛两岛 5 个省省长保留的 5 个席位；规定代表院议长为当然代表；有关政党推荐的妇女代表增至 20 人。

在 2010 年桑给巴尔岛代表院的选举中，在 50 个选区中，革命党获 28 席，公民联合阵线获 22 席，总统任命 10 席（革命党 8 席、公民联合阵线 2 席），妇女代表 20 席（革命党 11 席、公民联合阵线 9 席），议长 1 席，检察长 1 席，共 82 席。

桑给巴尔岛选举委员会宣布 2015 年 10 月大选投票结果无效后，2016 年 3 月 20 日桑给巴尔岛重新举行总统选举和代表院选举，桑给巴尔岛最大的反对党公民联合阵线抵制了重选，而参选的几个小的反对党都赢得不多选票。赢得选票最多的民主改革联盟（ADC）桑给巴尔岛总统候选人哈马德·拉希德·穆罕默德也仅获得 9734 张选票，占总选票的 3%。其他几个桑给巴尔岛总统候选人赢得的选票就更少了。另外，他们在各选区也未得到代表席位。在这种情况下，桑给巴尔岛代表院代表均为革命党代表。

2016 年 4 月 4 日，桑给巴尔岛代表院选举祖贝尔·阿里·毛利德（Zubeir Ali Maulid）为议长，取代了自 1995 年以来一直担任桑给巴尔岛代表院议长的潘杜·阿迈尔·基菲乔（Pandu Ameir Kificho）。毛利德生于 1968 年 3 月 25 日，2000～2005 年为桑给巴尔岛代表院代表，其间曾任桑给巴尔岛通信部长。从 2005 年至被选为桑给巴尔岛代表院议长，他一直在坦桑尼亚国民议会工作，为国民议会议长助手之一。

2016 年 4 月 6 日，新一届桑给巴尔岛代表院举行首次代表大会，谢因总统在大会上发表了长篇讲话。他谈到桑给巴尔岛当前的政治经济形势，呼吁代表们团结合作，反腐倡廉，应对困难，争取使《桑给巴尔 2020 年远景发展规划》的目标早日实现。

谢因总统还宣布任命在 2016 年 3 月 20 日大选中失利的 3 位反对党领导人为代表院代表。

（二）司法机构

自坦桑尼亚联合共和国建立以来，除了根据需要逐渐建立起来的少数全国性司法机构外，大陆和桑给巴尔岛迄今还保留着彼此独立的司法机构。

1. 全国性司法机构

坦桑尼亚设有三个全国性司法机构，即坦桑尼亚宪法特别法院、坦桑尼亚上诉法院和坦桑尼亚军事法庭。

2. 大陆的司法机构

目前，坦桑尼亚大陆有初级法院500多个、地区法院约100多个、驻节推事法院即省级法院20多个。从行政管理上讲，法院系统的工作由大法官全权负责，大法官由总统直接任命；坦桑尼亚高等法院现有法官40多人，分工管理下属的20多个省级法院；驻节推事法院的推事，分别负责下属地区法院的工作，地区法院的推事则为本地区初级法院的领导。

大法官由坦桑尼亚总统任命，一般法官则由大法官任命。现任大法官为穆罕默德·奥斯曼（Mohamed Chenge Osman）。

随着政治和经济改革的发展，出现了一些新问题。为此，坦桑尼亚在高等法院内专门建立了商业法院；在商业法院内又设立了土地法庭、房产法庭和商业法庭等。

坦桑尼亚政府对监察工作十分重视，早在1965年就设立了常设调查委员会，负责对政府官员滥用职权、贪污受贿等事件的调查，以保证良政建设。这项工作由总检察长负责。现任总检察长是弗雷德里克·威瑞玛（Frederick Werema）。

3. 桑给巴尔岛的司法机构

桑给巴尔岛的穆斯林占其人口的95%以上，1964年"一月革命"前桑给巴尔岛一直实行伊斯兰法。坦、桑联合后，除伊斯兰法院外，桑给巴尔岛建立了省级法院、地区法院和初级法院。1968年还建立了桑给巴尔高等法院。桑给巴尔岛有两个伊斯兰法庭，即桑给巴尔岛伊斯兰法庭和奔巴岛伊斯兰法庭，负责审理涉及穆斯林的民事案件。

桑给巴尔岛高等法院享有与大陆高等法院同等的权力，即对桑给巴尔岛一切刑事和民事案件有最终裁决权；然而，如果当事者对桑给巴尔高等法院所做判决不满，可上诉到坦桑尼亚上诉法院。桑给巴尔岛高等法院由桑给巴尔岛大法官负责，大法官由桑给巴尔岛总统直接任命。

桑给巴尔岛现任首席大法官是奥斯曼·马昆古（Othman Makungu），现任总检察长为伊迪·潘杜·哈桑（Iddi Pandu Hassan）。

第四节　政党和群众团体

一　政党情况

坦桑尼亚政党经历了由多党制向一党制又从一党制恢复到多党制的历史过程。自 1992 年 7 月恢复多党制以来，截至 2015 年 10 月，坦桑共有 24 个政党获准注册。

革命党（Chama Cha Mapinduzi，缩写 CCM；英文：The Revolutionary Party） 执政党，由原大陆坦盟和桑给巴尔岛非洲－设拉子党于 1977 年 2 月 5 日合并组成。1992 年 7 月 1 日注册。

主张坚持社会主义和自力更生原则，发展经济，消除贫困，建立一个公正、平等和正义的社会。20 世纪 80 年代中期以来，纠正了根据《阿鲁沙宣言》推出的脱离实际的"国有化"和"村庄化"政策，坚持进行经济改革，实施以私营化为动力的市场经济政策，使经济社会得到明显恢复和发展。2000 年国民议会修改宪法，认为坦桑尼亚现在不存在"社会主义"因素，但革命党迄今尚未修改党章。

革命党全国代表大会是最高权力机构，每 5 年举行一次；全国执行委员会（相当于中国共产党中央委员会）是最高决策机构，中央委员会（相当于中国共产党中央政治局）负责领导和处理日常党务工作；建有省、市、县、乡和村等各级组织机构。现有党员约 700 万人。现任主席为贾卡亚·姆里绍·基奎特（Jakaya Mrisho Kikwete），大陆地区副主席为菲利普·曼古拉（Philip Mangula），桑给巴尔岛地区副主席为阿里·穆罕默德·谢因（Ali Mohamed Shein），总书记为阿卜杜拉曼·基纳纳（Abdulrahman Kinana）。

坦桑尼亚革命党是非洲国家执政时间最长的政党。实行多党制度以来，在 1995 年、2000 年、2005 年、2010 年和 2015 年举行的五次大选，

包括坦桑尼亚总统和国民议会的选举以及半自治的桑给巴尔岛总统和桑给巴尔岛代表院选举中，革命党都取得了胜利。

民主发展党（**Chama Cha Demokrasia na Maendeleo，缩写 CHADEMA；英文：The Party for Democracy and Progress**）反对党，1992 年 7 月成立，1993 年 1 月 21 日注册，总部设在达累斯萨拉姆市，现有党员约 100 万人，为议会中最大的反对党。

主张成立坦噶尼喀政府，召开制宪会议，删除宪法中"违反民主原则的条款"。

现任主席为弗里曼·姆博维（Freeman Mbowe），总书记为威利布罗德·彼得·斯拉（Willibrod Peter Slaa），副总书记为卡布维（Zitto Zuberi Kabwe）。

姆博维，1961 年生，商人，是一位"政治上正在崛起的受到民众欢迎的新星"。在 2005 年大选中，他作为民主发展党总统候选人获得 5.88% 的选票，在 10 名总统候选人中排名第三。在 1995 年、2000 年和 2005 年的大选中，民主发展党在国民议会中分别获得 4 个、3 个和 5 个席位；在 2010 年大选中，在国民议会中获 48 个席位，一跃成为议会中最大的反对党。

2015 年 7 月 28 日，前政府总理爱德华·洛瓦萨宣布退出革命党并加入民主发展党，宣誓要战胜贫困，称这会使他"成为坦桑尼亚总统"。他为其转党辩解说，他新加入的民主发展党在与贫困做斗争，这与其理念完全一致。

在 2015 年 10 月大选前夕，民主发展党与公民联合阵线、全国民主联盟、全国建设和改革会议联合组成"人民宪法联盟"（Umoja wa Katiba ya Wananchi，缩写 UKAWA），决定统一推荐洛瓦萨为总统候选人。

在 2015 年 10 月的大选中，洛瓦萨作为人民宪法联盟的总统候选人获得 40% 选票，未能胜出；民主发展党在国民议会中获 34 个席位。

公民联合阵线（**The Civic United Front，缩写 CUF；斯瓦希里语：Chama Cha Wananchi**）反对党，1992 年 6 月 5 日由桑给巴尔多党促进委员会和以大陆为基础的一个人权组织联合组成，1993 年 1 月 21 日注册。

主张私有化和贸易自由化；桑给巴尔岛要依靠自身优势建立自由港；实行免费教育，改善医疗服务。在联合问题上，主张维护桑给巴尔岛民族利益和自主权，要成立联合政府、坦噶尼喀政府和桑给巴尔岛政府三个政府；反对删除宪法中"桑给巴尔岛总统自动成为联合共和国副总统"的条款。

总部设在桑给巴尔，现有党员约 160 万人，其政治影响主要在桑给巴尔岛。

现任主席易卜拉欣·利普姆巴（Ibrahim Lipumba），副主席马查诺·哈米斯·阿里（Machano Khamis Ali），总书记为赛义夫·沙里夫·哈马德，副总书记（大陆）为马格达莱纳·萨卡亚（Magdalena Sakaya），副总书记（桑给巴尔岛）为纳苏尔·马兹鲁伊（Nassor Mazrui）。

利普姆巴 1952 年生，塔波拉省人，为达累斯萨拉姆大学经济系教授。在 1995 年、2000 年、2005 年和 2010 年全国大选中，他作为公民联合阵线总统候选人，分别获得 6.43%、16.26%、11.68% 和 8.28% 的选票；公民联合阵线在国民议会中分别获得 24 个、17 个、19 个和 24 个席位。

在 1995 年、2000 年、2005 年和 2010 年的桑给巴尔岛大选中，公民联合阵线总统候选人哈马德分别获得 49.76%、32.96%、46.07% 和 49.1% 的选票；公民联合阵线在桑给巴尔岛代表院的 50 个席位中分别获得 24 个、16 个、19 个和 22 个席位。

在 2015 年 10 月大选中，桑给巴尔岛选举委员会因怀疑投票结果的公正性宣布此次大选投票无效。2016 年 3 月 20 日桑给巴尔岛重新举行总统和代表院选举，公民联合阵线等一些反对党予以抵制，哈马德称他"已经赢得了 2015 年 10 月 25 日的总统选举"。

公开改革联盟（Alliance for Change and Transparency，缩写 ACT；斯瓦希里语：Umoja wa Mabadiliko Na Uwazi） 反对党，2014 年 5 月建立，2015 年 3 月注册。总部在达累斯萨拉姆市。

主张恢复一些"乌贾马社会主义"原则，建立民主社会主义国家。

领导人为兹托·卡布韦（Zitto Kabwe），主席为安娜·穆哈维拉（Anna Mghwira），总书记为萨姆森·穆维噶姆巴（Samson Mwigamba），发言人为阿卜杜拉·哈米斯（Abdullah Khamis）。

卡布韦 1976 年 9 月 24 日出生于基戈马地区姆万迪加（Mwandiga）村。2003 年于达累斯萨拉姆大学毕业，获经济学学士学位；工作若干年后到德国汉堡法学院进修，2010 年获法学硕士。他长期在国民议会工作，曾参与起草 2010 年《矿业法》，后担任议会公共账目委员会（PAC）主席。1992～2015 年为反对党民主发展党成员，并于 2005 年 12 月至 2015 年 3 月在基戈马北区两度被选为国民议会议员。2015 年 3 月 20 日离开民主发展党后即加入公开改革联盟，并被推举为联盟领导人。

卡布韦称，他参加新组建的公开改革联盟，旨在寻求恢复社会主义的一些意识形态。他说，公开改革联盟希望重新引进"乌贾马社会主义"的一些原则，以恢复社会正义、责任和公平。但他说，公开改革联盟不主张对私有财产实行国有化。他指出，公开改革联盟呼吁利用自然资源，自力更生地发展经济。他还表示，"希望两个主要反对党和革命党中至少十多位有影响力的议员能够加入这个新政党"。[①]

在 2015 年大选中，公开改革联盟主席安娜·穆哈维拉作为总统候选人参选，获得 0.65% 的选票，在 8 位总统候选人中排名第三；公开改革联盟在国民议会中获得 1 个席位。

全国建设和改革会议（The National Convention for Construction and Reform，缩写 NCCR‑M；斯瓦希里语：Chama cha Mageuzi na Ujenzi wa Taifa，简称 Maguezi） 反对党，1991 年 6 月成立，1993 年 3 月 21 日注册。总部在达累斯萨拉姆市。现任主席为詹姆斯·姆巴蒂亚（James F Mbatia），总书记为博利斯亚·姆瓦伊塞杰（Polisya Mwaiseje）。

全国建设和改革会议主要由一批年轻的律师和学者组成，主张在联合体制内建立三个政府，即联合政府、坦噶尼喀政府和桑给巴尔岛政府，争取坦噶尼喀民族权利；要求扩大民主，保护人权和自由。

在 2000 年大选中，全国建设和改革会议在国民议会中获得 1 个席位。

---

① Erick Kabendera, "Return of Ujamaa as Zitto Kabwe Defects to New Party," *The East African*, March 28, 2015.

在 2005 年大选中，全国建设和改革会议总统候选人森根多·姆文基
（Sengondo Mvungi）获得 0.49% 的选票，在全国 10 位总统候选人中排名
第五。姆文基是一位律师、人权主义者、达累斯萨拉姆大学法律系讲师。
在 2010 年大选中，全国建设和改革会议在国民议会中赢得 4 个席位，在
2015 年大选中获得 1 个席位。

**人民解放党（Chama cha Ukombozi wa Umma，缩写 CHAUMA；英
文：Party for People's Redemption）** 反对党，2013 注册。主席为哈什
姆·伦圭·希蓬达（Hashim Rungwe Sipunda），总书记为阿里·奥马里·
朱马（Ally Omary Juma）。

希蓬达，原为全国建设和改革会议成员，并在 2010 年大选中曾以全
国建设和改革会议总统候选人身份参选，在 7 名总统候选人中排名第五。
他在 2013 年退出全国建设和改革会议后创建了人民解放党，在 2015 年大
选中以人民解放党总统候选人身份参加总统竞选，赢得 0.32% 的选票，
在 8 名候选人中排第五名。

坦桑尼亚劳动党（The Tanzania Labour Party，缩写 TLP） 反对党，
成立于 1992 年，1993 年 11 月 24 日注册。总部在达累斯萨拉姆市。创始
人为雷奥·勒维卡姆瓦（Leo Lwekamwa），现任主席为奥古斯丁·姆雷马
（Augustine Mrema），总书记为哈罗德·贾夫（Harold Jaffu）。

姆雷马，1945 年生，乞力马扎罗省人，一党制时期曾任政府副总理
兼内政部长；1995 年加入全国建设和改革会议并任主席，1995 年 10 月曾
以全国建设和改革会议总统候选人身份参加坦桑尼亚总统竞选。1999 年，
姆雷马及其支持者退出全国建设和改革会议，集体加入坦桑尼亚劳动党。

在 2000 年举行的全国大选中，姆雷马以坦桑尼亚劳动党总统候选人身
份参选，获得 7.8% 的选票；坦桑尼亚劳动党在国民议会中获得 3 个席位。

在 2005 年大选中，姆雷马再次以坦桑尼亚劳动党总统候选人名义参
选，获得 0.75% 的选票，在全国 10 名总统候选人中排名第四；坦桑尼亚
劳动党在国民议会中获得 1 个席位。

在 2015 年大选中，坦桑尼亚劳动党总统候选人麦切米兰·利伊莫
（Machmillan Lyimoo）获得 0.05% 的选票，在全国 8 位总统候选人中排名

第六。

民主改革联盟（**Alliance for Democratic Change，缩写 ADC，斯瓦希里语：Umoja wa Mabadiliko ya Demokrasia**）反对党，系从公民联合阵线分裂出来的政党，2012 年 3 月 27 日注册。领导人为赛义德·米拉吉·阿卜杜拉（Said Miraji Abdallah）。

在 2015 年大选中，其总统候选人卢塔洛萨·耶姆贝（Lutalosa Yembe）赢得 0.43% 的选票，在全国 8 名总统候选人中排名第四。

国家重建同盟（**The National Reconstruction Alliance，缩写 NRA**）反对党，1993 年 2 月 8 日注册。总部在达累斯萨拉姆市。现任主席为拉希德·姆图塔（Rashid Mtuta），总书记为马苏德·拉图尔（Masoud Rattul）。

在 2005 年全国大选中，国家重建同盟没有参加总统竞选，支持全国建设和改革会议总统候选人森根多·姆文基竞选。

在 2005 年桑给巴尔岛总统选举中，国家重建同盟总统候选人西马伊·阿人杜拉曼·阿人杜拉（Simai Abdulrahman Abdallah）获得 0.1% 的选票。

在 2015 年大选中，国家重建同盟总统候选人简肯·卡萨姆巴拉（Janken Kasambala）获得 0.05% 的选票，在全国 8 名总统候选人中排名第七。

联合人民民主党（**The United People's Democratic Party，缩写 UPDP**）反对党，1993 年 2 月 4 日注册。总部设在桑给巴尔。现任主席为法赫米·多武特瓦（Fahmi N. Dovutwa），总书记为阿卜杜拉·纳索罗·阿里（Abdallah Nassoro Ally）。

在 2005 年全国大选中，决定投票支持全国建设和改革会议总统候选人森根多·姆文基竞选。

在 2015 年举行的全国大选中，该党总统候选人法赫米·纳索罗·多武特瓦（Fahmi Nassoro Dovutwa）赢得 0.05% 的选票，在全国 8 名总统候选人中排最后一位。

上述 10 个政党，在 2015 年大选中，要么推出总统候选人参加了总统竞选，要么在国民议会中获得了席位，或两者兼有。除此以外，参加2015 年大选的还有以下 14 个政党，分别是坦桑尼亚民主联盟（The Tanzania Democratic Alliance，缩写 TADEA）、联合民主党（The United Democratic Party，缩写 UDP）、正义和发展党（Chama cha Haki na Ustawi，英文：The Justice and Development Party，简称 CHAUSTA）、古船党（Jahazi Asilia）、坦桑尼亚发展进步党（Progressive Party of Tanzania，缩写 PPT）、民主党（The Democratic Party，缩写 DP）、全国民主联盟（The National League for Democracy，缩写 NLD）、多党民主联盟（The Union for Multi Party Democracy，缩写 UMD）、人民之声党（Sauti ya Umma，缩写 SAU）、马吉尼民主党（Demokrasia Makini，简称 MAKINI）、恢复民主论坛（The Forum for Restoration of Democracy，缩写 FORD）、人民民族党（The Popular National Party，缩写 PONA）、坦桑尼亚农民党（Chama Cha wakulima，缩写 CCW；英文：Alliance for Tanzania Farmers Party）、社会党（Chama Cha kijamii，缩写 CCK；英文：Social Party）。

二　群众团体和非政府组织

（一）群众团体

长期以来，群众团体在坦桑政治生活和经济建设中一直都发挥着重要作用。

在一党制时期，执政党及其政府都十分重视工会、青年团、妇联等群众组织的工作，并把工会、青年团、妇联、双亲协会和合作社组织置于党的领导之下，使之成为执政党和政府发动群众、组织群众和团结群众的得力助手。这些群众组织在革命党的领导下，为巩固民族独立、维护国家和平统一与国家经济建设做出了重要贡献。

恢复多党制后，坦桑尼亚工会组织和全国合作社联盟，作为全国性群众团体已与革命党脱离，而坦桑尼亚革命党青年团、坦桑尼亚妇女联合会和坦桑尼亚双亲协会仍坚持为革命党的下属组织。无论如何，作为全国性群众组织，它们仍然都在为维护国家和平稳定、促进经济发展和维护社会各阶层民众利益发挥着重要作用。

坦桑尼亚主要的群众团体有以下几个。

坦桑尼亚工会联盟（Tanzania Federation of Trade Unions，缩写 **TFTU**）前身为坦桑尼亚工会组织（Tanzania Trade Unions，缩写 OTTU），成立于 1978 年 2 月，曾是革命党领导下的全国性群众组织。在多党制浪潮冲击下，坦桑尼亚工会组织于 1991 年 4 月召开特别代表大会，决定脱离革命党，成为独立的工会组织。1995 年 8 月，坦桑尼亚工会组织通过新章程，决定改名为坦桑尼亚工会联盟。坦桑尼亚工会联盟为国际工会联合会（International Confederation of Free Trade Unions，ICFTU）成员。

最高权力机构为全国代表大会（每五年召开一次），下设理事会（每年召开一次会议）、执委会（每年至少召开两次会议）和秘书处。宗旨是：加强工人的团结，维护工人的权益，包括保护就业，保障工人生产环境中的卫生和安全条件，与政府协商有关工人工资和社会福利的政策，对工人进行科技知识培训和劳动纪律教育等。在维护工人权益、解决劳资纠纷方面不时对政府有关政策提出批评。

坦桑尼亚工会联盟下辖铁路、旅馆、商业、矿业和建筑、学者和研究人员、农业种植业、交通运输、教师、医务人员、地方政府人员、海员 11 个工会，共有会员约 50 万人。1996 年，坦桑尼亚教师工会退出坦桑尼亚工会联盟。

坦桑尼亚青年组织（The Tanzania Youth Organization，斯瓦希里语：**Umoja Wa Vijana，Tanzania，缩写 TYO 或 UVT**）前身是坦桑尼亚革命党青年团（The CCM Youth League of Tanzannia）。坦桑革命党青年团是 1977 年 2 月坦盟和非洲－设拉子党合并成立革命党后，同年 9 月 22 日由原来两党的青年团坦盟青年团和桑给巴尔非洲－设拉子党青年团合并而成的，是一个全国性的青年组织，下设三个组织：坦桑尼亚学生联合会（The Union of Tanzanian Students）、坦桑尼亚中学生协会（The Secondary School Student Association）和少年先锋队（The Young Pioneers）。1992 年 11 月，坦桑尼亚青年团召开全国特别代表大会，为适应多党制的需要，改为现名。现在约有成员 130 多万人。

按照《坦桑尼亚青年组织章程》规定，坦桑尼亚青年组织在政治上遵循革命党的方针和指导思想，捍卫党的政策并组织青年积极贯彻执行。其任务是团结教育青年，为革命党输送合格党员，忠于革命党，拥护革命党的方针、政策，积极参加经济建设，为实现坦桑尼亚经济改革目标努力奋斗。对外反对帝国主义、殖民主义、种族主义和强权政治，促进坦桑尼亚和非洲其他国家及世界各国的团结，联合世界上一切爱好和平和主持正义的青年。

其最高权力机构为全国代表大会（每 4 年召开一次），下设中央委员会和书记处。有中央委员 10 人（大陆、桑给巴尔岛各 5 人），包括主席、总书记和副总书记（大陆、桑给巴尔岛各 1 人）。

在实行多党制以前，坦桑尼亚青年组织经常在国内举办政治讨论会，以提高青年的思想觉悟；组织青年参加各种形式的义务劳动；开办技术培训班，进行职业培训；等等。坦桑尼亚青年组织注重国际交往，与中国共产主义青年团有联系，1979～1994 年，双方多次派团互访。

20 世纪 90 年代以来，坦桑尼亚青年组织在国内的活动不多，到国外参加活动就更少。据报道，坦桑尼亚青年组织于 1998 年派团到葡萄牙布拉加参加联合国机构发起的世界青年论坛系列活动。

坦桑尼亚妇女联合会（Umoja wa Wanawake wa Tanzania，缩写 UWT） 坦桑尼亚革命党领导下的一个全国性妇女组织，是 1977 年坦盟和非洲－设拉子党合并组成革命党后，于 l978 年由原两党下属的两个妇女联合会合并而成。

按照《坦桑尼亚妇女联合会章程》规定，坦桑尼亚妇女联合会的宗旨是：团结坦桑尼亚全国妇女，贯彻革命党的"社会主义"和自力更生政策，贯彻革命党关于妇女解放的政策，为实现妇女的平等权利而奋斗；积极组织妇女参加经济、国防、文化和其他社会活动，为保护全国妇女和儿童的权益，为摆脱不利于妇女身心健康的落后习俗和传统而斗争；对外，要开展同非洲和世界其他国家妇女的合作，为反对帝国主义和各种形式的剥削和压迫而共同努力。

全国代表大会为其最高权力机构，每 5 年举行一次。执委会委员负责妇联的日常工作，由全国妇联主席、总书记和选举产生的 20 名代表（坦桑大陆和桑给巴尔岛各 10 名）组成。在各省、地区和县都设有分会。现有会员 100 万人。

实行多党制以来，由于经费不足，坦桑妇女联合会活动较少。

坦桑尼亚双亲协会（The Tanzania Parents Association，缩写 TPA）革命党领导的全国性群众教育组织，成立于 1979 年，主要依靠国内外捐助和少量的政府资助兴办中小学校和半工半读技校，并通过各种活动向青少年及其家长宣传读书的重要意义，推动教育事业的发展。该协会的前身为坦噶尼喀双亲会，成立于 1955 年，以办学为主，于 1977 年改为现名。目前，坦桑尼亚双亲协会在坦桑大陆和桑给巴尔岛的活动都比较活跃，在全国有 6000 多个分会，共有会员约 50 万人。

20 世纪 60 年代和 70 年代，该协会在全国各地建立了许多学校，90 年代已将 2100 所中小学移交给教育部。该协会现在还有直属学校 49 所，其中初中 11 所，技校 38 所，在校学生约 1.5 万人。

第五节　当代重要政治人物

一　朱利叶斯·坎巴拉吉·尼雷尔（1922.4.13 ~ 1999.10.14）

朱利叶斯·坎巴拉吉·尼雷尔（Julius Kambara Kambarage Nyerere）为坦桑尼亚首任总统。1922 年 4 月 13 日出生于马拉省穆索马县，扎纳基族人，信奉天主教。1943 ~ 1945 年就读于乌干达麦克雷雷学院。1946 ~ 1949 年在塔波拉圣玛丽亚学院任教。1949 ~ 1952 年在英国爱丁堡大学攻读政治经济与法律并获硕士学位。回国后在达累斯萨拉姆市圣·弗朗西斯学院任教。1953 年任坦噶尼喀非洲人协会主席；从 1954 年 7 月 7 日起任坦盟主席。1960 年 9 月坦盟在立法议会选举中获胜后，任首席部长。1961 年 5 月 1 日坦噶尼喀实行内部自治后，任政府总理；12 月 9 日坦噶尼喀独立后，继续任政府总理。1962 年 12 月坦噶尼喀废除英总督、成立共和国后任总统。1964 年 4 月 26 日坦桑尼亚联合共和国成立后任总统。

在 1970 年、1975 年和 1980 年三次大选中蝉联总统。1977 年 2 月组建革命党后，任革命党主席。1985 年 11 月 5 日主动引退。退休后，1987 年出任南方委员会主席；1993 年被联合国和非统推举为布隆迪和谈国际调解人。1999 年 10 月 14 日病逝于伦敦。2000 年 6 月 10 日，革命党决定授予尼雷尔"坦桑尼亚 20 世纪伟人"称号。

从 1965 年 2 月起，先后 14 次访问中国。

二　阿贝德·阿马尼·卡鲁姆（1905.8.4～1972.4.7）

阿贝德·阿马尼·卡鲁姆（Abeid Amani Karume）是坦桑尼亚前第一副总统兼桑给巴尔岛前总统。1905 年 8 月 4 日出生于桑给巴尔市郊区，斯瓦希里人，信奉伊斯兰教。中学肄业。1920 年到外国货船上当水手。1938 年在一家汽艇驳船公司当雇员，后在码头工作。在桑给巴尔岛组建了第一个码头工人和海员工会。1954 年组建桑给巴尔岛非洲人协会，任总书记。1957 年，桑给巴尔岛非洲人协会与桑给巴尔岛设拉子协会合并组建非洲－设拉子党，任主席。1964 年"一月革命"成功后，任桑给巴尔岛革命委员会主席、桑给巴尔人民共和国总统。1964 年 4 月 26 日坦噶尼喀与桑给巴尔联合后，任坦桑尼亚第一副总统兼桑给巴尔岛总统。1970 年 9 月，被宣布为桑给巴尔岛革委会终身主席。1972 年 4 月 7 日遭暗杀身亡。

三　阿里·哈桑·姆维尼（1925.5.8～）

阿里·哈桑·姆维尼（Ali Hassan Mwinyi）是坦桑尼亚前总统。1925 年 5 月 8 日出生于海滨省基萨拉韦县。信奉伊斯兰教。斯瓦希里族人。1944 年毕业于桑给巴尔师范学校，1945 年后在英国达雷马大学读书。1962～1963 年任桑给巴尔师范学校校长。从 1964 年 1 月起任桑给巴尔岛教育部首秘。1969～1972 年任坦桑尼亚总统办公室国务部长。1972～1975 年任卫生部长。1975 年起任内政部长。1977 年～1982 年任坦桑尼亚驻埃及大使。1982 年～1983 年任自然资源和旅游部长。1983 年 2 月调任副总统办公室国务部长。1984 年 1 月出任桑给巴尔岛革命委员会临时主

席、桑给巴尔岛临时总统；4月当选为桑给巴尔岛总统，兼任桑给巴尔岛革命委员会主席和坦桑尼亚副总统；8月起任坦桑尼亚革命党副主席。1985年8月当选为坦桑尼亚总统。1990年9月任革命党主席。1990年蝉联坦桑尼亚总统，直至1995年11月卸任。曾于1973、1985、1987、1992年和1999年5次访问中国。

四　本杰明·威廉·姆卡帕（1938.11.12～）

本杰明·威廉·姆卡帕（Ben Jamin William Mkapa）是坦桑尼亚前总统。1938年11月12日生于姆特瓦拉省。信奉天主教。1962毕业于乌干达麦克雷雷大学。从1966年起任《自由报》主编；1972年4月起任《每日新闻》报主编；1974年7月出任总统新闻秘书；1976年7月受命创建坦桑尼亚通讯社，任社长；1976年10月出任坦桑尼亚驻尼日利亚高级专员。1977～1980年任外交部长；1980～1982年任新闻部长；1982～1983年任坦桑尼亚驻加拿大高级专员；1983～1984年任坦桑尼亚驻美国大使；1984～1990年再次担任外交部长。1990～1992年任新闻部长；1992～1995年任科技部长。1995年10月当选为总统，1996年6月任革命党主席；2000年再次当选总统，直至2005年任期届满退休。曾于1981年、1987年、1993年和1998年访华。2000年10月出席中非合作论坛——北京2000年部长级会议开幕式。

五　贾卡亚·姆里绍·基奎特（1950.10.7～）

贾卡亚·姆里绍·基奎特（Jakaya Mrisho Kikwete）是坦桑尼亚前总统。1950年10月7日出生在坦桑尼亚海岸省。信奉伊斯兰教。1978年毕业于达累斯萨拉姆大学，获经济学学士学位。从1982年起，先后在革命党多个县、地区和省委员会做领导工作。1983年在坦桑尼亚军事学院学习一年，被授予中校军衔，1992年退役。1988年出任水利、能源和矿产部副部长，1990年3月升任部长。1994年任财政部长。1995年11月任外交部长。2005年当选为总统。2008年1月任非洲联盟轮值主席。2010年11月再次当选为总统，直至届满卸任。1994～2014年先后6次访华。

2006 年 11 月出席中非合作论坛北京峰会，还参加了博鳌亚洲论坛 2008
年会。

六 萨利姆·艾哈迈德·萨利姆 （1942.1.23 ~ ）

萨利姆·艾哈迈德·萨利姆（Salim Ahmed Salim）是坦桑尼亚前总
理、非洲统一组织前秘书长。1942 年 1 月 23 日生于桑给巴尔的奔巴岛。
信奉伊斯兰教。1960 年毕业于桑给巴尔男子中学。1960 ~ 1963 年先后任
桑给巴尔岛新闻工作者协会总书记和桑给巴尔岛《人民之声》报主编。
1964 年 4 月任坦桑尼亚驻埃及大使。1965 ~ 1968 年任坦桑尼亚驻印度高
级专员。1969 年 4 ~ 12 月任坦桑尼亚驻华大使。1970 年 2 月 ~ 1980 年 10
月任坦桑尼亚驻联合国代表。1980 年 11 月 ~ 1984 年 4 月任外交部长。
1984 年 4 月任政府总理，兼任革命党国防安全委员会书记。1985 年 11 月
调任政府副总理兼国防部长。1989 年 9 月 18 日当选为非统秘书长。1994
年、1997 年两次蝉联非统秘书长，直至 2001 年 7 月任期届满。曾于 1963
年、1981 年和 1984 年访问中国。

七 约翰·蓬贝·约瑟夫·马古富力 （1959.10.29 ~ ）

约翰·蓬贝·约瑟夫·马古富力（John Pombe Joseph Magufuli）。1959
年出生于盖塔省。1985 ~ 1988 年在达累斯萨拉姆大学学习并获化学与数
学学士学位，1991 ~ 1994 年就读于达累斯萨拉姆大学并获化学硕士学位，
2006 ~ 2009 年就读于达累斯萨拉姆大学并获化学博士学位。曾经担任中
学化学和数学老师、工业化验师。1995 ~ 2000 年担任工程部副部长，
2000 年升任工程部长。2005 ~ 2008 年担任土地和人居事务部长。2008 ~
2010 年担任畜牧业和渔业发展部长。2010 ~ 2015 年担任工程部长。2015
年 10 月当选总统，11 月 5 日宣誓就职。

马古富力上任后，立刻采取措施限制政府支出，例如拒绝政府官员不
必要的国外旅行，乘坐更为廉价的交通工具，将出席联邦代表团的人数由
50 人压缩至 4 人。他本人也将自己的工资由每月 15000 美元减少至 4000
美元。2015 年，马古富力中止了本国独立日的庆祝活动，以促进国内减

少霍乱的清理运动的展开，认为"花费如此巨大的费用来庆祝独立 54 周年时，还有人民因霍乱而死，这是非常耻辱的"，节省下来的费用应该用来改善医院和卫生条件。内阁人数也由 30 人缩减至 19 人。

2016 年 7 月，坦桑尼亚禁止阿拉伯水烟，马古富力现身说法，谈及阿拉伯水烟对自己身体的影响。2017 年 3 月，马古富力禁止出口未经加工的矿石，以促进国内矿石加工业的发展。2018 年 1 月，在坦桑尼亚截获悬挂坦国旗走私毒品的外国船只后，马古富力发布政令，要求立即停止所有外国船只在坦桑尼亚注册登记。

第四章

经　济

第一节　概述

在非洲，坦桑尼亚自然条件较好，资源比较丰富，但由于过去长期遭受殖民统治，经济十分落后，迄今仍是世界最穷国之一。在过去50多年里，由于国际政治和世界市场变化以及独立初期国内决策失误的影响，坦桑尼亚经济社会的发展经历了一个既有成功经验又有失败教训的曲折发展进程。20世纪80年代中期以来，坦桑尼亚政府实事求是，坚持改革开放政策，在领导全国人民恢复和发展经济、建设国家的道路上取得了举世瞩目的进展。

一　从自然经济到殖民地经济的历程

坦桑尼亚最古老的土著民族科伊桑人，一直以狩猎和采集为其生产和生活方式，过着原始公社制的生活。从公元前10世纪左右开始，随着人口的增加和生产的发展，非洲一些民族开始迁移。库希特人、班图人和尼罗特人先后迁入坦桑尼亚。库希特人是一个半农半牧的民族，他们已开始修建农田灌溉工程，使用厩肥，并且为供草原畜群饮水修筑了水坝；班图人的农业已经比较发达，他们会种植粮食作物和栽种香蕉，还会制造和使用铁器；尼罗特人则是半农半牧的农牧民族。伴随民族大迁徙、大交融，农业和畜牧业传入坦桑尼亚，同时也传入了陶器和铁器生产技术等，推动了今日坦桑尼亚境内生产、生活和社会文化的发展。到7世纪，班图人已遍布现今坦桑尼亚全境，约占其人口的95%以上。他们一般会在住处周

围种植粮食作物和香蕉等经济作物，同时放牧一些牛羊等，走上了以农耕文化为主导的"靠山吃山，靠水吃水"的自然经济的发展道路。

随着原始社会的解体，在班图人中出现了一些城邦或王国，它们不仅以氏族或部落为单位从事农牧业生产，而且有了专门从事纺织、制造陶器和铁器、制盐等手工业的生产组织。它们开始了盐的贸易和地区之间的交往。然而，在它们的许多遗址中，考古学家没有发现外来物品，表明这时他们在经济上基本上能够自给自足。

另外，东非沿海地区公元前就同外界有了贸易往来。早在7~8世纪，就有大批阿拉伯人移居东非沿海地区；10世纪，又有一大批波斯人到东非沿海一带定居，并建立了桑给帝国。在此期间，阿拉伯人、波斯人同当地人一起在东非沿海地区的基卢瓦、桑给巴尔岛、坦噶和达累斯萨拉姆等地建立了一系列商业城邦。

16世纪前后，坦桑尼亚不仅有了农业（包括畜牧业），也出现了简单的工业和商业活动（包括对外贸易），形成了一个比较系统的以农业为基础的自然经济体系。

15世纪末，葡萄牙人侵入东非沿海地区。16~18世纪，东非沿海地区同外界的贸易有了较大发展。在此期间，桑给巴尔岛发展为黄金、象牙和奴隶的转运港；内陆地区也出现了贸易市场，开始出售铁器、陶器、象牙、衣物和粮食等。随着手工业和商业的发展，货币和信贷也随之出现。

然而，随着殖民势力的入侵，坦桑尼亚基本上能够自给自足的自然经济遭到破坏，并逐渐形成片面发展经济作物而不重视粮食生产、不重视工业的单一的殖民地经济体系。

坦噶尼喀1886年沦为德国殖民地。德国人进入后，发展剑麻和咖啡等经济作物。1920年英国人进入后，除继续发展剑麻和咖啡种植园外，又推行了咖啡和棉花"小农种植计划"。另外，德国和英国殖民者还对坦噶尼喀的矿产资源进行了掠夺性开采。他们关心的是如何为本国提供工业原料，对当地人民生活的疾苦不闻不问，所以在坦噶尼喀出现了畸形的经济现象：经济作物种植有所发展，而粮食生产却一直处于刀耕火种或"靠天吃饭"的自然经济阶段；建立了一些小型农产品加工厂，对出口农产品进行初加工，却没有建立任何能够生产人民生活和生产必需品的工厂，人民所需要的消费品（包括粮食）和生产资料只能依靠剑麻等初级产品出口赚取的外汇进口。

阿曼王国于1729年占领东非沿海地区后，以桑给巴尔为首府，发展海上贸易和丁香种植业，桑给巴尔很快就发展为东非贸易（包括奴隶贸易）中心，成为世界丁香的主要产地。1890年桑给巴尔岛沦为英国的"保护国"后，丁香出口收入一直占桑给巴尔岛出口收入的90%以上。除丁香等经济作物外，阿曼王国和英国殖民者均不重视当地粮食生产，也不关心工业发展，桑给巴尔岛人民所需要的生产资料和生活用品基本上都依靠进口。

总之，前后400年的殖民统治和掠夺，给坦桑尼亚留下一个严重依赖出口经济作物产品和矿产资源收入，进口其人民生活和生产所需要的生活消费品和生产资料的单一经济结构，即殖民地经济体系，留下一个农业落后、工业基础薄弱、人民生活极端困苦的烂摊子。

二　尼雷尔推行"乌贾马社会主义"，经济陷入困境

独立初期，坦桑尼亚（大陆）政府鼓励农牧民自由开垦和放牧，鼓励国内外私人投资，经济发展比较顺利。据统计，国内生产总值年均增长6%，人均国内生产总值年均增长4%；农业产值年均增长7%，粮食自给有余；工业产值年均增长13%；对外贸易一直为顺差，出口额年均增长11%，到1966年达到2.63亿美元；政府财政收支始终为盈余；市场商品丰富，物价稳定，年均通货膨胀率仅为1.7%。

然而，1967年尼雷尔发表《阿鲁沙宣言》后，坦桑尼亚开始推行"乌贾马社会主义"。1967～1976年，是尼雷尔的"社会主义"理论在坦桑尼亚付诸实践的10年。其间，政府陆续把银行、保险公司、进出口贸易公司、工厂、农场和种植园等大型企业收归国有；建立了一批国营工厂；在农村建立了"集体化"的"乌贾马村"。

尼雷尔宣布"走社会主义道路"以后，西方停止了援助；过激的"国有化"政策，严重影响了私人资本投资的积极性；"乌贾马"运动侵

犯了个体农民的利益，使农民生产积极性受挫；1968 年，出现了独立后的首次外贸赤字，且赤字逐年增加。结果坦桑经济增长速度放慢，社会经济发展遇到困难。

1977～1986 年是坦桑尼亚经济走下坡路并最后陷入困境的 10 年。虽然坦桑尼亚政府在第三个五年发展计划中提出允许私人兴办中小企业，但因"社会主义"的指导思想未变，计划难以奏效。另外，70 年代后期和 80 年代初期，国际油价上涨，加上连年干旱，坦桑尼亚进口石油和粮食需要大量外汇。1978 年以后，坦桑尼亚外贸赤字猛增，加之 1978 年和 1979 年坦桑尼亚对乌干达进行的"反击阿明入侵"的战争消耗了大量外汇，致使外汇储备拮据，这不仅使"三五"计划无法实施，而且导致市场供应紧张，经济陷入困境。为寻求外援，坦桑尼亚于 1980 年开始同国际货币基金组织举行贷款谈判，1982 年按其建议制订了一个为期 3 年的结构调整计划，但由于积重难返，这项结构调整计划收效甚微，1983～1985 年国内生产总值年均增长只有 1.2%。

据统计，这 10 年，国内生产总值年均增长仅为 1.8%，人均国内生产总值年均下降 1.7%。农业产值年均增长 0.9%，粮食多年歉收，年均进口粮食 21.3 万吨；主要经济作物产量下降。工业产值年均下降 2.6%。出口值年均下降 3.9%，而进口值却年均增长 3.5%，1980 年贸易逆差达到 7.5 亿美元。从 1978 年起政府财政连年赤字，到 1986 年达到 80.6 亿坦桑尼亚先令。债务负担日益沉重，到 1986 年增至 36 亿美元，相当于国内生产总值的 70%。年均通膨率超过 25%，商品奇缺，物价飞涨，1986 年物价指数是 1977 年的 744 倍，人民生活水平严重下降。[①]

三　改革开放以来经济得到恢复发展

（一）姆维尼改弦易辙，经济得到恢复和发展

1985 年姆维尼当选总统后，改弦易辙，纠正《阿鲁沙宣言》提出的一些过激做法，取消"乌贾马"村，允许农民返回原有土地；增加农业

---

① 刘郧生：《坦桑尼亚经济发展面面观》，《西亚非洲》1986 年第 2 期。

投入，鼓励发展小农经济，支持建立私营农场；颁布投资条例，鼓励个体经营，放宽贸易限制；整顿国营企业，对经营差的国营企业实行私营化或租赁制。同时，还采取了货币贬值、贸易自由化、压缩进口、紧缩财政等一系列措施。

1986 年 8 月，坦桑尼亚接受国际货币基金组织的贷款条件，实行"结构调整计划"，执行了一个为期三年的经济恢复计划。世界银行、国际货币基金组织和国际捐赠者支持姆维尼政府的经济改革计划，为其三年经济恢复计划提供了大量援助。在国际货币基金组织和西方一些捐赠国的支持下，姆维尼政府认真执行结构调整计划，通过三年经济恢复计划，不仅扭转了经济下滑趋势，而且使经济有了缓慢回升。据统计，1985 年国内生产总值增长率为 2.6%；1986～1988 年则分别达到 3.3%、5.1% 和4.2%，年均增长 4.2%。

在完成第一个经济恢复计划之后，姆维尼又连续执行了两个恢复经济的三年计划。第二个经济恢复计划也收到了较好的效果。1989～1991 年，国内生产总值年均增长率达到 4.83%。但在执行第三个经济恢复计划期间，由于出现的一些新问题未能及时解决，加上管理不善，随着 1995 年坦桑尼亚大选临近，西方主要援助国和国际金融组织认为姆维尼政府"短期行为严重，财税秩序混乱"，纷纷冻结援助，致使坦桑尼亚政府财政陷入困境，第三个恢复经济计划的执行受到影响。据统计，1992～1994年，国内生产总值年均增长率为 3.4%；1995 年人均国内生产总值仅为130 美元，由此坦桑尼亚被联合国列为世界第二个最穷国。

（二）姆卡帕继续改革开放政策，经济出现全面发展

姆卡帕执政后即同国际货币基金组织和世界银行进行谈判，实施《加强经济结构调整计划（1995/1996～1997/1998）》，加大了结构调整和市场尤其是金融市场的改革力度，外国和本国的私人投资，包括他们投资开办的银行和金融机构逐年增加；近 400 家国营企业，到 1997 年底，有一半以上成为私营企业或合资企业，完成了改制任务。在此期间，保险业市场的开放，尤其是达累斯萨拉姆股票交易所的开业，为坦桑尼亚经济的发展增添了活力。所以，尽管在此期间坦桑尼亚发生了严重的旱灾和水

灾，农业生产受到影响，坦桑尼亚的经济还是得到了恢复和发展。

1999 年 1 月 19 日，坦桑尼亚与国际货币基金组织和世界银行续签了第二个《加强结构调整计划（1998/1999 ~ 2000/2001）》。在此期间，政府实行了各经济领域对私营部门的全方位开放政策；对国内外私人投资提供更优惠的条件，推动了私营部门的发展和国营企业改制的进程；坚持紧缩的财政政策和货币政策，稳定物价，创造更好的投资环境；进一步改革税制，同时强化税务和财政管理。

这些政策收到了预期的效果。第一，私人投资大幅度增加。第二，随着旅游业和矿业的发展，坦桑尼亚过去仅依靠出口农产品赚取外汇的局面有所改观。第三，引人注目的是，坦桑尼亚经济在第二个"加强结构调整计划"期间已经走出低谷，并呈稳定增长的态势。据统计，1998 ~ 2000年，国内生产总值分别增长 4%、4.7% 和 4.9%；从可支付进口的外汇储备的情况看，1998 ~ 2000 年外汇储备分别达到可支付 3 个月、4.1 个月和5.6 个月的水平。

根据同国际货币基金组织和世界银行达成的共识，坦桑尼亚 2001 年开始实施为期三年的第一个"减贫和发展计划"，2004 年又实施了第二个"减贫和发展计划"。"减贫和发展计划"包括了加强结构调整计划和实施1999 年制定的《2025 发展远景规划》中的《减贫战略计划（2000 ~ 2010年）》，旨在保持宏观经济持续发展的同时完成减贫战略规定的各项任务。

2001 年政府成立了以总统为首的"国家商业委员会"和以总理为首的"投资指导委员会"，分别帮助解决商业发展和项目投资中遇到的问题和困难。为了增加出口，2002 年 7 月决定建立出口加工区；2003 年制定了《中小企业发展政策》和《国家贸易政策》，并且实施了出口信贷担保计划。

由于姆卡帕政府执行的经济政策切实可行，其良政建设取得了成效和信誉，坦桑尼亚恢复了同发展合作伙伴的友好关系，坦桑尼亚得到的外援增加；国际赠款不断增加，债务减免越来越多；2001 年，国际货币基金组织和世界银行认定坦桑尼亚达到重债穷国动议完成点，决定此后 20 年内减免其 30 亿美元外债。

在经济利好的形势下，政府开始向减贫计划中规定的优先项目倾斜，政府对其投入在政府总支出中所占的比例，从 2001/2002 年度的 41% 上升到 2003/2004 年度的 46%。

自 2001 年实施"减贫和发展计划"以来，坦桑尼亚经济出现了全面发展的可喜局面。第一，进入 21 世纪以后，坦桑尼亚宏观经济保持了一种持续稳定增长的态势：国内生产总值一路走高；出口收入连年增加；外汇储备不断增长；通货膨胀率逐年下降。据统计，国内生产总值实际增长率 1998 年、2001 年和 2004 年分别为 4.0%、5.7% 和 6.7%。第二，《减贫战略计划（2000 ~ 2010 年）》也取得了进展。由于政府免除小学学费，适龄入学儿童人数从 2000 年的 440 万人猛增到 2003 年的 660 万人。

四 基奎特坚持市场经济之路，发展减贫双赢

基奎特任职 10 年间，继续推行经济私有化和自由市场经济，为推动坦桑尼亚经济发展，为减贫付出了艰苦努力。

（1）他认为坦桑尼亚是一个农业国，在执政后的 2006 年即推出一个投资总额达 21 亿美元的七年农业发展规划；2009 年 6 月又明确提出"农业第一"的经济发展策略，认为坦桑尼亚经济要持续高速发展离不开农业，要完成减贫任务更离不开农业，因为绝大部分贫困人口在乡村。政府于 2011 年实施了两大农业项目：一是"南部农业发展走廊"项目（SAGCOT），将坦桑尼亚几乎一半的土地划入走廊范围，以吸引外资投资农业开发、农作物种植和农产品加工，计划未来 15 年创造 42 万个就业岗位，带领 200 万名农民摆脱贫困并使农业年收入达到 20 亿美元，同时拟对 35 万公顷农田进行商业开发，并将 10 万户小农转变为商业化农业生产者；二是为期 7 年的农村道路、市场、仓储设施建设和农业增值及农村金融支持项目。

（2）加强了经济特区和出口加工区建设，改善了投资环境，以吸引更多的私人资本尤其是外资；重视私营部门的作用，专门设立扶植中小企业和个体经营者的"基奎特基金"。坦桑尼亚国民议会于 2006 年和 2009 年分别通过《特别经济区法》和《经济开发区法》，2009 年以后出口加工企业的投资明显增加。

（3）20 世纪 80 年代改革开放以来，坦桑尼亚发展（包括减贫）最大的障碍是基础设施建设严重滞后。基奎特执政以后，不断加大对基础设施的投入，包括公路、铁路、港口、机场和水、电以及通信设施建设，以破解其经济发展的瓶颈问题。

应当说，基奎特政府采取的各项政策和措施都取得了积极成果。坦桑尼亚《每日新闻》2015 年 10 月 8 日的一篇报道说，在过去十年，坦桑尼亚国内生产总值年均增长率在 6% ~ 7%，成为东非经济增长最快的国家。经济的持续发展带动了减贫工作的顺利进行。它援引世界银行的《对坦桑大陆贫困的评估》说，坦桑尼亚人口贫困率在 2007 ~ 2012 年平均每年降低 1 个百分点，"这是 20 年来减贫道路上一次意义重大的突破"。该报道还说，依据政府 2011/2012 年度《家庭预算调查》，2007 ~ 2012 年，坦桑尼亚基本生活必需品短缺的家庭比例已从 34% 下降到 28.2%。

世界银行负责坦桑尼亚、布隆迪和乌干达三国减贫工作的地区总监菲利普·董吉尔（Philippe Dongier）也说，"坦桑尼亚经济的快速发展已经惠及许多穷人"。他说，"这种情况随处可见，孩子们上学的多了，基本的公共服务增加了，种农作物的土地多了，贫困户的屋子里也有了些东西"。

基奎特在各个领域采取的措施和取得的成果受到国际社会的普遍称赞，他被设在纽约的非洲 - 美国研究所授予"非洲国家成就奖"，坦桑尼亚也因此赢得了"非洲国家发展楷模"的美誉。①

五 减贫脱贫困难重重，任重道远

如上所述，在过去十年里，坦桑尼亚经济保持高速和稳定的发展，带动了减贫工作的顺利进行，使坦桑尼亚人口贫困率有所下降。但联合国《2014 年人类发展报告》显示，坦桑尼亚的贫困情况还相当严重，坦桑尼亚在 187 个国家和地区中排第 159 名，仍为全球 48 个穷国之一。这份报告说，坦桑尼亚人口为 4490 万人，约 68% 的人口生活在每天不足 1.25 美元的生活贫困线以下，16% 的 5 岁以下儿童营养不良。报告还说，在乡村

---

① Henry Lyimo, "Kikwete Takes Credit for Economic Growth," *Tanzania Daily News*, October 8, 2015.

地区，儿童营养不良和长期受饥饿困扰的状况相当严重。[①]

这种状况是历史上长期的殖民统治留下的，独立以来虽有变化，但生产力低下的状况尚未得到根本改善，所以农业发展缓慢，长期以来农业年增长率仅为3%。农业生产力低的主要原因在于，在乡村地区，基础设施薄弱，投入少或无投入；对农业发展项目投入有限；对农民提供服务少，包括技术、信贷、贸易和营销服务等；农民种田，缺少水力灌溉设施，还是"靠天吃饭"；生活还严重"依赖"自然资源，要生火取暖、做饭，需要劈柴，那就去森林砍树。[②]

自20世纪80年代中期实行改革开放政策以来，特别是最近10年，坦桑尼亚经济年增长率虽在6%~7%，但减贫效果并不明显，正如联合国开发计划署驻坦桑尼亚代表阿尔伯里克·卡库所指出的，"这种经济增长缺乏广泛的基础，仅局限于能提供有限就业机会的领域，而在关乎大量农村人口生存的农业等领域，由于投资有限、技术水平低下，增速低，不足以改善贫困状况"。[③]

一些观察家认为，在经济持续高速稳定发展的情况下，坦桑尼亚到2025年年人均收入有望达到1035美元，摘掉"不发达国家"的帽子。据世界银行统计，2015年坦桑尼亚年人均国内生产总值为968.815美元，距离这一目标仅有一步之遥。

但他们也认为，坦桑尼亚贫困状况还相当严重，在减贫和发展的道路上依然困难重重，仍需付出艰苦努力。从目前情况看，坦桑尼亚在减贫和发展道路上仍有三大问题亟待解决。

（1）农业生产力亟须提高。但要真正提高农业生产力并非易事。比如，为帮助农民摆脱"靠天吃饭"传统，自2001年实施《减贫战略计划（2000~2010年）》以来，政府计划并开始恢复和新建一些水利灌溉项目，但因缺乏资金，项目进展十分缓慢或进展不大。

---

① Tanzania From Wikipedia, the free encyclopedia.

② Tanzania From Wikipedia, the free encyclopedia.

③ 郭春菊：《高经济增长伴随高贫困率是非洲国家面临的挑战》，新华社2011年6月27日电。

（2）基础设施建设有待继续加强。过去几年，政府加大了对公路、铁路、港口等基础设施的投入，取得一些进展，但很不理想。据坦桑尼亚《每日新闻》2016 年 1 月 26 日报道，2011 年出台的《国家发展规划五年计划（2011～2015）》中有很多基础设施项目未完成预定指标，如计划整修铁路 150 公里，仅完成指标的 76.1%；计划新修柏油路 2775 公里，只完成指标的 53%；计划将发电能力从 2010 年的 900 兆瓦增至 2015 年的 1246 兆瓦，只完成指标的 44.8%。据报道，之所以出现上述情况，既有资金不到位的原因，也有计划安排不周的问题。

（3）人口增长过快，抵消了减贫和发展所取得的成果。据坦桑尼亚 2012 年全国人口普查报告，坦桑尼亚人口总数为 4490 万人，人口增长率为 3.1%。人口增长率过高，不仅抵消了经济增长带来的成果，而且会给就业带来压力。据坦桑尼亚国家统计局预测，到 2025 年坦桑尼亚人口将增加到近 7000 万人。

第二节　农业

一　概况

坦桑尼亚（大陆）农业包括种植业、牧业、渔业和林业，是第一产业。农业与国计民生息息相关，是国民经济的基础。

长期以来，坦桑尼亚的农业一直非常落后。其特点是：以小农为主，每户种植面积从 0.9 公顷到 3 公顷不等；耕作技术落后，大陆 85% 以上的农民依靠锄头耕作，用牛耕地的不足 20%，用拖拉机的（主要是农场）不足 10%；基本上是"靠天吃饭"，常受到干旱和病虫害的影响；在已耕地中，使用灌溉系统的主要是农场。

为尽快改变乡村贫穷落后状况，尼雷尔于 1967 年开始实行"乌贾马社会主义"。由于政策严重脱离实际，不仅没有收到预期效果，反而使农业发展受到严重挫折，致使农业生产连年下降。从 20 世纪 80 年代中期起，坦桑尼亚出台与颁布了一系列推动农业发展的政策和法规。这些政策和法规的实施，为各个农业部门的发展增添了活力，激活了广大乡村地区的生产活动。

基奎特总统 2005 年 12 月 30 日在国民议会发表就职演说时表示，政府要采取切实有效措施发展农业，将为农民购买化肥、良种和其他农业投入提供补贴；要发展中小型工业，增加对农产品的初加工。从 2011 年起，政府将每年的农业发展预算占比从过去的 4% 提高到 10%。为解决良种问题，政府于 2011 年建立了一家国家种子公司；为增加农村信贷服务，于 2015 年 8 月建立了坦桑尼亚农业发展银行。据报道，最近几年政府向 250 多万农户提供了 50 多万吨化肥和 5 万多吨良种，还组织农民学习农业新技术，帮助农民解决农田灌溉问题。政府为农业发展所做的努力得到了国外投资者的首肯。据报道，截至 2015 年 1 月，外国投资者对坦桑尼亚农业部门的投资达到 340 亿美元。

随着经济改革的深入，尤其是各项农业政策的落实，坦桑尼亚农业生产力已经有所提高。进入 21 世纪以后，坦桑尼亚农业增长率大体稳定在 3% ~4%；粮食连年增产，基本上解决了粮食安全问题。从 2009 年起，粮食产量不断增加（见表 4 - 1），当年就自给有余。全国粮食自给率 2010 年为 112.4%，2013 年和 2014 年分别达到 118% 和 124%。近年来坦桑尼亚多地遭受自然灾害，但农业产量仍有增加，国际货币基金组织认为，"这是其政府农业改革促进农业生产力大幅提高的结果"。[1]

表 4 - 1　2008 ~ 2014 年坦桑尼亚（大陆）粮食作物产量

单位：千吨，%

粮食作物	2008 年	2009 年	2010 年	2011 年	2012 年	2013 年	2014 年*	2014 年相对于 2013 年的变化率
玉米	3555	3324	4733	4341	5104	5288	6734	27.3
稻谷	875	885	2650	1461	1170	1342	1681	25.3
小麦	92	94	62	113	109	102	167	63.7
谷子	1064	204	1034	1119	1053	1073	1246	16.1

---

[1]　中国驻坦桑尼亚大使吕友清：《坦桑农业发展大有可为——中国驻坦桑尼亚大使吕友清在坦桑尼亚〈卫报〉上发表的署名文章》，中华人民共和国驻坦桑尼亚联合共和国大使馆网站，2015 年 6 月 16 日，http://tz. china - embassy. org/chn/tsyw/t1273597. htm。

坦桑尼亚

续表

粮食作物	2008 年	2009 年	2010 年	2011 年	2012 年	2013 年	2014 年*	2014 年相对于 2013 年的变化率
木薯	1797	1759	4548	1549	1821	1878	1664	-11.4
豆类	1125	1184	1254	1632	1827	1871	1697	-9.3
香蕉	982	991	3156	1048	842	1317	1064	-19.2
土豆	1379	1381	3897	1710	1418	1879	1761	-6.3

* 2014 年数字为对 2013/2014 农业季节的评估数。

资料来源：坦桑尼亚农业、粮食安全和合作社部，http：//www. nbs. go. tz。

二 种植业

坦桑尼亚的种植业可划分为两类，即粮食作物和经济作物。

坦桑尼亚有 7 个农业生态区，每个生态区都有各自的优势农作物，但所有生态区都能种植主要粮食作物。

（一）粮食作物

坦桑尼亚的粮食作物主要包括玉米、水稻、小麦、木薯、高粱、粟米、土豆、红薯、香蕉、大蕉（饭蕉）和豆类等。

玉米是全国大部分地区的主要粮食作物，主要由小农户种植，主要种植区域包括伊林加、阿鲁沙、多多马、乞力马扎罗、坦噶、马拉、莫罗戈罗、姆贝亚和辛吉达等省。正常年份年产粮食五六百万吨。

水稻主要由小农户种植，也有几个国家农业粮食公司（NAFCO）的大型水稻农场大规模种植水稻。主要产区在姆贝亚地区，在姆万扎、塔波拉、莫罗戈罗、达累斯萨拉姆和滨海地区也有种植。最近几年，特别是2011 年"南部农业发展走廊"项目实施以来，水稻种植面积不断扩大，到 2015 年已达到 50 多万公顷，大米年产量也逐年增加，已达到 100 多万吨。现在，坦桑尼亚是继埃及、尼日利亚、马达加斯加和科特迪瓦之后的非洲第五大大米生产国。

小麦主要集中在阿鲁沙和姆贝亚两个省，1967 年政府在这两个省各建立了 1 家小麦国营农场（现已改制）。另外，基图洛、恩朱姆贝和穆芬迪等地的一些农民也种植小麦。现在全国小麦年产量在 10 万吨左右。阿鲁沙哈南格小麦联合体是坦桑尼亚最大的小麦生产单位，它由阿鲁沙哈南格区的几家农场联合组成，这几家农场都是自主经营的国家农业发展公司的子公司，总种植面积为 4000 公顷。

木薯主要种植区为姆特瓦拉、林迪、滨海、达累斯萨拉姆、希尼安加、塔波拉、姆万扎、鲁伍马、卡盖拉、基戈马和马拉省。在姆特瓦拉、希尼安加、塔波拉和马拉省，木薯也是主要粮食作物之一。

高粱作为耐旱作物，几乎在全国各个省区都可种植，普遍种植于多多马、辛吉达、塔波拉、希尼安加、姆万扎和马拉等地区。

粟米作为耐旱作物之一，主要种植于多多马、辛吉达、希尼安加、姆万扎、林迪、鲁伍马和马拉等地区。除在个别地区作为主食作物外，大部分用作当地啤酒生产原料。

豆类包括黄豆、豇豆、木豆、绿豆、黄鹰嘴豆和绿鹰嘴豆等，主要种植于卡盖拉、希尼安加、姆贝亚和阿鲁沙等地区。

（二）经济作物

独立以来，坦桑尼亚政府一直试图在发展粮食生产、解决人民吃饭问题的同时，发展经济作物生产，通过经济作物产品出口换取外汇，从解决国内建设和发展所需要的资金问题。从姆维尼时期开始，除设法增加传统产品的出口外，还鼓励非传统出口产品的生产和出口，并取得了进展。

近年来，传统出口产品腰果、烟草、剑麻、茶叶和非传统出口产品除虫菊发展较快（见表 4 - 2）；咖啡和棉花的产量虽有升有降，但十多年来变化不是很大。

表 4 - 2　2002 ~ 2014 年坦桑尼亚（大陆）经济作物产量统计

年份	腰果（吨）	糖（吨）	咖啡（吨）	茶（吨）	烟草（吨）	棉花（吨）	剑麻（吨）	除虫菊（吨）	甘蔗（千吨）
2002	78000	—	44000	81000	59000	32218	23000	1000	—
2003	90000	—	46205	28028	32693	34418	23641	3000	1813
2004	100000	—	51970	—	51972	62301	26800	897	2342

续表

年份	腰果 （吨）	糖 （吨）	咖啡 （吨）	茶 （吨）	烟草 （吨）	棉花 （吨）	剑麻 （吨）	除虫菊 （吨）	甘蔗 （千吨）
2005	90385	—	34334	30000	56500	64018	27794	2500	2346
2006	88213	263000	45534	31348	50617	23632	30847	2046	2501
2007	92573	279494	33708	34763	50784	36192	33039	1000	2041
2008	99107	276605	58052	34770	55356	36320	33000	1500	2766
2009	74169	279850	40000	33160	60900	48328	26363	3320	2749
2010	121070	263461	60575	31646	130000	29600	24091	5000	2570
2011	160000	260055	33219	33000	126624	40895	33406	5700	3019
2012	121704	286380	65556	32700	120000	64617	23344	6100	2717
2013	130124	294300	48982	33500	100000	46124	37291	7000	2953
2014 p	200000	300230	40759	35500	105881	36800	40000	7600	2800

注：p 表示临时数字。

资料来源：坦桑尼亚农业、粮食安全和合作社部，http：//www. nbs. go. tz。

坦桑尼亚有六大传统出口作物，分别是咖啡、棉花、腰果、烟草、茶叶、剑麻。

（1）咖啡

坦桑尼亚大陆的咖啡是 19 世纪 90 年代由西方传教士从留尼汪引进。目前，坦桑尼亚约有个体咖啡农 41 万户，他们生产的咖啡占坦桑尼亚咖啡产量的 90%；大型种植园生产的咖啡仅占 10%。目前，大陆咖啡种植面积约为 25 万公顷。

大陆咖啡种植区主要在卡盖拉、乞力马扎罗和阿鲁沙地区。另外，南部高地的鲁伍马和姆贝亚地区也种植咖啡，大型咖啡种植园主要集中在这两个地区。

坦桑尼亚的咖啡有两个品种：阿拉比克（Arabica），约占坦桑尼亚咖啡产量的 75%；罗布斯塔（Rubasta），占 25%。

坦桑尼亚是世界咖啡主要生产国之一。1980 年生产咖啡 6.75 万吨，是坦桑尼亚咖啡产量最高的一年。目前，产量一般在五六万吨。根据世界粮农组织（FAO）统计，坦桑尼亚是非洲第四大咖啡生产国，仅次于埃塞俄比亚、乌干达和科特迪瓦。

坦桑尼亚的咖啡在世界上颇有名气。它的"乞力马扎罗"牌咖啡为世界知名品牌。

坦桑尼亚国内消费咖啡不多，估计仅占其产量的 1.2%。

长期以来，咖啡一直是坦桑尼亚主要出口产品之一。坦桑尼亚以出口咖啡豆为主，质量好，在国际市场有一定声誉。目前，坦桑尼亚每年咖啡豆出口外汇收入在 1.5 亿美元左右。据统计，2010 ~ 2014 年咖啡豆的出口收入分别为 1.173 亿美元、1.46 亿美元、1.866 亿美元、1.63 亿美元和 1.243 亿美元。

（2）棉花

1904 年，坦桑尼亚大陆开始种植棉花，发展很快，1951 年产量就达到 4.212 万吨；1970 年达到 67.4 万吨，为历史最高水平。

棉花全部由小农种植，每户种植面积在 0.5 ~ 1.5 英亩，大陆有 13 个省种植棉花，约有 48% 的家庭为种棉户，播种面积在 50 万公顷左右。因生产方式和生产技术落后，"靠天吃饭"，缺乏足够的杀虫剂、化肥和良种等，单位面积产量很低，目前每公顷产量在 400 ~ 500 公斤（世界平均产量为每公顷 1700 公斤）。

大陆有西部和东部两个产棉区。西部为种棉大区，包括希尼安加、姆万扎、塔波拉、马拉、辛吉达、卡盖拉和基戈马省，其产量占棉花总产量的 90%；东部产棉区包括莫罗戈罗、坦噶、伊林加、乞力马扎罗、阿鲁沙和滨海省。

目前，正常年份坦桑尼亚每年可产棉花 4 万多吨，除 25% ~ 30% 作为本国纺织工业原料外，其余全部出口，主要销往中国、印度尼西亚、泰国、肯尼亚、孟加拉国、越南、马来西亚和印度等国。坦桑尼亚棉花质量较好，普通锯齿棉纤维长度在 27 ~ 28 毫米，皮辊棉纤维长度在 28 ~ 30 毫米，在国际市场上受到欢迎。

（3）腰果

20 世纪 40 年代从巴西引进，到 50 年代成为大陆一项重要的出口产品。腰果树生长要求高温气候条件，分布于大陆沿海地区。南部的姆特瓦拉省是坦桑尼亚腰果主要产地,全省绝大部分地区都种有腰果树,其产量占全国产量的一半以上。在姆特瓦拉省,每户农民一般种植腰果树一公顷左右,年产腰果300～400公斤。

腰果树是一种多年生作物,全由小农种植。通常所说的"腰果",是脱落在地上后收集的"毛腰果",经加工厂脱壳后的腰果仁,供应国内市场或出口。

据统计,2011～2014年坦桑尼亚腰果产量分别为160000吨、121704吨、130124吨和200000吨。联合国粮农组织2012年数据显示,坦桑尼亚的腰果产量占整个非洲总产量的20%,世界排名第8位。2010年、2012年和2014年,腰果出口收入分别为0.969亿美元、1.426亿美元和3.944亿美元。

(4)烟草

烟草是20世纪40年代由欧洲移民引进的。开始,他们在伊林加种植园种植,后来烟草逐渐成为小农种植的一种经济作物。据统计,目前坦桑尼亚大陆大约3.4%的农户(9万多户)以种植烟草为生。坦桑尼亚主要的烟草产品为熏烟,约占80%,其余20%为深色烤烟。主要产地有塔波拉、伊林加、基戈马、鲁伍马、姆贝亚、莫罗戈罗、坦噶、林迪和卡盖拉等地区。

2002年,政府制订了烟草10年发展计划,争取用10年的时间,使烟草的年产量增加到11万吨。据统计,2011年的产量已经达到126624吨。目前,坦桑尼亚已经超过南非,成为继津巴布韦和马拉维之后的非洲第三大烟草生产国。

烟草现已成为大陆的第二大经济作物。坦桑尼亚税收管理局的数据显示,2014年烟叶出口收入达2.526亿美元,占传统出口产品收入的40%。同时,政府每年还可从烟草业获得约5000万美元的税收。

另外,烟草行业也是解决就业的一个重要行业。据坦桑尼亚烟草委员会(TTB)统计,目前坦桑尼亚大陆除有近10万农户种植烟草外,还有50万农户从事烟草的生产、加工和市场营销。①

① 塔科·恩斯特:《坦桑尼亚烟叶市场新局面》,《东方烟草报》2015年10月22日,陈月光编译自《烟业通讯》。

（5）茶叶

坦桑尼亚大陆生产的茶叶是红茶，目前年产量在 3.4 万吨左右，世界排名第 20 位；国内消费约占 30%，其余全部出口，出口收入约占坦桑尼亚传统出口产品出口收入的 6%。

坦桑尼亚是世界上"第一个生产和出口仅施有机肥而不施化肥和农药的茶叶生产国"，英国伦敦的茶叶公司包销了坦桑尼亚全部的茶叶产品。坦桑尼亚的茶叶在伦敦市场极为畅销，并且已逐渐销往美国和加拿大。

坦桑尼亚的茶叶由德国移民于 1905 年引进，1926 年开始商品化生产。独立前，茶叶生产由大茶园控制。独立后，小农开始茶叶种植。

20 世纪 90 年代以来，坦桑尼亚茶叶生产发展很快。现有 10 多个大茶园，种植面积达到 9000 公顷，雇工 10000 多人；有个体茶农 30000 多户，种植面积在 1200 公顷左右。

茶叶产量也有了明显增加。2004 年以来，茶叶年产量大体上在 3 万吨以上。2014/2015 财政年度，产茶 36268 吨，比 2013/2014 财政年度的33525 吨增长 8.18%。出口收入也有增加，2013/2014 财政年度和 2014/2015 财政年度分别出口 29570 吨和 22760 吨，外汇收入分别为 4462 万美元和 4617.8 万美元。①

（6）剑麻

坦桑尼亚的剑麻于 1892 年由德国东非公司从美国佛罗里达半岛和墨西哥引进。早期仅种植于坦噶地区，后来很快发展到达累斯萨拉姆、厄伦盖雷、莫罗戈罗、基曼巴和基洛萨地区。到 20 世纪 20 年代中期，剑麻已成为坦噶尼喀最重要的出口产品。30 年代，坦噶尼喀成为世界上剑麻的主要生产国之一。50 年代初，坦噶尼喀剑麻种植面积达到 15 万公顷，年产量为 20 多万吨（最高年产为 23 万吨），占世界剑麻产量的一半以上，坦噶尼喀因此被誉为"剑麻之乡"。

从 20 世纪 60 年代末开始，随着合成纤维的出现及普，以剑麻为原料的制成品日益被化工产品替代，剑麻在国际市场上销售困难，价格暴跌，

---

① Annual Report Financial Year 2014/2015, Tea Board of Tanzania.

坦桑尼亚的剑麻生产严重受挫，剑麻种植面积不断缩减，产量急剧下降。据统计，到 1999/2000 年度剑麻种植面积减少到 46118 公顷，产量仅有 2.06 万吨。

但到 20 世纪 80 年代末，由于剑麻具有纤维质地硬、拉力强、无静电、阻燃绝缘性能好、环保等特点，在许多方面都优于化工产品，国际剑麻市场开始回暖，加上剑麻用途日益广泛，出现了国际市场对剑麻及其制品需求增加和剑麻产品价格上升的局面。随着国际市场对剑麻需求的回升，坦桑尼亚政府抓住机遇，开始恢复剑麻生产，对已荒芜多年的政府剑麻农场实行了私营化。

进入 21 世纪以来，国际市场剑麻供不应求，价格一路走高，进一步推动了坦桑尼亚剑麻的种植。目前，坦桑尼亚的剑麻生产已经有所恢复。据统计，到 2003 年坦桑尼亚剑麻种植面积已经恢复到 50073 公顷；最近 10 年，年均产量在 3 万多吨，占世界总产量的 60% 以上，居世界首位。2013 年为 37291 吨，2014 年约为 40000 吨。

非传统出口作物，包括除虫菊和甘蔗等。

（1）除虫菊

除虫菊是杀虫剂的重要原料之一，由欧洲移民引进坦桑尼亚大陆。独立后当地农民开始在农田里种植，并逐渐成为坦桑尼亚的主要经济作物之一。20 世纪六七十年代，坦桑尼亚是世界除虫菊主要生产国之一。

除虫菊基本上分布在海拔 1700 米以上的南部高地和北部高地。南部高地为主要种植区，集中在伊林加和姆贝亚地区，占全国产量的 80% 以上；在北部，主要分布在阿鲁沙和乞力马扎罗地区。

20 世纪 90 年代以来，政府重视恢复和发展除虫菊生产。据报道，2006 ~ 2008 年，除虫菊已经引种到鲁伍马和鲁夸两个地区。目前，约有 4 万户农户种植除虫菊，全国年产量一般在 7000 吨左右，2014 年达到 7600 吨。

（2）甘蔗和糖

坦桑尼亚大陆许多地区都适宜种植甘蔗。独立前后，建立了几家大型甘蔗种植园和现代化的制糖厂，包括坦噶尼喀种植公司（丹麦人资本）

在阿鲁沙奇尼的甘蔗种植园、1960 年和 1962 年政府先后在莫罗戈罗地区建立的姆蒂比里种植园和基隆贝罗甘蔗种植园、在维多利亚湖西部卡盖拉地区建立的巴格瓦特甘蔗种植园和卡兰吉种植园，这些大型甘蔗种植园都拥有自己的现代化的制糖厂。

大型甘蔗种植园及其现代化制糖厂的出现，调动了其周边农民种植甘蔗的积极性，使坦桑尼亚甘蔗种植面积逐步扩大，到 20 世纪 60 年代末达到两万多公顷，其中个体农民种植面积占 10% 左右。

1967 年《阿鲁沙宣言》发表以后，政府将甘蔗园和制糖厂收归国有，20 世纪 70 年代坦桑尼亚的甘蔗生产继续发展，糖的年产量不断增加，1982 年达到 154000 万吨。坦桑尼亚经济于 20 世纪 80 年代进入困难时期以后，大陆甘蔗种植面积逐渐减少；糖的年产量也日益减少，80 年代末下降到 10 万吨左右，1997 年下降到 8.1 万吨。

随着经济改革的深入，1998 年和 1999 年政府先后对四家国营甘蔗种植园和制糖厂实行私营化以后，大陆甘蔗种植业和制糖业得到恢复和发展。近年来，甘蔗年产量在 250 万 ~ 300 万吨。据统计，2006 年糖的年产量为 263000 吨；2014 年达到 300230 吨，比 2013 年的 294300 吨增长了 2%。

目前坦桑尼亚对食糖的需求量在 42 万吨左右。

三 畜牧业

（一）坦桑尼亚是非洲畜牧大国

坦桑尼亚大陆草原地带广阔，畜牧资源丰富，到处都有草地，都可放牧，全境约 42.5% 的地区具有发展畜牧业的良好条件。

坦桑尼亚畜牧业主要是放牧和饲养牛、绵羊和山羊，同时饲养一些家禽和猪等。坦桑尼亚的畜牧业以牛为主，牛的头数约占畜牧总头数的 75%。

资料显示，坦桑尼亚是非洲畜牧业最发达的国家之一。据报道，20 世纪坦桑尼亚畜牧业一直保持低速增长，1995 年牛的存栏数达到 1564 多万头，在非洲仅次于埃塞俄比亚和苏丹，排第 3 位。

2006 年坦桑尼亚遭到严重旱灾，2007 年又受到"裂谷热"病的冲击，约 1% 的牲畜死亡。但是，坦桑尼亚畜牧发展部副部长姆林古瓦 2007 年 8 月在国民议会表示，由于进入 21 世纪以来坦桑尼亚畜牧业的发展，畜牧总头数未见明显减少。据统计，2007 年坦桑尼亚牲畜存栏量分别为：牛，1880 万头；山羊，1350 万头；绵羊，360 万头。

畜牧业是坦桑尼亚重要的农业部门之一。据 2005 年关于坦桑尼亚畜牧业的一份调查报告，坦桑尼亚从事畜牧业生产的农户有 1745776 户，占全国 4901837 家农户的 35.6%，是农村地区的主要经济活动之一。据估计，在 170 多万户中，3% 左右为原始放牧户，7% 是半农半牧者。

目前，畜牧业产值约占农业总产值的 12%，占国内生产总值的 3.24%。畜牧业是全国广大牧民和农牧民维持生计的重要手段之一，是全国非农牧民副食供应的主要来源，所以畜牧业的发展不仅关系到全国 10% 以上人口的生活问题，而且影响着国内市场副食品的供应。

（二）畜牧业的新发展

坦桑尼亚政府重视畜牧业的发展，1997 年推出畜牧业发展政策以来，增加了对畜牧业的投入，并采取了一些措施。（1）加强科研工作，为农牧民和大牧场及奶牛场培育了优良种牛。据报道，2002～2003 年，政府畜牧业研究中心就培育了约 20 万头良种肉牛；培育出 10 万多头良种奶牛。（2）加强畜牧业基础设施建设，在全国广大牧区的草原上修复或新建了一大批家畜饮水池、家畜休息场和夜间牛栏等。（3）为了加快运送活牛、活羊的速度，在中央铁路一线增加了 3 列运送牲畜的火车，并在沿途 30 个车站修建了运送牛、羊等上车的相关设施。（4）在全国牧区增设了 15 个兽医站。（5）2002 年 2 月以来，已陆续完成对一批国营大牧场、奶牛场和肉类加工厂的改制任务，使其变成私营（部分为外资）企业或合资企业。所有这些对推动畜牧业的全面发展、提高畜产品的质量都发挥了积极作用。

经过近 20 年的努力，坦桑畜牧业出现了新的发展。首先，牲畜的存栏量增加。据报道，2008 年牛、山羊和绵羊的存栏量分别为 2113 万头、1508 万只和 571 万只，比 2001 年分别增长 50%、24% 和 61%；2014 年牛、山羊和绵羊的存栏量分别为 2130 万头、1520 万只和 640 万只，[①] 比 2008 年分别增长了 1%、1% 和 12%。其次，畜牧业向市场提供的各类畜产品数量都有了大幅增长（见表 4 – 3）。2014 年，向市场提供的牛肉、羊肉、猪肉和鸡分别为 309086 吨、120199 吨、54360 吨和 87408 吨，比 2008 年分别增长了 41%、48%、63% 和 13%。2014 年，向市场提供的牛奶为 205961 万升，比 2008 年的 150000 万升增长了 37%。2014 年，向市场提供的鸡蛋为 390000 万个，比 2001 年的 269000 万个增长了 45%。

表 4 – 3　2008 ~ 2014 年坦桑尼亚（大陆）家畜家禽产品产量

种类	2008	2009	2010	2011	2012	2013	2014
肉类（吨）							
牛肉	218976	255178	243943	262606	289835	299581	309086
羊肉	81173	82884	86634	103709	111106	115652	120199
猪肉	33307	36000	38180	43647	47246	50814	54360
鸡	77250	78168	80916	93534	84524	87408	87408
肉类总计	410706	452230	449673	503496	532711	553455	571053
牛奶（升）							
本地奶牛	980000	1012436	997261	1135422	1255938	1297775	1339613
引进奶牛	520000	591690	652596	608800	597161	623865	720000
牛奶总计	1500000	1604126	1649857	1744222	1853099	1921640	2059613
毛皮（张）							
牛皮	2500000	1650000	1500000	2500000	2800000	2900000	3100000
山羊皮	1900000	2700000	2400000	2400000	3400000	3600000	2800000
绵羊皮	1500000	1250000	650000	200000	650000	700000	550000
毛皮总计	5900000	5600000	4550000	5100000	6850000	7200000	6450000

资料来源：坦桑尼亚农业、粮食安全与合作部，http://www.nbs.go.tz。

---

① Marc Nkwame, "Livestock Keepers to Be Assisted under AU Pastoralism Policy," *Tanzania Daily News*, January 8, 2016.

四 渔业

(一) 渔业资源极其丰富

坦桑尼亚大陆东临印度洋,拥有 850 公里长的海岸线和约 22.3 万平方公里的海洋专属经济区;内陆除知名的维多利亚湖、坦噶尼喀湖和尼亚萨湖等大湖外,还有众多的河流和中小湖泊,内陆水域面积 6 万多平方公里。宽广的水域为各种鱼类繁衍生息提供了良好的环境。

坦桑尼亚内陆湖泊与河流中适于食用的淡水鱼类有 500 多种,仅维多利亚湖坦桑尼亚境内水域就有 200 多种。

坦桑尼亚海洋渔业资源分两类,一是近海资源,二是远海资源。

近海是指 12 海里坦桑尼亚领海以内的水域,有各种各样的鱼类。据报道,从事近海渔业的渔民分布于 850 公里海岸线上的 210 个渔村和渔港,首都达累斯萨拉姆市是最活跃的渔港,也是最大的消费市场。

远海是指 12 海里领海以外但在 200 海里专属经济区以内的水域,主要捕捞金枪鱼,也主要是外国商业捕鱼船队通过购买捕捞许可证进行商业捕捞。

渔业是坦桑尼亚重要的经济部门之一。在大湖地区和滨海地区有人口 400 多万人,他们基本以渔业为生;另外,还有 40 多万人从事鱼产品加工、储藏、运输、销售和出口以及为渔民提供服务等一系列与渔业相关的工作。另外,渔业对国家经济发展有着重要贡献。据统计,近年来坦桑尼亚年捕鱼量在 36 万吨左右,其产值占国内生产总值的 6.4% ~ 7.2%,出口收入约占国家出口总收入的 10%。

(二) 独立后渔业的发展状况

独立后,政府兴建了一些渔业生产基础设施,包括在沿湖城镇先后建立渔网厂、造船厂和鱼类加工厂等;同时,与日本合作,合资创办了一家捕鱼公司,有机动渔船 6 艘,主要在维多利亚湖捕鱼。

政府的一系列措施推动了坦桑尼亚渔业生产的发展。据统计,1970 年捕鱼量达到 18.5 万吨。到 70 年代后期,坦桑尼亚有传统渔民 4 万多人、注册的商业性渔民 3000 多人,1979 年捕鱼量达到 34.4 万吨。

在坦桑尼亚经济进入困难时期以后，渔业生产同样遇到困难，到1981年捕鱼量下降到22.6万吨；在整个80年代，捕鱼量一直徘徊在20万吨。

90年代尤其是1996年以后，随着经济改革的深入，坦桑尼亚渔业生产开始回升，每年的捕鱼量都在30万吨以上，渔业部门产值占到农业产值的6%，占到国内生产总值的2%~3%。

尽管如此，坦桑尼亚的渔业还很落后。其渔业生产仍以个体渔民为主，他们使用的捕鱼船主要是传统的小木船，渔具原始落后，难以大幅度增加鱼的产量，尽管他们的捕鱼量约占总捕鱼量的90%。至于海洋捕鱼，因无远洋捕鱼设备，坦桑尼亚的海洋捕鱼仅限于近海，产量有限。另外，坦桑尼亚只有4家海洋渔业加工厂，加工龙虾、章鱼和鱿鱼等，已经远远不能满足渔业生产发展的需要。

在全国《减贫战略计划》精神的指导下，自然资源和旅游部于1997年12月出台的《渔业部门发展战略》明确规定：欢迎私人资本（包括外国资本）投资；鼓励开发和利用渔业资源，扩大市场，增加鱼类和渔产品出口。政府还特别提出：欢迎外资在捕鱼、渔产品加工、渔船和渔具生产及相关的服务行业方面投资；支持和鼓励外资企业在近海12海里至200海里的专属经济区和深海进行捕捞作业；欢迎外资企业在湖区和近海区域发展渔耕。此外，还提出对养殖大虾出口的外资企业给予免交海场使用费的特别优惠条件。

此后，注册渔民和捕鱼船越来越多，捕鱼量和出口量都有增加。据统计，2014年，注册渔民数为183800人，登记捕鱼船（包括机动木船和捕虾船）为57291艘，捕鱼量为365974吨，比2010年的163601人、50001艘和347157吨分别增长了12.35%、14.58%和5.42%。

（三）渔业生产面临新形势

进入21世纪以来，坦桑尼亚的渔业生产基本上停滞不前，其捕鱼量徘徊在32万吨到37万吨之间（见表4-4）。坦桑尼亚农业、畜牧业和渔业部的官员普遍认为：第一，出现这种状况的主要原因是捕捞技术和装备落后；第二，毁灭性的渔业生产和环境污染等妨碍了（淡水和海洋）渔业资源的持续增长，影响了捕鱼量的增加。

表4-4 2005～2014年坦桑尼亚（大陆）渔民人数、渔船数目、捕鱼量和产值

年份	注册渔民人数（人）	渔船数量（艘）	捕鱼数量（吨）	产值（坦桑尼亚先令）
2005	133197	39438	375535	338905700
2006	156544	51552	341109	336152589
2007	163037	51851	327845	291764549
2008	170038	52327	324821	371395387
2009	172090	52898	335674	410423479
2010	163601	50001	347157	774483954
2011	177527	55299	341066	1198838634
2012	182741	56985	365023	1307131724
2013	183431	57385	375160	1473305761
2014	183800	57291	365974	1494898413

资料来源：坦桑尼亚农业、畜牧业和渔业部渔业发展司，http：//www. nbs. go. tz。

近年来，政府采取了一系列措施来增加捕鱼量、保证渔业生产持续发展、改善渔民生活。

1. 2012年从中国引进水产养殖技术

坦桑尼亚从中国引进了一种适用于湖泊、水库和河流等水域的水产养殖技术。坦桑尼亚国家渔业资源研究所（NaFIRRI）项目协调员在2013年10月介绍说，自2012年4月推广此项技术以来，收获颇丰。他说，水产养殖项目可让全国420万户渔民获益，每年可为国家创造约1.16亿美元的外汇收入。

2. 发行5亿美元债券推动渔业发展

为购买大型金枪鱼船，2013年10月坦桑尼亚政府发行了5亿美元的债券。这是全国第一次发行的政府担保7年、收益率为8.5%的美元国债。

3. 政府为坦噶尼喀湖渔业开发招商引资

2015年8月，政府向当地和外国投资者发出邀请，请他们到坦噶尼喀湖投资渔业项目。坦桑尼亚工商部副部长珍妮丝·穆本娜说，坦噶尼喀湖渔业资源丰富，估计每年可收获约20吨沙丁鱼。她表示，政府已在2014/2015财政年度留出22亿坦桑尼亚先令，对想要投资但资金不足的渔民进行补助。她说，渔业部门已经收到来自卡兰博（Kalambo）、松巴万加和纳卡西地区的五份投资申请。

另外，目前坦桑尼亚远海主要渔业资源是金枪鱼。坦桑尼亚于2005年增加了外国船队在坦桑尼亚水域捕捞金枪鱼的许可证年费，年费增至1条船1.62万美元。发行渔业捕捞证的决定是坦桑尼亚政府1997年为保证海洋渔业资源可持续利用做出的。

欧盟作为一个整体，每年交付13万欧元的费用，享有为欧盟国家船主预留每年捕捞8000吨金枪鱼的权利。目前在坦桑尼亚水域捕捞的外国船只约40%来自欧盟国家。

日本金枪鱼联合会和坦桑尼亚2011年5月签署了一项深海鱼类捕捞许可协议，每年派出30艘金枪鱼捕捞船到坦桑尼亚从事金枪鱼捕捞作业，为此向坦桑尼亚政府缴纳2亿美元的费用。坦桑尼亚政府称，每年有200多艘外国捕捞船在坦桑尼亚深海捕捞区进行非法捕捞，而坦桑尼亚没有足够能力在全海域巡逻，只好听之任之。坦桑尼亚政府称，希望与日本签署捕捞协议，能成为打破这一僵局的开始。

五 林业

坦桑尼亚大陆林业资源非常丰富。森林和林地面积大，森林覆盖率高，不仅可生产大量木材产品和非木材产品，而且为畜牧业和旅游业的发展提供了良好环境。

（一）独立后林业发展状况

独立时，坦噶尼喀的森林和林地面积为4356.41万公顷，占其土地面积的49%。独立后，政府重视发展林业生产，1963年即修改殖民统治时期制定的林业政策（1952），推出保护和生产并重的林业政策。

这项林业政策包括：（1）划定1280万公顷为"森林保留地"（即保护林区）。其中，1118.38万公顷的森林可进行商业性开采；135.9万公顷为不许进行任何采伐的"自然保护林"，目的在于保护水源，保护河流堤坝，防止水土流失，保证水电站和给水系统的正常运行，保护野生动物园的森林和林地，保持生态平衡，保护野生动物，保证旅游业的发展。

（2）划定 3070 万公顷为"非保留森林和林地"，作为燃料和建筑材料基地，可以采伐。（3）规定在永久森林保留地中的 1139.2 万公顷的林区，即 89%，由中央政府直接管理。（4）规定采伐树木要有计划，同时要大规模植树造林，以补充和增加林业资源。（5）为满足日益增加的建筑用木材的需要，决定建设 16 个软木林场。①

政府的林业政策和相应的措施推动了林业的发展。

第一，木材工业有所发展。出现了一些新的伐木公司，建立了一批木材工业公司，木材工业的发展带动了林业产品的出口。

第二，在植树造林方面取得了成绩。政府不断开展大规模的植树造林活动，到 20 世纪 70 年代中期，建立了 16 个人工林场，面积达到 7.9 万公顷。

第三，政府一方面增加投入，另一方面利用德国、瑞典和挪威的援助，在国有化基础上重新组建了 10 家规模较大的伐木公司、10 多家木材工业公司，并且兴建了一家造纸厂（南方造纸厂），然后组建了坦桑尼亚木材公司（TWICO），全面负责管理木材企业，包括木材的开采和木材产品的销售等。1974 年，德国还帮助在坦噶省建立了三家蜂蜜加工厂，并包销了它们的全部产品。

经过努力，坦桑尼亚的木材工业取得了一些发展。到 1973 年，其总采伐量就达到 3150 万立方米，木材工业也有了发展，还增加了一些木材和木材产品的出口；另外，坦桑尼亚的养蜂业也有所发展，蜂蜜和蜂蜡出口增加，1975 年坦桑尼亚成为世界上出口蜂蜡最多的国家。

然而，到 70 年代中期以后，由于按《阿鲁沙宣言》精神对森林、伐木公司和木材工业公司实行了国有化，随着国家经济日益困难，政府财政枯竭，外援减少，依靠政府拨款和外国援助的坦桑尼亚木材工业公司及其子公司的生产和经营陷入困境。

与此同时，森林资源的管理工作也遇到了困难。坦桑尼亚没有石油，

① 〔英〕莱恩·贝里：《坦桑尼亚图志》，南京大学地理系非洲地理组译，商务印书馆，1975，第 96～98 页。

煤也很少，其能源的 92% 以上来自森林。在广大乡村地区，人们做饭和取暖基本依靠木柴，城镇居民则主要依靠木炭。除家庭生活外，还有熏鱼、烤烟、砖瓦窑、陶瓷窑等，也都用木柴做燃料。一份调查材料显示，20 世纪 80 年代，坦桑尼亚每天作为木柴和木炭被砍伐的树木（以每棵树为 0.2 立方米计算）达到 45000 棵。当伐木公司不能满足市场对薪炭木材的需求时，人们就亲自动手，乱砍滥伐，或自用，或出售。

据报道，坦桑尼亚森林面积逐年减少，到 1987 年森林和林地面积已从 1962 年的 4356.41 万公顷减少到 3309.6 万公顷。

（二）调整林业政策保证持续发展

自 20 世纪中期开始执行结构调整计划以来，为保护森林资源，恢复和发展林业生产，保持生态平衡和经济的可持续发展，政府出台和颁布了相关的政策和法规，主要包括以下几方面。

第一，经济改革开放初期，政府首先纠正"社会主义"时期对森林资源和木材工业实行的"国有化"偏差，物归原主。在植树造林方面，提出了"谁造林，谁受益"的口号，鼓励私人、村庄和社区投资植树造林。同时，鼓励私人投资木材工业和非木材工业；在外汇短缺的情况下，还鼓励私商自筹资金营销和出口木材产品和非木材产品，对出口创汇给予留成 35% 的奖励等。

第二，1990 年，政府推出《坦桑尼亚森林行动计划（1989/1990 ~ 2007/2008）》，内容包括：（1）由中央政府管理的森林保护区由专门机构或私营部门同政府一起联合管理；对由地方政府管理的森林也都做了相应安排。（2）1994 年，政府推出了对 16 个人工林场、国有伐木公司和木材工业公司实行私营化的计划。

第三，1998 年 3 月 5 日，政府制定并开始实施《国家森林政策》，旨在加大对森林资源的管理力度，发展林业生产，增加林业部门对国民经济发展的贡献，同时为国民经济的可持续发展创造条件，造福子孙后代。

为加强对森林资源的合理利用和保护，实现森林政策的总目标，政府重新划定了"生产林区"和"保护林区"的范围，并且规定：在 3350 万公顷的森林和林地中，2378.5 万公顷为生产林区，占 71%，可按规定采伐利用；971.5万公顷为保护林区，占29%，禁止任何采伐，保护林区内包括了约200万公顷的国家公园和水源地区的森林和林地。

2002年7月，国民议会通过《森林法》（独立以来的第一部森林法），对《国家林业政策》提供了法律支持。

第四，1998年3月5日，政府还批准实施了《国家养蜂政策》。政府认为，坦桑尼亚蜜源丰富，发展养蜂投资少、见效快，许多农民都可直接参与，而且收入可观，是广大乡村地区农民的一条减贫之路。

2002年6月，国民议会通过《养蜂法》，进一步明确养蜂业是政府鼓励个人和社区投资的优先产业。

（三）林业改革以来出现的新形势

自1998年政府制定林业政策、养蜂政策，2002年国民议会通过《森林法》和《养蜂法》以来，坦桑尼亚林业部门生产的恢复和发展出现了新转机。

1.植树造林活动持续不断

为改善乡村地区薪炭供应情况，减轻生态环境恶化的压力，自20世纪中期实行结构调整计划以来，政府坚持"谁造林、谁受益"的政策，调动了村庄、社区和宗教团体植树造林的积极性。据统计，1986年坦桑尼亚植树造林7.93万公顷。近30年来，坦桑尼亚的植树造林活动未曾中断。

1998/1999年度，政府决定开展一次全国性的植树运动，提出在2000年以前植树1亿棵，结果超额完成任务，植树面积达58万多公顷。2000年，政府还决定每年的1月1日为全国植树日。

据统计，2000/2001～2003/2004年度，坦桑尼亚共植树375615843棵，超出计划2.1%，植树面积达到300多万公顷。联合国粮农组织的一份资料表明，最近几年，坦桑尼亚每年植树造林的面积也都在20多万公顷，2010年为24万公顷。

据联合国粮农组织林业司公布的《对2000年全球森林资源的评估》，1990～2000年，坦桑尼亚年均采伐森林达9.1万公顷，主要用作炭薪。然而，由于植树造林运动的广泛开展，不断有更多的人工林予以补充，坦桑尼亚的森林和林地面积不但没有减少，反而逐年有所增加。1998年，坦桑尼亚的森林面积已从 1987 年的 3309.6 万公顷增加到 3550 万公顷，2000 年增加到 3881.1 万公顷，到 2005 年又增加到 4400 万公顷。

2. 养蜂政策出台后出现"养蜂热"

20 世纪 70 年代，坦桑尼亚是世界蜂蜡主要出口国之一，年产量在 600 吨左右。1974～1976 年，因爆发某种疫情，许多蜜蜂死亡，蜂巢消失，坦桑尼亚的养蜂业受到致命打击。坦桑尼亚实行结构调整计划以后，私人开始投资，使养蜂业得到恢复和发展。1998 年《国家养蜂政策》出台后，坦桑尼亚又出现了一股"养蜂热"。

1998 年以来，为保证有充足的蜜源，政府把相关的森林和林地划为"养蜂资源保护区"，还在基邦多、塔波拉、马尼约尼、孔多阿和韩德尼等地区建立了一些养蜂服务中心，开始为养蜂农民提供技术服务。

坦桑尼亚养蜂的努力得到了国际上的支持，如挪威从 1998 年开始就同坦桑尼亚开展双边养蜂合作，在苏瓦（Suwa）村建立养蜂技术推广站，到 2002 年苏瓦村的蜂群已从 1998 年的 30 群增加到 8077 群。

世界银行 2003 年的一份报告说，坦桑尼亚越来越多的农民把养蜂业视为减贫之路，许多人不仅大量增加蜂箱，而且为保证有充足的蜜源还建立了自己的养蜂林场。2002/2003 年度，萨奥山人造林区周围 44 个村庄的农民投资 18 万美元，购买树苗 190 万株，培育了 11105 公顷的养蜂森林。

坦桑尼亚的蜂产品有两类，即蜂蜜和蜂蜡。这两种产品在国内外均供不应求。

蜂蜜主要供应当地市场。约 50% 供当地生产蜂蜜啤酒和蜂蜜白酒；10% 用于糖果业和医药工业；国内中上层人士喜欢食用，但量不大。另有一部分出口，1991 年英国对坦桑尼亚蜂蜜进行有机蜂蜜测试，结果 100% 合格。2002/2003 年度，坦桑尼亚出口蜂蜜 823.13 吨，出口收入达到 905443 美元。

蜂蜡，当地用于制作蜡烛和蜡染，但用量很少，以出口为主，蜂蜡的主要进口国为日本、美国、欧盟国家。据统计，2002/2003 年度坦桑尼亚出口蜂蜡 392 吨，创汇 1776000 美元。

目前，养蜂业已经成为坦桑尼亚经济中新兴的产业部门之一，且已有一定规模，坦桑尼亚从事养蜂者已达 200 多万人。据统计，2009 年坦桑尼

亚蜂群数量为 270 万群，居世界第 7 位。2001/2002 年度，坦桑尼亚蜂蜜产量为 26500 吨，排世界第 12 位；蜂蜡产量达到 1800 吨，居世界第 9 位。

3. 森林管理工作逐步加强

1990 年执行《坦桑尼亚森林行动计划》以后，坦桑尼亚对森林和林地采取了政府和社区联合管理的办法。1998 年的《国家森林政策》和 2002 年的《林业法》，也都充分肯定了这种"联合管理"的模式。

自 20 世纪 90 年代以来，政府逐渐恢复了对受保护林区的巡逻。此外，政府还对一些保护林区进行了新的勘测，并树立了界标。

为保护森林资源，政府对圆木采伐采取了限制措施。2002 年国民议会通过的《林业法》明确规定，从 2004 年 7 月开始禁止出口圆木。2006 年 1 月 27 日政府又重申了禁止出口圆木（和檀香木）的禁令，并开始对违法的公司和个人进行严厉处罚。

但是，应当看到，森林管理工作还面临许多挑战。

联合国粮农组织的一份材料表明，1990～2010 年，坦桑尼亚失去了 8067000 公顷的森林，即森林覆盖率下降了 19.4 个百分点。也就是说，这 10 年里，坦桑尼亚年均减少 403350 公顷森林。

出现这种情况，原因是多方面的。（1）1998～2003 年刚果（金）内战时期，15 万刚果（金）难民逃往坦桑尼亚基戈马地区，当地的森林遭到难民的乱砍滥伐。报道说，那个地区的原始森林有 2000 公顷被彻底毁坏。（2）烟草是坦桑尼亚重要的出口创汇经济作物之一，烟农要烤制烟草就得砍伐树木，20 世纪 80 年代以来坦桑尼亚烟草种植有了发展，森林也就遭到越来越严重的砍伐。据有关调查报告，每年因烤制烟草坦桑尼亚就有 61000 多公顷的森林被滥伐。（3）更为严重的是出现"内鬼"，所以木材非法砍伐屡禁不止。有的伐木工人非法采伐木材，并将未交税木材卖给承包商和销售商，从中捞取好处；林业官员或林区巡视人员经不起金钱贿赂，为不法商人开绿灯，允许其无证采伐，或在非授权区进行采伐，或使用无效出口证把木材运走。

4. 木材工业私营化取得进展

从 1986 年起，一些私人开始投资建立木材工业公司或销售木材产品，还出现了一些经营坦桑尼亚特产乌木雕的外贸公司。1994 年政府推出国营企业私有化计划后，一些小型国营木材加工企业陆续被私人购买。据统计，到 1997 年坦桑尼亚私营木材加工企业和贸易公司有 130 多家。

政府对坦桑尼亚林业公司下属 10 家伐木公司和南方造纸厂改制进展较为缓慢，因为需要的投资较多，到 1998 年底 10 家伐木公司才被卖出。坦桑尼亚南方造纸厂 2003 年 11 月被肯尼亚莱伊集团收购。据报道，这家肯尼亚公司投入 2600 万美元，2004 年即恢复了生产。21 世纪以来，私营部门在木材工业部门中所占的份额已经从过去的 25% 上升到 78%。

但是，应当看到，坦桑尼亚木材工业的发展还有许多困难。

目前，据报道，坦桑尼亚伐木公司每年采伐圆木约 90 万立方米。由于技术落后、投资不足、流动资金短缺、市场开发欠佳等，许多木材加工厂开工不足，开工率仅在 50%。据统计，坦桑尼亚木材年加工能力已从 1992 年加工圆木 90 万立方米下降到近年来的 70 万立方米。

第三节　工矿业

独立以前，坦桑尼亚大陆的工业基础十分薄弱，仅有一些采矿业、农产品加工业及少量轻工业，工业产值仅占国内生产总值的 3%，工人也只有 2.2 万人。长期以来，坦噶尼喀在殖民统治下形成了单一的殖民主义经济体系，依靠廉价向宗主国出口经济作物产品和矿产资源等换取一些外汇，然后再高价从宗主国进口其生活和生产必需品。独立以来，为改变"出口原料，进口成品"的不合理状况，坦桑尼亚政府不断采取措施，并取得了一些进展。目前，坦桑尼亚仍在为改变这一不合理的经济结构进行着艰苦的努力。

一　工业

（一）独立后的发展与问题

坦桑尼亚大陆（坦噶尼喀）独立后，政府首先采取鼓励国内外私人投资政策，以推动工业发展。这一政策收到良好效果。据统计，1966 年

工业产值在国内生产总值中所占的比例上升到 8.1%，工人人数也增加到 3.26 万人。当然，这些工厂的绝大部分投资都来自国外。

1967 年《阿鲁沙宣言》发表后，政府对一些重大工厂、企业实行了国有化，对另一些企业采取征购 50% 以上股份的做法，实行合营。同时，根据经济发展计划中"优先发展进口替代工业"的安排，政府又投资兴建了一些生产生活必需品的工厂。到 70 年代中期，国营企业已在坦桑尼亚工业中占据主导地位，其产值占整个工业产值的一半以上。1973 年，坦桑尼亚有 538 家工厂，雇用工人 7.26 万人。

1975 年，坦桑尼亚政府制订了一个为期 20 年的工业发展计划，提出基础工业的发展战略，旨在加快调整传统经济结构的步伐。

到 20 世纪 80 年代初，坦桑以进口替代工业为主的制造业已有一定规模。农产品加工企业（绝大部分属于作坊类企业）较多，包括剑麻加工厂（240 家）、咖啡加工厂（149 家）、腰果加工厂（4 家）、茶叶加工厂、榨油厂、碾米厂、面粉厂、制糖厂、轧棉厂和除虫菊加工厂等。

其中，制糖业发展最快。1971 年，糖产量为 9.58 万吨，已能满足国内市场需求。纺织、服装和制鞋业也发展很快。到 20 世纪 70 年代中期，已建有 6 家棉纺织厂，有棉纱锭 78136 个、棉织机 3012 台，1973 年棉布总产量为 7472 万米，已基本能满足国内需求；另外，还有两家麻袋厂和一家棉毯厂。

据统计，1982 年，坦桑尼亚大陆从事工业生产者约有 12.9 万人，其中 12.1 万人在加工工业部门，工业产值占国内生产总值的 15%。

然而，令人关注的是，这些工业企业的基础都非常脆弱，经不起"风吹雨打"。第一，许多都是外国援建的，坦桑尼亚宣布走"社会主义道路"后，大多数西方国家停止了援助。第二，过激的国有化政策严重影响了私人资本和外国资本投资的积极性，而政府的资金又有限。第三，1967 年以后兴建的工业企业大多数都是资本密集型项目。第四，坦桑尼亚实行"计划经济"，国营企业管理机构庞大，人员素质低，普遍管理不善。

20 世纪 70 年代中期西方发生经济危机，国际市场农产品价格猛跌，而石油价格却上扬，加上连续两年干旱，坦桑尼亚在外汇收入锐减的情况下还须进口大量粮食，致使政府财政困难，对其工业用原料和零配件的供应力不从心，致使工业开工不足，生产率下降，一蹶不振。随后，国际上爆发了第二次石油危机，坦桑尼亚又遭到周期性旱灾，1978 年又花费大量外汇进行了"反击阿明入侵"的战争，使坦桑尼亚经济完全陷入困境。由于没钱进口工业原材料、生产设备及其零配件，工业开工率从 1976 年的 69%降至 1986 年的 20% ~30% ；1977 ~1986 年，工业产值下降近 30%。

（二）改革开放后经济得到恢复和发展

姆维尼总统 1985 年执政后，1986 年执行国际货币基金组织建议的结构调整计划。坦桑尼亚的经济恢复计划得到国际社会的支持，1986 年外援增加，解决了进口某些工业原料和机械设备等遇到的困难，制造业状况有所好转。

1990 年 4 月，国民议会通过《坦桑尼亚投资促进法》，欢迎和鼓励国内外私人资本投资。1994 年公布第一批 400 家私营化国营企业名单（400 家）后，本国资本和外国资本投资迅速增加，国营企业私营化的步伐也加快了。据报道，截至 1996 年 6 月，投资促进中心共批准 763 个投资项目（约 1/3 为工业项目），总金额达 19 亿美元，可提供 112430 个就业机会；同时，95 家国营企业实现了私营化。大批私营企业的创建和国营企业私营化计划的落实，推动了坦桑尼亚进出口贸易的发展，扭转了 80 年代以后出现的制造业下滑的趋势，到 90 年代中期经济年均增长率接近 4%。

姆卡帕总统 1995 年执政后，积极推进经济自由化与国企私有化改革进程，并出台与颁布了一系列工业发展政策和法规，包括：1996 年制定了《工业可持续发展政策（1996 ~2020）》；1997 年 7 月国民议会通过了给予投资者更多优惠政策的新《坦桑尼亚投资法》；1999 年制定了《2005 年发展远景规划》，明确提出在 2025 年之前"把坦桑尼亚建成一个半工业化国家，工业产值要占到国内生产总值的 40%"；2002 年制定了《建立出口加工区法》（EPZ）和《中小企业发展政策》；等等。这些政策和法规进一步调动了本国资本和外国资本投资的积极性，使新的投资项目不断增加。据统计，到 2003 年，投资项目已从 1996 年的 66 个增加到 127 个，投资额从 1996 年的 1.7 亿美元增加到 2.2 亿美元。到 2004 年，国营部门改革委员会拟改制的 400 家企业中的制造业企业全部完成改制任务。

基奎特总统重视扩大对制造业项目的投资，尤其是外国直接投资。2009 年制定了《经济开发区法》，为投资者提供了更为优惠的条件，加快了经济特区建设的步伐。

坦桑尼亚出口加工管理局 2015 年 8 月的一份资料显示，从 2009 年起，坦桑尼亚启动出口加工区建设，通过发展出口导向型工业，达到了吸引外资、扩大出口、增加就业、提高生产技术和经济管理水平的目的。到目前为止，入驻坦桑尼亚出口加工区的企业已有 130 家（包括来自中国的 12 家），吸引了 12.7 亿美元的投资，创造了 8 亿美元的出口收入和 3 万多个工作岗位。

据 2015 年 6 月 24 日联合国贸易和发展组织（UNCTAD）发布的 2015 年《世界投资报告》，坦桑尼亚在发现丰富的油气资源后，引进外资金额逐年上升。这份报告说，2014 年坦桑尼亚引进外国直接投资达 21.42 亿美元，是东非地区最大的引进外资国。

随着私营制造业的发展，坦桑尼亚制造业得到一定程度的发展（见表 4 - 5）。啤酒、茶、咖啡、食用油、牛奶、食糖、水果和蔬菜等产量稳中有升；肥皂洗衣粉、清洁剂、铝制品等生活日用品产量均有不同程度的增长；棉纱、布匹、毛毯、帆布袋和其他纺织品产量波动较大；建材工业，如钢材、水泥、电线和电缆等，也随着全国基础设施、工业及民用建筑建设的推进得到发展。

表 4 - 5　2010 ~ 2014 年坦桑尼亚（大陆）主要工业产品产量统计

商品	单位	2010 年	2011 年	2012 年	2013 年	2014 年
香烟	千支	6181	6630	7558	7710	8028
烟叶	吨	51093	65447	64477	73464	47197
瓶装啤酒	千升	242327	269733	338650	374238	379913
软饮料	千升	444245	523668	585567	575337	571483
速溶咖啡	吨	307	249	440	458	513
初加工的咖啡豆	吨	73643	47893	71114	54696	51763
红茶	吨	45000	40049	44584	42053	46497
混合茶	吨	47019	45338	43998	43579	44711

续表

商品	单位	2010 年	2011 年	2012 年	2013 年	2014 年
标准化牛奶	千升	29421	34574	35684	38546	42462
食糖	吨	374004	255641	271059	243353	299550
鱼制品	吨	32968	30767	34940	29289	30009
水果和蔬菜罐头	吨	7961	6799	4133	3987	4791
饼干	吨	6962	12240	16006	17440	15793
植物油和脂肪	吨	162657	154069	151586	172966	198013
大米	吨	22	42	78	92	97
玉米粉	吨	13573	14153	16438	20064	17669
酒精	千升	13186	11177	16774	20680	31832
糖浆	千升	4358	4458	4680	3976	5036
饲料	吨	1864	3962	4730	4217	2471
铝制品	吨	1437	980	931	1395	2065
纸制品	吨	14711	13492	14879	13767	16966
塑料制品	吨	11138	11519	11985	12972	13873
泡沫床垫	千个	1491	2267	4847	5531	6196
塑料袋	千个	101991	92936	77944	61863	73085
洗涤剂	吨	3040	2924	3016	3042	3171
蚊香	吨	157	157	165	169	169
安全火柴	千包	2293	2514	2556	3211	2576
剑麻绳	吨	6872	6976	7754	6908	7871
除虫菊	吨	64	70	73	113	112
水泥	吨	2312055	2408765	2581398	2345647	2795687
石灰	吨	29273	29659	29365	14629	16710
钢筋	吨	136048	117802	133229	128634	130323
三合板	吨	1985	2045	2087	1544	1344
瓦楞铁	吨	57656	76912	81427	73787	70789
电缆	吨	1675	2188	2390	3832	3963
电机	个	183	266	273	409	540
镀锌管	吨	9760	11573	13554	15252	15973
玻璃	吨	23831	12062	11836	13263	12938
钢板/钢坯	吨	25346	39955	46690	46148	56876
木板	百万张	3046	2776	2784	2639	2851
木材	立方米	34861	30587	35151	41106	35913

坦桑尼亚

续表

商品	单位	2010 年	2011 年	2012 年	2013 年	2014 年
胶合板	立方米	988	1007	1031	1043	1000
漆	千升	28201	31355	34868	36623	38017
变压器	个	1110	2905	2730	1523	613
电线	吨	8688	10796	8939	7643	10981
汽车和拖车	辆	257	209	170	296	431
棉纱	吨	5163	3459	3169	4223	4391
毛毯	千个	211	168	130	159	270
帆布袋	千个	2195	1137	557	1281	1444
布匹	千平方米	103605	100018	83592	86639	110394
纺织品	千平方米	7616	6315	8993	9003	21145
服装	千件	369	369	420	3804	3973
皮革制品	千件	21	30	43	53	70
肥皂洗衣粉	吨	147700	149076	131260	124028	120284
厕所清洁剂	—	—	—	—	—	—

资料来源：坦桑尼亚国家统计局，http：//www.nbs.go.tz。

更加可喜的是，坦桑尼亚制造业产品有了一定数量的出口，坦桑尼亚银行的一份报告说，截至 2015 年 8 月底，坦桑尼亚制造业年内出口创汇 13.1 亿美元，比黄金出口收入多出 12.9 亿美元。

二 采矿业

（一）坦桑尼亚矿产资源丰富

坦桑尼亚大陆有 8 个绿岩带，地层大多属太古代岩层，矿产资源非常丰富，有几十种矿藏，总储量在南非、津巴布韦、博茨瓦纳和刚果（金）之后，居非洲第 5 位。大陆、桑给巴尔岛及近海海域有若干储油前景良好的区域。而且，坦桑矿产资源不仅潜力巨大，而且从已探明的矿产资源看，其埋藏深度大多在 200 米之内，此外还有很多露天矿藏，比较容易开采。

据坦桑尼亚能源和矿产部 2011 年资料，坦桑尼亚主要矿产资源情况如下。

黄金：在大陆许多地区都有发现。其中，维多利亚湖地区在地质和规模上可与澳大利亚、加拿大、南非及津巴布韦的主要黄金产地相媲美。已探明储量为 1800 万盎司，估计储量高达 3000 万盎司。

钻石：在东非大裂谷、鲁夸湖和塞洛斯盆地边缘的冲积地带都有钻石矿，已探明钻石矿储量约 250 万吨（含量 6.5 克拉/吨）。

宝石：有红宝石、绿宝石、祖母绿、坦桑尼亚蓝宝石、石榴石和电气石等。

煤：已探明储量为 3.24 亿吨，估计储量可达 20 亿吨。

铁矿：已探明储量 8500 万吨，估计储量在 3 亿多吨。

磷酸盐：探明储量约为 1000 万吨。

天然气：已探明储量 450 亿立方米（松戈松戈为 300 亿立方米，姆纳西湾为 150 亿立方米）。

钛：探明储量约为 3350 万吨。

锡、钨：探明储量为 25 万吨。

高岭土：估计储量有 20 亿吨。

黑砂：估计储量有 4725 万吨。

镍：已探明储量为 4.05 万吨。

纯碱：已探明储量为 100 万吨。

此外，还有铀、铅、锌、石墨、铂、铬、锰、水银、银、钼、钒、铝土矿、石灰石、石膏、云母等矿藏。

目前，除天然气、钻石、宝石、黄金、镍矿、盐矿、磷酸盐、煤、石膏、瓷土和锡矿等由一些国际矿业公司开采外，其他均未得到开发利用。

（二）坦桑尼亚矿业的发展和存在的问题

坦桑尼亚大陆矿业开始于殖民统治时期。

1921 年前，德国殖民统治时期，采矿业规模很小，集中开采的是伊兰巴 - 塞肯克高原的黄金和乌卢古鲁山地的云母。第一次世界大战以后，英国殖民者侵入。1921 年英国殖民当局制定采矿法，开始对坦噶尼喀矿产资源进行勘探和开发。1922 年在姆万扎东南的马布基发现钻石矿，1925 年开始开采。1940 年在姆瓦杜伊发现钻石矿床，建立姆瓦杜伊钻石

矿, 1956 年正式开采。20 世纪 30 年代初, 在维多利亚湖畔发现并开始开采黄金, 黄金年产量曾达到 3199 公斤, 1940 年黄金产值占坦噶尼喀矿业产值的 89%。第二次世界大战以后, 坦噶尼喀黄金产量减少, 生产主要集中在几个中等规模的矿区。1950 年以后, 坦噶尼喀开始开采铅、铜和银矿等。

独立后坦桑尼亚政府把矿产资源收归国有。1967 年《阿鲁沙宣言》发表以后, 政府逐步赎回外资公司全部或部分股份, 1972 年成立了国家矿业公司, 负责全国矿藏的调查、勘探、开发和产品销售。然而, 由于资金、技术尤其是管理不善等原因, 主要矿业生产在国有化后出现了明显下滑。

据报道, 1970 年坦桑尼亚黄金产量已降到 244.4 公斤。70 年代末 80 年代初, 国际市场金价上涨, 坦桑尼亚黄金开采有所恢复, 到 1982 年黄金产量增加到 1.14 万公斤。

钻石, 独立前后, 由德比尔钻石公司掌控的姆瓦杜伊钻石经营较好, 1967 年坦噶尼喀钻石产量为 98.8 万克拉, 在世界钻石生产国居第 8 位。1967 年政府接管后产量下降, 到 1981 年已从 1971 年的 79 万克拉降至 5.84 万克拉。1981 年, 坦桑尼亚矿业公司同德比尔钻石公司合资 (各占 50% 股份) 经营姆瓦杜依钻石矿后, 钻石生产又有所恢复, 但到 1984 年该矿钻石产量只有 27.2 万克拉。

盐是坦桑的传统矿产品。独立后, 坦桑的盐生产一直自给有余。1971 年盐产量为 37278 吨, 出口 16280 吨。但 70 年代中期以后, 因缺乏燃料和机械零部件, 盐产量逐年下降, 到 80 年代中期降至 2.8 万吨左右, 已远远不能满足国内需要。

云母、锡矿和宝石等其他矿产均属维持生产, 但产量有限。据报道, 锡矿石 1971 年的产量只有 194 吨; 宝石 1981 年的产量仅为 19500 克拉; 煤炭 1973 年的产量为 3400 吨。

由于主要矿产生产出现困难, 采矿业在国民经济中的地位不断下降。据统计, 1966 年采矿业产值占国内生产总值的 2.5%, 1968 年下降到 1.9%, 1981 年下降到 0.6%。

（三）私营化使矿业焕发生机

20 世纪 80 年代中期坦桑尼亚开始对矿业部门进行改革，实行了以市场为导向的管理办法。1990 年的《坦桑尼亚投资指南》把矿业开采列为"优先项目"之一。1997 年，政府制定矿业政策，强调私营部门在矿业发展方面的主导作用。1998 年制定的《2025 年远景发展规划》提出，到 2025 年采矿业产值要占到国内生产总值的 10%。1998 年，国民议会又通过新《矿业法》，为投资者提供了非常优惠的条件。这些政策尤其是投资的优惠措施，调动了国内外投资者的积极性，出现了矿业"投资热"。

首先，一些大型国际金矿矿业公司陆续进入坦桑尼亚，开始了对金矿的勘探和开采工作，包括南非阿桑提公司（1998 年底投产）、加拿大巴里克公司（在试开采）、南非兰德金矿资源公司、加拿大潘吉亚矿业公司（2000 年投产）、南非英美矿业公司、澳大利亚东非金矿公司（2000 年投产）和加拿大的萨迈克斯矿业公司等。

由于坦桑尼亚矿业投资环境较好，其他一些外国矿业公司也纷至沓来，开始了对贱金属、钻石、铀矿、煤、石油和天然气等其他资源的勘探和开发。

据坦桑尼亚投资促进中心的材料，1990 年 9 月至 2002 年 6 月，注册的矿业公司就达到 99 家。其中，50 多家是外国矿业公司，其投资金额达 20 多亿美元。

随着国内外资本尤其是外国公司在采矿业部门投资的增加，坦桑矿业生产有了明显的恢复和发展，并很快成为坦桑尼亚经济发展最快的部门。据统计，1999～2003 年，矿业部门产值年增长率分别为 9.1%、13.9%、13.5%、15% 和 17%；矿业产值在国内生产总值中所占的比例从 1999 年的 2.1% 上升到 2003 年的 3%；矿产品出口创汇逐年增加，已从 1999 年的 0.73 亿美元增加到 2003 年的 5.531 亿美元。

（四）坦桑尼亚矿业发展进入新阶段

1. 矿业成为坦桑尼亚大陆发展最快的部门

1997 年矿业政策和 1998 年《矿业法》，对促进矿业领域的投资发挥了重要作用，随着经济体制向市场经济转型，加之政府加强对矿业的管理

和政策的完善，进入 21 世纪以来，坦桑尼亚矿业蓬勃发展。

近年来，各类矿产品出现普遍增长的局面（见表 4 - 6）。以其主要矿产品钻石、金和宝石为例，2008 年的产量分别为 237676 克拉、36434 千克和 1858287 千克，到 2014 年达到 252875 克拉、40481 千克和 3083765 千克，分别增长 6.39%、11.1% 和 65.95%。

表 4 - 6　2008 ~ 2014 年坦桑尼亚（大陆）主要矿产品产量

类别	单位	2008 年	2009 年	2010 年	2011 年	2012 年	2013 年	2014 年
钻石	克拉	237676	181874	80498	28378	127174	179633	252875
金	千克	36434	39112	39448	37085	39012	42534	40481
宝石	千克	1858287	1068481	2646109	1241581	1237625	1692436	3083765
盐	吨	25897	27393	34455	32297	34016	36032	54757
石膏	吨	55730	8105	26918	9288	91610	171567	200179
石灰石	吨	260403	61501	60320	113489	75193	79452	68925
高岭土	吨	13926	18628	58	1177	1422	907	3809
银	千克	10388	8231	12470	10399	11227	12159	14493
铜	磅	6288503	4451697	11741898	7531164	12426025	12749548	14027008
铝矾土	吨	20601	122920	39326000	29520000	28433930	39977300	25641201

注：1 克拉 = 0.205 克。
资料来源：坦桑尼亚能源和矿产部，http：//www.nbs.go.tz。

出口创汇方面，近 10 年来矿产品出口收入均占其出口总收入的 60% 以上。据统计，主要矿产品出口收入 2006 年和 2007 年分别占出口总收入的 71.22% 和 62.9%；2013 年和 2014 年分别占出口总收入的 73.16% 和 58.64%。矿业产值在其国内生产总值中的比重逐年上升，1997 年仅占 1.2%，到 2007 年已经上升到 3.5%。

2. 成为稀有金属勘查开发热点地区

第一，2005 年以来坦桑尼亚能源和矿产部已向澳大利亚、加拿大、德国和英国等国的公司签发了 23 个铀矿勘探许可证。铀矿主要分布在大陆中部的巴希、南部姆库居河流域鲁维谷地段和鲁伍马河流域地段、东北部的阿姆布塞勒地区。报道说，坦桑尼亚有望成为非洲继尼日尔和纳米比亚之后的第三大产铀国。

第二，英国非洲鹰资源公司（African Eagle Resources）、加拿大巴里克黄金公司和澳洲基巴拉镍矿有限公司（Kibaran Nickel Limited），先后开始了对镍矿的勘探。2008 年 8 月，非洲鹰资源公司首先报捷，称在姆万扎以东 100 公里的杜特瓦（Dutwa）蕴藏 1.1 亿吨镍矿资源，意味着该地区拥有 100 万吨的镍金属。[①] 加拿大巴里克黄金公司也说，自 1999 年 3 月勘探以来，发现卡班加（Kabanga）镍矿蕴藏量在 60 万~100 万吨，品位约为 2.5%。坦桑尼亚《公民报》2013 年 5 月 2 日援引美国驻坦桑尼亚大使馆的一份报告说，坦桑尼亚卡班加、杜特瓦和恩塔卡山（Ntaka Hill）三个矿一年的镍产量可达 8.2 万吨，占全球镍产量的 7%，以此估计，坦桑尼亚将取代南非成为非洲第一大产镍国。

第三，坦桑尼亚现在已是世界稀土出产国之一。蒙特罗采矿和勘探有限公司于 2011 年 9 月宣布，该公司在达累斯萨拉姆市西南 170 公里、莫罗戈罗以南 68 公里的韦古（Wigu）山区发现了稀土矿，储量丰富。坦桑尼亚政府表示将鼓励企业开发并出口稀土资源。[②]

2012 年 2 月，澳大利亚匹克资源公司（Peak Resources）宣布，坦桑尼亚恩瓜拉（Ngualla）稀土矿矿石资源量为 4000 万吨，品位为 4.07%，是"一个世界级稀土矿"。

3. 修改矿业法维护本国的矿产权益

2010 年 4 月 23 日，国民议会对 1998 年《矿业法》进行了修订，通过了新《矿业法》。新《矿业法》规定：（1）政府对黄金等矿产品征税税率由 3% 提高到 4%；（2）在今后的采矿项目中政府应拥有股份，初步拟定至少占 15% 的股份；（3）矿业公司应在达累斯萨拉姆市股票交易所上市；（4）政府将不再向外国公司发放新的宝石开采许可证。坦桑尼亚能源和矿产部长威廉·恩盖莱贾曾表示，政府此举旨在提升矿业对国民收入的贡献，同时也是为了加快矿业的整体发展。

① 《非洲鹰公司称坦桑尼亚镍矿氧化镍储量至少 2000 万吨》，《金川科技》2011 年第 1 期。
② 《坦桑尼亚将开采并出口稀土矿》，《东非商业周报》2011 年 9 月 22 日。

引人注目的是，新《矿业法》出台后到坦桑尼亚投资矿业的外商仍然不乏其人。据统计，2005 年，政府颁发探矿许可证 887 份、采矿许可证 57 份；2010 年以来，又颁发探矿许可证 1500 多份、采矿许可证 82 份。

三　能源

森林和林地、石油和天然气、水电站和热电站以及煤，是坦桑尼亚主要能源来源。来自天然林和人工林的木柴和木炭约占坦桑尼亚能源消费总量的 90% 以上。坦桑尼亚石油的勘探尚无重要成果，仍靠进口，石油约占能源消费的 6%。天然气刚刚得到开发，2004 年下半年开始向用户送气，有望替代部分石油进口。煤炭开发开始于 20 世纪 70 年代，产量有限。电力工业发展滞后，年人均消费电力 46 千瓦时，电力消费仅占能源消费总量的 1.7%。

（一）石油

专家们普遍认为大陆和桑给巴尔岛及近海域存在若干储油前景良好的区域，所以从 1952 年起就不断有外国石油公司到坦桑尼亚进行石油（和天然气）勘探，迄今尚未发现有开采价值的油田。

由于政府对矿业勘探与开发实行十分优惠的政策，许多外国公司纷纷加盟，勘探坦桑尼亚的石油资源。截至 2000 年底，除坦桑石油发展公司（TPDC）外，参与坦桑尼亚石油勘探的外国公司已有 10 家之多，它们勘探的地区包括曼达瓦、奔巴、温古贾、达累斯萨拉姆平原、基桑吉雷、马菲亚、坦噶、鲁伏和金吉基等地。

进入 21 世纪以来，国际油价不断上涨，坦桑尼亚乃至整个东非油气勘探升温，一些大型油气公司参与了坦桑尼亚新一轮的油气勘探活动。2002～2007 年，巴西国家石油公司（Petrobras）、奥菲尔（Ophir）能源公司、挪威国家石油公司（Statoil）和英国多米尼恩（Dominion）石油天然气有限公司相继获得坦桑尼亚深海区块的勘探许可证。

最近几年，随着乌干达发现石油、坦桑尼亚和莫桑比克发现天然气，世界对东非地区作为新的能源开发地的兴趣再次升温。在 2005 年 5 月开始的第三轮石油区块开采许可招标中，有三家外国公司赢得坦桑尼亚南部的近海石油开采权，这三家外国公司是挪威国家石油公司、巴西国家石油公司和澳大利亚－南非奥菲尔能源公司。

目前，坦桑尼亚石油消费基本上依靠进口。2007 年，坦桑尼亚石油产品进口额达 15.1 亿美元，比 2006 年增长 31.3%，约占全国商品进口总额的 31%。

近年来，坦桑尼亚政府一直鼓励私人资本投资炼油厂。阿斯潘（坦桑尼亚）能源有限公司（Aspam Energy Tanzania Limited）在达累斯萨拉姆市建立了一家炼油厂，并于 2014 年 4 月投入运营，日处理能力达 350 吨。炼油厂全部建成后，该公司将具备生产全系列产品的能力，包括石脑油（轻汽油）、汽油、柴油、沥青基、民用燃油、煤油和液化石油气等。

另据报道，2011 年 10 月卡塔尔的努尔（Noor）石油公司决定投资 20 亿美元，在达累斯萨拉姆市建设一个现代化的新炼油厂。为此，该公司要修建一条从达累斯萨拉姆市起一直延伸到姆万扎的长达 1200 公里的输油管道，该公司已于 2011 年 10 月与坦桑尼亚政府签署了一份关于这条输油管道的谅解备忘录。

（二）天然气

1974 年，意大利阿吉普公司和美国阿莫科石油公司在坦桑尼亚勘探石油过程中发现了松戈松戈天然气田，现探明储量为 300 亿立方米。1984 年，阿吉普公司又在姆纳兹湾发现了天然气，储量为 150 亿立方米。然而，由于各种因素，直至 1997 年矿业政策和 1998 年《矿业法》出台，天然气的开发才提上议事日程。

2002 年 10 月，坦桑尼亚得到世界银行和欧洲投资银行等金融机构 2.1 亿美元的贷款，松戈松戈天然气开发项目正式启动。该项目由坦桑尼亚石油发展公司、坦桑尼亚电力公司、美国能源供应公司和英国的泛非能源公司联合开发。

项目工程主要包括：（1）一个日处理能力 7000 立方英尺的天然气加工厂；（2）一条长 225 公里的从松戈松戈岛通向达累斯萨拉姆市的输气管道；（3）在达累斯萨拉姆市郊乌邦戈建设一个装机容量为 115 兆瓦的发电厂。

松戈松戈天然气开发项目除向乌邦戈发电厂供气外，还要向达累斯萨拉姆市的工业部门供气。项目总投资估计为 3.34 亿美元。2004 年 7 月 26 日，松戈松戈天然气开发项目竣工并投入运营，开始向达累斯萨拉姆市乌邦戈天然气发电厂和达累斯萨拉姆市的一些工业单位输送天然气。

目前，坦桑尼亚进入商业开发的气田有两个，即松戈松戈气田和姆纳兹湾气田。松戈松戈气田于 2004 年开始商业开发，当年产量是 46.6 亿立方英尺，主要为达累斯萨拉姆市的电力企业和工业企业供气。姆纳兹湾天然气田于 2007 年开始商业开发，当年产量为 2.58 亿立方英尺，主要为坦桑尼亚南部的姆特瓦拉、林迪、马萨西、内瓦拉和纳钦圭阿等地区发电供气。到 2010 年，两个气田的年产量分别达到 276.33 亿立方英尺和 4.54 亿立方英尺；2011 年以来，两个气田的年产量分别保持在 340 亿立方英尺和 7 亿多立方英尺。

坦桑尼亚政府认为，其天然气的 40% 足以满足国内能源需求，其余 60% 可出口。坦桑尼亚计划到 2017 年建成一个液化天然气工厂，届时可向亚洲市场出口液化天然气。2014 年 4 月，应坦桑尼亚政府要求，挪威国家石油公司计划投资 300 亿美元在坦桑尼亚建设一个液化天然气厂，厂址初步确定在林迪省南部的利孔 - 姆钦贾（Likong'o Mchinga）。

进入 21 世纪以来，坦桑尼亚天然气探明储量日益增加。目前，挪威国家石油公司、巴西国家石油公司等 17 家外国石油公司在坦桑尼亚从事油气勘探开发作业。迄今为止，坦桑尼亚共发现 9 个气田，其中陆上气田有姆纳兹湾（储量为 3 万亿~5 万亿立方英尺）、姆库兰加（Mkuranga，储量约为 2000 亿立方英尺）、松戈松戈（储量为 1 万亿~2 万亿立方英尺）和吉利瓦尼（Kiliwani）（储量约为 700 亿立方英尺），海上气田有普维扎（Pweza）、切瓦（Chewa）、查扎（Chaza）、焦达里（Jodari）和扎法拉尼（Zafarani）。[①] 坦桑尼亚境内探明的天然气储量已从 2014 年 6 月的 46.5 万亿立方英尺增加到 2015 年 4 月的 55.08 万亿立方英尺，增长了 18%。

---

① 韩群群、陈岚、刘阳：《坦桑尼亚油气工业投资环境分析》，《国际石油经济》2014 年第 1~2 期。

2015 年 9 月 17 日，由中国石油技术开发公司承建的坦桑尼亚天然气处理厂及输送管线项目胜利完工，顺利实现了把天然气通过 535 公里长的管道从姆特瓦拉输送到达累斯萨拉姆市和乌邦戈发电厂，乌邦戈发电厂可以直接用来自姆特瓦拉的天然气发电。

（三）煤炭

坦桑尼亚的煤炭主要分布在坦桑尼亚南部高原，储量较为丰富，估计为 20 亿吨，已探明储量为 3.24 亿吨。坦桑尼亚的煤属于优质低硫煤。长期以来，坦桑尼亚政府受财力所限，无力投资兴建煤矿，煤炭资源至今尚未得到充分开发和利用。

至 20 世纪 70 年代，坦桑尼亚只有伊利马煤矿等一些小煤矿，年产只有 2 万吨左右。80 年代，经中国援助坦桑尼亚建立了第一个正规煤矿——基维拉煤矿。该煤矿于 1988 年 10 月建成投产，年产原煤 15 万吨。该煤矿有一个洗煤厂，还有一座装机 6000 容量千瓦的发电站。90 年代初交付生产以后，煤炭产量逐年下降，2003 年为 10 万吨，到 2007 年降到 2.7 万吨。

由于煤炭产量少，煤炭消耗在坦桑尼亚能源消耗总量中仅占 2%，主要用于火力发电。

2007 年，坦桑尼亚政府决定开发南部伊林加省的姆楚楚马煤田。随后坦桑尼亚国家开发公司推出姆楚楚马煤矿和利甘加（Liganga）钒钛磁铁矿联合开发项目。姆楚楚马煤田探明储量为 1.58 亿吨，距姆楚楚马约 80 公里的利甘加地区铁矿资源丰富，储量估计在 2 亿～12 亿吨。其规划是建立一个煤矿和一个装机容量为 400 兆瓦的煤电厂，将以煤电厂发的电供应计划年产 100 万吨建筑钢材的利甘加钒钛磁铁冶金厂。2010 年 12 月，中国宏达集团中标。按协议，宏达集团与坦桑尼亚国家开发公司组建合资公司——坦桑尼亚 - 中国矿产资源有限公司，宏达集团控股 80%，坦桑尼亚国家开发公司持股 20%，总投资约 30 亿美元。2011 年 10 月 20 日，双方已就组建合资公司事宜签署协议。2011 年 12 月，这个煤电铁一体化项目已经开始运作。

（四）电力

坦桑尼亚水力资源、煤炭资源和天然气储量都很丰富，发展电力工业潜力巨大。然而，坦桑尼亚的电力工业却严重滞后。截至 2014 年底全国能够用上电的只有各省省会城市、85% 的城镇地区和大约 4% 的乡村地区。坦桑尼亚电力的 70% 以上来自水力发电。至今，只在大陆有若干水电站，桑给巴尔岛尚无水电站，桑给巴尔岛主要靠大陆供电。水力发电经常受到干旱影响，所以全国各地都有一些火力发电站，主要是柴油发电站。长期以来，供电不足已成为制约坦桑经济发展的主要因素之一。随着煤炭和天然气的开发，坦桑尼亚的电力工业前景光明。

1. 独立后电力工业发展情况

独立后，坦桑大陆电力工业发展较快。其总装机容量从 1962 年的 4.89 万千瓦增加到 1971 年的 15.336 万千瓦。当时，坦桑尼亚有两个较大的电网：滨海电网和莫希—阿鲁沙电网。其他地区为独立的供电系统，在各主要城市都有中小型柴油发电站或水电站。进入 20 世纪 70 年代，坦桑尼亚电力工业继续发展，发电量年均增长率在 10% 左右。在外资援助下，大鲁瓦哈河上的基大图水电站（坦桑尼亚最大的水电站）经过 10 年的建设于 1983 年竣工投入运营后，坦桑尼亚的发电量增加到 43.9 万千瓦。然而，由于经济困难，在这之后坦桑尼亚的电力工业陷于停滞，截至 1993 年，全国总装机容量仅为 48.6 万千瓦。

大陆供电公司于 1931 年建立，有两个：一个是坦噶尼喀供电有限公司，负责阿鲁沙和莫希两个地区的供电工作；另一个是达累斯萨拉姆供电有限公司，负责坦噶尼喀其他城市的供电工作。这两家私营公司，于 1964 年合并组成现在的坦桑尼亚供电公司，1971 年成为一家国营公司，至今一直是坦桑尼亚唯一一家负责发电、输变电和供电的电力公司，除负责大陆的供电以外，还通过海底电缆向桑给巴尔岛供电。

2. 改革带来电力工业新发展

政府于 1992 年调整电力工业政策，允许私人办电。当年，就有两个独立的发电站注册，即坦桑尼亚独立电力有限公司（IPTL）和松戈（Songas）天然气电力有限公司。

1999 年 10 月，政府按《2025 年远景发展规划》的安排制定了发展电力工业的新政策，提出：加速实施电气化计划（包括乡村地区），确保对全国广大居民和全国经济活动中心的供电；保证电力工业的持续发展，满足持续的经济发展对电力日益增加的需求；鼓励私人资本投资电力工业。2000 年，政府又制订了增加投资、利用各种资源发电、至 2025 年使发电量增加 1.8 亿千瓦时的《电力工业发展计划》。

进入 21 世纪以来，坦桑尼亚电业有所发展。2000 年 6 月在基汉希电站安装了第三个涡轮发电机组后，其发电能力达到 30 万千瓦，由坦桑尼亚供电公司 1994 年兴建；马来西亚投资的特盖塔独立发电厂（火电），装机容量为 100 万千瓦，2001 年投入运营；基尼耶雷齐天然气发电厂，2005 年投入运营，装机容量为 82 万千瓦；鲁胡吉（Ruhudji）水电站，2012 年建成投入运营，装机容量为 35.8 万千瓦；正在修建的鲁马卡利（Rumakali）水电站，计划 2018 年建成投入运营，装机容量为 22.2 万千瓦；等等。

随着电力工业的改革、电力工业新政策的出台和电力工业发展计划的实施，坦桑尼亚发电量不断增加。据统计，2012 年的发电量比 2005 年增长了 63%。2013 年，全国发电量为 59.97 亿千瓦时（49.7% 来自天然气发电，28.9% 来自水力发电，20.4% 来自热电厂），比 2012 年的 58.6 亿千瓦时增长 2.3%。

尽管如此，这与全国对电力的需求仍然相差甚大。据估计，2013 年坦桑尼亚只有 15% 的人口能够用上电；乡村地区能够用上电的人口比例不超过 2%。另外，电力供应非常不稳定，特别是在干旱季节，水电站发电就会受到严重影响，拉闸限电情况时有发生。

基奎特总统重视电力基础设施建设，2006 年政府决定利用松戈松戈岛的天然气做燃料，在达累斯萨拉姆市修建一座装机容量为 103 兆瓦的大型发电厂，预计将来能够满足达累斯萨拉姆市 20% 的用电需求。该发电厂由芬兰一家公司承建，2006 年 9 月开工建设，2008 年 11 月建成投产，总投资约 6027 万欧元。

2008 年以后，坦桑尼亚政府又决定实施了几个大型电力项目：2009 年 9 月国家开发公司与澳大利亚原子资源（Atomic）有限公司组建合资企业，在鲁伍马省兴建一个 400 兆瓦的内加卡煤炭发电项目，总投资约 12

亿美元；2013年3月，坦桑尼亚国家电力公司与美国西尔拜昂（Sylbion）公司决定合资在姆特瓦拉建设一个装机容量40万千瓦的天然气发电厂，计划3年建成；2015年7月，坦桑尼亚与巴西决定共同修建耗资约20亿美元的斯蒂格勒峡水电站，其装机容量为2100兆瓦。

据政府2013/2014年度财政预算，坦桑尼亚还决定大规模建设电力基础设施，包括达累斯萨拉姆市郊区肯亚瑞兹的4个天然气发电厂、辛吉达风电项目、基维纳煤电项目和国家电网输变电线项目等。能源和矿产部长穆亨戈表示，希望通过这些项目的实施，到2015年将全国电力覆盖率从目前的21%增加至30%，到2025年增加至56%。2014/2015财年，政府继续拨出资金，推进这些大型电力项目的建设，并增加了一些项目，包括姆特瓦拉省的一个天然气发电站，坦桑尼亚、卢旺达、布隆迪三国边境的卢苏姆水电站（80兆瓦）、基维纳（200兆瓦）、姆楚楚马（600兆瓦）和恩加卡（400兆瓦）的四个煤电项目以及多个输变电线项目。同时，坦桑尼亚供电公司决定和乌干达电力局在西北部联合建立一个输变电网，增加从乌干达的电力进口。

坦桑尼亚政府加强电力基础设施建设、改善供电服务的努力，得到了国际社会的广泛支持。

世界银行在2007年12月至2015年5月三次向坦桑尼亚提供贷款，分别是1.115亿美元、1.5亿美元和2250万美元，主要用于达累斯萨拉姆市、阿鲁沙和乞力马扎罗地区的输电工程等。

2010年2月至2011年11月，美国千年挑战公司先后为坦桑大陆和桑给巴尔岛提供6000多万美元、6567万美元和4500万美元，为大陆6个地区新建或扩建变电站及电力传输线路，赞助桑给巴尔岛在大陆和桑给巴尔岛之间铺设一条全新的海底电缆，支持新建或维修大陆全境和温古贾岛的24个变电站。

瑞典2006年10月决定援助坦桑尼亚2500万美元，支持其在鲁伍马、伊林加和卡盖拉地区之间修建一条输电线路。

北欧人开发基金（NDF）2006年2月决定向坦桑尼亚电力公司提供800万欧元无息贷款，用于改善达累斯萨拉姆市、阿鲁沙和乞力马扎罗地区供电状况。

随着电力工业的改革、电力工业新政策的出台和电力工业发展计划的实施，坦桑尼亚发电量不断增加。据统计，2014 年坦桑尼亚发电厂总装机容量为 884.2 兆瓦，发电量达到 6285 千兆瓦时。

第四节　商业与旅馆餐饮业

在坦桑尼亚，商业即国内贸易，包括商品的批发和零售以及为出售的商品提供的服务（如汽车、摩托车、自行车和电子产品的维修等）、旅馆和餐饮（包括旅游）等服务行业，是第三产业的主体。

总体上看，坦桑尼亚的国内贸易发展水平不高。2014 年，批发和零售及其有关服务产值为 83.78449 亿坦桑尼亚先令，比 2011 年的 55.71372 亿坦桑尼亚先令增长 50.38%。2011 年和 2014 年，其产值分别占国内生产总值的 10.56% 和 10.55%。

2014 年，坦桑尼亚旅馆餐饮业产值为 87.2341 亿坦桑尼亚先令，比 2011 年的 73.3958 亿坦桑尼亚先令增长 18.85%，2011 年和 2014 年的产值分别占国内生产总值的 1.39% 和 1.1%。

一　商业基本情况

独立初期，坦桑尼亚先令国内市场状况较好。但由于本国工业落后，市场上的大部分商品都是进口货，生活消费品的 70% ~ 80% 靠进口，汽车、机械设备、化学药品、石油产品、工业原料全靠进口。由于历史原因，独立后，坦桑尼亚的商业基本上都控制在外国移民——印度人、阿拉伯人和欧洲人手里。他们不仅控制了对外贸易，而且控制着国内贸易，只有少数乡村地区的零售业由当地人经营。

1967 年《阿鲁沙宣言》发表以后，政府对贸易公司实行国有化，到20 世纪 70 年代末，国内贸易批发业务已完全被国营公司垄断；在零售业方面，虽然当地政府建立了一些"合作商店"，但主要还是由个体商贩经营，他们向社区居民售卖肥皂、食油、盐、食糖及其他一些生活必需品。

20 世纪 70 年代末 80 年代初，由于经济困难，进口日益减少，商店空空如也，市场一派萧条。

为了解决人民生活必需品和生产资料供应的困难，1985 年姆维尼就任总统后，在实施结构调整政策的同时，调整了商业政策，鼓励私商自筹外汇进口商品、进口粮食。1990 年坦桑尼亚议会通过《坦桑尼亚投资促进法》，鼓励国内外私人资本投资，之后又陆续取消国家销售局和工业公司进出口的垄断地位，放开物价，取消对进口的各种限制，同时取消了外汇管制。所有这些，对推动商业的恢复和发展都起到了积极作用，投资于商业的私人资本越来越多，到 80 年代末 90 年代初坦桑尼亚国内市场已经比较活跃，城镇商店、商场和菜市场的商品一应俱全，在达累斯萨拉姆市还出现了小型"超市"。

姆卡帕执政期间，为鼓励私商进口，保证国内市场货源充足，政府于 1996 年改革税制，把进口税降低了 16% 左右。1994～1998 年，将 150 家国营商业企业转为私营企业。在《2025 年远景发展规划》和《减贫战略计划（2000～2010 年）》出台以后，政府把发展国内贸易作为实现减贫战略计划的措施之一，对商业给予了特别关注。2000 年，政府制定了扶持中小企业发展的《国家微观金融政策》，2001 年设立了为小企业提供贷款的小额信贷基金和全国企业发展基金；2003 年出台了《中小企业发展政策》和《国家贸易政策》，2003 年 7 月实施了《改善坦桑尼亚商业环境的计划》，规定对年营业额少于 2000 万坦桑尼亚先令的商店免收营业执照费，对营业额超过 2000 万坦桑尼亚先令的商店每年也仅能收取 2 万坦桑尼亚先令的营业执照费，以减轻商业店铺的负担。在国家商业政策和《中小企业发展政策》的激励下，从事商业活动的人越来越多。据统计，2003/2004 年度全国注册经商的公司达到 99296 家，比 2001/2002 年度增加 4168 家，增长了 4.4%。

从市场情况看，进入 21 世纪以来，随着宏观经济持续增长，坦桑尼亚商业出现了稳定发展的局面。

第一，政府鼓励商业的发展，政策也越来越灵活。一些印巴人（主要是印度人后裔）在达累斯萨拉姆市、阿鲁沙和姆万扎等大城市开了超市，开办了综合商店和乡村超市等，开设了超市连锁店，而且越办越多。引人关注的是，2010 年前后南非大型超市"肖普里特"（SHOPRITE）进入坦桑尼亚，并在达累斯萨拉姆市、阿鲁沙等地开设了 3 家连锁店；2011年 12 月，肯尼亚大型连锁超市"纳库玛特"（Nakumatt）在坦桑开设了第一家连锁店；接着，肯尼亚另一家超市"经济"（Uchumi）进入坦桑尼亚，到 2014 年先后开设了 6 家连锁店。2014 年 6 月，肯尼亚纳库马特超市集团收购了"肖普里特"超市在坦桑尼亚的 3 家门店；2015 年 10 月，"经济"超市关闭了它在坦桑尼亚的 6 家连锁店。目前还有一家很火的连锁超市"Shoppers Plaza"。

第二，汽车和摩托车批发、零售维修网点增加，带动了相关服务行业的发展。据估计，2000 年坦桑尼亚全国只有几家汽车和摩托车进口商，维修车辆和洗车的商家整个达累斯萨拉姆市也只有 10 多家。2010 年坦桑尼亚国家统计局的一份报告说，截至 2009 年，坦桑汽车与摩托车批发和零售商达到 96 家，加上它们的维修厂或车间，以及（汽车和摩托车）修车和洗车的公司和店铺，共 571 家。

第三，私人批发零售商大量增加，提供了大量就业机会。据统计，截至 2014 年底，雇员在 10 人以上的批发、零售和维修企业有数万家，其工作人员达到 1911578 人，占全国就业人口的 9.54%。另外，个体批发零售商也越来越多。截至 2014 年底，个体商户达数万户，解决了 254698 人的就业问题，占全国就业人口的 1.3%。所以，有报道说，"国内贸易的发展为国家减贫任务的完成提供了一条捷径"。

二 旅馆和餐饮业

在坦桑尼亚大陆，旅馆和餐饮业除包括都市和城镇里为数不多的一些中小型餐馆和快餐店外，主要是指建在大城市和主要旅游景点的现代化酒店、饭店或宾馆，还包括一些野生动物园内被称作"客栈"的小旅馆。进出这些旅馆的，主要是旅游者（大部分是外国旅游者），其余则是富商大贾、企业家、驻坦桑尼亚的外交官以及政府或军队的一些高级官员或军官。

坦桑尼亚的旅馆和餐饮业开始于殖民统治时期，主要为殖民者旅游、狩猎和度假服务。

独立初期，来坦桑尼亚旅游的尤其是经肯尼亚来坦桑尼亚的外国旅游者人数逐年增加，旅馆和餐饮业有所发展。据统计，1973 年，外国游客达 101900 人次，比 1972 年的 89945 人次增长 13%；全国共有旅馆 105 家、客房 3061 间（利用率平均为 51.9%）、床位 5774 个（利用率平均为 40.6%），当年坦桑尼亚旅馆和餐饮业总收入为 1.3 亿坦桑尼亚先令（合 1820 万美元）。但 1977 年东非共同体解体后，外国旅游者人数急剧下降，从 1976 年的 235000 人次减少为 80 年代初的每年不足 5000 人次。在此期间，由于外汇严重短缺，饭店、宾馆和道路状况日趋恶化。

为了恢复和发展旅游业，增加外汇收入，1980 年政府制定和实施了《发展旅游业十年计划（1980~1990 年）》。在计划的前五年里，坦桑尼亚大陆新建了 11 家旅馆，扩建了 2 家旅馆，其旅馆和餐饮业状况得到改善。

姆维尼时期，1985 年 11 月政府成立"旅游协调促进委员会"，明确提出振兴旅游业，为国家赚取更多的外汇。为发展旅游业，政府于 1990 年出台的《坦桑尼亚投资促进法》和《坦桑尼亚投资指南》把旅游基础设施的恢复和建设列为优先领域之一；政府于 1993 年决定把所有国营旅馆和饭店私营化；1997 年《投资法》为投资者提供了更多的优惠条件；等等。所有这些都为坦桑尼亚旅馆和餐饮业从国有化向私营化和市场化的转型发挥了重要作用，推动了坦桑尼亚旅馆和餐饮业的迅速恢复和发展。

据统计，2001~2004 年，旅馆和餐饮业的投资项目达到 390 个，投资金额为 7.5549 亿美元。其中，新项目 241 个，旧项目 149 个（即原国营企业改制后的恢复和扩建项目）；当地人投资的项目 145 个，外国人投资的项目 120 个，当地人和外国人与政府合资的项目 125 个。据报道，截至 2004 年，坦桑尼亚旅馆和餐饮业企业的改制计划已基本完成。

在坦桑经济部门中，旅馆和餐饮业是恢复和发展最快的部门之一。到 2004 年，各类旅馆已从 1991 年 205 家增加到 474 家，到 2009 年又增加到 529 家。据报道，截至 2014 年底，称为旅馆的各类星级酒店、普通饭店、宾馆、客栈和帐篷营地等 863 个；有工作人员 787038 人，占全国就业人数的 3.93%。随着旅游业的发展，旅馆和餐饮业收入也有所增加。据报道，2011 年为 4.7139 亿美元，比 2008 年的 4.6766 亿美元增长 0.8%；2014 年达到 5.2773 亿美元，比 2011 年增长了 11.95%。但问题是，长期以来，旅馆的入住率偏低，年均入住率仅在 48%～49%。

第五节　旅游业

坦桑尼亚（大陆）的旅游资源非常丰富。坦桑尼亚境内共有国家公园 15 个、野生动物园 17 个（面积近 10 万平方公里）。15 个国家公园中，乞力马扎罗国家公园是以观光"赤道雪山"和登山为主的公园，基图洛国家公园是以花草为主的植物园，乌德宗瓦山国家公园是热带雨林公园，其他则均为以观赏野生动物为主的野生动物园。除国家公园外，坦桑尼亚还有 50 个野生动物保护区、1 个生态保护区、2 个海洋公园和 2 个海洋保护区。据政府公布的资料，19% 的国土为动物保护区，禁止人居住；另有 9% 为人和动物共居的保护区。

旅游业是坦桑尼亚的支柱产业之一，对国内生产总值的贡献率接近 15%，每年的旅游收入超过 15 亿美元，并提供了 120 万个就业机会。

然而，坦桑尼亚的旅游业同其整体经济部门一样，只是在 20 世纪 80 年代中期进行经济改革以后才逐步得到发展。

（一）独立初期旅游业有所发展

独立初期，坦桑尼亚政府十分重视发展旅游事业。坦噶尼喀独立后，就专门设立了土地、自然资源和旅游部，并制订了一个包括发展"北方环游计划"和"南方环游计划"的旅游业发展计划。"北方环游计划"的主要景点包括塞伦盖蒂、恩戈罗恩戈罗、马尼亚拉湖和阿鲁沙国家公园。为吸引更多的游客，政府分别在塞伦盖蒂、恩戈罗恩戈罗和阿鲁沙投资修建了现代化的旅馆；更重要的是，在阿鲁沙和莫希之间修建了乞力马扎罗国际机场，过去到坦桑尼亚北部旅游的大部分游客都以内罗毕为基地，尽管恩戈罗恩戈罗和塞伦盖蒂拥有整个东非最引人入胜的野生动物园。"南方环游计划"以拥有优美海滩的达累斯萨拉姆和桑给巴尔以及受到游客青睐的马菲亚岛的深海捕鱼和潜水活动为主，发展休闲度假旅游。根据这项计划，政府在达累斯萨拉姆和桑给巴尔投资建立了旅馆和旅游公司，同时在距达累斯萨拉姆约300公里的莫罗戈罗建立了米库米国家公园，以满足到达累斯萨拉姆的游客能够就近观看野生动物的需求。

随着旅游业发展计划的实施，坦桑尼亚旅游业得到发展。据统计，1964年到坦桑尼亚大陆各景点旅游的人数为2.67万人次，1967年增加到8.6万人次，到1974年就增加到17.8万人次；1977～1981年，旅游人数不断增加，最多曾达25.4万人次。然而，随着20世纪70年代末80年代初坦桑尼亚经济形势的恶化，旅游业也日益萧条，到1983年旅游人数下降到约6万人次。

（二）改革后旅游业的恢复和发展

20世纪80年代以来，坦桑尼亚政府不断采取措施进行改革，使坦桑尼亚的旅游业出现了新的发展。

坦桑尼亚政府1980年制定和实施了《发展旅游业十年计划（1980～1990年）》。在计划的前5年，大陆新建旅馆11家，扩建2家。截至1985年，坦桑大陆已经拥有11家大旅馆和5家小旅馆。11家大旅馆包括乞力马扎罗旅馆、新非洲旅馆、"大使馆"旅馆、孔杜奇海滨旅馆、新姆万扎旅馆、梅鲁山旅馆（现更名为新阿鲁沙旅馆）、"七七"旅馆、马尼亚拉湖野生动物园旅馆、恩戈罗恩戈罗野生动物园旅馆、塞罗内拉野生动物园旅馆和新征途旅馆，5家小旅馆是米库米野生动物园旅馆、莫希旅馆、马菲亚旅馆、沙乌伊旅馆和洛博野生动物园旅馆。

为解决资金不足问题，政府兴建新旅馆时采取了一些与外国合资的办法，如梅鲁山旅馆，与丹麦合资，政府占80%的股份；新姆万扎旅馆，政府占50%的股份。

《阿鲁沙宣言》发表之后，坦桑尼亚的旅游业一直由坦桑国家旅游公司经营，但因管理不善，旅游业发展受挫，大部分旅馆长期亏损。

姆维尼执政后即开始对旅馆业管理工作进行改革。1985年11月成立"旅游协调促进委员会"，制定了《旅游业五年发展计划（1986～1990

年)》，提出旅游业每年要为国家赚取外汇 2 亿美元的目标。其措施主要是改变旅馆管理方式，实行旅馆由私人承包、聘请外国公司代管或与外资合营。另外，加强旅游业（包括旅馆）工作人员的培训工作，以提高服务质量；降低野生动物园门票价格，以吸引更多游客。到 1992 年，坦桑尼亚国家旅游公司下属的 16 家饭店和旅馆中，有 9 家已由私人公司承包，4 家由外国投资的旅馆按政府计划由外方接管了管理权，其余则聘请了外国公司代管。1992 年政府撤销了国家旅游公司，坦桑尼亚的旅游业直接由旅游部负责。

1990 年政府出台《坦桑尼亚投资促进法》、鼓励私人投资后，作为旅游业基本辅助产业的旅馆业成为国内外私人资本投资的热点。据统计，1991 年坦桑尼亚旅馆数目从 1985 年的 16 家增加到 205 家，到 1995 年增加到 210 家。

姆维尼时期，在采取上述政策和措施后，坦桑尼亚大陆的旅游业得到了一定程度的恢复和发展。1986 年坦桑尼亚旅游业开始好转。据统计，1988 年旅游人数为 9.6 万人次，旅游业外汇收入 4040 万美元；1991 年旅游人数增至 18.68 万人次，外汇收入达到 9473 万美元；到 1995 年旅游人数就猛增到 29.38 万人次，外汇收入超出五年计划预期的目标 2 亿美元，达到 2.58 亿美元。

姆卡帕执政后，继续以"私营化"为动力，推动旅游业的发展。政府制订了一项新的《旅游业五年发展计划（1996～2000 年）》，规定了新的目标：争取到 2000 年旅游人数增加到 50 万人次；旅游业年收入达到 5 亿美元。为改善旅游业基础设施，除鼓励私人投资外，政府还率先决定投资 1.5 亿美元。

1999 年 9 月，政府制定了《旅游业十年发展规划（2001～2010 年）》，总目标是争取到 2010 年使旅游部门对国内生产总值的贡献率从 1999 年的 16% 上升到 25%～30%。

经过几年的努力，尤其是 1996 年政府调整投资政策和 1997 年《投资法》为投资者提供了更多的优惠条件以后，国内外私人资本对旅游业的投资进一步增加，使坦桑尼亚旅游业基础设施得到明显改善。据统计，

2000 年坦桑尼亚大陆有旅馆 326 家，比 1995 年增长了 55%；到 2004 年，旅馆增加到 474 家，比 2000 年增长了 45%。另外，到 2004 年坦桑尼亚国营旅馆改制计划已全部完成，坦桑尼亚旅游局下属的 16 个旅馆中，除政府在 4 个旅馆中保留了股份外，其余全部转让给了私人公司（包括外国公司）。随着旅游业基础设施的改善，坦桑尼亚的旅游业发展较快。据统计，自 1995 年以来，旅游人数逐年增加，1999 年到坦桑尼亚大陆的旅游人数增至 62. 82 万人次，比 1995 年增长 114%；外汇收入达到 7. 333 亿美元，比 1995 年增长 184%。从产值看，旅游业已经成为坦桑尼亚经济的支柱产业之一，1999 年旅游收入占国内生产总值的 16%。

（三）旅游业出现持续高速发展局面

进入 21 世纪以来，坦桑尼亚大陆旅游业出现持续高速发展局面。坦桑尼亚国内外舆论普遍认为，出现这种局面并非偶然。

第一，坦桑尼亚国内长期和平稳定，这是最重要的因素。在 2012 年的一次旅游业发展研讨会上，自然资源和旅游部长沙姆萨·姆万贡加（Shamsa Mwangunga）说，这使外国旅游者到坦桑尼亚来得放心，没有什么不安全的忧虑。

第二，为了促进社会经济持续发展和减贫，政府多年来重视基础设施建设并取得进展，带动了旅游业的发展。新建或维修了大部分通往各旅游景点的干线和支线公路；许多国际航空公司开通了直飞坦桑尼亚的航班，国内民航也增加了飞往各旅游景点的航班；旅游景点的旅馆不断增加。据统计，2009 年坦桑尼亚有旅馆（包括各类星际酒店、普通饭店、宾馆、客栈和帐篷营地等）529 家，比 2003 年的 469 家增长 12. 8%；截至 2015 年底，坦桑的旅馆达到 944 家，比 2009 年增长了 78. 4%。世界著名的凯宾斯基酒店集团 2007 年在塞伦盖蒂动物园修建了一座豪华旅馆，有 80 间客房、430 名雇员（包括 25 名外籍员工），成为非洲旅游业的一大亮点。

第三，政府特别重视对外宣传，以吸引国外游客。坦桑尼亚《每日新闻》2015 年 4 月 8 日报道说，坦桑尼亚旅游业过去十年蓬勃发展，是全国人民共同努力的结果，也是基奎特总统在国内外论坛及各种会议上极力为坦桑旅游业做宣传，"向全世界的游客推销非洲屋脊——乞力马扎罗山"的结果。2008 年 7 月，自然资源和旅游部拨款 45 万美元给 28 个驻外使馆，支持它们于驻在国搞活动、做广告，以吸引游客。

坦桑尼亚为推动旅游业发展所做的努力引起了国际舆论的重视。在 2010 年 8 月美国《旅游与休闲》杂志读者评选非洲及中东地区前 20 家旅游景区旅馆活动中，坦桑尼亚有 7 家旅馆榜上有名。这 7 家旅馆是塞伦盖蒂索帕旅馆（Serengeti Sopa Lodge）、恩戈罗恩戈罗火山口旅馆（Ngorongoro Crater Lodge）、恩戈罗恩戈罗索帕旅馆（Ngorongoro Sopa Lodge）、桑给巴尔塞伦纳旅馆（Zanzibar Serena Inn）、恩戈罗恩戈罗野生动物园旅馆（Ngorongoro Serena Safari Lodge）、塞伦盖蒂野生动物园旅馆（Serengeti Serena Safari Lodge）、马尼亚拉湖野生动物园旅馆（Lake Manyara Serena Safari Lodge）。从旅游收入看，坦桑尼亚被非洲媒体列为 2012 年非洲最受欢迎的 6 大旅游目的地之一。2012 年，非洲 6 个旅游收入最高的国家分别为埃及、南非、摩洛哥、突尼斯、坦桑尼亚、毛里求斯。2015 年 5 月，在由荷兰旅游网对非洲 53 个国家进行的一项"非洲最佳旅游目的地"评选中，坦桑尼亚以 4.8 分的得分位列第一，成为国际旅游者最为青睐的旅游目的地。评选由全球近千人参与问卷调查和评比，评选内容包括旅游资源、生态资源保护、旅游设施和接待服务等。

经过坚持不懈的努力，坦桑尼亚旅游业发展"步步高"（见表 4 - 7）。按接待旅游者人数和外汇收入算，2013 年接待旅游者 1135884 人次，外汇收入为 18.063 亿美元，比 2008 年的 770376 人次和 13.54 亿美元分别增长了 47% 和 33%。旅游业成为坦桑尼亚发展最快的经济部门之一，创造了 1196000 个直接或间接就业岗位。2014 年，坦桑尼亚旅游收入为 20.63 亿美元，比 2013 年增长了 14.21%。

2014 年，津巴布韦、中国和荷兰为坦桑尼亚国际游客最重要的客源国，而 2013 年排在前三位的分别是瑞典、瑞士和印度。过去 20 多年，坦桑尼亚的外国旅游者主要来自英国、美国、意大利、德国、瑞士、加拿大、肯尼亚、日本和巴林等国。

表4-7　2003~2013年坦桑尼亚（大陆）接待旅游者人数和收入情况

年份	旅游者人数（人）	年度变化率（%）	外汇收入（百万美元）	年度变化率（%）
2003	576000	0.2	731.00	0.1
2004	582807	1.2	746.10	2.1
2005	612754	5.1	823.10	10.3
2006	644124	5.1	950.0	15.4
2007	719031	11.6	1037.00	9.2
2008	770376	7.1	1354.00	30.6
2009	714367	—7.3	1159.80	—14.3
2010	782699	9.6	1254.50	8.2
2011	867994	10.9	1324.83	5.6
2012	930753	7.2	1372.80	3.6
2013	1135884	5.5	1806.30	31.6

资料来源：坦桑尼亚国家统计局，http：//www.nbs.go.tz。

第六节　交通与通信

由于东非沿海贸易的原因，坦桑尼亚的交通运输和通信服务业发展较早。

独立后，政府新建了一批铁路和公路，尤其是乡村公路，发展了公路、铁路、空运、海洋、内湖运输、邮政和电信。1967年《阿鲁沙宣言》发表后，政府将交通运输和通信部门全部收归国有。从20世纪70年代中期开始，坦桑尼亚经济困难，政府财政枯竭，对基础设施的维护和发展力不从心，交通运输和通信服务部门发展严重受挫。自20世纪80年代中期政府开始进行经济改革以来，坦桑尼亚的交通运输和电信服务业逐渐得到恢复和发展。

近年来，为破解经济和社会发展的瓶颈问题，坦桑尼亚政府加大了对基础设施的投资力度。坦桑尼亚计划和财政部于2010年4月16日宣布，在未来5年内每年都要对公共基础设施投资4.76万亿坦桑尼亚先令（约合35.8亿美元）。接着，大项目纷纷上马，出现了铁路、公路、港口和机场建设以及电信等领域蓬勃发展的局面。

一 交 通

(一) 公路运输

公路运输对推动全国经济社会发展和地区之间的交流，都有着极其重要的意义，特别是绝大部分人口都居住在乡村地区，公路运输比其他运输方式更为有效。据估计，坦桑尼亚 80% 的货运和 75% 的客运都是通过公路运输完成的；另外，几个内陆邻国通过达累斯萨拉姆港的进出口贸易，60% 左右的货物也都是经过坦桑尼亚公路运输的。

坦桑尼亚现有 1600 多家汽车运输公司，其中只有一家是国营的，即坦桑尼亚公路运输公司；全国汽车运输公司的车辆，共有 12 万多辆。

坦桑尼亚主要干线公路有 6 条：(1) 北方—南方干线公路；(2) 达累斯萨拉姆—姆特瓦拉干线公路；(3) 大北公路，从肯尼亚边界的纳曼加进入坦桑尼亚境内，经阿鲁沙、多多马、伊林加、姆贝亚、通杜马，进入赞比亚，在坦桑尼亚境内长约 1285 公里；(4) 坦桑尼亚—赞比亚高速公路，从达累斯萨拉姆起，经莫罗戈罗、伊林加和姆贝亚，到赞比亚的卡皮里－姆波希；(5) 东西干线公路，东起达累斯萨拉姆，西到布科巴；(6) 阿鲁沙—马萨西—多多马—马坎巴科—松盖亚—通杜鲁干线公路，主要服务于坦桑尼亚南方地区。

从 1990 年起，坦桑尼亚开始实施为期 10 年的《公路综合发展计划 (1990~1999 年)》，世界银行提供贷款 6.5 亿美元，70% 的资金用于干线公路的更新，重点是达累斯萨拉姆市至阿鲁沙、达累斯萨拉姆市至马拉维和赞比亚的路段，同时修建了 2828 公里的新路。从 1997 年开始实施《公路综合发展计划 (1990~1999 年)》第二阶段计划 (1997~2007 年)，即"紧急公路修复计划"，主要修复遭"厄尔尼诺"洪水毁坏的 1428 公里干线公路、575 公里省级公路和 6818 公里乡村地区的沙石路和土路。2007 年，坦桑政府制定并实施了《交通部门十年投资计划》(TSIP)，这项投资计划规定，交通部 60% 的资金将用于公路建设。最近几年，政府一直坚持对公路建设投资，除对干线公路进行保养和维修外，还修建了一些省级和县级公路。

截至 2014 年底，坦桑尼亚大陆公路总长 91928 公里（包括柏油路 7402 公里），其中干线公路 12786 公里（一些干线公路为国际公路），省级公路 21105 公里，其余道路包括市政及区县级公路。桑给巴尔岛公路总长 982 公里。

（二）铁路运输

目前，坦桑尼亚大陆有铁路 3699 公里，桑给巴尔岛尚无铁路。

坦桑尼亚铁路分为两个系统：一个是坦桑尼亚铁路，又称"中央铁路"，全长 2722 公里，为单线、米轨，其铁路连接达累斯萨拉姆与坦桑尼亚中部和北部地区；另一个则是坦赞铁路，全长 1860.5 公里，977 公里在坦桑尼亚境内，轨距为 1067 毫米，起点站是达累斯萨拉姆，终点站是卡皮里姆波希（赞比亚的一个铜矿区），是坦桑尼亚国内由首都达累斯萨拉姆市贯通西南边境的运输大动脉。

殖民统治时期，首先修建了从坦噶到莫希和梅鲁山区等剑麻和咖啡产区的北方铁路（与肯尼亚铁路相连），然后修建了中央铁路，从达累斯萨拉姆市到坦噶尼喀湖畔的基戈马，中央铁路有支线通往维多利亚湖畔的姆万扎和南部高地等重要产棉区。独立后，坦桑尼亚政府又修建了达累斯萨拉姆市至坦噶的铁路，与北方铁路连通。这些铁路不仅促进了坦桑尼亚大陆东、西、北地区的物资交流，密切了内地同沿海地区的联系，带动了铁路沿线地区的发展，推动了坦桑尼亚进出口贸易的发展，而且也密切了坦桑尼亚同邻国的交往，对赞比亚、布隆迪、卢旺达、乌干达、马拉维和刚果（金）等国的进出口贸易发挥了重要作用。

20 世纪六七十年代，为了帮助内陆邻国赞比亚冲破南非和当时白人罗得西亚当局的封锁，坦桑尼亚和赞比亚两国政府决定在中国的帮助下修建坦赞铁路。坦赞铁路是一个举世瞩目的工程项目，于 1970 年 10 月动工，1976 年 7 月 14 日建成移交。这条铁路的建成不仅为当时处在支持南部非洲民族独立和解放斗争前线的赞比亚的进出口提供了方便，为南部非洲的民族解放运动做出了重要贡献，被国际社会称作非洲的"自由之路"，而且带动了坦桑和赞比亚两国铁路沿线经济的发展。

1977 年以前，坦桑尼亚铁路隶属于东非共同体的铁路系统，与肯尼亚和乌干达的铁路相连。1977 年东非共同体解体后，坦桑尼亚政府成立了坦桑尼亚铁路公司，负责全国铁路运输工作。而坦赞铁路作为坦桑和赞比亚两国共有的一条铁路，由坦赞铁路局直接管理。

1. 坦桑尼亚铁路公司

坦桑尼亚铁路公司建立以来，经营状况尚可，年货运量一般在 100 多万吨；客运量在 200 万人次左右。自 20 世纪 70 年代末期坦桑尼亚经济陷入困境以来，由于管理不善，缺乏进口零部件的资金，许多机车停转，货运量和客运量减少，公司运营一直处于亏损状态。1997 年，坦桑尼亚铁路路基多处被"厄尔尼诺"洪水冲毁，这进一步增加了坦桑尼亚铁路公司运营的困难。近年来，坦桑尼亚铁路公司进行了一些改革，也得到一些援助，重点改善了货运服务。2001~2004 年，货运量分别为 1350625 吨、1445757 吨、1333249 吨和 1450000 吨，基本上恢复了货运水平。然而，客运却一蹶不振，并且出现客运量持续下滑的局面。2001 年，客运量已经减少到 727851 人次，到 2004 年又减少到 464000 人次。坦桑尼亚铁路公司困难重重，主要是许多机车车辆老化，能够投入运营的越来越少；另外，铁路电信网络系统也都已老化，有待更新。

为了改善坦桑尼亚铁路公司的经营状况，政府提出对坦桑铁路实行私营化，并于 2003 年 8 月正式启动了坦桑尼亚中央铁路经营租赁权的招标程序。据坦桑尼亚《每日新闻》2005 年 6 月 13 日报道，印度铁路财团经过近两年的竞争中标，成为今后 25 年坦桑尼亚铁路的特许经营商。报道说，印度铁路财团将向坦桑尼亚政府缴纳 1 亿美元的特许经营费。

然而，2014 年坦桑尼亚交通部长姆瓦基延贝随同基奎特总统访问英国时说，"我们通过私有化方式改造中央铁路的计划失败了"，"印度铁路财团自 2007 年获得坦桑中央铁路特许经营权以后，未能改善中央铁路的运营状况，目前中央铁路实际年货运量只有 20 万吨，主要货源来自达累斯萨拉姆港"。

2011 年，坦桑尼亚终止了特许印度铁路财团经营中央铁路的合同。同一年，坦桑尼亚政府制订了《中央铁路五年战略发展规划（2011~2016）》。根据这一规划，政府首先对中央铁路线路、桥梁、机车车辆等设施进行了全面检测，2012 年 4 月推出两个中央铁路大修项目，并与中国中土集团东非有限公司签署了承包合同。这两个项目，一个是中央铁路89 公里线路的更新改造，合同金额约为 2100 万美元；另一个是中央铁路线路上 3 座桥梁的拆除和重建，合同金额为 900 万美元。

出乎意料的是，坦桑尼亚政府 2015 年 3 月宣布，在今后五年内坦桑将投入 142 亿美元新建一个铁路网，把坦桑尼亚打造成沟通中东非国家的国际物流中心。同年 5 月 31 日，交通部长西塔（Samuel Sitta）在国民议会宣布，政府已将这个价值 90 亿美元的铁路建设项目承包给中国企业。他说，由中国企业组成的联合体承建的这条标准轨距铁路长约 2561 公里，将连通达累斯萨拉姆市与内陆邻国。西塔还说，坦桑尼亚还与中国中铁二局签订了修建一条连接姆特瓦拉港和刚刚起步开发的煤炭和铁矿石项目的铁路的框架协议，估计这条 1000 公里的标准轨距铁路至少要花费 14 亿美元。

2. 坦赞铁路局（TAZARA）

坦赞铁路设计年运量 200 万吨、客运 200 万人次。因坦、赞两国及其周边国家经济发展缓慢和东南非地区战乱不断等因素，坦赞铁路自运营以来一直未能达到设计运量水平。据统计，运营初期的 1977/1978 财政年度，货运量曾达 127.3 万吨，以后一直徘徊在 100 万吨。1995 年以后，特别是新南非诞生后对周边国家开放口岸，坦赞铁路面临激烈的竞争，年货运量维持在 60 万吨左右，客货运量进一步下滑。据统计，2004 年货运量为 610286 吨，比 2003 年的 613693 吨下降 0.5%；客运量为 929000 人次，比 2003 年的 1021384 人次下降 9%。

20 世纪 80 年代以后，坦赞铁路公司多数年份都有不同程度的亏损。从 1995 年 5 月起，坦赞铁路局开始对铁路实行商业化管理，但由于运量不足、管理不善和受公路运输及其他出海通道竞争等因素，起色不大。为从根本上解决亏损问题，坦、赞两国政府已于 2003 年 12 月决定以特许经营方式对坦赞铁路实行私有化。

由于多年来再投资有限，坦赞铁路设备老化，运力严重不足。现在每年货运量仅在 50 万吨左右；客运更差，10 年前每周开行 6 趟列车，年发送旅客 90 万人次，现在每周只开行 4 趟，年运送量为 45.5 万人次。坦赞铁路的运营已经完全处入亏损状态。

2011 年 1 月 19 日，中国政府与坦桑尼亚、赞比亚两国政府签署议定书，免除援建坦赞铁路 50% 的债务。中国商务部副部长钟山在签字仪式上说，目前坦赞铁路在经营中遇到很多困难，中国政府希望通过免除两国部分债务使坦赞铁路能够"轻装"上阵。

2013 年 12 月，坦赞铁路局制订了一个五年战略计划（2013~2018），预算支出 2.11 亿美元，其中 9000 万美元用于机车车辆大修、维护和购买，6400 万美元用于基础设施维护，2200 万美元用于人力资源开发，100 万美元用于升级通信技术系统。这项计划首次向私人资本敞开大门，计划至少有 15% 的资金来自有意投资的合作伙伴。这项计划预计，坦赞铁路运量将从 2013 年的 48 万吨逐步增加到 2018 年的 150 万吨，年收入预计将从 2013 年的 4800 万美元增加到 2018 年的 1.22 亿美元。

然而，中国专家普遍认为，只有对现行的运营模式进行彻底改变，坦赞铁路的运营才能摆脱困境。

2015 年 12 月 23 日，驻坦桑经代处，坦桑尼亚《卫报》近日报道称，坦赞铁路管理局董事会已经指令管理层为坦桑铁路复兴制定商业计划，使坦赞铁路实行经济上的自立，以解除政府长期以来的沉重包袱。

董事会表示，坦赞铁路管理层应当考虑邀请私人投资者参与达累斯萨拉姆市通勤列车的投资管理和运营，通勤列车是缓解城市交通问题的重要方式，推出后广受旅客欢迎，但目前也处于亏损状态。

（三）水路运输

坦桑尼亚的水路运输包括远洋运输、沿海运输和湖泊运输。

坦桑尼亚的海运事业起步较早，并且出现了达累斯萨拉姆和桑给巴尔等一些世界知名的港口。沿海地区（包括大陆沿岸和桑给巴尔岛）之间的水路运输自古有之。维多利亚湖、坦噶尼喀湖和尼亚萨湖的湖上运输，对坦桑尼亚和邻国沿湖地区的物资交流和人员来往以及邻国与出海口之间的联系都有着特殊的作用。

1. 远洋运输

（1）远洋运输的发展和问题

坦桑大陆的进出口贸易主要靠远洋运输。其三大港口达累斯萨拉姆港、

坦噶港和姆特瓦拉港，在1977年东非共同体解体前统由共同体的东非港口公司管理，1977年坦桑国民议会通过《港务局法》以后，坦桑尼亚才成立了自己的港务局（THA），全面负责坦桑尼亚港口的建设和管理工作。坦桑尼亚港务局成立后，坦桑尼亚的港口发展较快，尤其是达累斯萨拉姆港。

独立初期，坦桑尼亚的进出口货物靠一些国际海运公司（在达累斯萨拉姆市有办事处）运输。20世纪60年代后期，坦桑尼亚开始建立自己的海运公司。1966年，坦桑尼亚、乌干达、肯尼亚和赞比亚建立了一个东非海运公司；1967年，坦桑尼亚和中国建立了坦桑尼亚-中国联合海运公司，共投资300万英镑，双方各半，拥有轮船5艘，总载重达6.5万吨。1967年实行国有化政策后，坦桑尼亚政府于1973年1月建立了国家海运公司，开始对坦桑尼亚海运业务实行垄断经营。1981年，坦桑尼亚政府还建立了坦桑尼亚中央海运局，为大陆海外运输提供咨询服务。

坦桑尼亚的远洋运输呈发展趋势。然而，20世纪80年代以后，由于经济困难，政府缺少对水路运输部门的投入，加之管理不善，坦桑尼亚的水路运输业日益困难。一方面，坦桑尼亚主要港口的吞吐量锐减；另一方面，坦桑尼亚海运公司难以为继。据报道，坦桑尼亚、乌干达、肯尼亚和赞比亚四国合资的东非海运公司，由于连年亏损，1980年被迫解散；坦桑尼亚沿海海运有限公司，运营亏损增加，到80年代末不得不停运；坦桑尼亚国家海运公司，虽然政府投入大，但缺乏管理人才，公司办事效率低，费用高，根本竞争不过邻国肯尼亚的蒙巴萨港，只能惨淡经营。

（2）私营化推动远洋运输业发展

20世纪80年代后期以后，随着改革开放政策的实施，政府对水路运输部门逐步实行了私营化。

1992年，坦桑尼亚制定了新《港务局法》，决定对港口建设和管理实行私营化。

1993年9月，政府提出对国营公司实行私营化的计划，包括对国家海运代理有限公司（NASACO）实行私营化。政府明确宣布，欢迎私人资本投资坦桑尼亚海运部门，建立新公司，或参与国家海运代理有限公司私营化进程。1995年10月，比利时南航集装箱海运公司（Safmarine）进入坦桑尼亚，成为在坦桑尼亚注册的第一家外国海运公司。接着，坦桑尼亚国内私营海运代理公司和海外海运公司驻坦桑尼亚办事处陆续注册；国家海运代理公司的 5 家单位，也分别同国内外 5 家海运或海运代理公司组建了合营公司。

1997 年，政府又进一步明确对坦桑尼亚港务局实行私营化的政策。政府明确提出，可以通过中长期合同，采用租赁或承包等方式，请私营部门介入港口的具体服务项目，把各项服务工作做好，增加港口收入。2000年 9 月，坦桑尼亚港务局把达累斯萨拉姆港集装箱装卸区租赁给一家由菲律宾公司牵头的国际集装箱服务集团公司，期限为 10 年。

2002 年 6 月，坦桑尼亚出台《海运公司法》，为在坦桑尼亚建立和发展海运和海运服务竞争市场机制提供了法律支持。新的《海运公司法》规定：支持和鼓励私人投资于海运业，为坦桑尼亚海运业的不断发展增添新活力；在新注册的海运公司和海运服务公司中，坦桑尼亚人应直接和间接占有51% 以上的股份，因为海运公司（和湖运公司）的运营与坦桑尼亚人民的生产和生活息息相关，海运（和湖运）权应当控制在坦桑尼亚人手中。

坦桑尼亚水路运输市场的开放，受到国内外的欢迎。据报道，注册的海运代理公司、海运服务公司和外国远洋运输公司驻坦桑尼亚的办事处，目前已经达到 26 家（包括坦桑尼亚 – 中国联合海运公司）。在坦桑尼亚设立办事处的外国海运公司，包括来自英国、丹麦、瑞士、比利时等国的国际知名远洋运输公司。

坦桑尼亚远洋运输业在经过一系列的调整和改革以后，得到一定程度的恢复和发展。

第一，货运量稳步增长。2001～2004 年，达累斯萨拉姆、坦噶和姆特瓦拉三大港口的年均吞吐量为 488.6 万吨，比 1997～2001 年的年均吞吐量 389.7 万吨增长了 25%。

第二，转口货运增加。20 世纪 80 年代以后，转口货物一直都只有几千吨，最多的 1993 年也只有 3 万吨。但 2001 年以后，几个内陆邻国通过达累斯萨拉姆港进出口的货物增加。据统计，2001 年为 2 万吨，2002 年增加到 16.8 万吨，2003 年和 2004 年分别增加到 25.3 万吨和

25.1 万吨。

(3) 坦桑尼亚大陆港口运营蓬勃发展

达累斯萨拉姆港

达累斯萨拉姆港是东非的著名港口之一。达累斯萨拉姆港处理坦桑尼亚约 95% 的国际贸易；同时，为马拉维、赞比亚、刚果（金）、布隆迪、卢旺达和乌干达等非洲内陆国家提供进出口服务。

近年来，随着东非地区贸易的增长，达累斯萨拉姆港的运输压力不断增加。为提高港口运营能力，坦桑尼亚港务局采取了一系列措施：进口多台移动式吊车；对有关泊位进行疏浚；精简进出港口手续；采用先进信息通信技术，提高港口运作水平；建立单一关税区；开通了通往刚果（金）、乌干达和布隆迪的现代化货运列车；减少沿途警方检查站；等等。这样，中转时间和入港船只在达累斯萨拉姆港停留时间大大缩短。

达累斯萨拉姆港因其得天独厚的地理位置、港口吞吐能力的增加和良好的港口服务，运营量与日俱增。2013/2014 年度，达累斯萨拉姆港吞吐量达 1540 万吨，较 2012/2013 年度增加了近 200 万吨。据报道，经由达累斯萨拉姆港到达刚果（金）、卢旺达以及布隆迪的货物量呈大幅增长趋势。刚果（金）现在有 35% 的货物来自达累斯萨拉姆港，赞比亚有 24%，卢旺达也从过去的 22% 增至 24%。

据坦桑尼亚《卫报》2015 年 7 月的一篇报道，基奎特总统视察达累斯萨拉姆港时披露，为了让达累斯萨拉姆港更好地为本国和邻国的进出口服务，政府决定扩建达累斯萨拉姆港，计划建造两个新泊位，将每年 20 英尺标准集装箱的处理能力从目前的 60 万个增加到 120 万个，并已于 2014 年与世界银行和其他发展伙伴签署了一项金额为 5.65 万美元的贷款协议。①

坦桑尼亚《非洲人报》2015 年 9 月 28 日援引坦桑尼亚港务局消息报道，耗资 6.5 亿美元的达累斯萨拉姆港扩建项目即将启动。报道还说，以 2015 年 6 月的吞吐量计算，达累斯萨拉姆港年吞吐量已经达到 1560 万

---

① Joseph Keefe, "Tanzania: Dar es Salaam Port 2015 Volume to Increase," *The Guardian*, July 10, 2015.

吨，改造后达累斯萨拉姆港年吞吐量将达到 2900 万吨。

坦噶港

坦噶港是坦桑尼亚第二大港，主要服务于坦桑北部地区，有公路和铁路网络与内陆相连，也是连接坦噶、阿鲁沙、穆索马、贝尔港/金贾（乌干达）的重要环节。过去几年，在货物运输方面投资购买了一些现代化设备，如耗资 1000 万美元购买了驳船，同时加固了货物和集装箱堆放场地。据统计，港口吞吐量 2005 年为 399516 吨，2014 年达到 594122 吨，这十年间以每年 6.1% 的速度递增。

姆特瓦拉港

姆特瓦拉港是伴随着姆特瓦拉至纳钦圭阿铁路建设的，在铁路线被废弃后，此港至今没有得到充分利用。在姆特瓦拉和林迪地区发现大量天然气后，姆特瓦拉港的升级改造被提上日程。

坦桑尼亚政府决定把姆特瓦拉港建成一个自由港。交通部长姆瓦基延贝 2014 年 1 月向媒体表示，自由港一期工程占地 10 公顷，将建成天然气供应基地，吸引企业入驻进行基础设施建设，为目前在姆特瓦拉省开发油气资源的企业提供配套服务。他说，现已有几家跨国公司准备在姆特瓦拉投资。与此同时，坦桑尼亚出口加工区管理局和坦桑尼亚港务局签署协议，将在姆特瓦拉港建设一个以吸引外来投资为主的占地 110 公顷的自由港区，即出口加工区。

姆特瓦拉港经理姆希巴·菲基利（Musiba Fikili）2014 年 9 月表示，扩建姆特瓦拉港预计需要 2.14 亿美元，包括改善基础设施和购买设备。他说，扩建工程完成后，在港口停泊的船只将从现在的 4 艘增加到 7 艘，其吞吐能力将从目前的 40 万吨增加到 2800 万吨。①

巴加莫约港

巴加莫约港项目于 2008 年基奎特总统访华期间与中国国家主席胡锦涛会谈时提出，2012 年中非合作论坛第五届部长级会议为推动该项目创

---

① Nestory Ngwega, "Tanzania: Mtwara Port for Major Expansion," *Tanzania Daily News*, September 14, 2014.

造了条件；2013 年习近平主席访问坦桑尼亚，与基奎特总统共同见证签订框架协议；2014 年 10 月，坦桑尼亚、中国、阿曼三方在深圳签署三方合作备忘录。项目预计投资 100 亿美元，工程包括占地 8 平方公里的超级现代化港口、占地 17 平方公里的工业园区以及公路、铁路网和水、电、气、通信网络等辅助基础设施。

2015 年 10 月 16 日，巴加莫约港口项目奠基仪式隆重举行，基奎特总统出席奠基仪式并发表讲话。他表示，坦桑尼亚将借鉴中国"深圳模式"，探索巴加莫约经济特区的建设和发展，振兴坦桑尼亚经济。基奎特还说，2017 年将建成占地 100 公顷的港口区，为项目的第一阶段，配备 4 个泊位，这将有效提高坦桑海运集装箱处理能力，并将为当地创造大量就业岗位。

姆瓦姆巴尼港

2010 年 8 月，坦桑尼亚基础设施发展部长舒库鲁·卡万布瓦在视察坦噶省时宣布，政府计划在坦噶港以南建设一个新港——姆瓦姆巴尼港，以振兴穿过坦噶、乞力马扎罗、阿鲁沙和穆索马的铁路运输。2011 年 2 月，坦桑尼亚交通部长农杜说，姆瓦姆巴尼港的兴建工程已经启动。据专家组 2015 年 12 月的一份有关报告，估计建设姆瓦姆巴尼港需要 51551 万美元，购置设备需要 5067 万美元。

2. 沿海运输和湖泊运输

坦桑尼亚沿海运输比较便利，达累斯萨拉姆同桑给巴尔之间的航运由桑给巴尔轮船公司经营，主要是客运服务；坦噶、林迪、姆特瓦拉和达累斯萨拉姆市之间也有客运服务。另外，1971 年坦桑尼亚政府还成立了坦桑沿海海运有限公司（TCSHILI），有机动船 4 艘，从事客货运服务。该公司当时主要服务于南方地区，尤其是南方沿海地区，因为长期以来南方地区的公路状况不好，雨季时道路泥泞，陆路运输极为困难。

坦桑尼亚大陆的湖运航道有 4300 公里。1967 年坦桑尼亚实行国有化后，湖上运输开始由坦桑尼亚铁路公司经营管理。2004 年坦桑尼亚制定的新《港口法》规定：沿海和维多利亚湖、坦噶尼喀湖以及尼亚萨湖的港口由坦桑尼亚港务局管理；沿海和内湖港口的客货运输业务和港口货物装卸业务，可外包给私营公司。根据这一规定，港务局当年就把内陆湖上客货运输业务外包给了一家私营公司——坦桑尼亚海运服务公司。目前，该公司拥有 16 艘船，其中 10 艘在维多利亚湖，4 艘在坦噶尼喀湖，2 艘在尼亚萨湖。

改革开放政策使沿海运输和湖泊运输有了进一步发展。

第一，沿海客运量大幅度增加。沿海客运包括大陆沿海各港口之间和大陆港口同桑给巴尔岛之间的客运，2001～2004 年年均客运量为 57.9 万人次，比改革前的 1982～1985 年年均 16.2 万人次增长了 257%。据报道，目前有沿海快速船公司（Coastal Fast Ferries）和海上公共汽车（Sea Bus）等 7 家公司从事达累斯萨拉姆市与桑给巴尔市间的客运轮渡业务，每日对开约 10 个班次。另外，还有其他一些渡轮服务公司提供桑给巴尔岛和大陆各个港口之间的客运服务。

第二，湖上运输有所发展。2001～2004 年，年均客运量为 382897 人次，年均货运量为 163931 吨。2004 年，客运量为 483619 人次，比 2003 年的 347564 人次增长了 39.1%；货运量为 167177 吨，比 2003 年的 143751 吨增长了 16.3%。

维多利亚湖上的渡轮是机动船，为乌干达、坦桑尼亚和肯尼亚服务。2006 年以后，大多数铁路货车的渡轮服务已停止。2012 年，裂谷铁路公司重新提供了贝尔港（乌干达）和姆万扎之间铁路货车的渡轮服务。

坦噶尼喀湖渡口过去有大型渡船来往于坦桑尼亚和刚果（金）之间，但在 1998 年刚果（金）战乱后就停运了。目前，小型渡船往来于坦桑尼亚湖岸的码头和渔村之间；一些商船则往来于坦桑尼亚的基戈马、布隆迪的布琼布拉和赞比亚的姆普伦古（Mpulungu）之间。

（四）航空运输

坦桑尼亚的航空运输也发展较早。独立前后，坦桑尼亚国内外航空运输一直由东非航空公司统一经营。1977 年东非共同体解体后，坦桑尼亚于同年 7 月成立了自己的国家航空公司坦桑尼亚航空公司。坦桑尼亚航空公司建立后，一直以国内航线为主，国际航班只飞往莫桑比克、印度和英国等十几个国家。1982 年，坦桑尼亚航空公司有飞机 11 架。

目前，坦桑尼亚有 58 个机场。达累斯萨拉姆、乞力马扎罗和桑给巴尔三个机场为国际机场，其中达累斯萨拉姆机场和乞力马扎罗机场可停降波音 747 客机；桑给巴尔机场可停降波音 737 客机。58 个机场中，25 个由坦桑尼亚机场管理局管理；15 个机场可以提供出入境服务；多多马、姆万扎、塔波拉、莫希、坦噶和姆特瓦拉等机场都铺设有沥青跑道，可升降双引擎客机并有定期班机。另外，随着旅游业的发展，许多地方尤其是旅游景点都修建了临时停降飞机的停机坪和起降飞机的跑道。由坦桑尼亚机场管理局管理的有莫罗戈罗和辛吉达等 32 处；由坦桑尼亚国家公园管理局的位于国家公园内的有 26 处；由自然资源和旅游部负责管理的有 61 处；私营机构如坦桑尼亚石油开发公司经营的松戈松戈气田等气田有 93 处；在塞卢斯禁猎区还建有 1 个停机坪。①

达累斯萨拉姆国际机场于 1984 年建成，是东非地区重要的国际机场之一。目前，英国、肯尼亚、瑞士、埃塞俄比亚、埃及、印度和也门的航空公司以及海湾航空公司和埃米尔航空公司等 20 多家国际航空公司，均有飞往达累斯萨拉姆的航班。据报道，2012 年达累斯萨拉姆国际机场客运吞吐量为 210 万人次，即每天有 5750 多人乘飞机从这里进入或离开坦桑尼亚。2005 年 10 月 6 日，坦桑尼亚政府把达累斯萨拉姆国际机场更名为尼雷尔国际机场，以缅怀开国总统尼雷尔为坦桑尼亚独立和国家建设所做的贡献。

1990 年国民议会通过《坦桑尼亚投资促进法》后，一些私营航空公司应运而生，国内航空运输市场竞争激烈。1992 年，坦桑尼亚航空公司实行商业化经营。2002 年 12 月，坦桑尼亚航空公司通过与南非航空公司合资实现了私营化。南非航空公司出资 2000 万美元收购坦桑尼亚航空公司 49% 的股份以后，坦桑尼亚航空公司更名为坦桑尼亚航空股份有限公司。除坦桑尼亚航空股份有限公司外，坦桑尼亚现在还有快捷、海岸、基卢瓦、地区、热带和桑给巴尔等 26 家国内航空公司。

坦桑尼亚政府重视机场建设，为坦桑尼亚民航业的发展创造了良好条

---

① Wikipedia, the free encyclopedia.

件。2011 年，在西南重镇姆贝亚新建了松圭机场。目前，达累斯萨拉姆国际机场正在修建 3 号航站楼，建成后机场年客运吞吐能力在 500 万人次以上。达累斯萨拉姆国际机场从 2007 年 5 月 31 日起实施禁烟，这是坦桑尼亚烟草控制委员会为响应"世界无烟日"活动的号召做出的决定。

据报道，政府 2015/2016 年度财政预算已为 10 个机场的维护拨款，包括基戈马机场（343.5 亿坦桑尼亚先令）、希尼安加机场（227 亿坦桑尼亚先令）、尼雷尔国际机场（预计 220 亿坦桑尼亚先令）、塔波拉机场（194 亿坦桑尼亚先令）、乞力马扎罗国际机场（174 亿坦桑尼亚先令）、穆万扎机场（170 亿坦桑尼亚先令）等。

进入 21 世纪以来，坦桑尼亚航空运输业呈现出某种程度的发展趋势。世界银行的数据显示，2014 年坦桑尼亚国际和国内航空公司运送乘客 147 万多人次。2018 年，坦桑尼亚航空公司新购置一架波音 787 豪华客机。

二 通 信

（一）邮电服务业发展简况

坦桑尼亚的邮电服务开始于 19 世纪 80 年代德国殖民统治时期。1977 年原东非共同体解体后，坦桑尼亚政府成立了自己的邮电服务公司——坦桑尼亚邮电公司（TP&TC），自成立后该公司一直对坦桑尼亚的邮政电信服务业实行垄断经营。

坦桑尼亚邮政电信服务业发展缓慢。邮政服务是通过设在邮局的信箱进行的。电信服务有电话、电传、电报和 1987 年开始的传真服务。邮政业务还包括国内和国际邮件业务、邮政金融业务、邮政包裹业务等，20 世纪 80 年代后期增加了特快专递。全国大部分城镇都有电信服务设施，但须通过达累斯萨拉姆与国外联络。截至 1989 年，全国有电话 13.7 万部、电传线路 3350 条。坦桑尼亚有两个卫星地面接收站，建在达累斯萨拉姆市，共有 420 个通道，是坦桑尼亚与世界其他地区联系的主要渠道。

1993 年 12 月 31 日，国民议会通过《坦桑尼亚通信法》，决定重组坦桑尼亚邮电局，实行政企分开，建立坦桑尼亚通信委员会（TCC），负责坦桑尼亚的邮政和电信事业的管理工作；建立两家国营公司，一家是坦桑

尼亚邮政公司（TPC），另一家是坦桑尼亚电信有限公司（TTCL）。由于传统的邮政业务和固定电话服务是国家重要的社会公用事业，传统的邮政网络和固定电话网络是国家重要的邮电服务基础设施，所以《坦桑尼亚通信法》规定，坦桑尼亚传统的邮政服务由新组建的坦桑尼亚邮政公司实行垄断经营，固定电话业务由坦桑尼亚电信有限公司负责。1994年1月，坦桑尼亚邮政公司和坦桑尼亚电信有限公司按政府决定实行"商业化经营"，并签署了有关合同。

与此同时，《坦桑尼亚通信法》决定开放坦桑尼亚邮政和电信服务市场，鼓励私人在传统的邮政和固定电话服务业之外的邮电服务领域投资，还欢迎它们购买坦桑尼亚邮政公司和坦桑尼亚电信有限公司的股份。坦桑尼亚邮政和电信服务市场开放以后，一些私营的邮政和电信服务公司予以注册，坦桑尼亚邮政和电信服务业得到恢复和发展。

（二）改革开放后电信业快速发展

1. 移动通信从无到有，发展迅速

1994年，开始有私营移动通信公司注册经营移动电话业务，1995年坦桑尼亚有2198部移动电话，2001年增加到805000部。与此同时，由于激烈竞争，移动电话费用已经开始下调。进入21世纪以来，坦桑尼亚移动通信飞速发展。

据统计，2005年坦桑尼亚手机用户有312万，比2001年增长了287.58%；截至2015年6月底，坦桑尼亚移动电话用户达到3425万户，比2005年增长了近10倍。

随着移动电话使用者的增加，移动网络用户也大幅增加，到2015年6月底已达到1600万户。随着移动通信业的发展，坦桑尼亚电信业的收入也大幅度增加。据报道，2015年坦桑尼亚电信业收入为13亿美元，其中移动通信收入达8.45亿美元，占65%。

近年来，手机在坦桑尼亚的应用已经比较广泛。在咖啡种植园、剑麻农场、草原牧场、家禽养殖场和林区，在野生动物园、乞力马扎罗山山麓和坦噶尼喀湖畔等旅游景点，在达累斯萨拉姆和桑给巴尔的渔港码头，或在那些偏远的乡村地区，总之，在有线电话线路尚未延伸到或不可能延伸

到的许多地方，已经有人用上了手机，他们用手机与外界沟通，获取或了解有关经济、商品、价格和市场等方面的信息。在经济发展竞争激烈的当今世界，移动通信的蓬勃发展必将为坦桑尼亚经济社会的发展带来巨大的效益。

目前，坦桑尼亚影响较大的移动通信公司有4家。

（1）沃达坦桑尼亚移动通信有限公司（Vodacom Tanzania Ltd）。南非沃达移动通信公司（Vodacom）同坦桑尼亚一家私营通信公司帕兰尼特尔通信有限公司（Planetel Communication Ltd）组建的一家合资公司，共投资9000万美元，前者占股55%，后者占45%，1999年注册营业，是目前坦桑尼亚最大的一家移动通信公司。据统计，2014年有手机用户11810064户，占手机用户总数的37%。

（2）坦桑尼亚国际移动电信公司（Celtel Tanzania）。在坦桑尼亚电信公司（TTCL）私有化期间，国际移动电信（Celtel）和德国一家公司合伙投资6000万美元得到坦桑尼亚电信公司35%的股份，合资组建了坦桑尼亚国际移动电信公司，2001年11月注册运营。目前，坦桑尼亚国际移动电信公司为阿联酋财团一家子公司所有。2014年有手机用户9551977户，占手机用户总数的29%。

（3）米利坦桑尼亚国际移动通信有限公司（MIC Tanzania Limited）。南非米雷康姆（Millicom）国际移动通信公司与坦桑尼亚电信有限公司合资成立的一家移动通信公司，前者占公司股份的51%，后者占49%，1994年1月注册并开始运营。2014年有手机用户8624638户，占手机用户总数的27%。

桑给巴尔电信有限公司（Zantel）。桑给巴尔政府和一家阿联酋公司的合资公司，1994年1月注册并开始营业。按照坦桑尼亚通信委员会规定，该公司对桑给巴尔的固定电话业务实行垄断经营，同时经营桑给巴尔地区的移动通信业务。2005年，坦桑尼亚通信委员会已批准该公司在坦桑尼亚开展移动通信业务。2014年有手机用户1719222户，占手机用户总数的5%。

另外，还有5家移动通信公司，包括坦桑尼亚移动通信有限公司

（Tanzania Telecommunications Company Limited）、智能电信（Smart Telecom）、越南军用电子电信公司（Viettel）、本森信息有限公司（Benson Informatics Limited）和坦桑尼亚多瓦电信公司（Dovatel Tanzania）。其中，越南军用电子电信公司于 2014 年 12 月进入坦桑尼亚电信市场。基奎特总统于 2014 年 10 月访问越南后，越南电信公司宣布将在坦桑尼亚投资 10 亿美元，建设坦桑尼亚乡村地区信号塔。据两国协议，该公司将于 2017 年前在坦桑尼亚 4000 个村庄建造信号塔，连接 13000 公里的光纤，为医院、警察局、邮局、地方政府和学校等机构提供网络服务。

2. 出现了一批互联网和数据库公司

1996 年，达累斯萨拉姆大学非洲计算机中心注册，开始向社会提供国际互联网服务，成为坦桑尼亚第一家国际互联网公司，开始向社会提供信息资料服务。截至 2014 年底，在坦桑尼亚注册的国际互联网公司已有 14 家，主要在达累斯萨拉姆市，包括非洲在线（Africa Online）、AF 卫星通信坦桑尼亚有限公司（Afsat Communications Tanzania Limited）、阿鲁沙玛丽网站（Arusha Node Marie）、本森在线（Benson Online）、猫网（Cats-Net）、太阳网（Jua sun［链接］乡村网站）、基奇科网（Kicheko）、拉哈网（Raha）、狮子网（Simbanet）、斯派斯网（Spicenet）、深空网（Tansat）、坦桑尼亚电信有限公司（TTCL）、达累斯萨拉姆大学计算机中心和赞林网（Zan Link）。

自 1995 年起坦桑尼亚就有了互联网业务服务，但刚开始时是通过卫星网络与世界各地联络，网速很慢。商业海事信息（SEACOM）和东非海底电缆系统的海底光纤电缆项目先后于 2009 年 7 月和 2010 年 7 月建成启用后，坦桑尼亚互联网与外界的联络速度加快，网速 2008 年为（90 ~ 200）kbit/s，2009 年 12 月提高到（1.5 ~ 1.8）Mbit/s，2013 年达到（3.6 ~ 4.2）Mbit/s。与此同时，互联网的费用也不断下降。

进入 21 世纪以来，坦桑尼亚网民人数不断增加。据统计，2000 年坦桑尼亚有网民 11.5 万人，2005 年有 160 万人，到 2010 年达到 480 万人，到 2014 年底达到 930 万人，相当于坦桑尼亚 4500 万总人口的 20%。坦桑尼亚通信管制局（Tanzania Communications Regulatory Authority. TCRA）2011 年的一份报告说，网络用户中 266.32 万是机构用户，193.28 万是家庭或个人用户，26.028 万户为网吧用户。随着互联网的发展，坦桑尼亚电子商务也得到发展，现在越来越多的坦桑尼亚人在网上购物。

1995 年，坦桑尼亚电信有限公司和法国电信公司的一家子公司合资建立了坦桑尼亚第一个信息资料数据库有限公司并提供信息资料服务以后，陆续出现了一些数据资料库公司和网站，包括 AF 卫星通信坦桑尼亚有限公司、卫星通信网络公司、电信有限公司、深空网、狮子和斯派斯网等。

3. 固定电话用户从增加到减少

所谓"增加"是指坦桑尼亚改革开放后电信业的恢复和发展。1994 年以后，坦桑尼亚电信有限公司从世界银行、非洲发展银行和日本等国家和组织得到一些贷款和援助，同时私人公司还购买了该公司 35% 的股份，对已经老化的电话交换装置及其相关设施进行了维修，并增加了新的电话交换装置，大大提高了有线电话的交换能力。在这种情况下，固定电话数量增加。

据统计，2004 年坦桑尼亚电信有限公司有线电话的交换能力已经达到 244536 条线路，比 1993 年的 125703 条增长了 95%。截至 2002 年，陆续恢复和新连通城镇社区电话站达到 2111 个，固定电话用户猛增，固定电话总数已从 1993 年的 85005 部增加到 2004 年的 148360 部，增长了 75%。

到 2010 年，固定电话增加到 174511 部，这是坦桑尼亚固定电话最多的一年。此后，由于移动通信和互联网的迅猛发展，固定电话逐年减少。据统计，2011 年减少至 161063 部，比 2010 年下降了 7.7%；到 2014 年又减少至 151274 部，比 2011 年下降了 6%。

（三）邮政业获得发展，信件在减少

1. 商业化运营取得成效

从 1994 年 1 月起，坦桑尼亚邮政公司就开始了商业化运营。政府每三年与公司签订一次合同。每次签署的合同都包括五项指标，即快速（指邮件投递的时间要快）、安全（保证邮件的安全）、效益（公司的税前

利润）、增长（年业务量的增长比例）和客户满意度（看客户对服务的评价或投诉）。

为了达标，邮政公司在商业化运营中采取了一系列措施，如在交通方便的城镇地区，信件和其他邮件的分理、发送和投递工作要在24小时之内完成，以让客户尽快收到有关信件或邮件。为此，公司增加了夜班，以完成当天下午送来的信件和邮件的分理工作，待第二天上午及时投递出去。现在，在坦桑尼亚的城镇地区，一般信件今天寄出，第二天就能收到。另外，公司采取了灵活的经营方式，把一些邮递业务外包给私人公司，这不仅精简了邮政公司的机构，节约了行政开支，而且可以使邮政公司获得一定数额的外包费。目前，在全国430个邮局中，145个由公司职员直接负责，71个外包给有关公司特许经营，214个乡村地区的邮政分局全部外包给私人公司经营。

对坦桑尼亚邮政公司的工作，政府每年都要聘请一家公司予以评估。

截至21世纪初，坦桑尼亚邮政公司的经营状况一直比较稳定。据统计，2004年投递国内信件1900万封，比2003年的1820万封增长了4.4%；处理国际信件710万封，比2003年的670万封增长了6%。2004年投递国内包裹42710个，比2003年的29832个增长了43.2%；处理国际包裹7531个，比2003年的6664个增长了13%。2004年，投递国内挂号信542327封，比2003年的405100封增长了33.9%；处理国际挂号信66699封，比2003年的42386封增长了57.4%。

2. 特快专递业务获得发展

邮政服务市场开放以后，坦桑尼亚的特快专递业务发展很快。1994年1月就注册了一批邮政服务公司，包括坦桑尼亚邮政公司和敦豪快递、天地快运、天空快递网、东非快递和斯堪的纳维亚快递服务公司等8家国际和国内快件速递公司。截至2005年1月底，注册的快件速递公司达到32家。其中，7家为国际快件速递公司在坦桑尼亚的分公司，承担坦桑尼亚的国际快件的速递业务；25家为国内公司，承担全国性的快件速递业务，但大部分为地区性公司，只承揽本地区的业务。

坦桑尼亚邮政公司从一开始就建立了特快专递服务部，积极参与特快专递市场的竞争；与此同时，依靠它固有的传统邮政网络优势，与一些私营速递公司建立了合作关系，2002 年还与敦豪快递签订了一项互惠互利的合作协议。近几年来，公司的特快专递业务（信件和其他物品）有起有伏，但总的来说仍处于发展趋势。从 2009 年到 2014 年的情况看，国内快递在 40 万~60 万件，国际快递在 2 万件左右。2014 年，国内快递为406732 件，国际快递为 20564 件。

3. 信件投递量逐年减少

随着电信业和快件速递业务的发展，人们通过邮局发送的信件（包括普通信件和挂号信件）的数量在逐年减少。据统计，2004 年坦桑尼亚邮政局处理信件 2670.9 万封，已比 1998 年的 4251 万封下降了 37%。2014 年，坦桑邮政局处理信件 1545.5 万封，比 2004 年减少 1125.4 万件，下降了 42%。

第七节 财政与金融

一 财政

独立以来，坦桑尼亚的财政年度一直为每年的 7 月至翌年的 6 月。

（一）尼雷尔时期的财政状况

独立初期，由于经济状况较好，国内税入大体上可以满足政府经常项目支出的需要，只是发展项目支出需要外援。

然而，在 1967 年《阿鲁沙宣言》发表以后，从 20 世纪 70 年代末开始出现经济困难，国内税收越来越少，到 80 年代初政府财政完全陷入困境。为解决财政困难，政府一方面增加从银行的贷款，80 年代中期这种贷款已经占到国内生产总值的 20%~30%，导致严重的通货膨胀；另一方面则争取外援，包括赠款和贷款，以弥补发展项目和经常项目支出的亏空，外援在坦桑尼亚财政预算中占有较大比重。

据统计，外援在政府发展支出中所占的比例，1963/1964~1969/1970财政年度年均为 28.45%，1973/1974~1979/1980 财政年度年均为 46.08%，

1981/1982~1984/1985 财政年度年均达到 89.17%；外援在政府经常性项目支出中所占比例，进入 80 年代以后也相当高，在 1981/1982~1983/1984 财政年度分别达到 58.5%、59.5% 和 59.2%。

财政支出方面，在政府经常项目支出中，20 世纪 70 年代约有 21% 用于工业、农业和采矿业等基础设施，12% 用于教育，6% 用于医疗卫生。由于在"国有化"和"乌贾马社会主义"运动中政府新设立了许多机构和建立了一大批国营公司，加上对乌干达的战争，政府经常项目支出剧增。据报道，1977/1978 财政年度公用事业、国防和行政费用占经常项目支出的 37%，1978/1979 财政年度上升到 44%。进入 80 年代以后，在财政困难的形势下，政府不得不压缩一些经常项目支出，首当其冲的是公共事业支出，从而出现水、电供应不足，道路得不到维修，缺医少药，以及学校缺少教师等问题；至于发展项目支出，由于政府没钱，外援很少，难以兴建新的项目，老项目也得不到维修。

（二）姆维尼时期财政困难

姆维尼执政初期，政府实施紧缩的财政政策，包括削减行政开支、裁减冗员、减少年度预算赤字等措施，加上国际货币基金组织和世界银行以及西方国家的援助，从 20 世纪 70 年代末 80 年代初开始的政府财政危机有所缓解，坦桑尼亚经济也得以缓慢回升。

然而，由于长期以来中央政府开支多、经济衰退、财源枯竭，预算赤字还比较大。1986/1987~1988/1989 财政年度，赤字一直占国内生产总值的 11% 左右。1989 年，赤字约为 474 亿坦桑尼亚先令（约合 3.31 亿美元），占国内生产总值的 9.4%。当然，这些财政赤字都依靠国际货币基金组织等国际金融机构和友好国家的援助得到弥补。

从 1986 年起，坦桑尼亚政府开始进行预算改革，并且得到了世界银行、联合国计划开发署和瑞典等国的支持，坦桑尼亚政府先后加强了预算管理（建立了严格的预算收入和支出的财会制度），实行了援助管理和责任制，1989 年提出"滚动和前瞻预算制"计划，并于 1993 年付诸实施。

20 世纪 80 年代末 90 年代初，坦桑尼亚国内外贸易完全开放，开始以私营化为动力建立一种全新的市场经济，而且随着私营部门的发展出现一些新的税务因素，如私营工商企业、合资企业和外资企业等企业的税收问题。

面对这种改革开放的新形势，姆维尼政府未能及时进行税务改革，而是继续沿用过去的税种和税务机构。

由于税务部门不统一、不健全，税种不全、不细，加上管理不善，偷税漏税和走私现象严重，尤其是相关单位的贪污受贿现象普遍，政府的税收非但没有增加，反而不断减少。1994/1995 年度政府收入为 3897.44 先令（合 7.61 亿美元），比 1993/1994 年度的 3492.34 亿坦桑尼亚先令（合 8.58 亿美元）下降了 11.3%（按美元计）。1992 年以后，坦桑尼亚政府的财政赤字又开始增加，1994/1995 年度的赤字比 1993/1994 年度增长了 73%；通货膨胀率反弹，过去几年里通货膨胀率一直稳定在 20% 左右，但到 1994 年上升到 36.4%。

西方主要援助国和国际金融组织认为坦桑尼亚政府"短期行为严重，财税秩序混乱"，纷纷冻结援助，由此坦桑尼亚经济增长速度放慢，坦桑尼亚政府财政形势更加严峻。

（三）姆卡帕时期财政状况好转

姆卡帕时期，坦桑尼亚政府的财政政策重点放在加强税务管理、增加国内税入，以满足政府开支预算的需要；同时，加强同友好国家和国际金融机构的合作，呼吁减免坦桑尼亚债务和向坦桑尼亚提供更多的援助。经过几年的努力，坦桑尼亚政府的财政状况明显好转。

1. 财政收入

姆卡帕政府执政后，按照 1995 年国民议会通过的关于改革税制和建立税务局的《坦桑尼亚税务局法》，不失时机地抓紧进行财政改革，并在实践中不断深化改革。

（1）改革税制，调整税种，取消消费税，提高增值税。政府征税的重点在进口税、营业税、增值税和所得税四大税种，从根本上保证了税入；1997 年，正式征收增值税。政府对"利税大户"给予了特别关注。据报道，利税大户发挥了重要作用，坦桑尼亚有利税大户 286 家，它们缴纳的税收占政府税入的 37%。

（2）坚持良政，建立统一的坦桑尼亚税务局。在税务局组建过程中，姆卡帕总统惩处了腐败分子。据报道，1996 年和 1997 年因为涉嫌腐败案被勒令退休的 122 名政府官员中，包括涉嫌贪腐的 9 名移民局官员和 10 名警官；另有原海关、营业税和所得税税务部门的 848 名职员，因涉嫌腐败案先后被开除公职。坦桑尼亚税务局道德规范委员会规定：凡税务人员涉嫌腐败案，一经发现，将立即解雇。①

（3）采取措施，堵塞漏洞，避免逃税、漏税。在海关安装了现代化设备，进口的石油和所有集装箱必须经过扫描装置检查才能卸货，以防止石油和集装箱货物的逃税问题。

（4）在政府和纳税人之间建立了每年一次的国家税务建设研讨会制度，这不仅推动了政府税务改革的深入，而且增强了纳税人纳税的自觉性。

（5）2000 年，坦桑尼亚还设立了税务问题申诉办公室和税务上诉法庭，以解决纳税人遇到的麻烦，使纳税工作进一步法制化。

在采取上述措施以后，自 1996 年起，政府税入一直稳定增长。据统计，1995/1996 财政年度政府税入为 3837 亿坦桑尼亚先令，占政府国内收入的 85.6%；2001/2002 财政年度，政府税入增加到 9385 亿坦桑尼亚先令，占政府国内收入的 90%，比 1995/1996 财政年度增长了 144.6%；2004/2005 财政年度，政府税入为 15799 亿坦桑尼亚先令，占政府国内收入的 91%，比 2001/2002 财政年度增长了 68.3%。

与此同时，坦桑政府在争取外援方面也取得了进展。姆卡帕时期，坦桑尼亚得到的外援增多，国际赠款增加，债务也获得更多减免。

2. 财政支出

在财政支出方面，姆卡帕政府一方面加强管理，另一方面根据形势发展和变化对政策做出调整。进入 21 世纪以后，政府财政支出不断增加。1999/2000 财政年度政府总支出为 11919 亿坦桑尼亚先令（约折合 15.69 亿美元），比 1993/1994 财政年度 4105.33 亿坦桑尼亚先令（折合 10.09 亿美元）增长 56%（按美元计）；2004/2005 财政年度政府总支出达到

---

① "Retired For Corruption: 122 Government Officials in Two Years," *Tanzania News Online*, 22 November, 1997.

32436.62 亿坦桑尼亚先令（折合 29.79 亿美元），比 1999/2000 财政年度增长 90%（按美元计）。自 2000/2001 财政年度起，政府已把大部分预算资金用在了减贫战略计划中确定的优先部门。比如，在《减贫战略计划（2000/2001~2002/2003）》执行期间，政府给这些部门的拨款分别占各年度政府总支出的 39.3%、46.4% 和 45.6%。

应当看到，虽然姆卡帕政府在财政改革方面取得了重大进展，但要实现财政状况的根本好转，正如时任财政部长姆兰巴在向国民议会作《2005/2006 财政年度预算报告》时指出的，在实现自立和减贫的道路上，政府财政还面临许多挑战。

第一，虽然政府已把大量资金投向减贫战略计划的优先发展部门，但同这些部门发展的需要相比，投入的资金还远远不够。

第二，政府税入虽然不断增加，但目前占国内生产总值的比例还很低，仅占 14%（比过去的 12% 是个进步），税入增加的潜力还比较大。

第三，政府在为减少对外援的依赖做出努力，但进展缓慢。据统计，外援在政府财政预算中所占的比例，2002/2003 财政年度为 47%，2003/2004 年度为 45%，2004/2005 财政年度为 41%，2005/2006 财政年度计划降至 40%。

（四）基奎特时期财政运转状况

应当说，基奎特时期，政府财政状况较好。姆卡帕时期已经同"发展伙伴"密切了关系，减免了坦桑尼亚大笔债务，除一般援助、赠款和贷款外，还设置了"预算援助"；经济得到发展，外贸收入增加，国内税收也相应增多。然而，由于要办的事情太多，加之运作过程中出现了一些问题，财政运转也并非一帆风顺。

1. 加大了对基础设施和农业的投入，效果良好

如前所述，基奎特当政 10 年里，政府加大了对基础设施的投资力度，包括公路、铁路、港口、机场和水、电以及通信设施建设；上台伊始即推出农业发展计划，给予农民补贴，资助农民学习农业技术，帮农民修建农田灌溉设施；2009 年 6 月提出"农业第一"发展战略后，从 2011 年开始政府将每年的农业发展预算占国家预算的比例从过去的 4% 左右提高到

10%；等等。

基奎特政府对各个领域发展项目的投入都取得了可喜的成果。经济社会基础设施在建设，在发展。过去十年坦桑经济保持了持续高速和稳定的发展，国内生产总值年均增长率在 6%～7%，由此坦桑尼亚成为东非共同体内经济增长最快的国家。

2. 有时资金不到位，一些项目实施受影响

由于管理不善等原因，政府税收任务未能完成或发展伙伴承诺资助的预算资金未及时到位或因故有所减少时，就出现了项目预算资金不到位的问题。这种情况下，在执行预算规定项目的过程中，政府只能"用有限的钱，办应急的事"，有些事情只能拖一拖。

近几年政府拖欠的工程款和教师们的工资不少。在这方面，政府也直言不讳。截至 2012 年 6 月，政府欠承包商工程款 3310 亿坦桑尼亚先令（合 2.1 亿美元），在 2012/2013 财年预算报告中决定偿还这笔欠款，"以推动国家基础设施领域的建设和维护"；在 2014/2015 财年的政府财政预算中，还把支付 120 个地区的教师拖欠工资列为预算中的"最优先"安排。

5 年来政府医疗卫生预算支出逐年减少。根据政府财政预算，2011/2012 财年医疗卫生预算支出为 1234 亿坦桑尼亚先令，2012/2013 财年为 800 亿坦桑尼亚先令，2013/2014 财年为 640 亿坦桑尼亚先令，2014/2015 财年为 705 亿坦桑尼亚先令，2015/2016 财年则减少到 370 亿坦桑尼亚先令。

此外，还有报道说，最近几年坦桑尼亚每年都有 8.29 亿美元的扶贫资金缺口。

二 金融

（一）独立后金融业发展简况

独立前后，坦桑尼亚同肯尼亚和乌干达一直共同使用东非货币局发行的东非先令。1966 年以前，坦桑尼亚的金融业全部由英国人控制。1966 年 6 月，坦桑尼亚根据 1965 年 12 月国民议会通过的《坦桑尼亚银行法》，建立了自己的国家银行——坦桑尼亚银行，收回了货币发行权，开始发行

本国货币坦桑尼亚先令，取代了东非先令。

独立后，坦桑尼亚先令同其他东非国家的先令一样，一直与国际货币基金组织的特别提款权挂钩，直至1979年1月；此后，坦桑尼亚先令开始同主要贸易国的货币挂钩。

1967年实行国有化政策后，坦桑尼亚把外资商业银行和保险公司收归国有，同时成立了坦桑尼亚国家商业银行和坦桑尼亚国家保险公司。作为中央银行的坦桑尼亚银行，负责制定和执行政府的货币政策，并对坦桑尼亚国家商业银行和坦桑尼亚国家保险公司进行政策指导。坦桑尼亚银行授权桑给巴尔人民银行负责桑给巴尔岛地区的银行业务。桑给巴尔人民银行是1964年"一月革命"成功后建立的桑给巴尔岛政府银行，负责桑给巴尔岛对内和对外的一切银行业务往来。

政府还陆续建立了一些不同类型的银行，包括坦桑尼亚投资银行、坦桑尼亚乡村合作发展银行、坦噶尼喀邮政储蓄银行和坦桑尼亚房产银行。这些银行都是国家银行，从坦桑尼亚先令汇率、外汇管制到银行存储和信贷的利率等，都听命于政府。由于缺乏资金和金融管理人才，一些银行自建立之日起就面临运营困难，再加上政府的干预，在信贷方面经常出现亏损，不时陷入难以运作的尴尬境地。据报道，早在1970年，坦桑尼亚银行的坏账率就高达60%。

从金融业角度讲，政府的干预是导致坦桑尼亚20世纪70年代末80年代初出现金融危机的重要原因之一。政府在1967年《阿鲁沙宣言》发表后推行国有化政策，即把坦桑尼亚银行纳入计划经济轨道，随着"村庄化"和"工业化"政策的实施，政府遇到财政困难，1978年政府便修改了《坦桑尼亚银行法》，决定在银行中设立"乡村财政基金"和"工业财政基金"等四种"特别基金"，让银行分担国家的"发展任务"；另外，政府还让中央银行就国家经济年度发展计划提出建议，取代了政府计划发展部的工作；80年代初，为解决外汇短缺问题，政府颁布《外汇管制法令》，规定个人不得占有外汇，所有外汇都必须"卖给"政府银行，同时颁布《进口控制法令》，规定任何进口都得到中央银行办理进口许可证，对外汇实行严格管制。所有这些都或多或少地使坦桑尼亚银行偏离了作为

中央银行的工作方向。

在国家经济和政府财政日益困难的情况下，政府的银行贷款日益增加，外汇"管制"也越来越少，致使市场商品奇缺，物价飞涨，通货膨胀率攀升。

（二）对金融业进行全面改革

20世纪80年代后期尤其是90年代以后，随着经济改革的深入，国民议会陆续出台一些金融法规，政府也不断采取措施，对金融业进行全面改革，取得了良好效果。

1. 加强中央银行宏观调控职能

姆维尼总统特别重视中央银行即坦桑尼亚银行的宏观调控职能。在组建第一任内阁时就恢复了计划发展部，把坦桑尼亚银行从政府具体工作中解脱出来，以使其集中精力做好本职工作，发挥中央银行应有的宏观调控作用。

根据"结构调整计划"和恢复经济的需要，坦桑尼亚银行1985年便向私商开绿灯，允许他们自筹外汇进口商品，允许他们将其出口外汇收入的留成比例从过去的35%提高到50%。这不仅使坦桑尼亚进出口贸易得到恢复和发展，而且使其外汇储备增加，发挥了重要的宏观调控作用。1986年，根据同国际货币基金组织签订的协议，坦桑尼亚先令要大幅度贬值，经过周密测算，坦桑尼亚银行采取了"细水长流，逐渐贬值"的做法，保证了金融市场的相对稳定，效果较好。

20世纪90年代初银行业向私人资本开放以后，坦桑尼亚建立了一批私营商业银行，国营商业银行也开始改制。为活跃金融市场，推动银行业发展，坦桑尼亚银行1993年8月决定取消对商业银行和其他金融机构存款和贷款利率的限制。取消利率限制以后，商业银行对外贷款和存款业务稳步发展。据统计，坦桑尼亚商业银行1995/1996年度对外贷款总额为1349.059亿坦桑尼亚先令，到1999/2000年度增至3134.385亿坦桑尼亚先令，到2003/2004年度增加到9659.859亿坦桑尼亚先令。商业银行的存款业务也得到相应发展，1995/1996年度商业银行的存款为5733.075亿坦桑尼亚先令，2000/2001年度增至10978.599亿坦桑尼亚先令，到

2003/2004 年度增加到 20124.938 亿坦桑尼亚先令。值得一提的是，商业银行的外汇存款也在日益增加。1995/1996 年度外汇存款为 1420.265 亿坦桑尼亚先令，2000/2001 年度增至 3738.679 亿坦桑尼亚先令，到 2003/2004 年度增加到 7466.085 亿坦桑尼亚先令，占商业银行存款的 37.1%。

为加强和发挥中央银行宏观调控的职能，1995 年国民议会通过《坦桑尼亚银行法》，重申坦桑尼亚银行为国家中央银行。该银行法赋予坦桑尼亚银行的任务包括：制定和执行有利于稳定物价、推动国民经济均衡和持续发展的货币政策；负责创造有利于降低通货膨胀率的金融环境；负责对坦桑尼亚金融部门进行监督和管理，保证坦桑尼亚金融业稳定发展；介入银行间外汇兑换市场，充当政府证券拍卖代理人和作为负责国家收支的主管单位。

1996 年以后，坦桑尼亚通货膨胀率一路走低。按消费物价指数计算，1995 年的通货膨胀率为 27.45%，到 2000 年下降到 6%。这与坦桑尼亚银行实行谨慎的货币政策有着直接关系。1995/1996~2001/2002 年度，坦桑尼亚市场货币供应量持续下降，货币供应量增幅从 26.1% 下降到 12.3%，2003~2005 年一直保持在 12%~15%。为减少货币供应量，坦桑尼亚银行曾建议政府压缩商业银行贷款规模，使其当年通过商业银行发行的债券占其贷款比例从 2002 年的 31.6% 降至 1.6%。

2. 允许私人开办银行金融机构

1991 年，坦桑尼亚国民议会通过《银行和金融机构法》，允许国内外私人资本投资于银行和非银行金融机构。从 1993 年起，坦桑尼亚国内私营银行陆续注册，在美国花旗银行率先进入坦桑尼亚以后，一些国际或地区知名银行纷纷到坦桑尼亚开办分行，包括英资渣打银行、英国巴克莱银行、南非斯坦比克银行、肯尼亚商业银行、欧非银行和马来西亚国际银行。截至 2005 年 6 月底，在坦桑尼亚注册的商业银行已从 1991 年的 2 家增加到 26 家，它们在坦桑尼亚各地设有 200 多个分行或办事处；非银行金融机构从原来的 2 家增至 5 家；同时，2 家"风险基金"也先后落户。

在银行业向私人资本开放以后，政府开始考虑国有商业银行和非银行

金融机构改革问题。20世纪90年代初，坦桑尼亚只有3家商业银行，即坦桑尼亚国家商业银行、坦桑尼亚房产银行和乡村合作发展银行，另有坦桑尼亚投资银行和坦桑尼亚邮政银行两家非银行金融机构。首先，政府根据实际情况关闭了困难重重的坦桑尼亚房产银行。接着，在1993年政府提出国营企业私营化计划以后，把其余4家国有商业银行和非银行金融机构推向市场，吸收私人资本，进行改制，以增添运营活力。在私人资本加盟后，1996年乡村合作发展银行更名为乡村合作发展有限银行；1997年，坦桑尼亚国家商业银行一分为二，一部分称为国家商业有限银行；另一部分则组建为国家微观有限银行。截至1997年，坦桑尼亚国家商业银行和乡村合作发展银行已经完成改制任务，重组的这3家银行成为公私合资银行，由政府控股。改制后，坦桑尼亚微观银行发展较快，到2005年已在全国设有95个分行和6个代理行，仍由国家控股；桑给巴尔人民银行的改制任务也即将完成。其余2家非银行金融机构——坦桑尼亚投资银行和坦桑尼亚邮政银行目前仍在改制中。

另外，近几年政府根据减贫战略计划的需要设立了一些政策性非银行金融机构，包括：坦桑尼亚社会行动基金，设立于2000年，旨在向贫困个人、家庭和社区提供一些减贫贷款；国家乡村基金，主要向乡村地区弱势群体提供一些救助。上述两项基金得到世界银行的资助，世界银行先后于2000年8月和2004年11月为这两项基金向坦桑尼亚政府提供6000万美元和1.5亿美元的贷款和赠款。小额信贷基金，设立于2001年，旨在帮助小工业、小企业发展，为更多的贫困人口提供就业机会，非洲开发银行向坦桑尼亚政府提供了1000万美元的贷款。农业投入信托基金（AITF），设立于2003年，主要为农民购买农机具、化肥、农药和种子等提供信贷。

最近几年，银行及非银行金融机构已由2005年的32家增加到58家，存储和信贷业务也有了新的发展。

3. 建立完全市场化的汇率机制

1992年3月，国民议会通过《外汇法》，取消《外汇管制法令》，允许私人拥有外汇，允许坦桑尼亚境内商业银行经营货币兑换业务。

1993 年 4 月，政府宣布取消进出口许可证，允许商人自由从事进出口贸易；与此同时，政府宣布允许私人建立外汇兑换所，经营货币兑换业务。1993 年 7 月，坦桑尼亚银行开始拍卖外汇，以推动坦桑尼亚外汇市场的发展。1993 年 8 月，为了使外汇市场汇率与坦桑尼亚官方汇率大体一致，坦桑尼亚银行同坦桑尼亚国家商业银行一起创建了银行间外汇兑换市场（IFEM），共同拍卖外汇。银行间兑换外汇市场相当于批发市场，根据当天国际外汇市场比价情况决定坦桑尼亚先令与外币指导汇率；外汇兑换所相当于零售商，通过竞标从银行间兑换外汇市场购进外汇，然后按指导汇率浮动兑换。最初，坦桑尼亚银行（和后来的银行间外汇兑换市场）在其大厅里以公开叫拍的方式批发外汇，每周一次。从 1994 年 6 月 20 日起，银行间外汇市场拍卖外汇改为每天一次。从 1996 年 5 月开始，坦桑尼亚银行采取了通过电话拍卖外汇的做法。

目前，坦桑尼亚所有商业银行都经营外汇兑换业务；在国际机场和大的饭店都有货币兑换处；在全国所有大城市，包括各省会和地区首府，也都设有货币兑换所。在首都达累斯萨拉姆市，就有 9 家较大的货币兑换所。

现在坦桑尼亚通行的外汇主要是美元，其次是英镑、欧元和阿联酋的迪尔汗等。东非共同体重建后，坦桑尼亚、肯尼亚和乌干达三国的先令可自由兑换，坦桑尼亚的银行还可以发放肯尼亚先令和乌干达先令贷款。所有外汇和坦桑尼亚先令都可在坦桑尼亚国内银行间自由划转。

由于有比较充裕的外汇储备和建立了一套市场化的货币兑换机制，不论是本国人还是外国人，目前在坦桑尼亚兑换货币都非常容易。与坦桑尼亚商人做生意通常以美元作为支付和结算货币。对于进口贸易，相关贸易公司只要向银行递交进口申报单，就可以在结算时凭进口单据按当时市场汇率向对方支付或汇出美元。对于在坦桑尼亚投资项目或承包工程项目的外国公司，坦桑尼亚政府则通过商业银行以自由兑换货币的方式向对方支付或汇出美元。

应当提及的是，外汇市场的建立对稳定货币发挥了重要作用。据报

道，2004 年 12 月美元与坦桑尼亚先令汇率为 1∶1169；到 2015 年 1 月，美元与坦桑先令汇率为 1∶1745，坦桑尼亚先令 10 年累计贬值 33%，是非洲国家最稳定的货币之一。（见表 4 – 8）

表 4 – 8　2007 ~ 2014 年坦桑尼亚先令与美元汇率变化情况（参考价格）

年份	2007	2008	2009	2010	2011	2012	2013	2014ᵖ
汇率	1247	1197	1307	1396	1557	1572	1599	1653

注：p 表示临时数字。

资料来源：坦桑尼亚银行、桑给巴尔政府首席统计官办公室，http：///www. nbs. go. tz。

4. 向私人资本全面开放保险业

过去，坦桑尼亚的保险业一直被国家保险公司垄断，并且仅此一家。1996 年国民议会通过《保险业法》，向私人资本（包括外国资本）开放了保险业市场。1996 年以后，坦桑尼亚的保险业有所发展，陆续出现了一些新的保险公司，一些外国保险公司也相继进入坦桑尼亚。目前，除国营的坦桑尼亚国家保险公司外，坦桑尼亚有 18 家私营保险公司和 32 家保险公司代办处。这些新建立的保险公司的总部都在达累斯萨拉姆市；有些在阿鲁沙市和姆万扎市设立了分公司。

近年来，投保的客户有所增加。坦桑尼亚保险监管局（TIRA）一位官员于 2014 年 7 月称，目前坦桑尼亚购买保险服务人数的比例已从 4 年前的 6% 上升到 13%。他说，越来越多的坦桑尼亚人意识到保险特别是人寿保险的重要性。数据显示，坦桑尼亚保险市场保费毛收入从 1997 年的 340 亿坦桑尼亚先令（约合 2000 万美元）增加到 2011 年的 3447 亿坦桑尼亚先令（约合 2 亿美元），增长了 9.1 倍；2012 年增加到 4066 亿坦桑尼亚先令（约合 2.5 亿美元），比 2011 年增长 18%。

目前坦桑尼亚保险业收入只占其国内生产总值的 1%，保险服务业尚需随着经济的发展不断普及和发展。

5. 政府建立了债券和资本市场

1994 年，国民议会通过《资本市场和债券法》。同年，政府建立了资本市场和证券局，其任务是制定资本市场的相关法规。达累斯萨拉姆市股票市场于 1996 年 9 月建立，于 1998 年 4 月开盘营业。达累斯萨拉姆市股票市场是目前坦桑尼亚唯一可以进行证券交易的场所。

股票市场开业以来，上市公司不多，迄今只有 10 多家，包括坦桑尼亚氧气有限公司、坦桑尼亚酿造有限公司、坦桑尼亚卷烟公司、坦桑尼亚茶叶包装有限公司、坦噶水泥有限公司、国家小型金融银行、农村合作发展银行和东非发展银行等。按资本市场和证券局规定，达累斯萨拉姆市股票市场开盘后，只允许坦桑尼亚人从事股票交易，旨在让更多的坦桑尼亚人占有更多公司的股份。从 2003 年 5 月起，坦桑尼亚开始允许外国人在达累斯萨拉姆市股票市场从事股票交易，以推动资本股票市场持续发展。但坦桑尼亚银行规定，只准外国人参与上市公司的股票和证券交易，不准涉足政府证券交易。

近年来，达累斯萨拉姆市证券交易所有一定发展。据报道，2014 年上半年达累斯萨拉姆市证券交易所上市的大型企业股票价格大幅上涨，股值总计增加 12.5 亿美元，使该证券交易所成为坦桑尼亚最可靠的投资选择之一。报道说，涨势较好的企业股包括国家小型金融银行（上涨 52%）、坦桑尼亚卷烟公司（上涨 30%）、坦桑尼亚酿造有限公司（上涨 30%）、农村合作发展银行（上涨 20%）和坦噶水泥有限公司等。

坦桑尼亚《每日新闻》2015 年 4 月 3 日报道说，在非洲 15 个证券交易所 2015 年 1 月资本收益排名中，达累斯萨拉姆市证券交易所位列第三，前两名分别是乌干达证交所和南非约翰内斯堡证交所。

总之，自 20 世纪 80 年代中期以来，坦桑尼亚在金融改革方面制定了一系列法律，采取了一些措施，经过近 30 年的努力，已经初步建立起比较活跃、充满竞争力的金融体系。

第八节 对外经济关系

长期以来，坦桑尼亚发展资金一直严重匮乏，存在财政缺口、投资不

足、贸易赤字等问题。据世界银行统计，1986～1990年，这些缺口占坦桑尼亚国内生产总值的比例分别为15%、8.3%和5.8%。独立以来，坦桑尼亚历届政府均通过尽量利用外援、外资和贷款等方式来填补上述缺口。从某种意义上讲，这些外来资金始终是坦桑尼亚经济社会发展不可或缺的因素。

一　对外贸易

（一）对外贸易直接关系到国计民生

由于长期遭受殖民统治，坦桑尼亚农业落后，工业基础薄弱。一方面，经济作物生产在农业和整个国民经济中都占有重要地位，20世纪90年代中期以前，外汇收入的一半以上来自经济作物产品出口。另一方面，人民生活所需要的消费品和工农业生产所需要的生产资料，大部分依靠进口，包括60%～80%的日用品、主要资本货物、全部的石油以及相当数量的工业原料和农机具等；粮食安全没有保障，一旦遇到自然灾害，粮食歉收，就需要进口大量粮食。这种自殖民统治时期形成的靠出口经济作物和少量矿产品赚取外汇，然后进口人民生活和生产所需要的消费品和生产资料的严重依赖外贸的对外经济体系，一直延续至今。

独立以来，坦桑尼亚政府一直在为调整经济结构、推动经济和社会全面发展、改善人民生活做出努力；与此同时，从实际情况出发，重视发展对外贸易，以赚取更多的外汇，增强经济发展的活力。

2003年2月，国民议会通过《国家贸易政策》，进一步确定了发展外贸，以外贸带动国内生产总值增长的战略，把发展外贸定为实现《2025年远景发展规划》规定的减贫目标的战略措施之一。《国家贸易政策》指出，为落实《2025年远景发展规划》中的各项指标，消除贫困，国内生产总值年增长率须保持7%以上，这就要求贸易增长率必须达到14%。

（二）开放政策带来外贸的稳定发展

1."国有化"后外贸陷入困境

独立初期，坦桑尼亚实行自由贸易政策，外贸有所发展，并出现了顺差。根据《阿鲁沙宣言》精神，坦桑尼亚经济步入计划经济轨道，政府推行国有化政策，到 1972 年政府已经控制了 80% 以上的进出口贸易。"由于国家贸易公司和农产品销售局缺乏管理经验"，1970 年坦桑尼亚外贸出现逆差并持续了很长一段时间。20 世纪 70 年代中期出现世界石油危机以后，国际市场上石油价格上涨，工业品价格上调，而坦桑尼亚出口的农产品价格却大幅度下降，再加上干旱造成农业歉收，坦桑尼亚不得不进口大量粮食，导致其国际贸易赤字急剧增加。

据坦桑尼亚国家统计局统计，1984 年和 1985 年，坦桑尼亚商品进出口贸易逆差分别达到 4.46 亿美元和 6.601 亿美元。

2. 调整对外贸易政策初见成效

（1）对外贸政策的调整

在推行"乌贾马社会主义"、经济陷入危机之后，尼雷尔于 1982 年提出《结构调整计划（1982～1984 年）》，放宽进出口限制，鼓励私商从事国内贸易和对外贸易，实行逐步开放的经济政策。

姆维尼时期，政府继续进行外贸改革，逐步实施了对外贸全面开放的政策。他执政后，即宣布将出口商留成比例从原先的 35% 提高到 50%；1988 年 2 月，实行"公开进口许可证"计划，即政府在捐赠国帮助下每月拨款 2000 万美元供私商进口使用；1990 年国民议会通过的《坦桑尼亚投资促进法》，把出口型项目列为优先投资项目；1992 年 3 月国民议会通过《外汇法》，允许私人拥有外汇，允许坦桑尼亚境内的商业银行经营外汇兑换业务，并逐渐建立起一套自由兑换货币的市场化的汇率机制；1993 年，取消了进出口许可证制度，允许商人自由从事进出口贸易活动；1994 年，为吸引国内外投资，发展外贸，大陆建立了自由港、出口加工区和经济开发区，桑给巴尔也把丰巴海岸和奔巴岛的米切韦尼辟为自由经济区。

姆卡帕执政期间，政府不断采取措施，积极推动外贸发展。进口方面，1996 年进一步降低进口关税。出口方面，1996 年制定《出口发展战略》（EDS），为避免国际市场农产品价格低迷给传统商品出口带来的严重影响，决定扩大非传统出口商品，如矿产品、鱼和鱼制品以及园艺产品等的生产和出口；2000 年制订和实施了《增加出口战略和行动计划》，把

扩大非传统出口产品生产、出口创汇的战略具体化；2002 年 4 月，国民议会又通过《出口加工区法》，给予出口加工区企业优惠政策。

基奎特于 2005 年 10 月上台执政后，也为推动外贸发展做了大量工作。2006 年，国民议会通过《特别经济区法》，以加快出口加工区的建设；2009 年，国民议会通过《经济开发区法》，规定出口加工企业也可以入驻经济开发区，等于是放宽了条件，它们无需按照出口加工区"其产品的 80% 必须出口"的要求即可注册。

（2）外贸取得长足发展

自 20 世纪中期开始调整经济政策以来，随着对外贸易的逐步开放，尤其是最近几年，坦桑尼亚外贸不断取得新进展（见表 4 - 9）。

表 4 - 9　2009 ~ 2014 年坦桑尼亚进出口统计

单位：百万坦桑尼亚先令

年份 项目	2009	2010	2011	2012	2013	2014
出口（离岸价格）	3671935	5604496	7331020	8653372	8223206	11366504
国内产品出口	3568071	3921648	7175377	8368496	7012100	9429220
再出口	103864	128913	155643	289875	1211106	1937284
进口（到岸价格）	8446721	11086891	17217173	18275893	19904472	20977105
进出口总额	12118656	16691387	24548193	26929265	28127678	32343609
进出口余额	- 4774785	- 5482395	- 9886153	- 9622521	- 11681266	- 9610601
汇率	1320. 30	1409. 30	1557. 40	1572. 00	1597. 60	1701. 67

资料来源：坦桑尼亚国家统计局、坦桑尼亚交通部，http：//www. nbs. go. tz。

第一，进出口大幅度增加。据统计，2011 年，出口 73310.2 亿坦桑尼亚先令，进口 172171.73 亿先令，进出口贸易总额为 245481.93 亿坦桑尼亚先令，比 2009 年的出口（36719.35 亿坦桑尼亚先令）、进口（84467.21 亿坦桑尼亚先令）和进出口贸易总额（121186.56 亿坦桑尼亚先令），分别增长了 99.65%、103.83% 和 102.56%。到 2014 年，出口 113665.04 亿坦桑尼亚先令，进口 209771.05 亿坦桑尼亚先令，进出口总

额为 323436.09 亿坦桑尼亚先令，比 2011 年的出口、进口和进出口总额
分别增长了 55.05%、21.84% 和 31.76%。

第二，非传统商品出口增加。坦桑尼亚六大农产品咖啡、棉花、剑
麻、茶叶、烟草和腰果是传统出口商品，一直是坦桑尼亚出口创汇的拳头
产品，其出口收入至 1999 年仍占坦桑尼亚出口总额的 55.4%。经过 15 年
扩大非传统出口产品生产和鼓励非传统出口产品出口的努力，依靠单一初
级农产品的出口模式终于发生变化，并促进了坦桑尼亚出口贸易的发展。
据统计，2000 年，包括矿产品、制造业产品、鱼和鱼产品以及花卉等园
艺产品在内的非传统出口商品的出口达到 3.704 亿美元，占当年出口总额
（6.632 亿美元）的 55.9%。其中，包括黄金、钻石和宝石在内的矿产品
所占比重最大，出口额为 1.774 亿美元，占非传统出口商品出口收入的
47.9%。从此，非传统出口商品的出口收入在坦桑尼亚出口总额中所占比
重越来越大。据统计，2009 年，非传统出口商品出口额为 23.761 亿美元
（见表 4 - 10），占当年出口总额的 72.12%；矿产品（包括宝石）出口额
为 11.39 亿美元，占当年出口总额的 34.57%。2014 年，非传统出口商品
出口额达到 45.168 亿美元，占当年出口总额的 67.62%；（因国际市场金
价走低）矿产品出口额为 19.683 亿美元，占当年出口总额的 16.01%。
2014 年，坦桑尼亚的黄金出口外汇收入从 2013 年的 16.4 亿美元减少至
12.8 亿美元，下降 22%。

第三，外汇储备增加。这是外贸发展的一个重要标志。据统计，改革
前的 1984 年和 1985 年 7 月底的外汇储备仅分别为 2680 万美元和 1600 万
美元，到 1990 年增加到 1.93 亿美元，为 1985 年的 12 倍。按《坦桑尼亚
银行法》规定，外汇储备至少应保持在足以满足当年 16 周（即 3.7 个
月）进口需要的水平。1997 年，坦桑尼亚的外汇储备达到了可支付 3.8
个月进口费用的水平。此后，坦桑尼亚的外汇储备一直都在规定标准以上。
2004 年，外汇储备增加到 22.96 亿美元，能支付当年 8.4 个月的进口费
用。2011 年 1 月 31 日，坦桑尼亚外汇储备为 38 亿美元，足够满足 6 个月
进口的需要。坦桑尼亚银行行长恩杜鲁说："如此高的储备水平是我国历
史上前所未有的，也是东非共同体国家中最好的。"

表 4 - 10　坦桑尼亚传统和非传统出口商品出口统计（2007 ~ 2014）

单位：百万美元

出口商品＼年份	2009	2010	2011	2012	2013	2014
传统出口商品						
咖啡	115	117.3	146	186.6	163.0	124.3
棉花	89	97.8	61.6	164.9	87.0	339.9
剑麻	6.7	10.9	16.9	18.4	16.0	67.8
茶叶	68	49.8	47.2	56.1	55.0	44.3
烟草	90	232.4	281.2	350.1	232.0	194.3
腰果	90	96.9	107	142.6	165.0	394.4
丁香	14	8.1	31	38.1	43.0	31.0
小计	467*	602.3	674	956.8	761.0	1195.9
非传统出口商品						
矿产品	1139.0	1560.1	2284.1	2187.8	1922.6	1968.3
制造业产品	118.0	964.0	861.5	1047.3	1044.7	1069.5
鱼和鱼制品	155.0	150.4	137.7	160.6	129.0	132.1
蔬菜和鲜花	33.3	30.8	36.4	51.3	61.4	62.9
转口商品	289.6	338.2	330.2	555.7	762.0	780.1
其他商品	120.4	132.5	98.3	181.7	492.3	503.9
小　计	2376.1	3186.9	3765.1	4184.4	4412.0	4516.8
无记录出口商品	438.9	563.9	665.1	771.2	762.0	966.9
总　计	3294.7	4323.1	5098.9	5912.3	5174.0	6679.6*

注：＊数据疑有误。原统计数字如此。

资料来源：坦桑尼亚国家统计局、坦桑尼亚交通部，http：//www. nbs. go. tz。

　　坦桑尼亚银行 2015 年一期经济评论的统计数据显示，2015 年 3 月底坦桑尼亚外汇储备为 40.6 亿美元，可满足 4 个月进口的需要。这期经济评论说，坦桑尼亚外汇储备之所以减少，部分是因为偿还到期债务，"部分则是由于汇率大幅变动"。2016 年 1 月 8 日，坦桑尼亚银行行长恩杜鲁表示，"我们现在的外汇储备为 41 亿美元，鉴于当前油价下跌和其他进口商品价格下跌的情况，外贸的外汇储备是完全够用的"。

二 外援与外债

（一）外援

1. 坦桑尼亚接受外援简况

独立后，由于经济发展滞后，出现了"发展靠援助"的局面。而且，经济越是困难，对外援的依赖性越大。

独立初期，坦桑尼亚发展预算主要靠英国、美国、德意志联邦共和国和以色列的援助。到20世纪60年代中期，坦桑尼亚同英国、美国和德意志联邦共和国关系破裂，失去了主要外援来源。1967年《阿鲁沙宣言》发表后，许多西方国家对坦桑尼亚的"乌贾马社会主义"感到忧虑，导致疏远坦桑尼亚，导致外援进一步减少。进入20世纪80年代以后，由于"天灾人祸"，坦桑尼亚经济陷入困境，政府财政拮据。

据报道，1963/1964～1969/1970年度，坦桑尼亚大陆政府发展支出中约28.45%为外援；1970/1971～1979/1980年度，外援占其政府发展支出的44.25%；80年代以后，"乌贾马社会主义"使坦桑尼亚经济完全陷入困境，不仅政府的发展预算依靠外援（1981/1982～1984/1985年度政府发展支出的89.17%来自外援），就连政府大部分经常性支出也须依靠外援。

姆维尼1985年10月就任坦桑尼亚总统后，为得到更多外援，实行多元化外交政策。从1986年开始，除继续发展同中国、日本和北欧等国家或地区的友好合作关系外，重点修补和加强了与英国和德意志联邦共和国等西欧国家的关系。1986年，坦桑尼亚接受了国际货币基金组织和世界银行的贷款条件，按"结构调整计划"要求实施了经济恢复计划。英国和美国等许多西方国家积极支持坦桑尼亚为恢复和发展经济所做的努力，都增加了对坦桑尼亚的援助。据不完全统计，1986年以后，坦桑尼亚接受的外援（包括赠款、贷款和"进口支持"）不断增加，1986/1987、1987/1988和1988/1989财政年度分别接受外援7.12亿美元、7.84亿美元和8.86亿美元。但是，由于政府对税收和财政管理不力，国际金融机构和西方主要援助者有所不满，纷纷减少或中断了对坦桑尼亚的援助，

1993/1994 年度减少到 3. 063 亿美元，1994/1995 年度进一步减少，仅为 1. 403 亿美元。

1995 年姆卡帕执政后，坦桑尼亚政府继续执行结构调整计划，积极建立以私营化为动力的市场经济，加之重视良政建设，坦桑尼亚经济出现持续发展局面，赢得了主要捐助国和国际金融机构的信任。另外，在争取外援方面制定了一些政策：第一，制订了政府财政预算逐步减少对外援依赖的中长期计划；第二，推出《国家债务战略》，明确了从国外借贷的政策和程序，目标是逐渐减少国家债务（包括内债）；第三，在减贫战略计划中确定了减贫计划的优先发展领域，呼吁发达国家减免债务，增加援助，提供财政和技术支持，帮助坦桑尼亚提高自力更生能力，切实帮助坦桑尼亚减贫；第四，坦桑尼亚政府于 2002 年 6 月制定了《坦桑尼亚援助战略》（TAS），希望捐赠者向坦桑尼亚提供预算援助，对发展项目的援助给坦桑尼亚以自主权，并希望捐赠者在为坦桑尼亚提供援助上采取联合行动和协调一致的援助原则和程序。

上述这些计划和政策，受到了坦桑尼亚发展合作伙伴的普遍欢迎和重视。第一，它们增加了对坦桑尼亚的援助。据世界银行数据，1990 年坦桑尼亚得到的发展援助仅为 2750 万美元；1999~2002 年，坦桑尼亚得到的发展援助从 9.9 亿美元增加到 12 亿美元以上。第二，它们为坦桑尼亚政府的财政预算提供了越来越多的援助，使坦桑尼亚得到了根据实际情况使用援助的自主权。世界银行说，它们向坦桑尼亚政府 1999/2000 年度财政预算提供的援助占到该财政年度坦桑尼亚得到援助的 32%，到 2002/2003 年度这一比例上升到 58%。目前，坦桑尼亚每年都能得到 9 亿美元左右的外援，包括这些发展伙伴经协调向坦桑尼亚政府财政预算提供的援助。

进入 21 世纪以来，坦桑尼亚经济虽有发展，财政状况也有改善，但对于长期以来一直存在的贸易赤字、财政赤字和投资缺口，政府还不得不依靠吸纳大量外来资金填补。过去 10 年，坦桑尼亚一直是非洲国家中接受外援最多的国家之一。在 2015 年经合组织（OECD）公布的 2011~2013 年官方发展援助受援国名单中，坦桑尼亚排在刚果（金）、埃塞俄比

亚之后，在非洲国家中居第 3 位，受援资金逐年增加，2011 年为 24.46
亿美元，2012 年为 28.32 亿美元，2013 年增加到 34.30 亿美元，3 年年均
受援 29.03 亿美元。

2. 外援都是有条件的

过去 10 年，坦桑尼亚一直是非洲国家中接受外援最多的国家之一。
但从某种意义上讲，任何援助、贷款和投资都是有条件的，所以无论受援
国在政府财政上或在政治上有什么风吹草动，都可能会影响到外援的接
受，影响到其财政预算或具体项目的顺利实施。2014/2015 财政年度，基
奎特政府就陷入了这样一种尴尬的困境。

2014 年 10 月 17 日，坦桑尼亚独立电力公司（IPTL）的一起腐败丑
闻曝光后，长期以来一直对坦桑尼亚政府财政预算给予援助的 12 个主要
援助国暂停了 5.58 亿美元的拨款。

据报道，1995 年，坦桑尼亚独立电力公司与坦桑尼亚国家电力公司
签署了一项供电协议，但此后其供电量远远低于合同标准。2004 年，坦
桑尼亚国家电力公司起诉独立电力公司，要求退还部分款项。据法院建
议，2007 年双方同意将争议款项 2.7 亿美元存入坦桑尼亚银行第三方托
管账户，并以争议解决作为支付条件。2010 年 8 月，争议尚未解决，但
坦桑尼亚银行将该第三方托管账户中的 1.2 亿美元放贷给坦桑尼亚泛非
电力公司，用于购买坦桑尼亚独立电力公司 70% 的股份。此前，坦桑尼
亚独立电力公司已于 2009 年因还贷困难进入被清算程序。该案涉及面
广，且有坦桑尼亚政府高官卷入，社会影响很坏。因"这完全违背西方
援助国关于良政的前提条件"，坦桑尼亚主要援助国暂时冻结了援助
资金。

据坦桑尼亚监察审计办公室和反贪腐局对本次丑闻的调查结果，国民
议会要求对总检察长、土地部长、能源和矿产部长和该部常务秘书以及坦
桑尼亚电力局董事会成员采取相应的制裁措施。总检察长弗雷德里克·维
雷马（Frederic Werema）2014 年 12 月 16 日向总统递交辞呈并获批准。
总检察长辞职是坦桑尼亚总统对议会要求制裁参与丑闻的腐败官员和行贿
者的回应。

据坦桑尼亚《每日新闻》2015年1月8日报道，拖了整整3个月后，坦桑尼亚发展伙伴集团才发表声明表示初步认可坦桑尼亚对该案的调查结果，并开始向坦桑尼亚政府发放预算援助。报道说，丹麦和挪威对坦桑尼亚政府的处理态度表示满意，并率先提供了8400万美元预算援助，"英国和荷兰等则紧随其后"。

有报道说，"因独立电力公司丑闻，坦桑尼亚失去了发展伙伴的信任，失去了大量外国援助，就连对外借款也受到了影响"。报道还说，坦桑尼亚2014/2015财政年度预算中安排的对外借款为8亿美元，但到2015年3月实际借款只有3.1亿美元。坦桑尼亚《卫报》2015年2月3日援引世界银行的一份材料指出，由于未完成预期的财政收入预算，坦桑尼亚政府财政压力很大，不得不缩减了17%的预算，由此基础设施建设和社会服务项目都受到了影响。

令人匪夷所思的是，一波未平一波又起。2016年3月28日，美国千年挑战基金发表声明宣布冻结4.72亿美元的项目援助，"搁置援助的原因是桑给巴尔岛3月20日的总统重新选举，受到反对党公民联合阵线（该党称赢得了2015年10月25日第一次桑给巴尔岛总统选举）的抵制，违反了民主、自由、公平的选举承诺，不符合受援国标准"。受此影响，截至2016年5月，对坦桑尼亚财政预算提供援助的传统西方14国中已有10国宣布停止对坦桑尼亚财政预算的援助。

然而，"发展伙伴"并非铁板一块。就在坦桑尼亚政府2016/2017财年财政预算报告即将出笼之时，据坦桑尼亚《非洲人报》2016年5月9日报道，英国政府已承诺将向坦桑尼亚2016/2017财年财政预算提供约1.82亿英镑的援助。此前，英国一直称"正在研究是否停止对坦桑尼亚财政预算的援助"。据认为，英国此举有望打破西方国家对坦桑尼亚实施的援助制裁。

当然，坦桑尼亚政府早已做好应对这种"制裁"的准备。据坦桑尼亚总统府办公室2016年3月29日的一份声明，马古富力总统说："现在是结束国外援助的时候了，因为这些援助总是附加很多条件""我们要自力更生，坦桑尼亚人民要坚持下去。"

（二）外债

1. 沉重的外债负担制约经济发展

长期以来，坦桑尼亚政府一直依赖外援弥补财政赤字和外贸赤字，可谓债台高筑。截至 2000 年 7 月底，其外债总额已经达到 75.9299 亿美元，相当于坦桑尼亚 1999 年国内生产总值的 90%，为 1999 年出口收入的 13.5 倍和财政收入的 7 倍多。

坦桑尼亚的外债包括双边债务、多边债务和商业债务。截至 2000 年 7 月底，在坦桑尼亚约 76 亿美元债务总额中，双边债务约占 38.4%，多边债务约占 54.8%，商业债务约占 4.0%，私营部门债务占 2.8%。坦桑尼亚主要多边债权机构依次为世界银行、非洲开发银行、国际货币基金组织和欧盟等。在坦桑尼亚双边外债中，欠巴黎俱乐部成员国债务达 19 亿美元，约占双边债务总额的 74.5%；其余 25.5% 为欠非巴黎俱乐部成员国的债务。在巴黎俱乐部成员国中，日本是坦桑尼亚第一大债权国，坦桑尼亚欠其债务在所有双边债务中约占 36%。

从世界银行和国际货币基金组织为"重债穷国"设定的"可持续债务标准"的指标看，坦桑尼亚外债的各项指标均已超标。从外债规模看，坦桑尼亚外债总额与其年出口总额之比为 13.5:1，与其财政收入之比为 7:1，都远远超过"可持续债务标准"规定的 (2~2.5):1 和 2.8:1 的"安全线"。从偿还债务的负担看，20 世纪 90 年代每年还本付息约 2 亿美元。1998/1999 年度还债支出虽因减债增加而有所下降，但仍相当于当年出口总额的 35%、财政支出的 25%，均高于"可持续债务标准"要求的偿债支出占出口总额与财政支出的比例分别不得高于 30% 和 20%~25% 的"安全线"。

由于要偿还外债，政府只能减少经济发展和社会福利相关项目的开支，这直接影响到经济的恢复和发展，进一步加剧了坦桑的贫困。坦桑尼亚政府 2000 年 4 月发布的《脱贫战略报告》指出，坦桑尼亚的贫困状况在 20 世纪 90 年代非但没有缓解，反而继续恶化。截至 2000 年初，坦桑尼亚仍有 1500 万~1800 万人口即全国总人口的一半左右生活在每天 0.65 美元的贫困线以下，其中 1250 万人生活在每天 0.50 美元的赤贫状态。与

此同时，各种社会危机日益突出。坦桑尼亚成人识字率已从20世纪70年代和80年代的85%下降到90年代的68%左右；小学入学率逐年下降，从1980年的93%先后降至1985年的72%、1990年的63%～90年代末的57%。此外，坦桑尼亚医疗卫生、平均寿命、安全饮用水拥有率和婴儿死亡率等各项社会指标均明显恶化。沉重的债务负担不仅严重制约了坦桑尼亚经济的恢复和发展，而且使坦桑尼亚陷入"借新债、还旧债"而不能自拔的恶性循环。

2. 坦桑尼亚从减免外债中受益

坦桑尼亚一向认为，巨额外债和不公正的国际经济秩序是导致坦桑尼亚经济落后、人民生活贫困的重要外部因素。从尼雷尔时期、姆维尼时期到姆卡帕时期，坦桑尼亚政府始终呼吁西方发达国家无条件免除包括坦桑在内的发展中穷国的全部债务，为其经济发展创造有利的外部环境。1997年1月6日，姆卡帕总统在为外交使团举行的新年酒会上郑重提出，坦桑尼亚希望同巴黎俱乐部的债权国讨论减免坦桑尼亚债务的问题。他说："我们希望继续得到我们债权人的谅解和支持，因为我们偿还债务确实困难，偿还的债务要占我们全部出口收入的1/3以上。减免债务将会帮助我们培育持续的、依靠自己力量发展的能力。"

国际援助者对坦桑尼亚债务减免的突破性进展，是在1996年世界银行和国际货币基金组织提出关于对重债穷国减免债务的倡议之后。1997年1月21日，坦桑尼亚代表同巴黎俱乐部债权国代表会晤，债权国代表同意自当年起至1999年底3年内免除坦桑尼亚10亿美元的债务，并决定在以后的25年内免除坦桑尼亚其余10多亿美元的全部债务。2001年11月，世界银行和国际货币基金组织决定在未来20年内免除坦桑尼亚30亿美元的债务，并宣布这笔被免除的债务资金将拨付坦桑尼亚减贫战略计划中的优先发展项目使用。据估算，坦桑尼亚需要偿还的外债将年均下降47%，坦桑尼亚2000/2001财政年度偿还的债务占政府税入的19%，这一比例将会逐年下降到2010/2011财政年度的7.7%和2020/2021年度的4.4%。

在坦桑尼亚享受到世界银行和国际货币基金组织的减免债务的待遇之

后，其他多边援助机构和双边援助国也纷纷做出对坦桑尼亚减免债务的安排。2005 年 6 月，总统府计划和私有化国务部长基戈达在议会发表题为《2004 年经济运行情况和对 2005/2006～2007/2008 财政年度中期计划和支出计划的建议》的讲话时说："截至 2004 年 12 月底，多边金融机构已经免除坦桑尼亚政府 3.297 亿美元的债务，包括世界银行国际开发协会的 2.051 亿美元、国际货币基金组织的 0.656 亿美元、非洲发展银行的 0.372 亿美元、欧洲投资银行的 0.083 亿美元、农业发展国际基金的 0.055 亿美元、挪威信托基金的 0.055 亿美元和北欧发展基金的 0.0011 亿美元。巴黎俱乐部成员国免除坦桑尼亚的债务达到 8.587 亿美元，这些双边债权国包括奥地利、比利时、加拿大、德国、法国、意大利、俄国、日本、荷兰、挪威、英国和美国。同时，坦桑尼亚政府得到来自非巴黎俱乐部成员减免的 1.043 亿美元的债务，这些双边债权国包括保加利亚、印度和科威特等。此前，中国已经免除了坦桑尼亚 0.377 亿美元的债务。基戈达部长说，政府已将通过减免债务省下来的资金全部拨给减贫战略计划规定的优先发展部门，包括教育、供水、医疗卫生、农业、乡村道路和良政建设方面。"

2005 年 7 月，八国集团（德国、加拿大、美国、法国、意大利、日本、英国和俄罗斯）在英国举行峰会，决定免除包括坦桑尼亚在内的 18 个重债穷国的全部双边债务；2006 年 1 月国际货币基金组织还决定免除坦桑尼亚的全部债务（3.36 亿美元）。

多边和双边债权者纷纷减免坦桑尼亚债务，不仅使坦桑尼亚增加了对其减贫项目的投入，而且大大减轻了坦桑尼亚当前的债务负担。比如，截至 2004 年 12 月底，坦桑尼亚需要偿还的外债为 1.499 亿美元，比 2003 年 12 月底的 2.381 亿美元下降了 37%。

诚然，坦桑尼亚作为重债穷国享受到援助者减免债务的待遇之后，其绝大部分外债都被免除。但坦桑尼亚国民经济状况并未发生根本性变化，坦桑尼亚政府依然需要大量外援、外资和贷款等来填补其财政预算等缺口，从而形成新的外债。从坦桑尼亚中央银行发表的声明和公布的数据看，目前坦桑尼亚的外债负担仍然比较大，而且有加重的趋势。

截至 2004 年 12 月底，坦桑尼亚外债总额为 82.91 亿美元，比 2003 年 12 月底的 78.907 亿美元增长了 5.1%；2014 年 12 月底外债达 184 亿美元，比 2004 年增长了 121.93%，到 2015 年 12 月底，1 年的时间外债就增加了 10 亿美元，达到 194 亿美元。

三　外国投资

自 20 世纪 80 年代后期以来，坦桑尼亚政府一直在为吸引国内外私人投资尤其是外国投资采取措施。1990 年，国民议会通过《坦桑尼亚投资促进法》；1994 年，大陆建立了自由港、出口加工区和经济开发区；2002 年 4 月，国民议会通过《出口加工区法》；2006 年，国民议会通过《特别经济区法》；2009 年，国民议会通过《经济开发区法》；等等。

坦桑尼亚这些政策和措施得到了国内外投资者的积极回应。坦桑尼亚投资中心向国民议会提交的 2015/2016 年度预算报告表明，过去 10 年，坦桑尼亚累计引进外资总额 742.74 亿美元、外资项目 7159 个，提供了 869635 个就业岗位。报告说，仅 2014 年，坦桑尼亚就引进外资 118.72 亿美元，引进项目 487 个，其中外资项目 328 个、合资项目 159 个。外资主要集中在矿业、旅游业、农业、制造业和通信业，其中农业项目 33 个，投资额 2.14 亿美元，为 13373 人提供了就业岗位；旅游项目 109 个，投资 2.95 亿美元，提供了 5436 个就业岗位。

目前，英国、中国、印度、肯尼亚、南非等是坦桑尼亚主要外资来源地。中国是坦桑尼亚第二大外资来源国，仅次于英国。

联合国贸易和发展组织（UNCTAD）发布的 2015 年《世界投资报告》说，坦桑尼亚在发现丰富的油气资源后，引进外资金额连年上升，在 2008 年以前，坦桑尼亚平均每年吸引外资 7 亿美元，到 2013 年达到 21.31 亿美元，仅 2012 年签署的从姆特瓦拉到达累斯萨拉姆市的天然气管道项目贷款协议就达 12.5 亿美元，目前该项目已接近完成。这份报告还说，坦桑尼亚已成为东非地区最大的引进外资国，外来直接投资主要集中于电力、矿业、码头、加工业和相关的服务业领域。

第九节 桑给巴尔经济概况

一 桑给巴尔经济发展概况

（一）"一月革命"后经济的发展

独立前，桑给巴尔岛是一个落后的农业地区，这个世界文明的"丁香之岛"，一直是西方宗主国原料和农产品的供应地、工业和日用品的销售市场。殖民者霸占桑给巴尔岛大部分肥沃土地，通过种植丁香等经济作物对桑给巴尔岛人民进行剥削。除经济作物外，殖民当局不重视当地的粮食生产，粮食主要依靠进口。殖民当局也不关心当地工业发展，独立前桑给巴尔岛只有一些农产品加工企业，如丁香油厂和椰子油厂等，再有就是汽水厂、肥皂厂、碾米厂和面粉厂等，致使桑给巴尔岛人民生产和生活所需要的生产资料和日用品基本上依靠进口。长期的殖民统治，使桑给巴尔岛形成了片面发展丁香和椰子种植，依赖丁香等农产品出口收入进口生产资料和生活消费品的殖民地经济体系。

"一月革命"后，桑给巴尔岛革命政府主张自力更生，发展民族经济。其基本政策，一是继续发展丁香和其他经济作物的种植，以换取外汇，维持国计民生；二是调整经济结构，发展粮食生产，建立和发展民族工业，改变殖民统治遗留下的国民经济完全依赖丁香等经济作物产品出口的单一经济体系，以减少对国外的依赖。

革命后，政府把原来由少数阿拉伯人移民霸占的丁香种植园及其他大量土地收归国有，除将土地按每户三英亩分给农民外，还建立了一批国营农牧场、"青年农场"和"集体农庄"，扩大了粮食作物种植面积。工业方面，除将原有企业收归国有外，还投资兴建了一些设备比较先进的国营企业，包括农机具修配厂、制糖厂、卷烟厂、木材厂、皮革皮鞋厂等，并把桑给巴尔岛发电站的装机容量从原来的 4500 千瓦扩大到 6000 千瓦。

革命政府发展民族经济的政策，激发了广大民众尤其是广大农民的生产积极性，使桑给巴尔岛经济得到了某种程度的发展。

（二）20 世纪 80 年代以后的经济改革

1. 进行经济改革的背景

20 世纪 80 年代中期以前，桑给巴尔岛政府采取的是计划经济体制，实行的是国有化政策。由于国有化政策脱离实际、经济基础薄弱、缺乏发展资金和管理人才等，许多国营企业管理不善，不仅没能创造出应有的经济效益，反而出现亏损，而且情况愈演愈烈。

以工业为例，20 世纪 60 年代末 70 年代初建立的一些工厂，机器设备和许多原料都靠进口，到 80 年代初，由于外汇紧缺，工业原料和机器零配件进口受到限制，工厂只能开开停停，开工率下降到 30% 以下，这些工厂只能靠政府补贴度日。

对于作为经济支柱的丁香，1966 年政府建立了桑给巴尔岛贸易公司，统一管理丁香的生产、收购和出口工作，但因管理不善，丁香树不断减少，其产量也逐年下降。

由于丁香产量下降和国际市场价格下跌，桑给巴尔岛丁香出口收入锐减。1977～1986 年，桑给巴尔岛外汇短缺，人民生活消费品和生产资料的进口受阻，经济萎缩，市场萧条，地区生产总值逐年下降，1986 年的地区生产总值仅为 1977 年的 75%。[①]

在这种国民经济萎靡不振、政府财政极端困难的形势下，桑给巴尔岛政府不得不根据桑给巴尔岛实际情况进行经济改革，调整经济结构，实行经济发展多元化战略，开始从计划经济向开放的市场经济转型。

2. 改革和发展政策措施

从 20 世纪 80 年代初开始，桑给巴尔岛政府就决定进行经济改革，实施经济发展多元化政策，并从 1986 年开始按照世界银行和国际货币基金组织的建议执行结构调整计划，发展私营部门，建立市场经济。20 世纪 80 年代以来，桑给巴尔岛政府采取的改革发展的政策和措施主要包括以下几项。

---

① Tanzania, The Challenge of Reforms: Growth, Incomes and Welfare, The Economy and Welfare in Zanzibar, Document of the World Bank, May 31, 1996.

（1）1983年制定了《桑给巴尔旅游业发展规划》，提出利用当地丰富的旅游资源发展旅游业，创造就业机会，增加居民收入，并把发展旅游业确定为促进经济发展多样性计划的一个重要组成部分、恢复和发展国民经济的关键。为此，政府决定优先恢复和发展交通通信事业，发展旅馆和餐饮业，同时加强对旅游服务人员的培训。

（2）为解决市场商品短缺问题，从1983年起开始允许私商自筹资金从事进口贸易；出口方面，按经济发展多元化战略，鼓励非传统出口产品（包括海藻、辣椒、水果等）的生产和出口，以缓解丁香出口收入锐减带来的影响。

（3）在世界银行和国际货币基金组织的支持下，从1986年开始执行结构调整计划，连续实施了1986～1988年、1988～1990年和1991～1994年三个经济恢复计划。

（4）为解决发展资金不足问题，1986年出台《桑给巴尔投资保护法》，以相当优惠的条件鼓励私人（包括外国人）在经济领域投资，并于1991年建立了桑给巴尔投资促进中心，具体办理本国私人投资和外国直接投资事宜。

（5）1991年桑给巴尔岛代表院通过《银行和金融机构法》，将金融市场向本国和外国私人资本开放，随后桑给巴尔岛建立了一些私营货币兑换所，活跃了金融市场。

（6）1992年决定在温古贾岛和奔巴岛各建一个出口加工区，以鼓励非传统出口产品的生产和出口等。

（7）1998年桑给巴尔岛代表院通过一项关于建立桑给巴尔自由港的法令，决定在桑给巴尔修建一个吞吐量更大和吃水更深的新港口，并宣布把桑给巴尔自由港建成全非洲的自由港，使桑给巴尔岛成为进出口贸易和转口贸易配送中心。

（8）2002年1月23日，桑给巴尔岛政府制定并开始实施《桑给巴尔2020年远景发展规划》，计划加速经济发展步伐，争取在今后20年内消除贫困。2002年5月，桑给巴尔岛政府推出《桑给巴尔减贫计划》，旨在落实《桑给巴尔2020年远景发展规划》，减少收入贫困和非收入贫困，增加社会服务，提高人民尤其是弱势群体的生活水平和社会福利待遇，消除绝对贫困。2000 年，桑给巴尔约 36% 的人口生活在贫困线以下。

3. 经济改革取得进展

（1）萨勒明时期（1985～2000 年）

萨勒明·阿穆尔 1985 年当选为桑给巴尔岛总统，在 1990 年和 1995 年连选连任。萨勒明当政的 15 年，是桑给巴尔岛经济最困难的 15 年，一是国际市场丁香价格大跌，使桑给巴尔岛经济发展遇到严重困难；二是在 1995 年大选中出现一些争执，反对党公民联合阵线对萨勒明的总统地位长期不予承认，捐赠国还因此冻结了对桑给巴尔岛的援助。

然而，人们注意到，就是在这个时期，桑给巴尔岛农业产值在地区生产总值中的地位发生了变化。1984～1988 年，农业还是支柱产业，其产值仍占地区生产总值的 58%，丁香出口收入还是政府外汇收入的主要来源。但从 80 年代末期开始，由于丁香出口收入锐减，农业在地区生产总值中所占的比重不断下降，1992 年降为 43%，到 2000 年降到 36%。

尽管国际市场丁香价格下跌使桑给巴尔岛丁香出口收入受到影响，但因政府进行改革，实施了经济发展多元化政策，桑给巴尔岛经济不仅没有随之下滑，反而出现了某种程度的恢复和发展。

第一，私人投资增加。1986～2000 年，桑给巴尔岛投资促进中心批准了 200 个项目，投资金额为 45 亿坦桑尼亚先令（折合 560 多万美元），绝大部分是外国直接投资。

第二，为发展旅游业，政府专门投资修复了一些旅游景点，改善了交通通信设施；同时，对私人投资旅游服务业实行特别优惠政策，至 2000 年底外国投资的旅馆和饭店就有 37 家。从 80 年代中期开始，桑给巴尔岛旅馆、餐饮和整个旅游业发展较快。据统计，其产值在地区生产总值中所占比重，1995 年为 19.8%，到 1999 年上升到 21% 以上。

第三，在农业部门实施的鼓励非传统出口产品的生产和出口政策也取得了进展。如海藻，1991 年出口收入 12690 万坦桑尼亚先令，占当年出口总收入的 16%；1999 年达到 476400 万坦桑尼亚先令，占当年出口总收入（651740 万坦桑尼亚先令）的 73%，弥补了因国际市场价格下跌丁香出口收入减少的损失。

总之，在萨勒明时期，桑给巴尔岛的经济扭转了负增长的局面。统计表明，1986~2000 年，桑给巴尔岛地区生产总值年均增长率为 3.5%。由于政府采取财政紧缩政策，物价下降，通货膨胀率下降，到 2000 年底通货膨胀率已从 80 年代初的 28% 下降到 7% 以下。

（2）卡鲁姆时期（2000~2010 年）

在 2000 年 10 月坦桑尼亚第二次多党民主大选中，革命党总统候选人阿马尼·阿贝德·卡鲁姆当选为桑给巴尔岛总统，2015 年连选连任。卡鲁姆执政后，继续坚持改革开放的发展战略，实施经济发展多元化政策，发展农业和旅游业，增加非传统出口产品的生产和出口，加快了改革发展的步伐。

第一，强调以农业为基础，发展粮食生产，提高了粮食自给率。2002 年政府制定的《桑给巴尔农业发展计划（2002~2010 年）》提出：到 2010 年农业产值增长率要达到 6%，粮食产量增长 4%，畜牧业、渔业和林业生产增长率分别达到 5%；利用现有条件，增加丁香产量和出口；增加非传统出口产品的生产和出口。大米是桑给巴尔岛城镇居民的主食。为扩大水稻种植，增加稻谷产量，2003 年政府实施了《桑给巴尔水利灌溉管理计划（2003~2020 年）》。

第二，为推动经济社会全面发展，决定增加对基础设施建设的投入，包括交通通信、供水和供电等，尤其要加强乡村地区公路网建设。

第三，反腐倡廉，加强税务管理，改善税收和政府财政状况，保证对经济基础设施项目的投入。

第四，为了吸引投资，2004 年对在战略部门（包括旅游业、种植业和渔业）的投资项目给予了免税 10 年的特别优惠待遇；同时，决定加快出口加工区和桑给巴尔自由港建设。

在政治形势较为稳定的情况下，私人投资尤其是外国直接投资增加了。据统计，截至 2005 年 3 月，桑给巴尔岛投资促进中心批准的项目从 2000 年的 200 个增至 254 个，投资金额从 560 多万美元增加到 6.793 亿美元。

另外，1995 年西方国家中断的对桑给巴尔岛援助的拨款逐步予以恢复，停建的一些发展项目重新启动，有的业已完成。

经过几年的努力，桑给巴尔岛经济发展呈持续快速稳定的增长态势。据统计，2010 年地区生产总值增加到 10510 亿坦桑尼亚先令，比 2004 年的 3441 亿坦桑尼亚先令增长了 205.43%；人均地区生产总值为 856000 坦桑尼亚先令，比 2004 年的 331000 坦桑尼亚先令增长了 158.61%。

（3）谢因总统的喜与忧

在 2010 年 10 月大选中，革命党桑给巴尔岛总统候选人谢因以 50.1% 的得票率当选。按 2010 年 7 月修改的宪法规定，反对党公民联合阵线领导人哈马德任桑给巴尔岛第一副总统，并顺利组成了桑给巴尔岛民族团结政府。近几年来，桑给巴尔岛民族团结政府的运作一直比较平稳，政府为推动经济社会发展出台了一系列政策，采取了一系列措施，并取得了可喜成果（见表 4 - 11）。

表 4 - 11　2010 ~ 2014 年桑给巴尔地区生产总值按部门情况统计

单位：百万坦桑尼亚先令

年份	2010	2011	2012	2013	2014p
国内生产总值(当前市场价)	1050.8	1344.1	1565.2	1849.9	2133.5
农业	306.2	438.9	466.4	562.1	595.2
种植业	170.6	262.4	253.5	333.6	340.3
畜牧业	37.3	44.7	53.5	56.8	59.9
林业	30.9	39.1	47.3	51.9	59.3
渔业	67.3	92.8	112.0	119.7	135.7
工业	182.2	229.9	288.1	332.6	359.4
矿业和宝石	16.3	20.8	26.5	28.3	32.1
制造业	76.4	85.4	110.6	128.9	136.0
电力和天然气	3.8	4.9	5.8	6.6	6.8
供水和污水处理	4.1	4.9	6.0	10.7	16.4
建筑业	81.5	113.9	139.2	158.0	168.1
服务业	450.1	539.2	644.5	767.0	952.6
贸易和维修	98.9	119.9	123.7	134.8	156.6
交通运输和仓储	48.7	57.1	67.6	86.5	84.3
旅馆和餐饮服务业	87.8	117.0	133.4	157.3	178.7
旅馆业	70.5	87.9	93.8	104.4	124.4

续表

年份	2010	2011	2012	2013	2014p
餐饮业	17.3	29.1	39.6	52.9	54.4
信息和通信联络	7.8	5.0	12.0	24.4	114.8
金融和保险业	35.4	34.8	43.3	63.7	86.4
房地产	60.8	69.7	85.3	112.8	146.3
职业、科技服务	1.9	2.0	2.8	4.8	8.0
行政管理及其辅助服务	8.3	11.0	12.4	13.1	12.9
公共安全	63.9	76.5	109.1	118.2	109.0
教育	23.6	28.8	33.0	36.9	43.3
医疗卫生及社会服务	11.0	13.7	18.1	19.3	20.5
文化娱乐	3.6	5.8	7.7	8.0	8.2
其他服务	4.9	5.9	5.9	6.6	7.5
家政服务	1.1	1.2	1.6	1.7	2.1
各产业税收	112.3	136.0	166.2	188.3	226.4
汇率：1 美元 = X 坦桑先令	1396	1557	1572	1599	1653

资料来源：桑给巴尔政府首席统计师办公室网站，http：//www.zanzibar.go.tz。

据统计，2014 年，坦桑尼亚农业产值为 5.952 亿坦桑尼亚先令，比 2010 年的 3.062 亿坦先令增长了 94.38%；工业产值为 3.594 亿坦桑尼亚先令，比 2010 年的 1.822 亿坦桑尼亚先令增长了 97.26%；旅馆和餐饮服务业产值为 1.787 亿坦桑尼亚先令，比 2010 年的 0.878 亿坦桑尼亚先令增长了 103.53%。在各个行业发展都比较好的情况下，各行业税收也相应增加，2014 年达到 2.264 亿坦桑尼亚先令，比 2010 年的 1.123 亿坦桑尼亚先令增长了 101.6%。

然而，2015 年 10 月 25 日坦桑尼亚大选却给桑给巴尔岛的和谐与发展蒙上了一层意想不到的阴影。10 月 28 日桑给巴尔岛选举委员会宣布，"25 日的选举存在违法行为，选举无效"。2016 年 3 月 20 日，桑给巴尔岛重新举行总统和桑给巴尔岛代表院选举，公民联合阵线等反对党予以抵制，哈马德称其"已经赢得了 2015 年 10 月总统大选的胜利"。现任桑给巴尔岛总统、革命党总统候选人谢因在 3 月 20 日的大选中（有几个小反对党参选）以 91.4% 的得票率取胜，获得连任。2016 年 4 月 9 日，谢因总统宣布了新内阁名单，包括 15 名部长和 7 名副部长。因公民联合阵线拒绝参选，在组阁中不存在"分享权力"问题，但 15 名内阁部长中仍有 3 名来自少数反对党。

在 2015 年 10 月大选后，特别是在桑给巴尔岛重选以后，公民联合阵线在国内外大造舆论，反复宣传"公民联合阵线已经取得了胜利""桑给巴尔岛选举委员会没同任何人协商就宣布选票作废"，同时呼吁国际社会予以支持。

从目前情况看，国际上对公民联合阵线呼吁的反应比较强烈。在 2016 年 3 月 20 日桑给巴尔岛进行"重新选举"的风波冲击下，美、德等国率先宣布停止对坦桑尼亚财政预算的援助，截至 5 月 10 日，为坦桑尼亚提供财政预算援助的传统的西方 14 国中已有 10 国宣布停止对坦桑尼亚的财政预算的援助。这一严峻形势已对坦桑尼亚政府尤其是桑给巴尔岛政府形成了巨大压力。

令人宽慰的是，2016 年 5 月 9 日坦桑尼亚《非洲人报》的一篇报道说，英国政府已经承诺将向坦桑 2016/2017 财年的财政预算提供约 1.82 亿英镑的援助，并说 34% 左右的援助将用于农业、基础设施建设和营商环境改善等领域。此前，英国一直称"正在研究是否停止对坦桑尼亚的财政预算的援助"。英国此举有望率先打破西方国家对坦桑尼亚实施的援助制裁。

二 主要经济部门发展情况

(一) 农业

桑给巴尔岛的农业资源非常丰富。可耕地面积 130970 公顷，占土地面积的 49.2%；森林和林地 36172 公顷，占 13.7%（其中，森林 2571 公顷、林地 19419 公顷、灌木丛 8340 公顷、红树林和沼泽地森林 5842 公顷）；草原（牧场）2210 公顷，占 0.8%。① 另外，桑给巴尔岛有着十分丰富的海洋渔业资源。桑给巴尔岛海域鱼类品种繁多，既有浅水鱼种，如

---

① Zanzibar Country Analysis, Final Report, April, 2003, Revolutionary Government of Zanzibar, Ministry of Finance and Economic Affairs.

大海鱼、金枪鱼、沙丁鱼、鲸鱼等，又有深海鱼种，如石斑鱼、鳕鱼和红鱼等，同时还有各种贝壳类、海参等水生动物。据联合国粮农组织测算，除浅水鱼类外，桑给巴尔岛海域有大量深水鱼群，深水鱼年产可达 2 万吨。然而，由于长期的殖民统治，桑给巴尔岛丰富的农业资源非但没有得到合理的开发利用，反而形成了片面发展丁香等经济作物种植的单一经济体制。独立后，桑给巴尔岛政府不断采取措施，试图改变经济结构，但由于各种因素，收效甚微，桑给巴尔岛的农业迄今仍然十分落后。

1. 种植业

种植业是桑给巴尔岛农业的主体。种植业分为两大类，一是经济作物种植业，二是粮食作物种植业。

从播种面积看，长期以来经济作物一直居于首要地位。截至 1997 年，在 130970 公顷的可耕地中，丁香种植区 28170 公顷，椰林占 5140 公顷，加上以丁香和椰子树为主、可在丁香树和椰子树中间种粮食作物的种植区为 56880 公顷，这样丁香和椰子的种植面积就达到 90190 公顷，占桑给巴尔岛可耕地面积的 69%；而粮食播种面积只占可耕地面积的 27%，其中包括 20800 公顷的杂粮田和 14180 公顷的稻田。[①]

（1）经济作物

丁香是桑给巴尔岛最重要的传统大宗出口产品，其次是椰子。另外，还有各种热带水果，主要包括柑橘、香蕉、杜果、番木瓜、红毛丹、菠萝、爱情果、番石榴、甘蔗、柠檬以及各类蔬菜。

丁香

桑给巴尔岛的丁香，是 1818 年阿拉伯移民从塞舌尔和毛里求斯引进的，一直在大型种植园种植，其年产量到 1834 年达到 35000 吨，占世界丁香市场 90% 的份额，桑给巴尔岛由此成为世界丁香第一大生产地，被誉为"丁香之岛"。此后，丁香的出口收入一直是桑给巴尔岛外汇收入的主要来源，至 20 世纪七八十年代，丁香出口收入仍占桑给巴尔岛出口总

---

① Zanzibar Country Analysis, Final Report, April, 2003, Revolutionary Government of Zanzibar, Ministry of Finance and Economic Affairs.

收入的 90% 以上。桑给巴尔岛共有丁香树约 450 万株，占地 4 万多公顷；丁香树 80% 分布在奔巴岛，20% 分布在温古贾岛。

1964 年"一月革命"后，革命政府对丁香种植园实行了国有化，然后分配给农民。自 1966 年起，桑给巴尔岛的丁香一直由桑给巴尔岛国家贸易公司负责收购和出口，实行垄断经营。

50 多年来，由于管理不善，丁香树不断减少，产量下降。据统计，1950～1959 年，有丁香树 5120000 株，年均产量为 12408 吨；1990～1999 年，丁香树减少到 2005494 株，年均产量下降到 4805 吨。与此同时，世界种植丁香的国家不断增加，到 20 世纪 80 年代，桑给巴尔岛的丁香产量就已落后于印尼、马达加斯加和科摩罗。随着国际市场上供货的增加，丁香价格日益下降，从过去的每吨 9000 美元下降到 20 世纪 90 年代初的 600～700 美元。1999 年以来，由于印尼丁香产量减少，国际市场丁香价格才回升到每吨 3000 美元左右。

桑给巴尔岛出口的丁香产品主要是丁香花蕾。奔巴岛有 1 个丁香油加工厂，主要生产丁香油、丁香叶油和丁香梗油，其产品 90% 销往印尼。本来，桑给巴尔岛是丁香梗油的生产基地，近年来马达加斯加也开始生产丁香梗油，并且占据了市场大部分份额。

20 世纪 80 年代以后，虽然桑给巴尔岛丁香产量大幅度下降，国际市场丁香价格一跌再跌，但丁香出口收入依然占其外汇收入的 70% 左右。据统计，2001 年出口 2450 吨，收入 1230 万美元；2002 年出口 1220 吨，收入 400 万美元；2003 年出口 5600 吨，收入 1003 万美元。

卡鲁姆 2000 年当政后，希望发展丁香种植，以保持稳定的出口收入。虽然政府的号召起到一定作用（尤其是近年来国际市场丁香价格上涨后），但其产量和出口收入的下滑趋势不可避免。有报道说，"主要原因在于种植、加工、仓储技术和市场营销方式落后，农户得不到政府补贴；在质量上，也比不过印尼等新兴丁香出口国的同类产品；此外，由于桑给巴尔岛丁香产业缺乏竞争力，种植面积也逐步缩减"。

据统计，2009 年和 2013 年是近些年桑给巴尔岛丁香出口较多的年份，为 4853 吨和 4089 吨，比 2003 年的 5600 吨分别下降了 13% 和 27%；

2014 年出口 2827 吨，也是较多的一年，但还是比 2003 年下降了 50%。2016 年恢复到 3700 吨。但由于国际市场丁香价格上涨，其 2014 年丁香的出口收入达到 3100 万美元。

椰子

椰子是桑给巴尔岛第二大经济作物，也是其经济收入主要来源之一。桑给巴尔岛共有椰子树约 500 万株，占地 4 万多公顷。椰子树主要分布在温古贾岛，占 80%。"一月革命"以来，椰子年均产量保持在 1.5 亿个左右，或直接出口，或制成椰干和椰子油出口，少量椰子供本地消费。

2007 年 5 月，卡鲁姆总统号召人民增加椰树种植，要求每人至少种 100 棵椰树，以促进当地种植业的发展。他说，经过良好管理，7 年后就可以见到成效。

（2）粮食作物

长期以来，桑给巴尔岛的粮食，在乡村地区主要是农民自己生产，而城镇居民则基本依靠进口。进入 20 世纪 80 年代以后，由于丁香出口收入减少，农用物资的进口受到影响，粮食产量下降，加之人口增长率较高（约 3%），桑给巴尔岛缺粮情况日益严重。据统计，到 20 世纪 80 年代，桑给巴尔岛粮食自给率从 20 世纪 70 年代的 60% 下降到 42%，而到了 90 年代又进一步下降，仅为 35%。

当前，桑给巴尔岛粮食生产仍处于自然经济阶段。第一，广大农民还是一家一户地分散经营，在房前屋后或村庄附近种些粮食作物，供自己消费。每户拥有的土地在 1.2～2 公顷，桑给巴尔岛成片种植粮食作物的农户很少。第二，农具主要还是锄头和砍刀，很少施肥，多数农户采用传统的休耕制，所以粮食产量极低。第三，农业生产基本上是"靠天吃饭"，桑给巴尔岛经常出现旱情，粮食收成毫无保证。第四，殖民者发展丁香和椰子种植时，霸占了农民大部分土地，为养家糊口，失去土地的农民只能在丁香种植园和椰林中间隙较大和树木稀疏的地方种植一些粮食作物（包括木薯、高粱、玉米、花生等），产量有限，而这种间作的传统一直延续至今。

1991 年，政府制订和实施《桑给巴尔农业发展计划（2002～2010

年)》，提出首先要解决好粮食安全问题，计划重点发展香蕉、甘薯和豆类种植，还要多种蔬菜；同时发展稻谷生产，以满足城镇人口对大米的需求。

桑给巴尔岛农业部 1999 年 6 月的一份考察报告说，桑给巴尔岛现在自己生产的大米仅有 15600 吨，每年进口约 80000 吨。报告说，现在桑给巴尔岛每年种稻约 8000 公顷，其中仅 400 公顷为水利灌溉稻田。为扩大水稻种植面积、增加稻谷产量，2003 年政府制订了《水利灌溉发展计划 (2003～2020 年)》。2011 年 1 月，韩国政府决定援助桑给巴尔岛 5300 万美元，在温古贾岛切尤（Cheju）、基隆姆贝洛（Kilombero）、恰阿尼－聚合（Chaani Juuh）和乌彭贾（upenja）4 个地区，以及奔巴岛的姆雷雷马（MLelema）和姆夸拉拉尼（Mkwararani）2 个地区发展水稻种植。报道说，桑给巴尔岛稻田的灌溉面积目前已经增加到 600 公顷。

由于耕种条件的制约，除水稻播种面积有所增加或比较稳定外，其他粮食作物播种面积不仅没有增加，反而不断减少。

据统计，2011 年桑给巴尔岛粮食作物总播种面积为 115688 英亩，2012 年、2013 年和 2014 年逐年减少（见表 4 - 12），分别为 88267.1 英亩、87865.44 英亩和 82077 英亩。2014 年比 2011 年下降 29%，比 2013 年下降 6.59%。其中，玉米、高粱、木薯和香蕉这四种主要粮食作物的播种面积下降的幅度都很大，2014 年的播种面积分别为 3197 英亩、609 英亩、27036 英亩和 6679 英亩，比 2011 年分别下降 51.28%、54.79%、41.94% 和 51.54%。

表 4 - 12　2010～2014 年桑给巴尔粮食作物播种面积

单位：英亩

年份 粮食作物	2010	2011	2012	2013	2014[P]
玉米	6224.0	6562.3	1713.3	2838.13	3197
高粱	1488.0	1347.1	1274.5	593.5	609
稻谷	29597.2	29677.0	32153.9	34721	30535
木薯	39072.1	46566.0	32721.1	27995.28	27036
香蕉	14608.3	13781.3	12241.8	8544.7	6679

续表

年份 粮食作物	2010	2011	2012	2013	2014ᵖ
白薯	8421.9	13245.0	4538.3	7665.23	9305
山药	1497.4	842.4	712.8	470.3	423
芋头	38.8	96.8	1071.2	994.75	1423
花生	892.8	834.8	848.5	1339.25	1322
豌豆	157.8	317.5	198.3	205.4	222
牛豆/绿豆	2225.5	2417.8	793.4	2137.9	1326
总播种面积	104223.8	115688	88267.1	87865.44	82077

注：p 表示临时数字。

资料来源：桑给巴尔农业和自然资源部，http：//www. zanzibar. go. tz。

通常，产量同播种面积成正比，还以上述四种主要粮食作物为例，2014 年玉米、高粱、木薯和香蕉的产量分别为 1599 吨、231 吨、158704 吨和 57437 吨（见表 4 - 13），比 2011 年分别下降 51.26%、54.88%、41.94% 和 47.9%。

表 4 - 13 2010 ~ 2014 年桑给巴尔粮食作物产量

单位：吨

年份 作物	2010	2011	2012	2013	2014ᵖ
玉米	3112	3281	857	1419	1599
高粱	572	512	484	226	231
稻谷	21014	23702	6372	33655	29564
木薯	229284	273342	192073	164332	158704
香蕉	102258	110250	97935	68358	57437
白薯	58953	92715	31768	53657	65137
山药	7487	4212	3564	2352	2116
芋头	6443	4940	4092	3800	5437
花生	432	401	407	643	635
豌豆	510	1026	641	663	717
牛豆/绿豆	1103	1177	317	1129	663

注：p 表示临时数字。

资料来源：桑给巴尔农业和自然资源部，http：//www. zanzibar. go. tz。

2. 渔业

桑给巴尔岛渔业资源丰富，渔业是发展前景十分广阔的一个行业。捕鱼是桑给巴尔岛一项重要的经济活动，尤其是沿海地区，桑给巴尔岛25%以上的人口为渔民。目前，桑给巴尔岛渔业尚处于原始捕捞阶段，个体渔民使用的还是传统独木舟和简单渔具，捕捞的范围仅限于浅海和近海，捕捞量非常有限。

通常，桑给巴尔岛年捕捞量约2万吨，远远不能满足市场需求。鱼是当地低收入居民的主要营养食品，桑给巴尔岛人均年消费鱼12公斤左右。渔业产值约占桑给巴尔岛地区生产总值的2.5%、农业产值的6.3%。

目前，桑给巴尔岛无远洋捕鱼业。桑给巴尔岛政府正在采取一些措施（包括免税等）吸引外资，以发展海洋渔业生产，并计划把渔业发展为一项重要产业。从2010年开始，桑给巴尔岛政府向国外渔船发放深海捕鱼证，当年就向16艘渔船发放了深海捕鱼证，包括5艘塞舌尔渔船和11艘西班牙渔船。

近年来，桑给巴尔岛的捕鱼量有所增加。据统计，2010年为25700吨，比2009年的25400吨增长了1.2%；2015年为31439吨，比2014年的30108.6吨增长了4.4%；2016年为33892吨。

3. 畜牧业

畜牧业是桑给巴尔岛自然农业的一部分，主要由农民个体经营，十分落后。一些农民既放牧牛、羊和驴，同时也饲养鸡和鸭。由于生产方式和经营管理落后，桑给巴尔岛畜牧业的发展一直很缓慢。以牛为例，据统计，桑给巴尔岛1966年有牛约50000头，1978年增至60140头，到1985年也才增加到76365头。

20世纪中期实行经济改革以后，政府采取了一系列发展畜牧业的政策与措施，主要包括：鼓励私人投资，并开始为个体农民发展畜牧业提供贷款；将"一月革命"后建立的管理不善的几家国营奶牛场，或转让给私营公司，或"化整为零"，把一些奶牛卖给个体农民，实行了私营化；加强了对农民饲养牲畜和家禽的技术服务。

1986年桑给巴尔岛一些地区发现了萃萃蝇，萃萃蝇的蔓延不仅影响到人民的身体健康，而且给畜牧业发展带来了严重影响。为此，政府不断采取萃萃蝇防治措施，在世界卫生组织的帮助下，直到 1997 年才"消灭"萃萃蝇，从而恢复了农民饲养家畜和家禽的信心。

旅游业发展后，国内市场对畜产品需求量增加，乡村地区饲养家畜和家禽的农户增多，桑给巴尔岛畜牧业得到了某些发展。据统计，2003 年桑给巴尔岛有牛 12 万头（8000 头为奶牛），山羊和绵羊共 4.56 万只，还有鸡 70 万只。

随着畜牧业的发展，桑给巴尔岛农民开始改进牲畜的饲养方法，提高饲养技术，进一步推动了畜牧业的发展。第一，普遍增加了牛的饲养数量。过去，每户饲养奶牛仅两三头，现在都在 10 头左右，办起了家庭奶牛场，这样的奶牛场到 2003 年桑给巴尔岛已有 1000 多家。第二，为增加经济效益，农民开始对家畜实行圈养。过去，他们养牛（包括奶牛）都是传统的自然放牧，现在许多农户都在自家"后院"建起了"饲养场"（主要是奶牛饲养场），采取到外边割草、把草运回、然后在家里喂养的办法，并称之为"打草喂养法"。到 2003 年，桑给巴尔岛至少已有 72%的奶牛养殖农户采取了这种饲养方法。第三，桑给巴尔岛人饲养的牛一直都是当地的"泽布"（Zebu）牛，个头小，公牛出肉少，母牛产奶不多，随着畜牧业的发展，他们开始更新牛的品种，尤其是奶牛的品种。

目前，畜牧业产值占桑给巴尔岛地区生产总值的 5% 左右。畜产品远远不能满足本地市场的需求，每年都得从大陆进口一些牛、鸡和鸡蛋。

牛肉和牛奶是桑给巴尔岛居民日常的主要营养品，桑给巴尔岛牛肉和牛奶的人均年消费量分别为 3~4 公斤和 11 升。

最近几年家畜和家禽对市场的供应情况显示，桑给巴尔岛牧业稳步发展。据统计，供应市场的牛，2010 年、2012 年和 2014 年分别为 13444 头、19625 头和 36531 头，2012 年比 2010 年增长 46%，2014 年比 2012 年增长 86.1%；供应市场的鸡，2010 年、2012 年和 2014 年分别为 292604 只、383604 只和 629333 只，2012 年比 2010 年增长 31.1%，2014 年比 2012 增长 64.1%。

4. 林业

红树林是桑给巴尔岛最重要的林业资源，其主要树种红茄冬和木榄占

第二节 国防思想与国防政策

一 尼雷尔的主要国防思想与政策

坦桑尼亚人民国防军成立后，尼雷尔把国防建设作为政府重点工作之一。他指出，军队的任务是保卫国家、保卫人民，包括：保卫国家主权和领土完整；维护国家的和平与稳定，巩固和发展新生政权；支持南部非洲争取民族独立和反对种族隔离政策的斗争；反对大国霸权主义，防止和应对殖民主义与帝国主义的报复甚至颠覆的威胁；建设国家，从事生产活动。

尼雷尔重视军队的人民性，强调军队要服从党的领导，军队要参与国家政治生活，提出利用国民服务队培养和输送人才。

尼雷尔指出，坦桑尼亚人民国防军与过去的部族武装、殖民军或雇佣军不同，它是一支人民的军队，担负着保卫人民的使命；坦桑尼亚部族众多，为保持国防军的人民性，士兵要从全国各个部族、社会各个阶层选拔；军官的选拔和任命要看本人表现，而不是来自哪一个特定集团。

为保持军队同人民的联系，除进行政治教育和执行严格的群众纪律外，还规定驻军要帮助驻地周围民众。1967年《阿鲁沙宣言》发表后，国防军帮助全国各地民众修建了许多桥梁、道路、学校、诊所和文化中心等。

尼雷尔要求每个士兵都来自国民服务队。国民服务队在全国各个地区建立基地，分期对全国知识青年进行政治教育、军训、劳动锻炼、职业培训，并参加其他各种社会活动。1977年宪法进一步明确，服兵役是每个公民的义务，参加国民服务队即服兵役，所有的中学毕业生都必须参加国民服务队。

尼雷尔强调依靠民众的力量保卫国家安全。他决定建立由国防军领导的民兵队伍，协助国防军维护国家和平与稳定。《阿鲁沙宣言》明确规定：如有需要，每个公民都有上前线保卫国家的义务。

尼雷尔坚决反对军队干预政治，强调建设一支纪律严明、服从指挥、战斗力强、意志坚定、有献身精神和合作意识的职业军队。

尼雷尔强调党对军队的领导。"军中要有党，党要指挥枪。"征招军人的最重要考虑是对执政党的忠诚。坦盟成员有义务应征入伍。为了加强坦盟对军队的领导，军队实行政治委员制度，在军队连以上单位都建立了坦盟支部。尼雷尔重视军队的政治思想工作，让军人了解党的方针政策和政府工作。国防军总部设有政治教育部，并在各部队派驻政治教官，政治教育的时间约占军队训练时间的1/4。

在尼雷尔领导下，坦桑尼亚支持南部非洲争取民族独立和反对种族隔离政策的斗争，坦桑尼亚人民国防军向来自南非、莫桑比克、津巴布韦和赞比亚的自由战士提供军事训练和援助，并训练刚果民主共和国的军队。

二　强调经济建设、精简军队的思想

1978年，坦桑尼亚与乌干达两国间爆发了一场战争。战争结束后，尼雷尔总统调整了国防政策，强调经济建设，提出精简军队，把国防军建设为"一支小型的知识化军队"。军队精简成为其后坦桑尼亚国防政策的重要内容。姆维尼执政期间，政府工作重点转向经济建设，军队精简与发展经济的思路相结合。姆维尼强调军队要为振兴经济做出贡献，要求军队力所能及地支援国家经济建设。姆卡帕总统强调了坦桑尼亚人民国防军的爱国主义、忠诚、遵守军纪的特点，提出"建设现代化军队必须与发展现代化经济同步进行"；国防建设要自力更生，通过国民服务队的发展不断提高军队自力更生的能力。

三　建设现代军队、提高作战能力的思想

随着坦桑尼亚经济的改善，加上复杂的安全形势，坦桑尼亚政府更加强调建设现代化军队。在纪念建军五十周年时，基奎特总统表示：军队未来的发展方向是在确保规模变小的同时掌握和拥有先进的技术、现代化的武器和培养高技能人才。

第三节 国防体制与开支

坦桑尼亚现行宪法规定：国防军是国家机器的组成部分，是国家的军队、人民的军队，不是哪一个政党的军队；军队内不允许开展任何政党活动，军队不参加政治活动。

坦桑尼亚武装力量由正规军、预备役部队和准军事部队组成。正规军即国防军，分为陆、海、空三个军种；预备役部队为全国武装民兵；准军事部队包括警察、国民服务队和普通民兵。总统兼任武装力量总司令，有权任免军队高级军官。总统通过国防部和国防军司令部对全国武装力量实施领导和指挥。现任武装力量总司令为总统马古富力。

坦桑尼亚最高军事决策机构为国民议会国防与安全委员会，最高军事行政机构是国防部，即国防和国民服务部。设部长1人、副部长2人、首席秘书1人，下设政策计划署、法律办公室和行政署。国防部负责国防政策、国防预决算、军法的制定，人事，财政，装备采购，外事等工作。现任国防与国民服务部长为姆维尼。

国防军司令部即国防军总部，为最高军事指挥机构。国防军司令为军队最高指挥官，参谋长协助司令处理日常工作。国防军总部下设参谋、军训、政教、人事、后勤工程、民兵、审计、情报、建筑计划、计划发展10个部，主要负责作战指挥、军事训练等。现任国防军司令为马贝约。

在正规军和预备役服务是自愿的。坦桑尼亚实行义务兵役制，服役期为两年，如果条件合格，可以成为职业军人。规定的服役年龄为18岁（自愿参加国民服务队的年龄为15岁）至55岁。预备役军人的服役年龄均在55岁以下。军官军衔分4等11级。将官分上将、中将、少将、准将，校官分上校、中校、少校，尉官分上尉、中尉、少尉、准尉。

尼雷尔时期，为了建设和发展国防军以及全面发展国防力量，政府国防开支巨大。1972/1973～1981/1982财政年度，在政府经常性开支中，国防预算居各部门预算之首，约占政府总支出的20%。推行精简政策以来，国防预算减少。1986/1987年度，国防预算占政府预算总额的

12.5%。2003 年以来，国防支出占国内生产总值的比重维持在 1.1% ~
1.2%（见表 5-1）。据斯德哥尔摩国际和平研究所（SIPRI）一项调查研究
报告，2016 年，坦桑尼亚军队开支从 2015 年的 1.164 万亿坦桑尼亚先令上
涨至 1.207 万亿坦桑尼亚先令，增长了 3.66%，为东非第二大军事支出国。

表 5-1 2000~2011 年坦桑尼亚国防支出

单位：万亿坦桑尼亚先令，%

年份	国防支出	占国内生产总值比重	增长率
2000	1.48	1.5	
2001	1.72	1.6	16.2
2002	1.69	1.4	-1.7
2003	1.53	1.2	-9.5
2004	1.56	1.1	2.0
2005	1.68	1.1	7.7
2006	1.84	1.1	9.5
2007	1.93	1.1	4.9
2008	1.96	1.1	1.6
2009	2.18	1.2	11.2
2010	2.50	1.2	14.7
2011	2.53		1.2

第四节　武装力量及武器装备

坦桑尼亚正规军总兵力约 28000 人，其中陆军约 23000 人，海军约
2000 人，空军约 3000 人。

近年来，坦桑尼亚十分注重海空军和陆军技术类兵种的发展，建立了
一支以陆军为主体、辅之以一定数量的其他兵种的合成部队。

（一）陆军

坦桑尼亚陆军由 5 个步兵旅、1 个装甲旅、3 个炮兵营、2 个防空炮
兵营、1 个迫击炮营、2 个反坦克营组成，此外还有通信工程、后勤保障

等部队。① 陆军部队主要驻扎在桑给巴尔防区、西部防区和东部防区，陆军武器装备有：115 辆装甲车、10 辆 BRDM - 2 装甲侦察车、57 辆装甲运兵车、270 门牵引炮、48 门多管火箭炮、150 门迫击炮、75 门无后坐力炮、500 部火箭发射器。

（二）空军

坦桑尼亚的空军防空部队司令部、飞行团、直升机中队、防空导弹营、飞行学院及其他勤务部队组成。防空部队司令部设在达累斯萨拉姆郊区，辖有恩格莱思格莱空军基地、姆万扎空军基地、一个运输机旅和三个导弹营，分驻达累斯萨拉姆、桑给巴尔和姆特瓦拉地区。防空部队司令部还下辖雷达部队。装备有 14 架战斗机、11 架固定翼攻击机和 7 架运输机。② 现任空军司令是英格拉姆（William Ingram）少将。

（三）海军

1971 年 12 月 6 日，坦桑尼亚海军正式成立。1983 年，海军司令部成立。坦桑尼亚海军包括海军司令部、海军大队、海军基地、海军训练学校、岸防导弹营和海军陆战队员等。海军司令部总部设在基甘博尼（Kigamboni）半岛。海军舰队由小型战斗舰艇及支援舰艇组成，分别驻扎在基甘博尼和姆万扎。岸防导弹营分布在坦噶到姆特瓦拉沿岸。坦桑尼亚海军装备有 9 艘快艇和 12 艘巡逻舰。现任海军司令为马康佐少将。

坦桑尼亚海军成立后屡建战功，在和平时期执行巡逻和保卫沿海水域的日常任务，同时完成政府交予的各项军事任务，包括防范走私、打击非法捕捞和实施营救等行动。

1978 年，部署在维多利亚湖上的鱼雷艇击落了一架乌干达飞机。

1987 年，坦桑尼亚南部的林迪和姆特瓦拉地区发生水灾，海军登陆艇"卡萨"号执行了营救任务。

1989 年，海军炮艇在坦桑尼亚水域参加了针对非法捕捞的军事行动，成功抓获了在姆特瓦拉低空海域进行非法捕捞的两艘韩国渔船。

---

① "Tanzania," Jane's World Armies.

② "ASN Aircraft Accident 01 - OCT -2015 Hongdu K - 8 Karakorum," https：//aviation - safety. net.

1997 年，部署在坦噶尼喀湖的两艘鱼雷艇执行了对该地区的巡逻任务，以应付边境难民众多、盗匪猖獗的复杂局面。

海军招募 18～25 岁的坦桑尼亚公民，要求身体健康，具有中学或中学以上文化水平。入伍后需要参加新兵训练中心举办的基础训练，基础训练结束后合格者被选入海军。新入伍的士兵还要接受航海驾驶技术等课程的培训。此后，被选中的士兵将成为军官，送到坦桑尼亚军事学院接受军官基础训练，之后被编入现役，成为正式的海军军官。编入现役的海军军官到海军总部的海军训练学校学习，然后上舰进行实操训练。一些军官还可能被选中，在本国或国外接受更高级的海军课程培训。

（四）国民服务队

国民服务队受国防部和国防军总部双重领导，共 4000 人。国民服务队始建于 1963 年 7 月 10 日，开始以接收小学毕业生为主，自愿参加。为加强对国民服务队的领导，政府于 1975 年决定将其编入坦桑尼亚人民国防军，并将原来的国防部改为国防和国民服务部，国民服务队作为国家准军事部队，同国防军一样接受国防和国民服务部及国防军总部的双重领导。20 世纪 70 年代，国民服务队逐渐发展为对青年进行政治教育、军事训练及工业、农业、副业和手工业生产技术培训的基地，同时也成为向各级行政部门提供干部，为国防军、警察部队和监狱部队输送新鲜血液的基地。

1992 年实行多党制后，强调国民服务队的训练以职业培训为主，参加国民服务队营地训练要坚持自愿原则，由此国民服务队的作用一度被忽视。

1995 年当选的坦桑尼亚总统姆卡帕提出，重新组建国民服务队，通过营地生活和对各种专业技术的培训，培养青年人的爱国主义、团结互助和平等博爱的精神，提高他们适应社会、适应生活的能力，为国家培养各级领导人才，培养他们在国家需要的时候能够挺身而出的精神，保卫国防与安全。

近年来，坦桑尼亚致力于扩大和完善国民服务队，甚至提出要重新引入义务制。坦桑尼亚政府也在探讨未来所有警察和政府工作人员都要从国民服务队毕业生中产生的可能。

坦桑尼亚的准军事部队还包括警察部队和民兵部队。警察部队隶属内政部，共 3 万人；民兵部队隶属国防军总部，共 8 万人。

（五）军事院校

坦桑尼亚国防学院成立于 2012 年 9 月 10 日，隶属国防和国民服务部，主要开设国防建设、国家治理和安全战略课程。培训对象主要是上校以上的现役高级军官（也包括来自国民服务队和警察与监狱系统的同级别的官员）和政府部（局）级官员，以及周边国家的高级军官。到 2016 年 6 月，已经培训了四期学员。除第一期外，通常每期都有 9～10 个周边国家的上校及以上级别军官参训，其中，2014～2015 年和 2015～2016 年两期有来自南非的非洲大国军官参训。坦桑尼亚国防学院设有院长（少将）、常秘（准将）、高级督导以及助理督导，采取的是英式与中式相结合的教学训练模式。

坦桑尼亚军事学院前身为蒙杜里国家领导学院，成立于 1976 年，1992 年改为现名。学院原本为培训坦桑尼亚国防军中、高级军官，实际上主要用于训练国防军预备军官，有时也举办营级军官和高干训练班。学院提供战略训练的课程。学员除坦桑尼亚学员外，还来自整个东非和其他非洲国家。2014 年，38 名学员从这所学院毕业，其中 27 名来自坦桑尼亚，11 名来自肯尼亚、卢旺达、乌干达、布隆迪、纳米比亚、赞比亚和津巴布韦等国。

其他有名的军事院校有蒙杜里参谋指挥学院、伊科马参谋指挥学院、恩格莱思格莱军事航空学院（空训中心）、蒙杜里炮兵学院、多多马防空军事学校、多多马情报学校、伊林加士官学校、南钦奎参谋学校、莫罗戈罗行政管理学校和奠洛洛军械学校等。

2017 年 1 月 16 日，坦桑尼亚人民国防军综合训练中心奠基。

近年来，坦桑尼亚非常重视职业军事教育。目前重点是发展蒙杜里参谋指挥学院。多年来，蒙杜里参谋指挥学院和坦桑尼亚军事学院共处一地。国防军一直想将两个学院分开，以便为军校学生和军官提供更有针对性的教育。坦桑尼亚还希望扩建蒙杜里参谋指挥学院，并计划建立更多的军事学院，包括宪兵学校、特种兵学校、海上训练中心。

第五节 主要的安全威胁

与建国初期相比，坦桑尼亚的安全环境总体良好，然而，在新形势下，坦桑尼亚面临着影响国家安全的新挑战、新问题，包括外部威胁、内部威胁和地区威胁。

1. 外部威胁

20世纪90年代以来，越来越多的外国渔船到坦桑尼亚水域进行非法捕鱼活动。2001年，在坦噶尼喀湖和维多利亚湖上都发生过船只遭武装抢劫的事件。2002年，坦噶尼喀湖上的盗贼增多，往来于基戈马和布琼布拉的湖上客运和货运业务曾被迫停止。

坦桑尼亚与马拉维就尼亚萨湖附近水域及资源存在争端。由于在富油水域的钻井开发上存在冲突，坦桑尼亚曾一度动员军队，威胁要向马拉维开战。

2. 内部威胁

1992年实行多党制以来，坦桑尼亚出现了一股不满桑给巴尔和大陆联合、鼓吹桑给巴尔"独立"的分离主义势力。这股势力经常在桑给巴尔从事恐怖和破坏活动，包括暗杀、爆炸、放火等。

1998年8月7日，美国驻坦桑尼亚和肯尼亚大使馆遭到恐怖袭击。此前几周，在达累斯萨拉姆一座清真寺外发生暴力冲突。目前，坦桑尼亚仍有若干民族主义和地区恐怖主义团伙频繁活动，比如"青年党"武装。近年来，坦桑尼亚出现了一些小规模的宗教激进组织。因1998年美国大使馆爆炸事件被捕的一名坦桑尼亚人就是伊斯兰激进组织成员。

3. 地区威胁

大湖地区国家的动乱给地区形势带来不安，甚至直接威胁到坦桑尼亚边界的安全。难民的涌入给坦桑尼亚社会生活带来不安定因素。难民营附近地区不仅社会治安状况恶化，生态环境也遭到严重破坏。2017年5月，坦桑尼亚国防部长姆维尼指出，坦桑尼亚周边国家政治不稳定，越来越多的非法移民涌入坦桑尼亚，导致与坦桑尼亚接壤的过境线安全隐患增多。

他具体分析说：由于布隆迪国内政治动荡，与卢旺达、布隆迪接壤的西部边境最不安全；在南部，与马拉维就尼亚萨湖边境的局部边境线归属问题正在协商中，还没有最终结果；在北部边境，来自埃塞俄比亚、厄立特里亚以及索马里的大部分非法移民将坦桑尼亚当作前往南非的中转站。此外，刚果（金）、布隆迪、索马里、南苏丹国内的政治骚乱，导致大量非法移民涌入坦桑尼亚。

2012年，坦桑尼亚国防部宣称，政府将花更多费用为陆军和空军购买装备，加强情报、监测和侦察能力，以应对海盗和本土及跨国恐怖主义。

第六节　对外军事关系

（一）与其他非洲国家的关系

坦桑尼亚人民国防军建立不久，就建立了一些训练营地，为津巴布韦非洲民族联盟、莫桑比克民族解放阵线、南非泛非主义者大会和非洲人国民大会、纳米比亚的西南非洲人民组织等训练自由战士，向刚独立的国家提供军事援助。

1978年，乌干达军队入侵坦桑尼亚。坦桑尼亚快速反击，把入侵的军队赶出坦桑尼亚领土，并进而支持乌干达民族解放军推翻了阿明军政权的统治。

（二）与中国的关系

中坦两军长期开展交流互访、联合演训等活动。

中坦两国军事交往与合作始于1964年。坦桑尼亚人民国防军建立初期，大陆和桑给巴尔都聘请了专家训练军队。1969年底坦桑尼亚辞退了加拿大和苏联专家后，其军队全部由中国专家训练。坦桑尼亚在军事装备上得到中国的大力支持。

近年来，两国军方交往频繁，合作不断深入。2000年，中国海军舰艇编队访问坦桑尼亚，这是中国海军舰艇首次访问非洲大陆。2016年5月30日，中国海军舰艇第五次访问坦桑尼亚。2017年11月19日，中国海军"和平方舟"号医院船抵达达累斯萨拉姆港，对坦桑尼亚进行友好访问并提供人道主义医疗服务。这是时隔七年后中国海军"和平方舟"号医院船第二次访问坦桑尼亚。

坦桑尼亚三个主要港口都面临恐怖组织和索马里海盗的威胁。坦桑尼亚政府主动表示,希望与中国在打击恐怖主义和索马里海盗方面展开合作。2014 年 11 月 14 日,中国人民解放军海军陆战队与坦桑尼亚军队联合举行为期一个月的"超越-2014"联合军演。军演的重要主题之一就是反恐,也包括海战战术和反海盗。这是中国首次与非洲国家进行联合军演,在双边关系史上有着里程碑意义。

坦桑尼亚军队十分重视学习与借鉴中国的经验。坦桑尼亚国防学院每期都组织出国考察,中国是其固定的考察对象国之一。中国大力支持坦桑尼亚的军事培训,先后援建了蒙杜里国家领导学院和坦桑尼亚国防学院等军事院校。自坦桑尼亚国防学院成立起,中国便派出高级军官参与学院的教学及管理。2015~2016 年,中国首次派出了现役军官参训,这标志着中坦关系进一步深化。

(三) 与西方国家的军事关系

独立初期,坦桑尼亚的外援主要来自西方国家,由于坦桑尼亚支持南部非洲民族解放运动,双方关系恶化。1965 年 1 月,坦桑尼亚驱逐了从事颠覆活动的两名美国"外交官",美国也停止了对坦桑尼亚的援助。1965 年 2 月,德意志联邦共和国停止对坦噶尼喀的军事援助,撤走了空军和海军专家组。1965 年 11 月,由于英国支持罗得西亚少数白人政权,坦桑尼亚断绝了同英国的外交关系,由此失去了英国的援助。

近年来,坦桑尼亚与西方大国的军事交往得到恢复和发展,得到了一些军事援助。

坦桑尼亚与美国开展反恐合作。美国驻达累斯萨拉姆大使馆发生恐怖爆炸事件后,1998 年 8 月,美国与坦桑尼亚签署了坦桑尼亚警官赴美国接受反恐活动训练的协议。2000 年 8 月,美国同坦桑尼亚签署了相互开放领空的协议。2002 年 8 月,美国同坦桑尼亚签署了帮助坦桑尼亚加强打击金融和经济犯罪活动的协议,打击洗钱活动和控制恐怖分子的银行存款。根据双方协议,美国向坦桑尼亚警察部队提供了技术援助。

美国加强了同坦桑尼亚国防军的关系，与坦桑尼亚军队举行联合演习，向坦桑尼亚国防军提供奖学金名额。早在 20 世纪 80 年代中期，坦桑尼亚国防军军官就开始到美国军校学习。开展反恐合作后，赴美学习的军官人数增加，涉及步兵、火炮、信号、宪兵、情报、工程、海防守卫等专业。美国还应坦桑尼亚要求，对坦桑尼亚的维和部队进行训练，以提高其作战能力。

美国还为参加联合军演的坦桑尼亚军队提供后勤支持，在沿海海水监测培训、国际维和行动、人道主义援助等方面与坦桑尼亚合作。

坦桑尼亚与法国、英国、欧盟等也有军事合作，坦桑尼亚曾与法国多次联合举行军事演习，法国和欧盟曾帮助坦桑尼亚维护坦桑尼亚的水域，英国也曾向坦桑尼亚赠送军事装备。

(四) 对外军事合作

坦桑尼亚将其和平与安全同本地区乃至整个非洲的和平与安全紧密地联系在一起。作为东非共同体、南部非洲发展共同体和非洲联盟的重要成员国，坦桑尼亚在推动和发展地区军事合作、维护非洲和平与稳定方面发挥着积极作用。

在坦桑尼亚倡议下，1993 年东非三国恢复合作。1997 年 11 月，三国军队总司令达成协议，决定加强三国在国防事务方面的合作。1998 年 6 月，三国进行了联合军事演习。东非共同体正式成立后，三国加强防务合作，以确保本地区的和平、安全与稳定。2001 年 10 月，三国签署《国防谅解备忘录》，决定加强在军事培训、军事技术、军事情报等方面的合作。2002 年 11 月东非共同体首脑会议决定三国将采取一致行动，打击东非地区的恐怖主义势力。2005 年 9 月 1～13 日，三国军队在肯尼亚举行了联合反恐演习。2009 年 9 月，东非共同体在坦桑尼亚东北部举行了代号为"乞力马扎罗山 2009"的联合军演。在随后举行的共同体和平与安全会议上，各成员国达成一致，着手建立一支有别于非洲联盟下辖的东非机动旅的共同体机动部队，以便在必要时执行维和及人道主义救援任务。

南部非洲发展共同体于 1992 年 8 月 17 日成立后，坦桑尼亚积极参加南共体武装部队的军事演习；参加应对恐怖主义的地区防务和安全会议，制订反恐计划，通过反恐宣言，采取联合行动，共同反对和打击恐怖主义；参加南部非洲共同体规范成员国警察在执行任务时的行为、加强相互合作的行动；与其他国家一道讨论地区政治、经济和安全形势等问题，通过《南部非洲共同体共同防务协定》。2012 年 12 月，南部非洲共同体在达累斯萨拉姆举行政治、防务和安全特别峰会，讨论刚果（金）冲突、津巴布韦问题和马达加斯加政治危机。2013 年，坦桑尼亚参加了历时一个多月的南部非洲共同体组织的首次由多国特种部队参与的模拟实战演习。

坦桑尼亚积极参与非洲联盟反对和预防恐怖主义、维护非洲地区和平与安全及组建非洲常备维和部队等行动。2008 年，非盟采取一项联合行动，由坦桑尼亚部队统领的多国部队出兵科摩罗，向反叛武装力量发起进攻，夺回昂儒昂岛控制权，恢复民选政府的权威。军事行动结束后，200 多名坦桑尼亚士兵留驻 9 个月，帮助当地政府重建秩序。

2007 年以来，坦桑尼亚越来越积极地参加联合国维和行动（见表 5 - 2），特别是非洲的维和行动，已经分别向黎巴嫩、达尔富尔、刚果（金）派出维和部队。据 2015 年 12 月底的统计，坦桑尼亚共派出 2324 名维和人员，包括 66 名警察、18 名联合国中东特派团成员、2240 名军人，派出人数在世界各国中列第 107 位。[①]

表 5 - 2　坦桑尼亚军队参与的部分维和行动

单位：人

任　务	地点	人数
联合国驻刚果（金）稳定特派团（MONUSCO）	刚果（金）	1247
达尔富尔维和部队（AMID）	达尔富尔，苏丹	1123
联合国驻黎巴嫩过渡时期军队（UNIFIL）	黎巴嫩	159
阿卜耶伊临时安全部队（UNISFA）	阿卜耶伊	5
联合国科特迪瓦行动（UNOCI）	科特迪瓦	4
联合国驻南苏丹特派团（UNMISS）	南苏丹	1

资料来源：https：// en. wikipedia. org/wiki/Tanzania_ People%27s_ Defence_ Force。

[①]　http：// www. un. org/en/peacekeeping/resources/statistics/contributors_ archive. shtml。

第六章

社 会

殖民地时期，坦桑尼亚的社会发展及相关的社会服务只有限于一些教育和健康服务，只是针对特殊人群，而且质量不高。坦桑尼亚独立后才开始重视社会发展和社会服务，独立初期，在国家发展战略中提出综合社会发展的理念，强调自力更生的农业发展以及健康教育服务的重要意义。然而，这一时期，社会发展程度较低，社会服务机制薄弱，缺乏专业人员。经过几十年的发展，社会各个领域受到重视并得以发展，社会发展的进步十分显著。坦桑尼亚是非洲大陆少有的能够长期保持相对的民族团结、社会和谐以及政治稳定的国家。

坦桑尼亚传统社会存在酋长制。1961年，政府废除了这一制度。

第一节　国民生活

坦桑尼亚目前仍是贫困国家。2012/2013年度与2010/2011年度相比，除了达累斯萨拉姆之外，其他地区的贫困和不平等现象都在增加，基尼系数从0.37上升到0.39。根据2016年联合国开发署《人类发展报告》，坦桑尼亚的人类发展指数为0.531，在全部188个成员国中居第151位，为世界最不发达国家之一。

坦桑尼亚的贫困主要为农村贫困。总体而言，居住在干旱、半干旱地区的农村家庭因为完全依靠牲畜养殖或粮食作物生产，贫困率最高。中部和北部高地的人口营养最缺乏，沿海和南部高地人口的贫困程度最严重。

在坦桑尼亚农村，从事种植、养殖、渔业和林业的人口对极端天气事件以及国际商品市场的不合理价格反应敏感，贫困现象严重，抵御风险能力弱。

坦桑尼亚城市地区的不平等和部门之间的不平衡较为突出。城市地区缺少规划的居住区拥挤不堪，供水和卫生设施紧张。城乡平均收入差距大，城乡在获得较高报酬的工作、教育和健康等社会服务的机会不均等。

一 食物与饮用水

坦桑尼亚人食品品种多样，主食包括玉米（33%）、木薯（15%）、大米（8%）、小麦（4%）、高粱（4%），此外还有小米、土豆和各种豆类等。高收入的城市居民主要食用大米和小麦，低收入的城市居民以木薯和高粱为主食，玉米则是城乡各阶层的重要主食。副食主要有牛肉、羊肉、鸡、鸡蛋、鱼、牛奶和奶制品。低收入家庭吃肉不多。

坦桑尼亚粮食短缺比较严重。2010/2011 年度，粮食短缺的家庭比例为 21%，2012/2013 年度，这一比例上升到 43%。其中，坦桑尼亚大陆的农村粮食短缺的家庭比例最高。政府采取了学校提供午餐的办法来解决学龄儿童营养不良的问题。

多数坦桑尼亚人一天三餐，也有相当数量的人口一天少于三餐。特别是在大陆的农村地区和桑给巴尔。2012/2013 年度，有孩子的家庭中，年龄在 5 ~ 69 个月的孩子一天吃三餐或三餐的占 87%，一天两餐和一天一餐的分别占 12% 和 1%。

坦桑尼亚人消费的饮品多样，包括牛奶、果汁、茶、咖啡、软饮料、啤酒、葡萄酒和烈性酒。

随着旅游业的发展、国际交往的增加、大企业的国际营销，坦桑尼亚的饮食也越来越国际化，特别是在达累斯萨拉姆和阿鲁沙这样的城市。

2015/2016 年度，全国有 60% 的人口能喝上安全的饮用水，这一比例在大陆城市为 86%，在大陆农村为 48%，在桑给巴尔为 98%。

二 居 住 条 件

坦桑尼亚农村住房简单，这是出于以下几个原因。一是气候暖和，人们长时间在户外，二是人们更强调精神生活，三是盖房子花销太大，四是可获取的建筑材料有限。1967 年开始的"村庄化"运动中建立了许多"乌贾马村"，新村中的住房建设水平比以前有所提高，而且比较规范，居住也比以前更加集中。

越来越多的坦桑尼亚人涌入城市，导致城市住房短缺。近几十年来，坦桑尼亚政府主要是通过提供贷款、减免税收和建设经济适用房等措施解决，但效果有限。

城市住房短缺引发房价上涨。这在达累斯萨拉姆表现得尤其突出。达累斯萨拉姆的房价一直是全国最高的。1970 ~ 1980 年，达累斯萨拉姆房价从高出全国水平 30% 上涨到高出全国水平 80%。现在，达累斯萨拉姆一套住房的平均价格在 4.5 亿坦桑尼亚先令（约合人民币 135 万元），是全国平均水平的 2.5 倍。

49% 的坦桑尼亚人仍住在用草、树叶和泥做屋顶的传统房子里。[1]

桑给巴尔的建筑反映了生活在沙漠的阿拉伯人的风格。屋顶是平的，上面有阳台，有隔栅，还有荫凉的院子。

在坦桑尼亚，拥有冲洗式马桶、通风的坑式厕所或简单的坑式厕所这些基本卫生设施的家庭比例比较高，但近年略有下降。2012/2013 年度，拥有基本卫生设施的家庭比例由 2008/2009 年度的 90% 下降至 87%。恶劣的卫生条件是导致腹泻、痢疾和霍乱等可预防疾病的一个主要原因，改善卫生通常带来更好的健康状况，并因此影响家庭的其他方面。

坦桑尼亚居民用电比例不高，但在稳步增长。2015/2016 年度，1/4 的家庭能用上电。2012/2013 年度，这一比例是 19.82%。坦桑尼亚的家

---

[1] *Tanzania in Figures 2012*, Tanzania National Bureau of Statistics Ministry of Finance, June 2013.

庭正慢慢地从使用木材转向使用替代能源做饭。使用替代能源做饭的家庭比例从 2008/2009 年度的 1.5% 上升到 2012/2013 年度的 3.3%。

三　家庭状况

坦桑尼亚于 1971 年制定了《婚姻法》，主张男女平等、自由恋爱，提倡一夫一妻，妇女法定结婚年龄为 18 岁。同时，《婚姻法》承认穆斯林按伊斯兰教规定一男可娶四妻和一些民族一夫多妻的传统做法，甚至默许了一些民族女孩 15 岁（个别的 12 岁）即可结婚的传统。《婚姻法》实施以来，自由恋爱增多，男女更加平等，一夫多妻、买卖婚姻、12 岁以下女孩被迫结婚和打骂妇女的家庭暴力现象都有所减少。

坦桑尼亚还存在一夫多妻现象。18% 的妇女生活在一夫多妻的家庭。在最贫困家庭中，一妻多夫家庭的比例为 13%。一夫多妻在农村主要集中于马赛人居住的地方。许多坦桑尼亚人有传宗接代的观念，由于婴儿死亡率高、平均寿命短，所以一夫多妻制也被用来延续血脉、照顾老人。

2015/2016 年度，坦桑尼亚每个家庭有 4.9 名成员。离婚、未婚同居现象比较普遍，单亲家庭有所增加。

四　就业

坦桑尼亚从事非农正式工作的人不多。2013 年，在坦桑尼亚大陆，有近 186 万人有正式工作。大多数员工受雇于私营部门，为 123 万人。其中，成年男性占总数的 62.7%。77.9% 的 15~24 岁的年轻员工受雇于私营企业。

五　收入与消费

近年来，坦桑尼亚的人均收入增长较快。2000 年，坦桑尼亚的人均收入为 310 美元，到 2011 年增至 740 美元，增长了 138%，按照购买力平价计算，增长幅度达 97%。

在坦桑尼亚，公共部门员工的平均收入为私营部门员工的两倍。金融和保险行业的收入最高，其次是电力、天然气、蒸汽、空调和供应行业、科学技术活动，住宿和食物服务行业最低。

住房、饮食、衣着、燃料和交通这些生活必需品占当地居民生活支出的绝大部分，娱乐、旅游等被视为奢侈性消费，在生活支出中所占的比例很低。

坦桑尼亚的生活成本较高，而且呈上升的趋势。2012/2013 年度，生活成本增长了 34%，通货膨胀率比较高，农村人口生活成本增长了 36%，达累斯萨拉姆居民生活成本增长了 23%。

2015/2016 年度，75% 的家庭有移动电话，一半的家庭有收音机，40% 的家庭有自行车，20% 的家庭有电视机，4% 的家庭拥有汽车或卡车。

第二节　社会管理

一　社会组织

坦桑尼亚现代意义上的非政府组织产生于独立以后，在 20 世纪 80 年代得到快速发展，坦桑尼亚的国内非政府组织可以分为全国非政府组织、区域非政府组织和地区非政府组织。

坦桑尼亚社会组织中，16% 属社会服务类，13% 属社区发展类，12% 属教育类，10% 属健康类，31% 从事表达性活动。

坦桑尼亚的主要社会组织如下。

妇女发展基金会　由基奎特总统夫人萨尔玛·基奎特于 2006 年 10 月创立并担任基金会主席，属非营利性非政府组织，在坦桑尼亚具有较大影响。基金会旨在提高妇女社会地位，改善妇女及儿童教育和医疗条件。

坦桑尼亚非政府组织协会　1988 年成立，创始成员组织 22 家，包括家庭计划协会、坦桑尼亚媒体妇女协会、坦桑尼亚家政经济协会、坦桑尼亚女童指导协会、坦桑尼亚基督教专业者、坦桑尼亚红十字协会、发展研究协会－妇女研究小组、社区发展信托基金、坦桑尼亚妇女律师协会、基督教女青年协会、自力总统信托基金、坦桑尼亚妇女发展基金会、基督教男青年协会等。

二　社会服务

坦桑尼亚独立初期，社会福利管理基本沿袭了殖民时期社会福利事业由私人慈善团体和企业承担的做法。此后，政府和革命党重视社会福利事业，不断调整政策，扩大社会服务范围。

目前社会服务管理大部分由中央政府社会福利部负责。这些服务包括初级教育、医疗服务、特殊教育和母婴医疗服务等。贯彻福利制度所需费用由政府支付，社会服务部分由政府给予资助，如以补助金形式提供给私人或管理福利的机构。

社区服务机构中有专职社会工作者和社会福利工作人员，他们负责解决困难，提供帮助和建议，包括解决婚姻冲突、维持家计、提供教育和职业指导、帮助调解和介绍服务等。

坦桑尼亚农村有传统的大家族关系，成员之间相互了解和合作，集体精神和相互支持的精神得以发扬。政府鼓励村民集体劳动和生活，开办集体企业。全国保险公司为乌贾马村、合作社和销售局提供集体保险。20世纪60年代末，政府开始在农村着手建立医疗中心、日托中心和提供纯净水，促进和改善农民的社会福利。这些服务通常由大批农村工作者提供。

三　社会福利

城市福利设施由市镇政府提供，在农村由村政府提供。疗养院由中央政府管理。养老院由中央政府、宗教组织负责管理，宗教组织管理的养老院或疗养院由政府资助。民众免费享受福利设施，养老院通常仅接收无人照顾的老人。在城市社区提供社会服务上，政府鼓励机构和工作单位提供食堂、日托中心等公共服务设施。这些服务设施由不同机构资助，由工厂、准国营组织以及全国妇女组织经营。社会福利部为日托中心提供技术咨询。市政当局为贫民提供家园，为诊所和学校提供场所。

四　社会保障

在坦桑尼亚传统社会中，部族的社会保障主要依靠两个方面，一是依赖神灵保佑，二是部族成员互助合作。传统的桑给巴尔社会有严格的等级制度，非洲人大部分是奴隶，是奴隶主的财产，处在社会最低层，没有社会保障。殖民统治时期，欧洲移民和当地非洲人享有的福利不同，非洲人福利低下。独立后，坦桑尼亚政府帮助建立公共设施，力图改善农村落后面貌，通过以土地公有制为基础的集体化道路，建立没有剥削、人人劳动和共同富裕的理想社会。在城市实行国有化，保证国家对经济的控制，改善人民的社会福利。社会保障包括提供医疗、住房服务及适当的营养和纯净水，帮助那些需要照顾的儿童、失去劳动能力的老人、残疾人和失业者，以及某些生活条件困难的群体。

坦桑尼亚有大家庭式的习俗，同村人之间多存在亲戚关系。这在这一定程度上起到社会保障的作用。不过，近年来，这种功能随着家庭结构的变化也逐渐减弱。

目前，坦桑尼亚社会保障管理制度有三种形式——国家储蓄基金、国营雇员养老金制度和雇主责任制度，主要针对城市职工而定，他们享有各种社会福利，如养老金、免费医疗、差旅和假期补贴、工伤赔偿、解雇费。职工享受的各项社会福利相当于基本工资的20%。坦桑尼亚国家储蓄基金的资金来自雇主付薪资账册总额的5%和雇员工资的5%。该基金涵盖雇用4~5名工人的公司。国家养老金计划规定政府雇员与雇主共同向全国保险公司交纳保险金。国防部队的服役养老金、抚恤金和服务费由政府预算拨款。政府根据经济发展情况，规定雇员和体力劳动者的最低年薪，并对私人企业进行强制保险，交纳保险费的多少根据险情程度决定。参与保险的雇主提供工伤抚恤金。劳动法还规定雇主付给工人解雇损失赔偿。从正规部门退休的工人，可以提取储蓄基金账户的余额。1983年，坦桑尼亚政府修改了工人补偿法，要求雇主补偿所有在工作期间受伤的工人，并补偿因工伤死亡工人的合法亲属。

目前，只有大约100万名职工可以享受正式的社会保险，另有1600万名职工只能依赖家庭。

1991年7月起开始实行5天工作制，每周工作40个小时。大多数私人雇主雇佣工人仍坚持6天工作制，每周工作44~48个小时。

五 特殊群体的状况与保护

坦桑尼亚政府重视女性的平等和不受歧视权。国家宪法禁止歧视妇女，并通过了一些行动法案，如宪法第十四修正案增加了妇女在议会中的席位。20 世纪 70 年代通过的婚姻法案也赋予妇女在离婚、再婚和继承财产方面更多选择的自由。

在坦桑尼亚，预产母亲可以在母婴卫生诊所就医。有工作的产妇至多休 3 个月的产假，享受全薪待遇，免收母婴的全部医疗费用。妇女生有三胞胎享受产妇津贴。对有四个以内孩子的有工薪的女工家庭免除所得税，妇女和儿童享受免费医疗。

由于坦桑尼亚社会习惯法和伊斯兰教法的影响，妇女保护受到限制。在联合国开发计划署对全球 155 个国家的性别发展指数调查中，坦桑尼亚排第 125 位。在商界上层，妇女极少。职场的女性往往被分派做类似制作咖啡这样较低层次的工作。妇女往往被排斥在家庭决策以外，不允许在公共场所抛头露面。女孩可能因为家庭贫困较早辍学。

坦桑尼亚重视儿童的保护。1991 年批准了《儿童权利公约》。2009 年通过了《儿童法案》。

近年来，坦桑尼亚婴儿死亡率、发育不良率、患病率下降，接种疫苗的比率上升。1991～1992 年度，坦桑尼亚婴儿死亡率为 92‰，2015/2016 年度降到了 43‰，降低了 49 个千分点；5 岁以下儿童的死亡率也由 1991/1992 年度的 141‰下降到 2015/2016 年度的 67‰，降低了 74 个千分点。1991～1992 年度，一半以上的坦桑尼亚儿童身材矮小，2015/2016 年，这一比例下降到 34%；2015/2016 年度，6～59 个月儿童患贫血的比例为 58%，2004/2005 年度，这一比例高达 72%。

抚养法规定，婚姻发生破裂，孩子的福利和抚养由社会福利部负责监督实施。对非婚生育的孩子，政府要求假定的父亲付给母亲和孩子抚养费。没有亲属照看的孤儿被送到孤儿院和儿童之家，孤儿院和儿童之家一般由宗教机构管理，政府给予资金补助。父母及亲属不愿照看的孩子在儿童之家待满三年后，儿童之家可以帮助寻求养父母。领养孩子是暂时的，如果孩子没有亲生父母或亲属认领，可以收养。在确认孩子的父母及亲属已死亡或难以追寻后，由社会福利部安排孩子的收养。

政府要求家庭、社区和国家共同负责照顾老年人。年龄大的父母喜欢子孙同堂，愿意接受孩子们的赡养。父母和儿女、孙子辈之间的关系亲密，赡养老人不被认为是负担。传统文化和社会道德约束力量强大，不赡养不照顾老年亲属的人会遭到谴责。家庭的照顾和社会的关心，使老年人生活得到保障，情感得到满足。没有家庭照顾的老人，被送到城区、农村宗教组织和市政管理的养老院，由国家和集体赡养。有家庭的老人由子女承担部分赡养责任。

1992 年通过的《残疾人法》将照顾残疾人的责任赋予残疾人的父母和亲属。如果没有家属抚养和照顾，政府将他们送到家园，这些家园由公费负担，提供医疗和护理服务。严重伤残的残疾人在政府管理的家园得到照顾或在志愿组织经营的家园生活。综合医院为残疾人设有特殊门诊。政府重视残疾人的康复工作，资助建立了永博康复中心，为有潜在生产能力的残疾人提供职业技术培训，残疾人接受培训之后，政府鼓励他们在特殊综合工厂工作，鼓励不能工作的残疾人自己组织合作企业。

由于工伤丧失能力的工人，大部分有资格领取丧失工作能力的生活津贴。残疾人享受包括医疗和住院治疗在内的医疗津贴以及医药费、器械和交通费补助。

工人在国营或准国营单位或工厂工作 10 年后因公殉职，那些完全或实际上依靠他的亲属可以得到抚恤金。

六　事故、犯罪与腐败

坦桑尼亚的交通事故较多。2012 年，坦桑尼亚大陆共发生 11438 起车祸，导致 4919 人死亡。

坦桑尼亚曾被誉为"和平天堂"，但近年来受小型武器流入、难民增加和社会就业率低等因素影响，犯罪率上升。治安案件主要是偷盗和抢劫，特别是盗窃室内和汽车内物品，与此形成对照的是，基于肤色、种族和宗教的人身袭击事件比较少。

　　世界各地都有白化病，但在非洲最普遍。白化病人的皮肤、头发和眼睛中缺少黑色素，视力不佳，易患皮肤癌。世界卫生组织报告指出，在某些非洲族群中，一千个人中就会有一人患有白化病。长久以来的传统思想认为白化病人是受到诅咒的幽灵，而他们的身体部位能够挡住厄运，带来财富和成功。所以，在坦桑尼亚，有巫医把白化病人肢体做成护身符，从中牟利。受害者中，儿童首当其冲，白化病儿童被谋杀的现象时有发生。据联合国报告，2000～2017年，一系列谋杀案导致72名坦桑尼亚白化病人死亡。由于受传统文化的影响，谋杀者多数不会被举报。除了大量的袭击事件，坦桑尼亚的白化病人在学校和工作场所中还遭到别人的歧视，甚至在家里也会被歧视。

　　在政府和社会的努力下，一些坦桑尼亚白化病人的处境有所改善。2010年，坦桑尼亚政府通过了一项保护白化病人在工作场所不受歧视的法律。同年，坦桑尼亚选举出第一位白化病国会议员，但这方面的努力仍需加强。

　　坦桑尼亚是阿富汗、巴基斯坦、印度等南亚国家毒品出口的主要中转站，毒品通过东非转往欧洲、南非和美国。东非毒枭与南亚毒枭有很多是亲属关系，非洲与欧洲、美国有着直接的、便利的空中航线，因此，南亚毒品能便利地从东非的港口进入非洲大陆，再销往世界各地。坦桑尼亚的毒品泛滥现象至今仍很严重。2016年检验出的毒品数量同比增长250%。毒品交易能引发社会动荡，毒品走私曾导致桑给巴尔岛的爆炸案。

　　坦桑尼亚政府不断加大禁毒力度。2000年4月，肯尼亚与坦桑尼亚两国签署条约，共同打击跨边境毒品走私活动。马古富力总统上任后，更加重视禁毒，加大对吸毒和毒品走私的打击力度。他指出，严重的毒品泛滥会腐蚀青年、戕害国家未来。马古富力总统打击毒品的决心很大，他强调：在禁毒中，不论查到谁，都不要畏惧。2016年7月至2017年1月，坦桑尼亚在全国范围开展了历时7个月的禁毒行动。马古富力总统重视政府在禁毒战争中的主导作用。2017年，坦桑尼亚成立了禁毒执法局。新任毒品管理局局长斯安噶表示，政府将致力于切断毒品供应链，强化青少年和公众禁毒教育，让更多的毒品成瘾者前往戒毒中心戒毒。2017年，达累斯萨拉姆掀起了一场轰轰烈烈的禁毒运动。涉毒名单中出现大量政要、巨贾和明星，甚至包括坦桑尼亚前总统姆维尼。

在坦桑尼亚，腐败和贿赂是严重的社会问题，自下而上的各级政府都存在腐败现象。坦桑尼亚政府在反腐败方面做了较大努力，设立并加强了监督监管机构。基奎特担任总统期间曾宣称，腐败是社会犯罪，会让民众反对政府，影响安全、团结和稳定。他以腐败为由免除了总理和中央银行行长的职务。马古富力总统在任内加大反腐败力度。2016 年，政府清理了近 2 万名"吃空饷"的公职人员。2017 年 4 月，解除了 9900 多名伪造学历的公务员的职务。

第三节　医疗卫生

一　医疗卫生政策的演变

坦噶尼喀独立后，尼雷尔总统重视医疗卫生事业，引入初级卫生保健理念，提出发展卫生保健服务；把农村卫生事业和预防工作放在首位，发展农村卫生中心和诊所，建立农村医疗预防网，为拥有 90% 人口的农村地区服务"。

1967 年实施"乌贾马社会主义"政策后，加快了医疗卫生事业发展的步伐，《阿鲁沙宣言》中制定了新的医疗政策。开始实施初级卫生保健计划，重点在于自力更生和促进农村发展。公立医院为工人、农民和政府工作人员提供免费医疗。私人和教会医院及其他医疗机构自行收费。在这一阶段，医院数量和从医人员人数有较大增长，医疗设施得到较大改善，医护人员也增加很快，婴儿死亡率大大下降，预期寿命有了较大提高。坦桑尼亚成为非洲医疗卫生较好的国家之一。

1977 年，国民议会通过《私人医院法》，政府对私营医院和诊所等实行了国有化。之后，因为中央政府经济能力弱，实现地区医疗服务所需要的经费一直在减少。

面对坦桑尼亚大陆无力资助地方医疗事业发展的现实，1985 年上

任的姆维尼总统，接受国际货币基金组织和世界银行的贷款条件，坦桑尼亚政府实行了紧缩的财政政策，大大压缩了社会服务部门的预算。结果，医院、医疗中心和诊所缺医少药，无法正常运行，导致穷人看病难。

1990年，政府制订了《医疗卫生发展计划（1990～2000）》。计划提出，动员、组织和协调全社会的力量，共同建立医疗系统，实施《基础保健计划》（PHC）。1991年，修订后的《私人医院法》规定，个人可以建立医院、诊所或药店。1993年通过的《医疗卫生改革法》废除了免费医疗，实行"费用共担"制度；把提供基本医疗卫生服务的工作下放给地方政府。上述政策虽然缓解了医疗困境，但资金的缺乏使坦桑尼亚大陆过度依赖外援，普通民众无力支付医疗费用。结果，医疗机构和病人经济负担加重，看病的人越来越少。到20世纪90年代末，坦桑尼亚医疗系统基本瘫痪。政府缺少资金，为儿童免费注射疫苗的工作几乎停止，妇女和儿童的健康状况受到严重影响，包括疟疾、肺结核和霍乱等传染性疾病在内的各种常见病发病率上升，居民健康水平明显下降。

据坦桑尼亚卫生部统计，到1999年，坦桑尼亚人的平均寿命已从1988年的54岁下降到48岁；1973年以来，产妇死亡率一直保持在2%左右，但80年代以后逐年上升，到1999年上升到5.29%；5岁以下儿童死亡率从1992年的1.37%上升到1999年的1.58%。

1997年，国民议会通过了《2025年远景发展规划》，提出为国民提供良好的医疗卫生服务，让全体国民都能用上安全饮用水，使婴儿和产妇死亡率大幅下降。规划提出：增加政府对基础医疗卫生单位的拨款；支持和鼓励私营部门和居民个人在医疗卫生领域投资，为公共医疗卫生事业做出贡献；在城市和乡村地区恢复和增加医疗卫生中心，改善向社区居民提供医疗保健服务的工作。

进入21世纪后，国际上对坦桑尼亚的多边和双边援助进一步增加，坦桑尼亚的多边和双边债权人陆续减免了坦桑尼亚的大量债务，政府也增加了拨款，为医疗卫生部门改革和发展计划增添了活力，医疗卫生事业逐步得到恢复和发展。

二　医疗体系及现状

坦桑尼亚卫生和社会福利部负责全国的医疗事业，该部的职责是：制定卫生相关政策，提供医院服务、预防服务、化学物质管理服务、法医科学服务、食品和药品质量服务、生殖健康服务，促进传统医学，检查卫生服务，参与国际卫生和医疗机构、发展人力资源部门、负责部属其他部长级半官方的项目，监督部属政府机构。

1993 通过的《医疗卫生改革法》规定，各地区建立由各阶层代表参加的医疗卫生委员会，全权负责本地区的医疗卫生服务工作。工作内容包括：加强对地区医院和下属的医疗中心管理（医疗中心要加强对其下属诊所的管理），向公民提供良好的医疗卫生服务；制订本地区的医疗卫生发展和服务计划，包括地区医疗卫生服务预算和对预算的管理。改革后，免疫服务、计划生育、慢性病防治、肺结核及麻风病的治疗、妇幼和其他特殊群体的医疗服务，仍由中央政府安排，并视各地区人口、贫困程度、5 岁以下儿童死亡率和医疗机构与乡村农民或城市居民住处平均距离等情况予以拨款。新的医疗卫生系统采取层层负责制，省医官和监管省医疗工作的国家级医院负责人，共同监管辖区内各地区的医疗卫生工作；反过来，他们对中央政府卫生部负责。

坦桑尼亚政府从 2001 年开始建立国家医疗保险基金，绝大部分政府工作人员参加了医疗保险，政府为享有医疗保险的政府工作人员及其家属发放了医疗保险证（一位工作人员可以有六名家属享受与其相同的医疗保险待遇）。坦桑尼亚大陆还设立了社区医疗保险基金。国家医疗保险基金设立后，到医院看病的政府工作人员及其家属大量增加。

从 1986 年开始，坦桑尼亚实行全国计划生育，提倡"间歇生育"，即一对夫妇生育个数不限，但子女年龄间隔必须在 3 岁以上。

计划生育在坦桑尼亚已经取得进展。2015/2016 年度，使用避孕措施的 15～49 岁的妇女为 38%，而在 1991/1992 年度，这一比例仅为 7%。坦桑尼亚的妇女生育率呈下降趋势。1991/1992 年度，每名妇女生育 6.2 个孩子，2015/2016 年度下降到 5.2 个。妇女生育总的特点是：农村妇女

生得多，受教育少的生得多，穷人生得多；坦桑尼亚大陆城市妇女生育3.8个，农村妇女生育6.0个，桑给巴尔妇女生育5.1个；没受过教育的妇女生育6.9个，受过中等教育的生育3.6个；最穷的家庭生育7.5个，最富的家庭生育3.1个。

进入21世纪后，政府加大了在医疗卫生领域的投入，2000/2001年度为医疗卫生部门拨款1.25亿美元，比1999/2000年度增长了15%。2004/2005年度，政府为医疗卫生部门拨款2.67亿美元，比2003/2004年度增长了27.2%。同时，医疗卫生部门的私人团体、宗教团体和非政府组织越来越多，兴建了一大批医疗卫生机构，私人在开办诊所方面尤为活跃，结果到医院和其他医疗单位就诊的病人日益增加。

坦桑尼亚已经建立了从卫生站、诊所、医疗卫生中心、地区医院、省立医院到会诊医院或一级医院的完整的公共医疗卫生系统。

至2010年，全国共有5所国立医院、7所大区医院、33所地区转诊医院、92所地方医院、687所健康诊疗中心、5394个诊所。多数医疗机构都配备了现代诊疗设备，以提供及时有效的健康服务，由此也降低了将病人转诊到海外医院的成本。

位于首都的穆欣比利医院是综合性大医院，有2700名职工，其中医生300名、护士900名，配备有核磁共振、CT、彩超、罗氏大型自动化分析仪等大型先进设备。

据世界卫生组织统计，2010年，坦桑尼亚全国医疗卫生总支出占GDP的7.2%，按照购买力平价计算，人均医疗健康支出100美元。2005~2012年，平均每万人拥有1名医生、3名护理和助产人员，平均每万人拥有7个医院床位。

坦桑尼亚的医疗卫生部门仍面临很大的挑战：（1）医生、护士和其他医务人员严重短缺；（2）医院、诊疗设备等基础设施缺乏；（3）贫困。尤其是农村，很多人无钱看病，妇女和儿童状况堪忧。妇女很少到附近医疗卫生站或医疗中心生育。妇幼健康得不到保证。营养不良是坦桑尼亚人容易感染疾病和死亡率高的内在因素，尤其是儿童。

三 桑给巴尔的医疗卫生事业

桑给巴尔诸岛的医疗卫生事业由桑给巴尔革命政府卫生部统管。

"一月革命"以后，桑给巴尔非洲－设拉子党和革命委员会重视医疗卫生事业，并采取了一系列措施。1965 年，宣布对全民实行免费医疗。以后又陆续兴建或扩建了医院与卫生所，医疗卫生事业有了较大发展。

桑给巴尔岛有综合性医院列宁医院、妇产医院、结核病院、麻风病院、精神病院等。奔巴岛有奔巴医院、韦蒂医院、查克查克医院和麻风病院等。两个岛上还设有农村卫生所。卫生所是桑给巴尔的基层医疗单位，日常工作主要是门诊和接生等。卫生所服务半径为 5～6 公里，服务人口约为 5000 人。有些中心卫生所还配有助产士和卫生助理，并设有临时病床和产床。此外，桑给巴尔岛和奔巴岛上还有一些医疗巡回点，由邻近卫生所的医务人员定期前往巡诊。

20 世纪 80 年代中期以后，桑给巴尔经济发展停滞，医疗卫生和其他福利事业形势进一步恶化。这种局面一直持续到 21 世纪才有所好转。

2000 年，桑给巴尔革命政府开始实施《桑给巴尔减贫计划》（ZPRP）。《桑给巴尔减贫计划》在医疗卫生和社会福利方面提出了总目标：恢复和发展城市和乡村地区的医疗卫生设施，向全体国民提供安全饮用水或安全饮用水水源，提供基础保健服务，搞好环境卫生，降低人口死亡率，到 2020 年把桑给巴尔人的平均寿命从 2002 年的 48 岁增加到65 岁。

通过减贫计划的实施，政府增加了对医疗卫生部门的预算，逐步开始了对医疗机构建筑的维修，增加了医药和医疗设备的进口。一些社区、非政府组织和宗教组织也开办了医疗中心和诊所；联合国开发署、世界银行、非洲发展银行、石油输出国组织、国际红十字会以及中国、英国和日本等国，都向桑给巴尔医疗卫生部门提供了援助。上述举措促进了桑给巴尔医疗卫生事业的恢复和发展。

桑给巴尔在医疗卫生方面仍存在饮用水不卫生不安全不便利、公共卫生设施差和医疗机构设施差等问题。

坦桑尼亚

四　影响健康的疾病

坦桑尼亚的疾病中传染病和寄生虫病较为严重。导致死亡的重要是艾滋病、下呼吸道感染、腹泻、疟疾、休克。影响民众健康的主要有肺结核、霍乱、麻疹、痢疾、蛔虫病、血吸虫病、性病、麻风病、百日咳、伤寒、甲型肝炎、登革热、裂谷热、钩端螺旋体病和狂犬病等。营养不良是导致坦桑尼亚人死亡的一个重要因素；不卫生的环境、拥挤和不通风的住房，使这些问题进一步恶化；户外储存的食物，受到灰尘和苍蝇的污染；在乡村地区，部分饮用水都来自不卫生、不安全的水源，部分饮用水受到人和牲畜粪便的污染。这些都是导致疾病多发的重要因素。

（一）艾滋病

1983 年，在坦桑尼亚西北部卡盖拉省首次发现艾滋病人。艾滋病的流行拉低了平均寿命与婴儿存活率，是导致坦桑尼亚成人死亡的最主要原因。据统计，2015 年，坦桑尼亚携带艾滋病毒人数接近 1400 万人，位居世界第六。同年，有 35700 人死于艾滋病，位居世界第四。

青壮年是受艾滋病影响最严重的群体。新发现的艾滋病人中，70%以上是 25～49 岁的青壮年。最容易患艾滋病的人群是毒品注射者、男同性恋者、流动人口和性工作者。80% 的艾滋病感染者源于异性间性行为。

从 2001 年起，坦桑尼亚政府制订了与艾滋病斗争的国家计划。经过努力，艾滋病感染率有所下降。有 63 万多人接受了艾滋病治疗。

（二）霍乱

霍乱是坦桑尼亚位居第二的最常见疾病。

导致霍乱的主要原因是安全饮用水和环境卫生获得性受限。饮用水供应机构缺乏实施氯化并定期开展水质监测和评估的能力。此外，还有改厕覆盖面很低、长期以来因迷信和误解造成的个人卫生不良、贫穷家庭欠缺卫生设施等原因。

截至 2016 年 4 月，全国共报告 24108 例病例，其中包括 378 例死亡病例。大多数病例报告出自坦桑尼亚大陆的 23 个区域。

（三） 疟疾

疟疾是坦桑尼亚 5 岁以下儿童死亡的最主要原因。就患疟疾的人口来看，坦桑尼亚在非洲各国中名列第三，90% 以上的人口生活在疟疾高发区。每年有 1000 万 ~ 1200 万人得疟疾，8 万人死于疟疾，其中多数是儿童。

成年人发病率达 50%。贫困人口无钱购买防治疟疾的药物，甚至无钱购买蚊帐等防止蚊子叮咬的物品是导致疟疾的重要原因。

2011/2012 年度，6 ~ 59 个月儿童新感染疟疾的比例由 18% 下降到10%。

（四） 肺结核

肺结核一直危害着坦桑尼亚人，尤其是在人口居住密度高的地区。由于受艾滋病蔓延的影响，20 世纪 90 年代以来肺结核发病率呈上升趋势。据坦桑尼亚卫生部统计，肺结核病例 1993 年为 1 万多例，到 2000 年增加到 54000 例。2001 年，坦桑尼亚政府实施了 5 年防治肺结核计划，以降低其发病率。然而，目前坦桑尼亚肺结核病人数还在增加。

（五） 血吸虫病

血吸虫病分布于全国 1/5 的地区，包括东部沿海地区、维多利亚湖东岸和尼亚萨湖北岸地区，以及一些河谷和低地区域。

第四节 减贫

坦桑尼亚消除贫困的挑战既来自较低的农业生产率和快速增长的农村人口、持续的城乡不平衡，也来自地区间的差异。

针对坦桑尼亚的普遍贫困，坦桑尼亚政府既有长远规划作为指导，同时也制订了周密详尽的中短期经济增长与减贫计划，力图通过国内经济的增长、社会制度的完善和政府的治理等各项目标的实现以及借助国际社会的援助和支持来实现国家的发展，从而消除贫困。在政府的努力下，坦桑尼亚的贫困现象有所缓解，然而，面临的困难仍然严峻。

坦桑尼亚的减贫史大致可以分为三个阶段：独立之初的以自立、自强

为特征的社会主义发展理念与政策阶段；20 世纪 80 年代以来在国际援助机构有条件援助框架下的以结构性调整政策为特征的减贫阶段；20 世纪末开始的以减贫为首要任务的国家增长与减贫战略形成阶段。

1967 年，尼雷尔政府在《阿鲁沙宣言》中提出了建设乌贾马的设想，试图通过政府改革尤其是发展医疗和教育来解决社会不公，通过社会主义和自力更生来实现国家的发展。在《阿鲁沙宣言》的指导下，坦桑尼亚制订了一系列增加社会服务的计划，涉及教育、健康、水、通信、交通、农业和经济等领域，取得了很大成效。

然而，由于这一时期是以牺牲农业为代价促进工业现代化，虽然创造了少量技术含量较高的高薪岗位，但是农村贫困现象因此更加严重。

20 世纪 70 年代末开始，石油价格上涨，西方发达国家对外援助大量减少，发展中国家进口压缩、出口大量减少，坦桑尼亚生产咖啡的价格急剧下滑。坦桑尼亚与乌干达之间爆发的战争，加剧了国内的经济问题，政府常常无法提供基本的服务。为应对这一局面，尼雷尔政府推出了"国民经济生存计划"（1981～1982）和"结构调整计划"（1982～1986）等紧缩计划。

从 20 世纪 80 年代中期一直到 90 年代，坦桑尼亚实施了一系列以市场为导向的经济政策改革。这些改革带来了宏观经济指标的重要改善，其中包括经济的持续积极的增长速度、低通胀率、稳定的汇率机制和有所改善的贸易环境。坦桑尼亚的结构调整计划带来了许多社会问题，使城市和农村日益贫困。到 20 世纪 90 年代早中期，由于国际货币基金组织以及其他援助者暂停援助，坦桑尼亚的贫困及发展形势变得非常严峻，1994 年坦桑尼亚爆发的大规模征税以及腐败丑闻进一步加剧了援助者的担忧。

1996 年，国际货币基金组织批准了一笔 2.34 亿美元的新贷款，这一举动带来了多米诺骨牌效应，为其他援助者加大援助力度、提供债务减免以及商业银行提供贷款奠定了基础。

20 世纪 90 年代，坦桑尼亚开始将减贫作为工作中心，陆续出台了一系列长期、中期和短期减贫计划与战略，其中包括《2025 年远景发展规划》和《桑给巴尔 2020 年远景发展规划》（1995/1996 年度）、《国家消

除贫困战略》（NPES）（1997）、《减贫战略文件》（PRSP）（2000）和
《国家增长与减贫战略Ⅰ》（NSGPR Ⅰ或 MKUKUTA I）（2005）。

《2025 年远景发展规划》目标宏大，旨在动员各方力量改变坦桑尼亚
现状，使坦桑尼亚发展为一个中等收入国家。规划提出到 2025 年把坦桑
尼亚的社会和经济建设成有着高质量生活水平，和平、稳定与团结，管理
昌明，民众受过良好教育的学习型社会与能够实现可持续增长和利益分享
的竞争型经济。该远景规划认识到了阻碍先前计划和战略实施的诸多因
素，如对外部援助的过度依赖、经济管理能力不足、施政不力以及实施机
制效果不佳等。该远景规划经与社会各界广泛协商而成，并且得到了联合
国开发计划署和日本、爱尔兰的经济和技术援助。该远景规划指出，教育
是变化的主要推手，教育落后是发展的主要桎梏。实现《2025 年远景发
展规划》的动力主要有三个：一是满怀自信、责任和重视文化价值观的
发展心态，二是能力与竞争精神，三是善政与法治。各个动力内部又包含
许多具体的元素。

2000 年，坦桑尼亚签署了《联合国千年宣言》。在世界银行综合发展
框架指导下，坦桑尼亚将"联合国千年发展目标"（MDGs）与其他减贫
计划相结合，构成其中长期发展目标。这些中长期发展目标又被具体化为
一系列短期计划，短期计划以《减贫战略文件Ⅰ》为起始，持续三年。
之后，在《减贫战略文件Ⅰ》的基础上制定了第一个《国家增长与减贫
战略（2005）》，从 2005/2006 财年开始实行。在桑给巴尔，该战略被称作
《桑给巴尔增长与减贫战略（2006～2010）》（ZSGRP/MKUZA），取代了之
前的《桑给巴尔减贫计划》。

2010 年，《国家增长与减贫战略Ⅰ》期满，坦桑尼亚又新推出了《国
家增长与减贫战略Ⅱ》（即 NSGRP Ⅱ或 MKUKUTA II），同时推出的还有
各个部门的减贫政策与战略。

经过多年的减贫努力，坦桑尼亚的贫困现象有所改善，主要表现为贫
困率的降低和公共服务的改善。《国家增长与减贫战略Ⅰ》期间，坦桑尼
亚在公共服务包括教育、健康、水、能源、电信和基础设施，尤其是公路
建设方面取得了进展，在基础教育、性别平等、艾滋病防治以及环境可持

续等指标方面进步较大。

坦桑尼亚减贫面临的挑战仍然严峻，包括：农业增长缓慢；基础设施落后；公共服务供给不足；母婴死亡率高，营养不良；妇女生育率高；教育落后，贫困人口受教育程度低。

第五节　环境保护

一　环境问题

坦桑尼亚是生物多样性较为明显的非洲国家之一。多数坦桑尼亚人以土地为生，依赖生活于其上的动植物。但这些资源过于稀缺。传统的生产生活方式、经济发展，包括旅游业的发展，对环境和生态系统造成破坏。忽视生态承载力、破坏生物多样性、过度利用自然资源等环境问题逐渐显现。

坦桑尼亚在环境方面存在如下六个主要问题。

第一，土地退化。土地退化使土壤肥力、粮食安全和生物多样性面临风险。全国约有 60% 的土地存在荒漠化。其中，中部地区的土地退化率已经超过了自然再生率。

第二，城市和农村贫困人口难于获取质量好的水源。尽管坦桑尼亚有各种各样的地表水资源，但在大多数时间里，在全国范围内地表水有限。水资源短缺和水质不良是常见的问题。在城市，由于废水处理和泄漏，水质被污染，农村地区的水被淤泥、沉积物和土壤流失和地表径流带来的其他污染物污染。最贫穷的地区受影响最严重。

第三，环境被污染。虽然坦桑尼亚工业化水平低，未经处理的工业废水仍造成重大的局部污染。包括农业工业、化学工业、啤酒厂和炼钢厂行业在内的大约 80% 的工业都位于沿海的达累斯萨拉姆。几乎 70% 的工业污染直接或间接流入印度洋。此外，采矿业使用危险化学品（如氰化物、汞）导致严重的环境和健康问题。在主要城镇，固体和液体垃圾不经处理就被遗弃，污染了空气和水。

第四，野生动物栖息地和生物多样性受到威胁。野生动物栖息地和生物多样性因关键生态系统联系的损失和过度开发受到威胁。盗猎现象严重。2015年6月公布的全国大象数量调查结果显示，大象数量锐减至43521头，比2009年下降了60%。截至2001年，33种哺乳动物面临灭绝的危险，30种鸟类和326种植物物种也濒临灭绝。在农村，人们常常狩猎。

第五，水生生态系统恶化。湖泊、河流、沿海和海洋的水产品日益受到污染和管理不善的威胁。以维多利亚湖为例，该湖中曾有数百种物种，大多是当地特有的，现在仅存三个物种。海洋环境还受到人口压力增加、有害的捕鱼技术、污染和传统机构崩溃的影响。渔业中对炸药的使用毁坏了珊瑚礁，使国家的海洋栖息地遭到威胁。众多物种濒危。①

第六，森林和林地消失。坦桑尼亚的森林逐年减少，速度惊人。1983~1993年短短十年，坦桑尼亚就失去了14.4%的森林和林地。森林的破坏主要是由于农业生产、用木材做燃料等。坦桑尼亚只有5%的人口能够用上电，多数人以木材为燃料，木材燃料占能源消费总量的90%以上。1999年，燃料木材的使用量估计为1700万立方米，而目前的使用量则为3200万立方米，预计还将增加。坦桑尼亚政府认为，砍伐的木材多数非法出口亚洲。负责森林保护的坦桑尼亚森林服务局称，坦桑尼亚每年损失37万公顷的森林。过度砍伐导致生活于其中的野生动物无家可归，破坏了生物多样性，也导致土壤受到侵蚀。

导致上述问题的主要原因包括：各级管理部门对土地和水资源管理不当，金融和人力资源不足，不公平的国际贸易条件，一些地方环境的脆弱性，农村和城市人口迅速增长，机构协调不力，监测和信息系统失灵，解决环境问题的主要利益相关者（如当地社区、私营部门）参与不足，以及不能在规划和发展计划中把保护措施很好地整合进去。

二 环境保护对策

坦桑尼亚的环境保护起步于德国占领期间，当时制定了猎物和森林保

① http://www.nationsencyclopedia.com/Africa/Tanzania – ENVIRONMENT.html # ixzz3GCKg9TTE.

护法，限制当地传统的狩猎、砍柴、放牧等活动。坦桑尼亚独立后，环境保护逐渐引起人们的重视。政府设立相关部门，制定了相关法律法规来保护环境。

在坦桑尼亚，环境部长全面管理全国的环境事务。由各领域专家组成的环境咨询委员会，作为环境部长的咨询机构。环境管理委员会执行对环境影响评价的审查、环境调查和环境审计等职责，对部长负责。相关部门设立了专门的环境管理机构，负责与这一部门相关的环境事务以及与其他部门协调。坦桑尼亚的地方权力机构是主要的环境政策和规则的执行机构。坦桑尼亚还设有环境上诉法庭和环境信托基金，用于对受损害的环境提供救济与补偿。

1983年，国家环境管理委员会（NEMC）成立，隶属于副总统办公室，对政府和国际社会关注的一系列环境问题提出建议。国家环境管理委员会制定了《环保评估程序指南》，明确规定自己负责认定项目是否需要进行环境评估。政府还设有生物圈处，负责环境保护政策的制定和协调、监控环境以及环境规划和环境政策性研究。

坦桑尼亚有关环境的立法和政策框架相当发达。生态问题被视作国家安全问题载入宪法。1977年宪法规定，如果发生危险、灾难（包括环境灾难），危及社会、国家，总统可以宣布国家处于紧急状态。[1] 2004年，坦桑尼亚国民议会通过了《环境管理法》，规定了环境管理原则、环境影响评估、战略环境评估和对特定产业和产品污染征税等内容，防范可能对环境产生的影响，对于已产生的危害，命令其治理并保护，贯彻预防为主、防治结合的理念。《环境管理法》规定了多样化的经济刺激手段，如财政措施、收费制度、财产权、市场机制、行为限制、保证金退还制度、责任体制、信息规定和金融等，通过经济措施抑制不利于环境的行为，鼓励有益于环境的行为。《环境管理法》还规定了公众参与行政决策或立法活动的权利以及保障权利实现的途径。此外，《环境管理法》根据本国资

---

[1] http：//www.egov.go.tz/egov _ uploads/documents/Katiba% 20ya% 20Jamhuri% 20ya% 20Muungano% 20wa% 20Tanzania% 20_ English% 20Version_ % 202009. pdf.

源状况，对保护区和生物多样性的保护做出全面规定。

除了《环境管理法》外，还有《森林法案》（2002）、《土地法案》（1999）、《乡村土地法案》（1999）、《空气质量标准规定》（2007）等。

坦桑尼亚主要的环境保护政策包括 1997 年通过的《国家环境行动计划》《国家环境政策》，1999 年通过的《国家保护区战略》《国家生物多样性战略和行动计划》《国家防止沙漠化行动计划》。

坦桑尼亚积极与国际社会、国际组织合作，参与签署了保护生物多样性、濒危物种、臭氧层、湿地和气候等众多国际公约或宣言，其中包括《发展与环境宣言》、《生物多样性公约》、《关于特别是作为水禽栖息地的国际重要湿地公约》（又称《拉姆塞尔公约》）、《京都议定书》，遵守国际海洋法的规定。

坦桑尼亚非常重视原始生态的维护。政府采取了许多措施，保护坦桑尼亚的生态环境。虽然塞伦盖蒂保护区地下有世界级的大型金矿矿脉，但政府明令禁止保护区内的勘探行为，并严格控制公园内的旅游车辆和人数。为了严厉打击猎豹的盗猎行为，2016 年，退休的坦桑尼亚人民国防军司令乔治·瓦伊塔拉（George W. Waitara）被总统马古富力任命为坦桑尼亚国家公园管理局董事长。瓦伊塔拉表示，坦桑尼亚将动用准军事力量来打击境内的盗猎。2017 年，坦桑尼亚发布禁止木材和木炭出口令，打击滥砍滥伐行为。

尽管政府制定了不少法律、设置了相关机构，采取了必要措施，但在执行政策时有时效果并不理想，限塑令就是一例。坦桑尼亚政府警告说，到 2050 年，坦桑尼亚的水域和陆地将被大量塑料制品污染，后果严重。因此，政府宣布，从 2017 年 1 月 1 日起禁止使用塑料袋，但这一禁令没得到有效执行。

第七章

文　化

坦桑尼亚人偏于保守，做事不慌不忙，倡导平等，幽默、善良，也最能容忍。他们一般不在大庭广众表露自己的感情，即使被伤害或者沮丧时也往往微笑或者保持沉默。

坦桑尼亚人有很强的民族自豪感，不喜欢外国人批评自己的政府。

第一节　教育

坦桑尼亚的家长和孩子都很看重教育，将其视作通往未来的钥匙，认真看待。

坦噶尼喀的正规教育开始于德国殖民统治时期，英国接管坦噶尼喀后，学校数量又有增加。英国殖民统治时期的教育制度以培养为殖民统治服务的人员为目标，执行的是种族歧视政策。学校分为四类：欧洲人学校、印度人学校、非洲人学校和其他人种学校。独立以前，坦桑尼亚没有自己的高等教育。

独立后，尼雷尔总统推行新的教育发展战略，追求让所有坦桑尼亚人都有平等机会获得教育资源，把劳动作为教育的主要组成部分，把发展成人教育和初等教育作为两大重点，将基础教育学校管理权收归国家，小学教育成为国家的责任。小学教育面向生活，毕业生不再为升学做准备，小学入学年龄由 5~6 岁提高到 7~8 岁。

在这期间，坦桑尼亚从小学到大学一律实行免费教育，教育经费占国家财政预算比例较高。在初等教育受到重视的同时，对中等教育的重视程

度不够。

20 世纪 70 年代下半期，坦桑尼亚经济形势恶化。教育政策相应调整。1984 年，免费教育中止。1989 年，坦桑尼亚制订《1989/1990 ~ 1991/1992 社会优先行动计划》，提出教育经费由中央政府负担逐步向主要由地方社区负担的体制过渡，学生也要承担一定费用。《穆索马决议》里招收有实践工作经验的人上大学的规定也被取消。这一改革有利于提高大学的生源质量。对集体和私人办学的限制也被取消，民间办学的积极性得到释放。1995 年 2 月，坦桑尼亚政府出台教育与培训政策，将教育和培训权进一步下放，支持和鼓励非政府组织、私人兴办教育事业。

小学收费后，适龄儿童入学率和识字率都急剧下降。2001 年，政府恢复了小学义务教育，适龄儿童入学率和识字率相应提高。

2015/2016 年度，15 ~ 49 岁人群中，15% 的女性和 8% 的男性没有接受过任何教育。50% 的人口完成了小学教育，23% 的女性和 28% 的男性完成了中学或大学教育。

一　教育体制

按联合共和国宪法规定，坦桑尼亚的高等教育全部由中央政府负责。大陆的初等和中等教育由中央政府的多个部分别负责。桑给巴尔的学龄前教育、小学教育、中学教育、师范教育和成人教育工作，均由桑给巴尔革命政府教育部负责。

初等教育和中等教育方面，大陆和桑给巴尔学制不同。坦桑尼亚大陆学龄前儿童教育是 2 年，对象为 5 ~ 6 岁儿童，属于非强制性的；初等教育是 7 年，对象为 7 ~ 13 岁儿童；中等教育共为 6 年，分为普通中学教育和中等专业教育。后两者又分别分为初级和高级两个阶段，前者 4 年，后者 2 年，对象分别是 14 ~ 17 岁和 18 ~ 19 岁学生。大学教育为 3 年或者更长。

1992 年，桑给巴尔小学入学年龄从 8 岁提前到 7 岁，基础教育年限从 11 年减为 10 年，包括 7 年的小学教育和 3 年的初中教育。学龄前教育年龄段为 4 ~ 6 岁，由政府和私立学校共同提供。桑给巴尔初中的第一年为

表 7 - 1　坦桑尼亚大陆教育结构

高等教育	博士研究生	3 年	高等技术(专科)院校	3 年
	硕士研究生	2 ~ 3 年		
	本科生	3 ~ 5 年		
中等教育	高中	2 年	初等技术(专科)院校	3 年
	初中	4 年	初等技校(中专)	3 年
初等教育	小学		7 年	
学前教育			2 年	

资料来源：许序雅著《坦桑尼亚高等教育研究》，中国社会科学出版社，2009，第 26 页。

"预备年"，第二年和第三年学习正式的初中课程。完成基础教育学业后为后基础教育。后基础教育分两个阶段。在第一个阶段，基础教育考试成绩优秀者继续学习两年，然后可进入第二个阶段。

二　坦桑尼亚大陆的中小学教育

独立初期，政府重视发展基础教育，推行"教育自助计划"，在城镇和乡村办起了一大批学校，主要是小学。教师队伍也从独立时主要是外国师资变为主要是坦桑尼亚师资。1974 年，政府决定实施免费小学教育。1977 年起，强制实行小学义务教育。教育经费逐年增加，主要用于初等教育。到 20 世纪 80 年代初，坦桑尼亚大陆每个村庄都有自己的小学，1981 年小学入学率达到 98%。

20 世纪 70 年代末，坦桑尼亚财政拮据、教育经费不足。1992 年，《关于 21 世纪坦桑尼亚教育政策改革的建议》提出小学教育经费分摊政策，并从当年起小学生开始缴纳学费。这一政策的出台，使小学教育受到严重冲击，导致了不良后果。

1996 年，政府制订《2025 年远景发展规划》，强调重视基础教育发展，尽快普及小学义务教育，消灭文盲，加强教育培训以保障社会经济发展对各层次人才的需求。2001 年，坦桑尼亚教育与文化部出台的《小学教育发展计划（2002 ~ 2006 年）》强调，对小学实行强制性义务教育，扩大资金来源、增加教育投入、改善学校设施，保证适龄儿童入学率、在校生保持率，关注招生数量、教学质量、教学资源利用率以及政策目标的落实。2001 年 7 月，坦桑尼亚开始实行免费义务教育。实行义务教育第一年，适龄儿童净入学率从 2000 年的 57% 上升到 75%。2001 年 11 月，坦桑尼亚获得世界银行和国际货币基金组织 20 年内获减 30 亿美元债务的支持，减免的债务主要用于教育、卫生、扶贫，这为坦桑尼亚实行小学义务教育提供了保障。

2006 年，《小学教育发展计划（2007～2011 年）》出台，在强调招生数量的同时更加注重教学质量、教育供给、教育公平、体制完善以及政策规范；加强了对教师的培训，提高了对教师的要求，强调利益相关者参与管理，资金主要来源于国家预算。

2001 年，坦桑尼亚在校小学生近 484 万人，到 2006 年，猛增到 796 万人，到 2006 年，更是高达 841 万人。[①] 2012 年，坦桑尼亚大陆小学达到 16331 所。小学预科教育的加强，提高了小学的教育质量。

目前，小学课程包括斯瓦希里语、算术、自然科学、地理、民政知识、历史、英语、宗教、信息和通信技术以及体育等。1992 年，政府立法允许私立小学用英语授课。如今，斯瓦希里语是公立小学主要的授课语言，英语是私立小学主要的授课语言。2010 年，全国 15816 所公立小学中，除了 8 所外，其余用斯瓦希里语教学。全国注册的 551 所私立小学中，539 所用英语教学。

20 世纪 60 年代到 80 年代，政府对普通中学的教育关注不够，中等教育就学人数增长缓慢，小学升中学的升学率从 20 世纪 60 年代的 30% 下降到 80 年代初的 4% 左右。从 80 年代中期起，坦桑尼亚政府开始重视中学教育，增加经费投入，同时支持和鼓励社区、宗教团体、社会团体和私人兴办中学。1998 年，大陆中学增加到 792 所。1998 年，大陆小学毕业生升入初中的升学率上升到 15%。

---

① "World Data on Education：VII Ed. 2010/11", United Republic of Tanzania, United Nations Educational, Scientific and Cultural Organization, revised August 2010, p. 13. Suleman Sumra & Rakesh Rajani, HakiElimu, "Secondary Education in Tanzania：Key Policy Challenges", Working Paper 06. 4, p. 1.

表 7 - 2 坦桑尼亚小学入学率

单位：%

时间	入学率	时间	入学率
1974 年	57	1991 年	47
1980 年	68	1995 ~ 1997 年	48
1983 年	87	1998 年	46
1987 年	53	2000 年	57
1988 年	55	2001 年	75
1989 年	48		
1990 年	47	2008 ~ 2011 年	98.2

资料来源：根据李安山等著的《非洲梦》（江苏人民出版社，2003）第 395 页的图表及联合国儿童基金会网站（https：//www.unicef.org/infobycountry/tanzania_statistics.html）的数据编制。

1998 年 12 月，政府制订了《改善中学教育的总体计划》，提出：到 2001 年，小学升中学的升学率由 15% 至少提高到 20%；解决中学女生比例偏低和来自贫困地区学生比例偏低的问题。为此，政府增加了资金投入，设立了"中学女生助学金"和"贫困生教育基金"，结果升入初中和高中的女生比例都有所提高。中学教育进一步发展，2012 年坦桑尼亚中学达 4528 所，其中公立中学 3508 所，私立中学 1020 所。

坦桑尼亚也有不少昂贵的国际学校，位于达累斯萨拉姆的坦噶尼喀国际学校就是其中一所。该校采用 IB 课程体系。学前班一年学费达 3330 万坦桑尼亚先令，高中学费更是高达 6550 万坦桑尼亚先令（折合人民币近 20 万元）。

坦桑尼亚师范教育发展较快。在政府和社会共同努力下，2005 年坦桑尼亚大陆的师范院校由 1996 年的 35 所增加到 52 所。其中，公立师范学院 34 所，私立师范院校 18 所。师范院校学生人数由 1996 年的 13297 人增加到 2005 年的 26224 人。

1972 年，中央政府将成人教育管理权下放给地方政府，令其根据当地情况开办各种成人教育中心。1975 年，国民议会通过了《成人教育法》，规定 13 岁以上的文盲和半文盲都要参加扫盲班学习。整个 20 世纪

70年代，各类成人教育机构达1万多个，包括扫盲班、半文盲班和农民发展学校。到70年代中期，坦桑尼亚大陆已经建立这种学校50多所。扫盲工作成效显著。独立之初，大陆文盲占其人口总数80%以上。1975年，坦桑尼亚大陆13岁以上人口的识字率达到26%，1986年增加到90.4%，由此坦桑尼亚被视为世界上文盲最少的国家之一，受到联合国教科文组织的赞扬。

政府重视职业教育和技术培训。1972年，坦桑尼亚成立了全国职业培训委员会，负责全国的职业培训工作。1967年至80年代中期，政府8个部委先后建立了20多所职业教育和技术培训学校。到20世纪70年代，大陆已有3所技工学校，此外还有各类卫生学校和农业学校等。1975年，世界银行提供贷款支持坦桑尼亚发展职业中学，促进了职业中学的发展，到80年代初，大陆已有各类职业中学300所。

三 桑给巴尔的中小学教育

截至1974年，桑给巴尔有小学108所，在校学生60020人；中学79所，学生10060人；初等专业学校3所。成人教育也取得了积极进展，到1986年，识字率已经上升到61%。另外，还建立了4所中等专业学校。

20世纪80年代以来，桑给巴尔经济困难，政府财政支出缩减，教育事业受到影响。适龄入学儿童越来越多。到1990年，桑给巴尔小学入学儿童占适龄儿童的比例已降至65.7%，基础教育适龄儿童入学率仅为59.7%。成人文盲率也从1987年的38.5%上升到1990年的40%。

1991年，桑给巴尔政府制订了一项中长期教育发展计划，并采取了一系列措施。政府调整了办学政策，鼓励私人、社会团体、社区、地方当局同政府一道办学；对学制也进行了改革。同时，为了提高小学教育质量，强调学龄前儿童教育，1996年桑给巴尔政府提出《桑给巴尔教育总体计划（1996~2006）》，目标是提高桑给巴尔的总体教育水平。

第一，学龄前儿童教育发展迅速。据统计，到2004年，桑给巴尔有学龄前儿童学校181所，比1999年的94所增长了近一倍，其中公立的24所、私立的157所，可为桑给巴尔80%~90%的学龄前儿童提供学习机会。

第二，年久失修的政府小学已经逐步得到修缮，增加了教室和教学设施，同时新建了一些小学。小学不断增加招生名额。到 2004 年，政府小学已从原来的 108 所增加到 130 所左右。小学入学率 1990 年为 65.7%，2004 年达到 100%。

第三，政府修缮、扩大、新建了一些中学，社区、宗教组织、社会组织和私人先后开办了一些私立中学。1996 年，桑给巴尔的中学达到 93 所，其中 80 所为包含小学的初级中学，13 所为完全中学或高级中学。尽管适龄儿童小学入学率越来越高，但由于小学和中学师资不足，教师水平不高，初中和高中升学率都很低。《桑给巴尔教育总体计划（1996～2006）》提出，到 2001 年小学升入中学的升学率要达到 40%，2006 年要上升到 50%，桑给巴尔政府正在采取措施，为提高初中和高中升学率而努力。

第四，政府十分重视职业培训和成人教育。1991 年以来，政府、宗教团体和私人等已先后为未能升入高中的青年学生建立了 30 所（家）基础教育学校或职业培训中心，提供基础教育相关课程，进行各类职业培训。近年来每年进入这些基础教育学校或职业培训中心学习的青年学生有5000 多人。

根据《桑给巴尔教育总体计划（1996～2006）》的要求，地方政府、社区和宗教团体等在许多地方（特别是乡村地区）都办起了识字班，桑给巴尔的识字率有所提高。1986 年，桑给巴尔成人识字率为 61.5%，到 1995 年上升到 71.9%，2002 年上升到 79.6%（其中，女性识字率为69.2%，男性识字率为 90%）。

四 坦桑尼亚的高等教育

坦桑尼亚高等教育起步很晚，1961 年以前，没有自己的高等教育，1961 年，全国只有 76 名大学毕业生，都是国外留学回来的。

坦桑尼亚高等教育的发展可以分为五个时期。

第一个时期是 1961 年 11 月以前，即殖民地时期。1961 年 5 月，作为伦敦大学的一个学院，坦噶尼喀大学学院成立。

第二个时期是 1961～1970 年，即高等教育初创时期。这一时期，坦噶尼喀大学学院发展迅速，1963 年，东非大学成立，坦噶尼喀大学学院改称东非大学达累斯萨拉姆大学学院。这个时期坦桑尼亚高等教育规模不大，受宗主国影响。1965 年和 1966 年，学生卷入游行示威和暴动事件，大学生被要求入学前参加军训，入学后到农村锻炼一年多。

第三个时期是 1970～1984 年，是坦桑尼亚高等教育独立发展时期。在这一时期，坦桑尼亚的高等教育快速发展。大学不断建立，招生人数大大增加，大学专业设置趋于合理，坦桑尼亚大学学院发展为独立的国家大学。1970 年，东非大学解体，达累斯萨拉姆大学学院成为独立的国家大学，更名为达累斯萨拉姆大学。这时，该校已有 4 个系，即文学和社会科学系、理工系、医学系和农学系，在校学生为 1263 人。1974 年发布的《穆索马决议》，强调教育的政治功能，强调教育与实际相结合，要求所有进入高等教育机构的学生和已经毕业的大学生义务为国家服务；同时，规定不再从学校直接招生，而是从工作场所中招收有实践经验的成人入学，录取的最重要标准是考生的工作经历、工作态度及政治表现等因素。上述改革在教育本土化、受教育机会平等、初等教育的普及、教育与实践相结合等方面取得了重要成绩，但大学生入学率和生源质量受到严重影响，在中、高级人才的培养上短板明显。①

第四个时期是 1985～1993 年。这期间《穆索马决议》被废止，高等教育有所改善。和非洲其他国家一样，坦桑尼亚的高等教育长期以来结构失衡，文科设置大大多于理工科。20 世纪 80 年代，达累斯萨拉姆大学对系和学科进行了调整，并于 1984 年组建了索科伊内农业大学，发展方向是强化理工科。调整后，坦桑尼亚高等教育中文科学生比例大幅下降，成为非洲少数几个文科学生比例低于 40% 的国家。理工科学生比例的上升，对教育经费的投入有更高的要求。直到 1990 年，坦桑尼亚仍仅有两所大学，在校学生 3146 人，仅为当时肯尼亚大学生人数的 1/5。

第五个时期是 1994 年以后。为加强对高等教育的计划和管理，1990

① 许序雅：《坦桑尼亚高等教育研究》，中国社会科学出版社，2009，第 63 页。

年政府首次设立了科学、技术和高等教育部。1995 年，坦桑尼亚修改教育法，建立了高等教育委员会，负责高等教育机构的审批和管理工作，同时为坦桑尼亚发展高等教育事业向政府提出咨询建议。

为了加快高等教育的发展，政府鼓励社会力量办学。从 1994/1995 学年开始，学生支付自己的交通、在学校的食宿和其他必要的一切费用；学生交纳部分学费、考试费、课本和文具等费用。1996 年，政府批准成立私立高等教育机构。在政府的鼓励下，宗教组织、社会团体、非政府组织和私人纷纷开办民办大学、大学学院和高等专业学校。民办大学中较突出的有两所：一所是坦桑尼亚天主教会 1996 年在姆万扎开办的坦桑尼亚圣奥古斯丁大学，另一所则是路德教会 1996 年在达累斯萨拉姆开办的图迈尼大学。

政府在高等教育中仍旧扮演着重要的角色，公立大学也有了很大的发展。1994 年，政府开办了开放大学，为未能进入高校学习的高中毕业生或同等学力者提供继续深造的机会。

1999 年，坦桑尼亚政府制定了《国家高等教育政策》。该政策重申了坦桑尼亚高等教育发展面临的六个主要问题：令人震惊的学生低入学率，文理科就读学生严重失衡，性别失衡，财政困难，无规律、无节制地扩大第三级培训机构，扭曲学术研究的真正价值的倾向。《国家高等教育政策》明确了发展高等教育的指导思想，确认了重视理工科的政策取向，主要内容包括：高等教育应着眼于坦桑尼亚经济和社会发展对文化知识和科学技术日益增长的需要；发展高等教育应把与农业相关的科技知识放在首位；科学技术培训应为发展服务，应建立一支强大的当地科技队伍，及时解决经济社会发展中遇到的问题和困难；为了适应现代科技时代发展的需要，应特别重视基础科学的教学和研究工作，重视科技研究成果的应用、转化；重视信息和传播技术的教学和研究工作，要把信息和传播技术的发展当作实现国家《2025 年远景发展规划》的推动力。

以 2007 年成立的多多马大学为代表，一大批新成立的大学正表现出强劲的发展势头。目前，坦桑尼亚有 26 所大学，包括 10 所公立大学、6 所私立大学、15 所大学学院。大学学院中，4 所为公立大学学院，11 所为私立大学学院。此外，还有约 100 所教师培训学院。① 2011/2012 学年，大学在校生为 166274 人，其中私立大学在校生 53701 人。2011/2012 学年，女大学生的比例为 33.9%。②

受制于资金和管理体制等问题，达累斯萨拉姆大学等老牌大学发展相对较慢。根据 2016 年英国《泰晤士高等教育》发布的非洲大学 TOP15 排名，马克雷雷大学排第 4 名，内罗毕大学排第 8 名。曾经入选前 5 名的达累斯萨拉姆大学未进入前 15 名。

过去，桑给巴尔没有大学。大约只有 3% 的桑给巴尔中学毕业生能升入大学。1998 年，桑给巴尔建立了桑给巴尔大学和桑给巴尔教育学院。2003 年，桑给巴尔政府在桑给巴尔市建立了桑给巴尔国立大学（SUZA）。

坦桑尼亚的在线教育发展较快。2015 年，坦桑尼亚卓越教育中心和乌干达合作，推出了包括幼儿园、小学、中学和大学所有阶段的在线教育项目，旨在随时随地通过网络为幼儿园到大学阶段的所有学生提供优质教育资源。

坦桑尼亚大学从办学主体上分为公立、私立两种，按类别可分为技术学院、职业技术学院、大学学院/校区和大学，按办学水平分为大学、大学学院和专科学校。

坦桑尼亚的高等院校有以下几所。

达累斯萨拉姆大学（University of Dares Salam，UDSM），直属高教和科技部，是坦桑尼亚唯一一所门类齐全的综合性大学，也是科学研究中心。达累斯萨拉姆大学包括文学和社会科学学院、理学院、法学院、医学院、工程学院、农林兽医学院六个下属学院，开国元首尼雷尔总统曾兼任该校校长。坦桑尼亚籍教师占大学教师的 70%；外籍教师占 30%，外籍教师多来自肯尼亚、乌干达、加纳、阿尔及利亚、埃及、美国及欧洲的一些国家。大约有 20000 名学生在此就读。坦桑尼亚现任总统马古富力、前

---

① *Tanzania in Figures 2012*, Tanzania National Bureau of Statistics Ministry of Finance, June 2013.

② *Tanzania in Figures 2012*, Tanzania National Bureau of Statistics Ministry of Finance, June 2013.

任总统基奎特、现任总理马贾利瓦、前任总理平达和洛瓦萨都毕业于此校，乌干达总统约韦里·穆塞韦尼、刚果（金）前总统卡比拉也毕业于这所大学。

索科伊内农业大学（Sokoine University of Agriculture，SUA），位于莫罗戈罗市，前身为达累斯萨拉姆大学农学院。1984 年升格为大学，成为坦桑尼亚能授予学位的第二所大学。现有三个学院，即农学院、林学院和兽医学院，设农林、兽医、农机、渔业、水利、野生动物管理、食品、农业经济等专业。2005～2006 年，在校学生 2286 人。

坦桑尼亚开放大学（Open University of Tanzania，OUT），1994 年成立，是一所远程教育公立大学，总部设在达累斯萨拉姆，下设 30 个地区中心和 70 个研究中心，专业包括艺术、社会科学、法律、商业管理、科学技术、环境、继续教育等。

阿迪大学（Ardhi University，AU），2007 年成立，公立大学，位于达累斯萨拉姆的，其历史可以追溯到 20 世纪 50 年代中期。下设 6 个学院，即建筑和设计学院、建设经济和管理学院、地理空间科学和技术学院、房地产研究学院、城市和区域规划学院以及环境科学技术学院。拥有博士学位的学术人员数人数 1996 年的 3 人增加到 2008 年的 43 人。

桑给巴尔国立大学（The State University of Zanzibar，SUZA），公立大学，位于桑给巴尔市，2003 年成立。下设斯瓦希里和外语学院（IKFL）、继续教育和职业教育学院（SCOPE）、教育学院（SE）、自然科学和社会科学学院（SNSS）和计算机中心（CC）。

多多马大学（The University of Dodorra，UDOM），公立大学，位于首都多多马，2007 年成立，目前有 7 所学院：地球科学学院、自然和数学科学学院、信息学院和美德教育学院、教育学院、人文和社会科学学院、健康与应用科学学院、商业研究和法律学院。

纳尔逊·曼德拉非洲理工大学（Nelson Mandela African Institution of Science and Tenology，），公立大学，位于阿鲁沙市，2009 年成立，是泛非大学联盟（Pan - African University，PAU）成员。

图迈尼大学（Tumaini University Mkumira，TUM），1996 年成立，是

坦桑尼亚规模最大的私立大学。由基督教路德教派所建。由达累斯萨拉姆学院、位于伊瑞伽的伊瑞伽学院、位于莫希的乞力马扎罗基督教医学院和位于阿鲁沙的库米拉学院四所学院组成。

鲁本特·凯鲁基纪念大学（The Hubert Kairuki Memorial University, HKMU），1997 年成立，是一所私立医科大学，2000 年获得政府认证，是坦桑尼亚获得认证的第一所私立大学，也是世界卫生组织认可的医科大学。

国际医科大学（International Medical and Technological University, IMTU），私立大学，位于达累斯萨拉姆。这所大学的创建者是印度 Vignan 教育基金会创始人，是应尼雷尔总统的要求创建的。

坦桑尼亚圣奥古斯丁大学（St. Augustine University of Tanzania, SAUT），私立大学，由坦桑尼亚的天主教主办，1998 年成立，前身是 Nyegezi 社会训练中心，设有法学、社会科学、工程、工商管理、教育和大众传播等专业，吸引了来自坦桑尼亚和其他地区的学生，尤其是肯尼亚、乌干达、苏丹、埃塞俄比亚、布隆迪、马拉维、赞比亚以及德国等国，有 1 万多名学生。

穆祖贝大学（Mzumbe University, MU），2001 年成立，公立大学，位于莫罗戈罗，下设公共管理学院、商学院、社会科学系、法律系和科学技术系。

梅鲁山大学（Mount Meru University, MMU），1962 年成立，私立大学，位于阿鲁沙，是东非的东非国际浸信会神学院（International Baptist Theological Seminary of East Africa, IBTSEA）。归东非浸信会教堂所有。2005 年获得认证。

阿鲁沙大学（The University of Arusha, UoA），2003 年成立，一所获得认证的私立基督教大学，由基督复临安息日教会拥有和经营。前身为成立于 1970 年的牧师培训机构。

莫罗戈罗穆斯林大学（Muslim University of Morogoro, MUM），2004 年成立，私立伊斯兰大学，位于莫罗戈罗，下设艺术和人文、伊斯兰研究、法律和伊斯兰教法、科学与商业研究五个系。

特奥菲洛·吉萨吉大学（Teofilo Kisanji University, TEKU），私立大

学，位于姆贝亚，由坦桑尼亚的摩拉维亚教会管理。

桑给巴尔大学（Zanaibar University，ZU），私立大学，位于桑给巴尔市，1998年成立，开设有法学、商业管理和社会学等课程。

桑给巴尔教育学院（College of Eudcation Zanzibar，CEZ），私立院校，位于丘科瓦尼（Chukwani），1998年成立，主要培养中学教师。

达累斯萨拉姆工学院（DIT），位于达累斯萨拉姆市，是坦桑尼亚最好的工科院校，下设土木工程、机械、电机工程、电子与通信四个系，2005～2006年在校学生1226人。培养对象包括技术员、工程人员和师范生。

第二节 科学

坦桑尼亚政府在科学技术发展中发挥着重要作用。科技领域的主要力量是国家的研究机构和大学，主要研究领域包括农业、林业、医学、信息和通信技术等。

主管科学技术研究的官方或半官方机构包括坦桑尼亚通信、科学与技术部、坦桑尼亚科学技术委员会和坦桑尼亚原子能委员会等。坦桑尼亚通信、科学与技术部负责相关领域的政策制定、监督和评估，对通信、信息通信技术、科学、技术和创新等领域进行监管。坦桑尼亚科学技术委员会成立于1988年，前身是坦桑尼亚国家科学研究委员会，是半官方机构；委员会汇集了全国科学和技术领域的顶尖机构，是政府在有关科学技术及其在社会经济中的应用的所有方面的首席参谋，负责协调与促进全国的研究和技术开发。坦桑尼亚原子能委员会成立于2003年，是负责所有原子能问题的官方机构，负责监管核辐射，协调、监控以及促进和平利用核技术，负责核安全与安全法规和授权。

1985年和1996年，坦桑尼亚政府先后两次发布《坦桑尼亚的科学政策》。

坦桑尼亚政府成立了7个家畜研究所。姆帕瓦（Mwapwa）家畜研究所负责研究坦桑尼亚中部地区的牲畜和牧场，研究这一地区的动物生产，包括牲畜的繁殖、营养、喂养和管理以及环境保护；坦噶家畜研究所负责东部地区的乳品研究；"尤勒"（Uyole）家畜研究所负责南部高地奶制品

和牧场研究；西乞力马扎罗山家畜研究所负责北方高地的小反刍动物研究；孔瓦（Kongwa）家畜研究所负责中部牧草研究；马布基（Mabuki）家畜研究所负责湖区牛肉研究；纳连德勒（Naliendele）家畜研究所负责南部牲畜和牧场研究。

坦桑尼亚林业研究所成立于1980年，旨在引导、协调和促进林业研究的开展，确保国家可持续森林管理研究成果的记录、保存及传播，为提升目前和未来社会、经济和环境效益做贡献。研究所总部位于莫罗戈罗，在全国设有7个中心：多多马旱区造林研究中心、基巴哈低地绿化研究中心、卢绍托（Lushoto）造林研究中心、马亚（Malya）湖区绿化研究中心、莫希（Moshi）木材利用研究中心、姆芬迪（Mufindi）木质纸浆研究中心和塔波拉米欧波（Tabora Miombo）林地研究中心。

国立医学研究所是坦桑尼亚最大的公共卫生研究机构，成立于1979年，是隶属卫生部的半官方机构。国立医学研究所的功能包括：开展和促进旨在缓解坦桑尼亚民众疾病的医学研究；开展和促进对本地传统医疗实践的全方位研究，促进草药的开发和应用；与政府、个人或团体合作，推进或帮助当地人就医学问题开展科学研究；代表坦桑尼亚政府或者为了坦桑尼亚政府的利益，监督、控制和协调在坦桑尼亚或者其他地区的医学研究并评估研究结果；建立登记制度，登记在坦桑尼亚进行的医学研究，并促进有关发现的实际应用，以改善或促进坦桑尼亚人民的健康和一般福利；建立和运行医疗研究信息存档和传播系统。

国立医学研究所由理事会监督负责，理事会主席由总统任命，其他成员由卫生部长任命。理事会下设国家卫生研究伦理审查委员会。研究所总部设在达累斯萨拉姆，在全国7个地区建立了8个研究中心、6个研究站。研究所共有813名员工，其中142位是研究型科学家，41人拥有博士学位，78人拥有硕士学位，23人拥有学士学位（截至2015年1月）。研究所已经从一个研究具体疾病的机构发展为涵盖地方、区域和全国各层面的所有医学研究的机构。目前主要研究包括三大主题：生物医学、健康问题的社会决定因素和卫生系统。

热带农药研究所（TPRI）始创于20世纪40年代中期，当时合成农药进入东非市场。研究所以促进可持续发展为目标，致力于粮食安全、人类健康和生物多样性，主要研究影响植物、牲畜和人类健康的热带害虫。开始，研究所的工作集中于对蚊子苍蝇和萃萃蝇的控制，后来扩大到研究杂草、植物疾病、蜗牛血吸虫中间宿主、鸟害虫、牛蜱虫、啮齿动物害虫、农药毒理学和环境污染。

　　坦桑尼亚的大学也是科学技术研究的重要机构。达累斯萨拉姆大学是科学技术研究的重镇。达累斯萨拉姆大学设有工程学院、理工学院、医学院、海洋科学研究院。索科伊内农业大学是农业、可持续发展和以环境友好方式消灭贫困等科学领域一个卓越的研究中心，研究工作的目的在于加强国家在农业、自然资源、健康、营养和环境等领域的优势地位，既集中于科学技术研究，也进行相关的人文学科和商业研究。学校利用所在地区生物多样性的优势，发展生命科学和生物工程，学校追求刺激和促进农业生产的集约化，增加在坦桑尼亚和东非地区生产的各种自然产品（农业、矿产等）的价值。其他主要的教研领域包括能源、信息通信技术、采矿、环境和水。坦桑尼亚开放大学设有科学技术和环境研究学院。得益于政府的政策导向，自20世纪80年代以来，学习理工科的大学生比例有较大提升。1987～1997年，科学和工程专业的学生占坦桑尼亚学院和大学入学学生的37%。

　　坦桑尼亚的信息和通信技术发展很快，人们越来越多地使用电信服务、设施和网络。坦桑尼亚政府出台了一系列相关政策，推广和使用信息通信技术，以实现社会经济发展目标。2003年颁布的《国家信息和通信技术政策》促进了相关行业的就业，提高了生产力。信息通信技术对GDP的贡献率从2014年1.5%提高到2.4%。信息通信技术被广泛应用于银行服务、健康、教育和其他服务业领域。由于采用了新技术，2010年，使用互联网的费用下降50%以上。2016年，政府颁布了新版的《国家信息和通信技术政策》。

　　在中国的帮助下，坦桑尼亚正在建设国家骨干光纤网，这一"信息高速公路"建成后，不仅覆盖、连通坦桑尼亚全境，而且将为周边邻国提供信息通信国际出口，助力坦桑尼亚成为区域通信中心。

第三节　文学艺术

坦桑尼亚书写的文学较短，但口头文学历史悠长。坦桑尼亚独立以来，文学事业有很大发展，但仍缺少有影响力的作家。坦桑尼亚文学的发展受到受教育人数、居民收入、市场需求等因素的制约。

坦桑尼亚有着人类最老的艺术品制作传统。坦桑尼亚艺术反映了文化多样性和社区社会的导向。它强调生命的循环，强调生命得以生存的环境（如植物和丰收的季节）。有的工艺品用于生育、治病等仪式。许多坦桑尼亚人视生活为连续过程，象征死亡的工艺品也用于祖先或精神生活开始的象征。坦桑尼亚艺术品保存和传播了本国的历史、文化价值和知识，体现了社会期待、目标和理念，有能力穿越不同的文化背景。

一　文学

（一）口头文学

口头文学在坦桑尼亚文学中占很大比重。口头文学主要通过口头传播，对讲述者和听者要求都不高，比书写文学传播广泛得多。坦桑尼亚有120多种当地语言，都有各自的口头文学，但许多语言在萎缩，甚至濒临灭绝。不利于传统口头文学保存的因素还包括斯瓦希里语的推广、传统的代际社会机制的崩解、现代化带来的传统口头文学的贬值、记录和保存的成本太高等。

坦桑尼亚口头文学的主要形式包括民间故事、歌曲、诗歌、史诗、歌谣、谚语、谜语等。大量的口头文学是用斯瓦希里语记录下来的。由于口头文学主要存在于讲述者的头脑里，所以没法确切得知它的规模。口头文学是动态的，往往随社会文化环境的变化而变化，讲述者也会根据听众的不同随时修改。在坦桑尼亚口头文学中，坦桑尼亚人经常使用象征性语言、虚构性动物和人物特征进行交流。有时，非生命物体被赋予生命特征，用来颂扬或谴责某种人类行为。

直到20世纪50年代，坦桑尼亚仍有许多传统诗人创作和朗诵史诗，朗诵时经常用竖琴伴奏。由于社会环境的变化、缺少支持、后继无人、展示机会不够等原因，这些传统诗人急剧减少。创作和朗诵史诗的杰出代表人物是已故的苏莱曼尼（Habibu Sulemani），他是坦桑尼亚最伟大的文学艺术家之一。20 世纪 40 年代，他成为酋长的宫廷诗人。60 年代坦桑尼亚废除酋长制度后，他开始在都市从事商业演出。1967 年，达累斯萨拉姆电台播放了他的演出。他的才华在全国范围内得到认可。

在坦桑尼亚，故事在教育、获得信息和娱乐方面发挥着重要作用。它被用来传承宗教、道德、历史教训，教导社会角色和行为规范，帮助建立跨代际的联结，使社会成员分享经验和理念，培育人们的智慧、勇气和慷慨，帮助社会成员拣选他们喜欢模仿的社区英雄。

自然风光常成为故事的主角。比如，有一个关于乞力马扎罗山的故事，解释为什么它的两座山峰外观不一样。故事里说，这两座山峰曾是一对性情不同但同样漂亮的姐妹，一位处事谨慎，理性地分配自己的食物；另一位则大手大脚，荒年就不得不依赖她的姐姐。有一次荒年，妹妹一连三天向姐姐求助，起初姐姐伸出援手。到了第三天，姐姐不耐烦了，用饭勺敲打了妹妹的后背，这就形成山峰现在的样子，即两座山峰。故事倡导勤劳、"自立的价值观"。

在坦桑尼亚流传的故事中，大象、土狼、兔子和乌龟常被赋予人的特质，用来鼓励或是批评某些社会行为。这些动物分别代表强健、贪婪、迅捷或者精明、慢吞吞的人。它们可以被用来指个人、家庭、氏族甚至整个社区。

谜语在坦桑尼亚也非常普遍，被用来教育、训练、娱乐或者实现社会成员的社会化。通过谜语，孩子们可以学语言、学知识，可以开发记忆力、观察力，开发批判性思维。

谜语常被用来指涉自然、社会、生物、文化、家庭现象，社会环境不同的人不容易理解。谜语还会随环境的变化而变化，一些谜语诞生，一些谜语消亡。

谜语有助于解释社会和自然现象，有助于表达社会禁忌和其他敏感话题。高明的谜语是被高度尊重的。谜语可使会话含糊，特别是有孩子在场的时候。在多数坦桑尼亚社区，谜语是分性别和年龄的。性暗示类谜语只在朋友圈或同性别的同年龄人中传播。

谚语也很普及。谚语功能和谜语类似，但层次要高。谜语常用来训示儿童，谚语则属于更大的孩子和成人。在坦桑尼亚和其他许多非洲国家，能体现对语言的掌握、智力能力和知识广博程度的最好办法是运用语言的技巧，包括谜语、谚语和复杂的句式。

谜语的目的主要是开发智力，谚语则意在评价和改变行为。虽然谚语基于常识或经验，简单、具体地表达事实，但它们经常是比喻性的，和字面意义是相对的。由于意思经常是隐藏的，需要往深了想才能理解。有些谚语是通用的，有的则有特定文化背景，因此能体现和帮助保留文化要素，比如年龄和性别角色、道德观、适当的行为和工作与事情的相对价值。谚语也起到了保存文化和促进社会凝聚的重要作用。

谚语也能传递知识，提升语言技巧，鼓励批判性思维，表达某些特定情形下的敏感信息。谚语经常以口头方式传播，也被写进书里，刊登在报纸上，印在围裙和披肩上。

斯瓦希里语的谚语最多，这些谚语常被翻译成其他语言，包括英语，其他语言的谚语消失得很快。

（二）书写文学

坦桑尼亚的书写文学不发达，主要原因是读书的人少，这和图书数量少、价格高、图书馆和书店不多有关。邻近的肯尼亚出版业较为发达，这也抑制了坦桑尼亚出版业的发展。

坦桑尼亚从事文学写作的人收入低，社会地位不高，所以人数较少。许多作家或者离开本国，或者从事利润更丰厚的行业，互联网的发展，进一步冲击了文学写作。

政府、出版商和作家努力推动阅读和学习，将其视作消除贫穷和保持高标准生活的关键。1999 年，成立了坦桑尼亚图书发展委员会，举办国家图书周等各种各样的活动，力图为各年龄段的读者提供高质量的图书。

坦桑尼亚书写文学主要使用斯瓦希里语。1750 年至 19 世纪 20 年代的古典斯瓦希里语文学作品主要来自肯尼亚，以历史题材为主。当代斯瓦希里语文学作品更多地出自坦桑尼亚，包括新散文、小说、戏剧等。当代斯瓦希里语文学讲述了当地和阿拉伯的民间故事，还翻译了欧洲文学作品。20世纪60年代，尼雷尔把莎士比亚的《裘力斯·恺撒》和《威尼斯商人》译成斯瓦希里语，这是一个重要的标志性事件。

夏班·罗伯特（Sheikh Shaaban Bin Robert）最早采用新的标准斯瓦希里语写作，是现代斯瓦希里语文学之父。他几乎独自发展了现代斯瓦希里散文风格，被尊称为坦桑尼亚的国家诗人。他的作品具有强烈的人文关怀意识，精练，政治介入性强。20世纪40年代到60年代，他写了许多诗、小说和散文，现在仍很流行。他的作品包括中篇小说《阿迪力和他的兄弟们》，传记《我的一生》《50年后》，社会讽刺作品《想象国》《可信国》以及《自由之战》。在早期作品中，他用高度象征性的语言、乌托邦想象、西方文学手法以及非洲传统反映欧洲殖民主义给坦桑尼亚带来的变化。传记《我的一生》和《50年后》提供了认识他生活的那个年代社会变化的窗口，《自由之战》则讲述了坦桑尼亚的独立斗争历程。

桑给巴尔人穆罕默德·赛义德·阿卜杜拉（Mahammed Said Abdalla）出生于1918年，他既继承了伊斯兰传统，又在教会学校上过学。他曾做过报纸和杂志的记者、编辑。他的写作生涯始于1957年，这一年他发表了《前辈的圣殿》，这部作品获得斯瓦希里语故事大赛一等奖。从此他开始了类似福尔摩斯式的系列侦探故事的写作。穆罕默德创作的主题是：一位聪明的英雄与迷信、无知的对手作战。穆罕默德的作品带有浓郁的桑给巴尔都市文化的色彩，兼有阿拉伯、印度、非洲和欧洲元素。他的故事围绕贪婪、复仇和土地冲突展开。桑给巴尔革命前后他的家庭经验在书中也有所体现。他的创作情节越来越复杂，他使用斯瓦希里语的技能也越来越纯熟。他被尊为斯瓦希里通俗文学的奠基人，他的许多作品被收入教科书。

赛义德·艾哈迈德·穆罕默德·哈米斯（Said Ahmed Mohammed Khamis）也出生于桑给巴尔，他曾在达累斯萨拉姆获得语言学硕士学位，在德国莱比锡大学获得博士学位，目前是德国拜罗伊特大学非洲语言文学系主任，是著名的小说家、剧作家、诗人、知名的社会主义者。他的许多作品聚焦阶级剥削与阶级斗争，如《光中黑》。《光中黑》描述的是坦桑

尼亚当代的社会和政治现实，特别是民众的无知、贫穷和不幸，以及政治精英如何借此剥削他们。他在小说将光与黑并置，重点着墨于民众的无知、贫穷和不幸。书中也透出一种信心，总有一天，光明将会胜利，民众将摆脱其受剥削的社会条件。《区隔》（*Utengano*）讲的是后革命时期桑给巴尔的社会剥削现象，小说批评了后革命时期的政治家，描绘他们美妙的社会理想如何被城乡生活的西方化腐蚀，阻碍了更公正的阶级、代际和性别关系的形成。《祖父复活》讲的是 K 的故事。K 是一位堕落的官员，因为冷漠和腐败受到祖父精灵的困扰，生活陷入贫穷的怪圈。穆罕默德通过这一作品警示政府官员要改变生活方式，拯救子孙的未来。

穆罕默德·苏莱曼·穆罕默德（Mohamed Suleiman Mohamed）是技巧最高的斯瓦希里语小说家。他出生于桑给巴尔，创作了《渴》和《莱赫玛的幸运》，后者获得 1973 年肯尼亚文学奖。《渴》讲的是桑给巴尔后革命时代的事，讲的是对爱和金钱的不知足导致的毁灭性后果，以及在桑给巴尔沿海斯瓦希里语文化中妇女通常的不利地位。他的小说在东非许多学校是必读物。此外，他还著有短篇小说集《胜利的笑者》。

E. 凯齐拉哈比（Euphrase Kezilahabi）出生于 1944 年，是小说家、诗人、学者。他曾获得达累斯萨拉姆大学的学士和硕士学位，20 世纪 80 年代于美国威斯康星大学获得博士学位，现在是博茨瓦纳大学非洲语言文学副教授。早在上大学时，他就创作了第一部小说《神秘的玫瑰》，主要讲的是性别问题。70 年代以来，他是当代斯瓦希里语文学的主要贡献者，是新斯瓦希里语自由体诗的创建者。他的自由体诗改变了以前斯瓦希里语阿拉伯诗的传统。他的诗《老鼠》就体现了这种风格，刚出版便引起争议。有些传统的斯瓦希里语诗人认为这是不可接受的。如今这种诗体已经风行全国。

凯齐拉哈比的作品每每针对当代坦桑尼亚的社会问题，比如性别关系、后殖民的政治发展、贪婪的政治精英如何背叛人民、殖民主义对个人和社会的影响、个人在社会中的角色、尼雷尔的乌贾马让人没法满意的实施情况及后果以及异化一类的心理问题。作品包括《蛇皮》《混乱人世》等。他的许多作品的灵感来自当地的语言和民间传说，同时吸收了尼采、海德格尔等存在主义思想家的思想。

加布里埃尔·卢姆贝卡（Gabriel Ruhumbika）于 1968 年在巴黎索邦大学获得非洲文学博士学位，目前是美国佐治亚州雅典大学的比较文学教授。他先是用英语写作，为了能让更多的人阅读他的作品，改用斯瓦希里语。著有故事集《鸡叫不叫都会天亮》，描写了争取独立的精英不能履行自己的承诺。小说《爱国者看不见的企业》描写的是坦桑尼亚的社会经济史。小说《这片土地上孩子们永恒的厄运》讲的是当代坦桑尼亚和非洲历史上的巫术。英文小说《独立》写作于后殖民初期，谈论了部落忠诚对国家统一的危险。

与斯瓦希里语文学相比，坦桑尼亚的英语文学不算发达。在殖民地时代，1948 年出版了马丁·卡亚姆巴（Martin Kayamba）的《欧洲的非洲》和《非洲的问题》，前者讲述 20 世纪 30 年代作者在欧洲旅行的故事，后者讲述非洲的挑战。1968 年，彼得·帕朗尤（Peter Palangyou）出版《太阳中死亡》，这是第一部坦桑尼亚后殖民时期的英语小说。书中主要讨论代际社会冲突、异化和爱，反映了回到熟悉的前殖民时代的传统文化方式与拥抱白人带来的新现实之间的矛盾心态。

1974 年，巴纳巴斯·卡蒂古拉（Barnabas Katigula）通过小说《黑暗中摸索》描述乌贾马社会中的个人和社会问题。同一年，伊斯梅尔·姆比斯（Ismail Mbise）在《我们土地上的鲜血》中借用 1951 年殖民者把梅鲁人从其祖先土地上驱逐的故事，讽喻后殖民时期的坦桑尼亚和其他非洲国家。1977 年，威廉·姆库亚（William Mkufya）在小说《邪恶的行走》中揭示了达累斯萨拉姆市腐朽的性生活。他的第二部小说《困境》讲述的是一个年轻的不贞女子因为经济原因被迫嫁给一位老人，结果导致悲剧性婚姻的故事。70 年代晚期，卡维玛（Kagwema）王子开始公开描写坦桑尼亚的爱情、性和政治。有人把他的书看作对坦桑尼亚人有关爱和性教育有益的资源，由于国家传统的启蒙体系崩塌，人们越来越不容易接触这类知识。

阿伯杜尔拉扎克·吉尔纳（Abdularzak Gurnah）是受到最广泛赞誉的当代作家之一。他生在坦桑尼亚，长在英国，他围绕奴隶制和殖民主义情景下的认同和转移这一话题创作了 9 部作品，包括《离别的记忆》《朝圣之路》《多蒂》《天堂》《赞美沉默》《在海边》《抛弃》《最后的礼物》《我的母亲生活在非洲的农场》。小说《天堂》于 1994 年入围布克奖。

1997 年以来，色林（Sevrin）创作了许多坦桑尼亚英语文学作品，作品以当代坦桑尼亚为主，涉及的主题包括疾病、宗教、爱、金钱、犯罪和国际勒索绑架等。他的作品都在坦桑尼亚国内出版，标志着坦桑尼亚英语文学的复兴。

已故作家梅·巴里斯蒂亚（May Materru Balisidya）发表的小说包括《艰难》、《让我们阅读》（童书）和《职业》。他的作品以对斯瓦希里语的内容和结构、社会积极主义和坦桑尼亚儿童文学的贡献著名，小说《艰难》叙述了《阿鲁沙宣言》宣布坦桑尼亚走上社会主义道路后领导人与民众间不断扩大的鸿沟。

二　电影

坦桑尼亚的电影制作始于 20 世纪 30 年代晚期。1968 年成立了坦桑尼亚电影公司，管理电影的进口和发行。1971 年，该公司有了制作电影的能力。公司所属的新闻电影制片厂为政府的各项活动拍摄纪录片，同时拍摄一些介绍坦桑尼亚风土人情的纪录片。90 年代，公司倒闭。其间，只拍摄了为数不多的几部电影。

马丁·马汉多（Martin Mhando）是坦桑尼亚最优秀的故事片导演之一，他参与执导的《至古者》（*The Ancient One*，2001）是第一部标准长度的斯瓦希里语坦桑尼亚电影，赢得众多国际大奖。

1985 年以来，坦桑尼亚电影业发展较快。有许多电影参展桑给巴尔国际电影节。比如，反映贪婪的家长为了个人利益不惜牺牲孩子美好前程的《父亲的棍棒》（*A Father's Rod*，2006），反映家人如何鼓起勇气抵抗艾滋病的《真实的处境》（*The Real Situation*，2007），反映传统村落祖先精灵世界的《科莱洛》（*Kolelo*，2007）等。

尽管坦桑尼亚电影业的历史不短，但是，制作成本高、缺少专业人员、发行不畅、缺少影院设施等因素制约了它的发展。然而，比上述原因更重要的是，故事片电影主要是以西方观众为对象拍摄的，与多数坦桑尼亚人无关。这也因此推动了后来坦桑尼亚录像业的发展。

20 世纪 70 年代，坦桑尼亚兴起了草根电影。它面向底层，拍摄时往往采用参与式的办法，被拍摄者参与剧本的写作、拍摄和制作。拍摄的电影包括：《丢失的原谅》，2007 年作品，一组四部短片，反映坦桑尼亚街区孩子的生活，试图用电影引导孩子积极生活；《四个故事》，2007 年作品，反映四个失聪青年的工作状况；《吉奥塔》，2007 年作品，反映对坦桑尼亚宅女（house girl）的盘剥，由在康复中心的有过这样经历的六位女孩出演。

坦桑尼亚电影院现在大大小小已经有十几家了。规模较大的有 3 家，分别位于 Mlimani City，Dar Free Market 和 Quality Center。

20 世纪 90 年代以来，随着媒体新政的推行和电视台的增多，纪录片制作业有了大发展。这些纪录片主要反映国家社会、政治、经济和教育的现状。阿班图影像公司（ABANTU VISION）就是这个领域较活跃的机构，它曾拍摄《热点话题》（47 集、每集 40 分钟的系列节目），反映坦桑尼亚 1995 年的选举。

20 世纪 90 年代末，尼日利亚的尼莱坞电影传入坦桑尼亚，由于影片反映的内容贴近坦桑尼亚的生活，受到热烈追捧。尼莱坞电影可以便利地通过 DVD 或 VCD 观看，不像好莱坞电影那样要去为数不多的电影院观看。受尼莱坞电影成功的鼓励，坦桑尼亚开始制作成本低廉的录像片。2002 年，乔治·奥狄诺拍摄的《女朋友》大获成功，坦桑尼亚的尼莱坞由此诞生，坦桑尼亚成为非洲大陆此类电影的第二大制作基地。到 2010 年，每个月制作 100 部这样的影片。影片短到一天就可以拍完，然后制作 DVD 或 VCD，以低廉的价格在街上出售。

坦桑尼亚迷人的风光吸引了众多的影视制作人到这里拍摄真人秀节目和商业片。

三 戏 剧

坦桑尼亚的戏剧一般都短小精悍，易于表演。戏剧以话剧为主，内容和情节简单易懂，大都是社会讽刺剧和喜剧。话剧团一般由社会团体、学校或私人组建，较有名的有保克瓦（Paukwa）剧团、布廷巴（Butimba）教育学院剧团、巴加莫约艺术文化学院话剧团等。

易卜拉欣·侯赛因（Ibrahim Hussein）是坦桑尼亚的著名剧作家。她1971年毕业于达累斯萨拉姆大学文学系，曾去汉堡深造，现为达累斯萨拉姆大学艺术系教授，是一位多产的剧作家。她的许多作品使用复杂的象征和隐喻手法描述当代坦桑尼亚的议题和事件，主要剧作有《金吉克蒂勒》《魔鬼》《乡村的公鸡》《婚礼》《时势》等。

佩尼娜·马汉多（Penina Mulama Mhando）是20世纪末为数不多的女剧作家之一，在坦桑尼亚文坛享有较高声誉。她是达累斯萨拉姆大学戏剧艺术系教授，主要剧作有《正视我们的权利》《罪恶》《离婚》《母亲——社会的支柱》等，她的戏剧反映了广泛的社会问题。她的作品获得了1999年夏班·罗伯特作家奖、2000年坦桑尼亚国家文化奖。

四　音乐

坦桑尼亚的民族音乐舞蹈是坦桑尼亚各族人民在长期生产劳动和社会生活中发展起来的。坦桑尼亚人的先祖们在中央高原孔多阿县科洛地区（还有其他地区）的山洞里留下了许多史前岩石壁画，壁画上除了狩猎和采集的场景外，就是跳舞、唱歌、演奏乐器的场景。这些岩石壁画表明，早在石器时期，坦桑尼亚的先祖就把音乐和舞蹈当作生活的重要组成部分。

坦桑尼亚的音乐可以分为本地音乐和外来音乐。本地音乐历史长，本土元素强；外来音乐历史短。本地传统音乐代代传承，往往在主要以农村为依托的族群里传播，文化水平不高的人也容易接近，它承担了许多社会和政治功能。

坦桑尼亚独立后，重视发展民族文化，重视对民族传统音乐的继承和发展。1974年，成立了坦桑尼亚音乐委员会。音乐委员会每年都与艺术委员会、斯瓦希里语委员会及其他有关部门联合举办全国各地区的各种艺术比赛活动，音乐委员会还单独举办全国乐队演奏比赛。

20 世纪 80 年代以后，随着经济的开放、现代化和全球化的发展，大量国外音乐涌入坦桑尼亚，传统音乐呈衰落之势。然而，复兴传统文化的努力、电台的开放、新技术的使用以及独立后对传统音乐的重视，对本地传统音乐的传承和发展起到了积极作用。

（一）本地音乐

坦桑尼亚本地的传统音乐大多参与性强，存在于社会的各个方面，与舞蹈和戏剧紧密结合，与语言关系密切，打击特点明显，用手拍击，节奏感强，大量使用即兴旋律。

坦桑尼亚本地的传统音乐有宫廷音乐、娱乐音乐、工作歌曲、祈祷音乐、礼仪节日音乐和葬礼音乐等。

宫廷音乐是传统音乐的一种，是在传统酋邦和王国的宫廷里演奏的音乐，于 20 世纪 60 年代销声匿迹。颂扬音乐用来称颂个人、家庭、宗族、地区。为了把颂扬音乐演奏好，演奏者要仔细研究所称颂的对象。这种音乐经常用于生日、婚礼、退休仪式或政治集会。娱乐音乐通常在工作日的晚上演奏，演奏时人们参与性强，传统娱乐音乐还能起到提倡社会价值的作用。工作歌曲被做工的人用来协调行动，在做重活累活时用来激发斗志，它因种族、年龄、性别和职业而异。许多坦桑尼亚人在祈祷时要演奏特别的祈祷音乐。比如，许多传统苏库马的宗教仪式就伴有特别的音乐。坦桑尼亚的基督教社区会演奏在东非流行的斯瓦希里礼拜音乐。结婚、成年礼等仪式上演奏特别的礼仪、节日音乐。比如，婚礼的歌曲往往赞美新娘、新郎并劝告他们如何过好婚姻生活，成年礼上的音乐则赞扬成年并告诉过成年礼的青年享有的权利和承担的责任。丧葬乐曲赞美逝者、先人和神。在传统葬礼上，要唱丧葬歌曲哀悼逝者，鼓励逝者亲属，祈求逝者安息、生者平安。

在公共交通场合、酒吧、餐厅、电台以及生活的各个角落，都能听到本地音乐，它是坦桑尼亚认同的重要组成部分。

在传统乐器中，鼓居首位。鼓的大小形状各异。在乐队中，鼓手为乐队指挥。打击乐器中，自制的木琴比较重要。这种木琴是用长短不等的硬木条排列而成，音响效果较好。弹拨乐器中，有一种"马林巴琴"，这种

琴是在一块书本大小、较厚的硬木板上安装一排弹性钢条，中间的较长，两端的最短，演奏者用拇指拨动钢条发出不同的声响。此外，还有名称各异的单弦琴、六弦琴、七弦琴或八弦琴等。管乐器中，有用许多葫芦连接而成的曲颈"低音号"，有用兽角制成的"高音号"，还有用竹子制成的"横笛"等，但都比较简单，只能吹奏一个或几个音。

（二）外来音乐

由于坦桑尼亚沿海地区的对外贸易开展较早，所以阿拉伯地区、印度和非洲其他地区的一些音乐很早便传入坦桑尼亚，推动了坦桑尼亚音乐的发展。一种被称为"塔阿布"（Taarab）的音乐，就是当地以打击乐器为主的班图音乐吸收了阿拉伯音乐（包括印度音乐）的曲调委婉和悠扬的优点，经过长期的融合而形成的节奏明快、娓娓动听的斯瓦希里音乐。这种音乐在坦桑尼亚和东非沿海地区广为流传，也在阿拉伯世界、印度和西方国家受到广泛欢迎。

20 世纪 30 年代初，古巴伦巴舞和爵士乐在世界上广泛传播。坦桑尼亚也出现流行音乐热，于 1932 年成立了达累斯萨拉姆爵士乐团。独立后，达累斯萨拉姆爵士乐团成为坦桑尼亚国家乐团。70 年代初，受到来自刚果（金）卢本巴希音乐的影响，坦桑尼亚出现了流行音乐发展的第二次热潮。80 年代，坦桑尼亚青年爵士乐团开始用电子乐器伴舞，1985 年成立了管弦乐团。

在坦桑尼亚，音乐是人们生活中不可缺少的重要组成部分，有正式表演的，也有即兴演出的，人们在艺术学院、夜总会、街角、教堂演奏音乐。瑞格舞曲、福音曲、嘻哈舞曲、说唱乐都深受坦桑尼亚人喜爱。布鲁斯、爵士乐以及民间乐曲也受到欢迎。非洲其他文化类似国家的音乐、美国和欧洲的流行乐、加勒比海国家的雷鬼乐和印度的音乐都有各自的市场。

本地音乐和外来音乐相结合，诞生了不少优秀的现代音乐。

目前，在国家艺术委员会正式注册的乐队有 50 多个。其中，有一些流行音乐乐团，如马奇里库（Mchiriku）乐团、大篷车（Gari Kubwa）乐团和电子乐团等。

五 舞蹈

坦桑尼亚人跳舞的历史和传统要追溯到殖民时期以前。在部落社会时期，传统舞蹈被视为一门必修课，帮助孩子们在学习过程中了解自己。让年青人学会跳舞是整个部落的责任。一个孩子的母亲离去后，邻居会将他抚养成人并传授各种必要技能，包括舞蹈。年轻人参加传统舞蹈活动并非取决于个人喜好，这是接受知识、技能和社会价值观的必要过程。他们通过参加传统舞蹈活动，表达自己的思想和情感。长辈们作为传统技艺的传授者，要确保下一代对本民族文化的继承。传统舞蹈中，有的展现人从出生到死亡的过程，有的展现社会重大活动，如战争、丰收等场景，此外还涉及田间耕作、狩猎、求神祭祀等内容。

当地传统舞蹈与其他非洲舞蹈有着共同特征：舞动时全身松弛，动作欢快、有力，臀部和胸部动作较为夸张。尤其是臀部动作变化多而复杂，节奏轻快。舞蹈的主要伴奏乐器是鼓。舞蹈的节奏和速度、情绪和气氛的变化，皆取决于鼓点的变化。

坦桑尼亚的民族舞蹈分为集体舞和表演舞两种。集体舞是在重大集体活动场合，人人均可即兴参加的舞蹈，最常见的形式是：人少时排成横队，人多时则由多个横队组成方阵，在指挥者带领下，随着非洲鼓和木琴等打击乐器的强烈节奏，边舞（或边扭，或边走）边唱，还时而发出兴奋的、颤抖的尖叫声，或高呼口号。表演舞则是由各个舞蹈艺术团队表演。独立以来，政府重视民族舞蹈的继承和发展，在乡村地区建立舞蹈队，在城镇地区建立舞蹈艺术团。

坦桑尼亚各部族有各自的传统舞蹈。其中，苏库马族就有布戈博戈布（Bugobhogobho）舞、布齐卡（Bugika）舞、布嘎鲁（Bugalu）舞、乌戈博戈布（Ugobogobo）舞、乌切耶（Ucheye）舞和姆比那（Mbina）舞等传统舞。马孔德族有辛迪姆巴（Sindimba）舞和恩格夸舞，哈亚族有阿卡辛博（Akasimbo）舞，马赛族有拉勒尤（Laleyo）舞。

在桑给巴尔，流行的传统舞蹈是姆威赛舞、杜姆巴克（Dumbak）舞和科亚索舞。姆威赛舞现已成为国内许多专业团体经常演出的舞蹈之一。

舞蹈时男演员小腿裹有数十枚由棕榈叶编成的菱形空壳,内装一种叫姆赛威的坚硬的植物种子,动作以脚下打点和胯部扭动为主;舞蹈节奏由缓慢逐渐变为欢快,舞姿舒展含蓄。

在坦噶省沿海地区,流行乌卡拉舞。乌卡拉舞是一种猎人舞。在跳舞的过程中,象征猎人的男人们手持弓箭,双腿蹲跳。而妇女们则手持盛肉的箩筐,扭动两胯。

坦桑尼亚民间舞蹈按主题有四类:反映农业生产、表现祖先狩猎、反映抗击侵略和表现男女爱情。

反映农业生产的舞蹈常见的主要有耕地舞、播种舞、丰收舞、求雨舞和狩猎舞等。坦桑尼亚大部分民族以农耕为主,所以反映农业生产的民族舞蹈特别多。在丰收舞中,20多个男女演员腰缠用秸秆制作的衣裙(有时男演员头戴茅草编织的凉帽),各个手持锄头或砍刀,在雄浑有力的鼓乐声中,表演"播种""除草""收割""送粮进仓"等动作,最后演员们围着"粮仓"迈起了欢快的舞步,享受丰收的喜悦,女演员还不时卷舌发出长长的高叫声,把演出推向高潮。

表现坦桑尼亚远古狩猎、采集时期人类祖先生产和生活场面的狩猎舞有两种,一种是为狩猎的青年男子壮行,另一种是欢迎他们凯旋,有时两种舞蹈合二为一。壮行时的舞蹈是狩猎的青年男子(一般在10人左右)每个人身披兽皮,头插长长的羽毛,手持长矛,气宇轩昂,在鼓乐声中向着远方挥动长矛,出来送行的人有的轻轻舞动,有的连连挥手。凯旋时的舞蹈是猎手们抬着猎物归来,鼓乐齐鸣,早已等候在"村头"的村民、猎手们一起围着猎物跳起欢快的舞蹈。

坦桑尼亚人在独立日和其他重大节日时喜欢跳战争舞,以缅怀为民族独立和发展献身的先烈,鼓舞人民维护独立和建设国家的斗志。跳战争舞的都是青年男子,常常身着兽皮披肩或围腰,头插羽毛,足系铃铛,手持长矛和盾牌等武器,在激烈的战鼓声中表演刺杀和防御等战斗动作,粗犷威武。在舞台上演出时有几十人登场,在广场上演出时参演人员可多达一二百人。

坦桑尼亚表现男女爱情的舞蹈很多,经常表演的有"双人舞"和

"青年舞"（多人），各个舞蹈团的表演不同，但大多以欢快、热情的舞姿，表现青年男女的恋情和青春活力。在马赛族中，有一种独特的"爱情舞"，即"蹦高选秀"舞，在重大的庆祝活动上经常可见。这种舞蹈没有伴奏，在场地上，一边站的是身披紫红色或红色斗篷、手持标枪的男青年，他们把头前的"刘海儿"都编成了发髻；另一边站的则是穿着节日盛装、脖子上戴着彩色项圈的女青年。舞蹈开始后，男青年们在场地上不断向高处蹦，看谁蹦得最高，最高者获胜。然后获胜的男青年跑向姑娘们，走到中意的姑娘面前，停下脚步，把头上的发髻朝姑娘的脸上一甩，表示要娶她为妻。据说，这种做法目前在马赛族中还很流行。

此外，坦桑尼亚还有鼓舞、面具舞和踩高跷等形式多样的舞蹈。

在坦桑尼亚广大地区特别是乡村地区，添丁、孩子割礼、儿女结婚都是全村的大事，要聚会跳舞同庆；在许多部族中，有家族或氏族一起祭神、祭祖以及干旱时求雨的传统，这时，舞蹈表演是活动的主要内容；每逢国家重大节日，全国上下都要组织庆典活动，各种舞蹈队纷纷出动，同场竞技。

坦桑尼亚人朴素好客，舞蹈是迎宾活动的重要组成部分。客人一到，主人首先陪着他们观看在列队欢迎人群前面的民族舞蹈。有的还邀请客人一起参加舞蹈。

六 雕塑

坦桑尼亚的绘画、雕塑等造型艺术丰富多彩，有绘画、木雕、牙雕、葫芦雕、竹编、藤编、草编、麻编、印染、皮革工艺和首饰等。其中，乌木雕和廷嘎廷嘎画享誉世界，世界上一些大的博物馆都有收藏。

马孔德是生活在坦桑尼亚东南部与莫桑比克交界处的少数民族，他们自古奉行"女人从耕，男人从雕"的传统，男孩年满四岁就开始跟随父亲学习木雕手艺，非洲人说他们的祖先是"口衔刻刀来到人世"。他们生活的地方盛产一种乌木（斯瓦希里语 Mpingo），据说"千年生长、千年不倒、千年不腐"。乌木生长期长、生命力强，原木的边皮呈黄白色，蕊材呈紫红色或黝黑色。其肌理细腻、耐磨防蛀、重如铸铁，经打磨后光滑明

亮，是木雕难得的优质材料。

由于乌木坚硬，雕刻极其困难。雕刻前，马孔德工匠要先根据乌木的形状在脑海里构思出轮廓，然后用斧头砍出粗糙的外形，再用凿子、锉刀等工具雕刻出细节，最后是用砂纸等进行长时间的打磨，一件乌木雕要花去匠人一两个月的时间。由于都用简单的工具手工制作，乌木雕造型简单，自然质朴，许多工艺品还保留着原木的痕迹。这些民间艺术家运用夸张变形的手法、概括简约的造型来表现原始的唯美和静谧，诠释他们对事物的独特理解和对生命的关注。

马孔德人崇拜祖灵，雕刻是他们血管里流淌出来的艺术。这艺术的灵感则来自那些神乎其神的传说和故事，来自他们对人世、对自然的独特见解和感悟。马孔德人的乌木雕被德国诗人描写成折射生活、融入自然、再现梦想的艺术，被称为"黑色诗歌"。

早期的马孔德木雕与马孔德人的生活密切相关。能工巧匠用乌木雕成手镯、项链、饭碗和手杖等。后来，长老们用乌木雕刻成家族、氏族和部落的图腾，一些青年人则用乌木雕刻成各式各样的假面具，在庆典或祭祀活动时佩戴；也有少数以人物、鬼神和动物为主题的乌木雕。后来，随着经济、政治和社会的发展变化，马孔德乌木雕艺术不断发展、变化。传统的乌木雕得到了充实和发展，同时出现了"现代乌木雕"。坦桑尼亚的乌木雕日趋系统化，艺术风格也有了新的发展。

马孔德乌木雕大致可分为人物乌木雕、动物乌木雕、图腾乌木雕、器具乌木雕、群体乌木雕和云形乌木雕。

人物乌木雕包括头像、胸像，反映了男人狩猎、少女顶水、母亲哺婴、艺人击鼓、农妇耕种、草原放牧等生活与劳动的情景，表现了人的生存、人的追求、人的憧憬及人与自然的和谐。

动物乌木雕包括狮子、大象、犀牛、斑马、长颈鹿、河马、羚羊、鳄鱼、乌龟和猫头鹰等野生动物，这些憨态可掬、性情灵动的动物，被刻画得栩栩如生，具有独特的活力和美感。雕刻各有寓意。狮子被雕得张牙舞爪，象征着霸气；大象被雕得四平八稳，是力量的象征；缓缓爬行的乌龟，默默地为主人祈祷长寿；猫头鹰的两只眼睛瞪得圆圆的，为主人祈求五谷丰登；等等。另外，还有飞禽和花卉等木雕，雕工精细，栩栩如生。

图腾乌木雕类似某种图腾崇拜。木雕形态各异，有的形象夸张怪诞；有的头颅巨大，长着大口；有的丑陋、无常。每个乌木雕的背后，都有美丽动听或骇人听闻的传说或故事，包含着爱与恨、善良与残暴。马孔德艺术家运用变形、夸张和错位等奇特手法刻画，给人强烈的精神震撼。

器具乌木雕包括劳动用品和生活用品，包括女性用的项坠、戒指、耳环、耳坠、梳子、发夹等，也有五子棋、国际象棋这样的文体用品，还有衣箱、桌子、柜子、椅子、茶几和凳子这类木雕家具。乌木梳梳体雕刻精美，往往被游客购买作为装饰品。

群体乌木雕出现于 20 世纪 50 年代。1964 年，木雕艺术大师雅各布（Roberto Jakobo）完成了题为《母亲》的坦桑尼亚第一组群体木雕；1965年，木雕大师卢帕帕（Lupapa）创作了第二组群体木雕，名为《传统的乌贾马》；接着，《生命树》《团结的力量》《马赛人的乌贾马》等相继诞生。这类群雕有一个共同的主题，即坦桑尼亚传统的同祖同宗、相互帮助、相互关心的社会关系。在 1967 年坦桑尼亚全国乌木雕展览会上，雅各布的由 5 件木雕组成的名为《团结》的群雕参展，随后，坦桑尼亚政府将此类群雕命名为"乌贾马类"乌木雕。

群体雕塑通常是用整个乌木树雕成，长度一般在 1 米左右，最长的在两米以上，短的也得有 20 多厘米。雕刻大师把众多人物以摞叠形式雕刻于一段乌木上。这类木雕都是直立的，大师们多采用深浮雕形式将人物雕刻在树段的周围，从下到上，一层接一层，像叠罗汉似的；有的还雕刻成镂空状，使人物更富立体感。群雕往往以家庭、部族的形象出现，表现的多是劳动和生活的场面，当地也称为"家庭树"，寓意子孙后代绵延、生生不息。人物形象多种多样，都是手、脚、头相连。在这类木雕中，有的顶端雕有一女性的头像，寓意马孔德人在这位女性的呵护下幸福安康，繁衍发展。

群体乌木雕已经成为坦桑尼亚的民族艺术珍品，是坦桑尼亚政府或民间交往中一种规格最高的礼品。

云形乌木雕的创作灵感来自天空中变化多端的云朵。据说，白云象征平和，彩云通报喜庆，乌云预示灾难。他们靠观察云彩的变化，打开思路，扩大想象，抓住在浮想联翩中出现的神话、传说和现实生活中的某个场面，形成创作灵感。这类作品题材广泛，涉及人、鬼神、动物和植物及自然想象。艺术手法上，构图简单，多为环状框架式图形，但造型较为抽象，接近于西方抽象派艺术作品。主题只有一个，就是反映马孔德人或坦桑尼亚人的传统理念。20世纪80年代以来，坦桑尼亚出现了以乔治·利兰加（Ceorge Lilanga）为代表的一批云形雕塑艺术家。

马孔德乌木雕经过300多年的衍生、发展和升华，更加具有蕴意丰富、想象奇特的特点，成为收藏家们趋之若鹜的珍品，在英、法、美、日以及中国等世界许多国家的雕塑博物馆内都有它们的身影。马孔德乌木雕对欧美的许多现代派画家也产生了深远的影响。据说，西班牙画家毕加索的名作《亚威农少女》就借鉴了马孔德乌木雕的艺术风格。

作为国家的名片，马孔德乌木雕经常作为礼物，赠送给外国元首或政府首脑。在坦桑尼亚，精美的乌木雕作品已成为游客必买的纪念品和收藏品。

七 绘 画

坦桑尼亚绘画传统久远，民间画家以父子或师徒相传的方式，将技艺代代相传。他们由绘制部落图腾、装饰图案等发展到与工艺品相结合，绘制和制作各种工艺画及旅游纪念品。在这种氛围下，诞生了廷嘎廷嘎画。

廷嘎廷嘎画是坦桑尼亚特有的画在布上和纤维板上的漆画。是20世纪60年代在达累斯萨拉姆市发展起来的绘画风格，后来传播到大多数东非国家。廷嘎廷嘎画是以其创始人廷嘎廷嘎（Edward Said Tinga Tinga）的名字命名的。廷嘎廷嘎1932年出生于坦桑尼亚一个贫苦农民的家里。21岁时来到达累斯萨拉姆，当了一名建筑工人，36岁时开始绘画。由于他买不起画具，只能用搪瓷渣、旧油漆等在废弃的建筑材料上绘画。他按照自己的观察和想象绘画动物、人物、跳舞的部落和乡村生活的场景。他虽缺乏正规的训练，对自然主体采取简单、直接的画法，却能凸显其生命力，给人异样的感觉。他的漆画逐渐引起社会的关注，走向市场。1972

年，廷嘎廷嘎逝世，此后，廷嘎廷嘎画的绘画风格有了新发展，色调变得明快，画面更富于想象力。艺人们在路边、市场、每个城市的艺术区创作廷嘎廷嘎画。其中，位于达累斯萨拉姆的雕刻家市场是最大的一块艺术区。巴加莫约艺术文化学院则是诞生这位最优秀的艺术家（即廷嘎廷嘎）和优秀廷嘎廷嘎画家的地方。

廷嘎廷嘎画大致可分为三类：第一类是用单色线条构成的花鸟图案，其线条婉转流畅，疏密相间，既有统一格调，又变化多样，所绘花鸟亦动亦静，栩栩如生。这类作品，除直接用作艺术装饰品外，现在还有许多被用作印染图案，或作为各种材质的线雕或浮雕等工艺品的图样。第二类是用色块构成的绘画，既有花鸟动物，也有风景、人物等，特点是概括性、装饰性强，以运用黑、白、红、青、绿等色为主，色彩鲜艳、浓重。第三类是以线条和色块相结合的绘画，内含悠久的神话传说、历史事件和现实生活尤其是乡村生活等。

廷嘎廷嘎画体现了非洲传统绘画与西方绘画艺术的结合，平纹细布或帆布、颜料、四边画框、明暗对比关系等要素都源自西方艺术，但画作的本质却是非洲的、坦桑尼亚的。它不讲究透视，不讲究写实；景物的特点被极度夸张，形态扭曲变形；色彩艳丽明快，具有极其浓郁的原始韵味。整个画面既通俗易懂，极富亲和力，又兼具独特的魅力与震撼力。画作所展现的原生态美，代表了非洲对美的最纯朴追求，是西方美术界至今无法企及的美的最高境界。如今廷嘎廷嘎画色彩更加丰富，在绘画的题材和风格上也有了更大的创新。

撒哈拉以南非洲的绘画原本在人类绘画史上无足轻重，但廷嘎廷嘎画诞生后，却迅速得到西方美术界的认可，被称为非洲的"瑰宝"，并在它们的推动下名声远扬。目前在美国、日本，丹麦，瑞典，瑞士等国非常流行。一幅优秀的廷嘎廷嘎画，在欧美可以卖到几万甚至几十万美元。

第四节　体育

坦桑尼亚传统社会有许多古老的体育项目，如桑给巴尔的斗牛及独木

舟、独桅舟比赛等。外国人和殖民者到来后，引入了新的体育运动。目前，足球是最流行的体育运动。

一　机构与政策

独立后，坦噶尼喀新政府立即宣布恢复、巩固和发展体育活动。1962 年，政府成立了国家文化和青年部，负责促进体育事业。1967 年，国民议会通过《体育法》，设立了国家体育委员会，作为政府文化和体育部的直属机构，负责全国体育运动。1968 年，成立了坦桑尼亚奥林匹克委员会，与国家体育委员会平行。现在，体育工作由信息、文化、艺术和体育部负责。

坦桑尼亚政府确定了大力发展足球、田径和拳击三大运动，以带动整个体育事业全面发展的体育政策。每个财政年度都把体育经费的 50% 用于发展足球。

为促进全民体育，国家还推动特殊人（残障人）体育，使他们能参与国内和国际竞争。在政府的支持下，女足也变得非常流行，女性球员得以参加国内外各种比赛。

中央和地方政府都很重视体育场地的建设，除了在小学和中学修建操场和足球场外，还在首都和省政府所在地修建和扩建了体育场。到 20 世纪 80 年代，首都达累斯萨拉姆有三处主要体育设施，包括可容约 4 万 ~ 5 万人的国家体育场。

20 世纪 80 年代以来，由于政府实行紧缩的财政政策，坦桑尼亚体育运动的发展受到严重影响。经济形势好转后，坦桑尼亚政府重视体育事业的恢复和发展。在国家体育委员会下恢复或新建了各种体育协会，各协会努力开展活动。大企业也响应政府的号召，为体育协会或团队提供资助。

2000 年，坦桑尼亚足协制订了 2000 ~ 2015 年足球运动发展计划，决定加强全国各地区足球赛，定期举办全国青年足球赛。计划提出，争取到 2008 年保证全国小学、中学和高等院校都有足够的足球设施。

2005 年以来，政府采取了一系列推动体育运动发展的政策措施。政府有计划地为修缮、扩建和新建体育设施增加了拨款。在达累斯萨拉姆建设一个大型的现代化的国家体育场。

2005 年，坦桑尼亚政府决定 9 月 21 日为全国体育日，每年全国体育日都要举行各项体育比赛，借此推动全民参加体育运动。

2005 年 7 月 8 日，政府宣布免除坦桑尼亚运动员在国际比赛中获得的奖金和奖品的个人所得税和进口税，并对在国际比赛中获得奖牌的运动员给予重奖。

二 体育运动状况及水平

独立后坦桑尼亚各项体育运动发展较快，特别是政府确定的"三大运动"——足球、长跑和拳击取得了明显的进展。

20 世纪 80 年代，受经济不景气影响，坦桑尼亚的体育运动处于低潮。除一些单项体育比赛（如足球俱乐部联赛）外，全国性体育比赛和运动会都极少举办。体育水平明显下降。国家足球队在国际赛事中成绩不佳，1982 年以后一直未能走出预选赛，被拒于世界杯和非洲国家杯之外。

21 世纪以来，中小学和高等院校的体育活动增多，全国足球俱乐部联赛正常运行。体育比赛明显增多，坦桑尼亚更多地派团队参加国际比赛，运动员在比赛中取得了较好成绩。

坦桑尼亚人喜欢踢足球，也喜欢观看足球比赛。所有省、县都有自己的足球代表队。全国每年有各省市的联赛，大陆和桑给巴尔还分别有一年一度的足球锦标赛，国家的重大节假日有各种级别的足球赛，基督教和伊斯兰教节日中也少不了足球比赛。

坦桑尼亚足球协会成立于 1960 年，1962 年加入国际足联。1980 年代，坦桑尼亚出现了一批全国有名的球队。在东中非，坦桑尼亚足球队一直名列前茅，1986 年 6 月在达累斯萨拉姆市举行的东中非足球赛中，坦桑尼亚青年队荣获亚军。在西非国家杯赛上，1982 ~ 1986 年连续 4 届获得亚军。1987 年，在非洲 U20 青年足球锦标赛上获得亚军。1998 年在非洲国家杯赛中，达累斯萨拉姆球队打进决赛阶段。2016 年 6 月，坦桑尼亚国家足球队在国际足联排名榜中列第 136 位。

坦桑尼亚有一批国际著名的中长跑运动员。1974年，菲尔伯特·巴伊（Filbert Bayi）在新西兰举办的运动会上夺得1500米冠军，并刷新了世界纪录。1978年，在埃德蒙顿（Edmonton）举行的英联邦运动会上，吉达马斯·沙汉加（Gidamas Shahanga）获得马拉松比赛冠军。1980年莫斯科奥运会上，苏莱曼·尼扬布伊（Suleiman Nyambui）在男子5000米比赛中获得亚军，这是迄今坦桑尼亚运动员在奥林匹克运动会上获得的最好成绩。1919年纽约国际马拉松比赛中，被称为"非洲明星"的朱姆斯·伊康加（Jums lkanga）夺得男子组冠军，并创造了世界最好成绩。马拉松选手约翰·布拉（John Bura）在1987年5月荣获荷兰阿姆斯特丹国际马拉松赛冠军。2001年，桑布（Andrea Sambu Sipe）荣获第七届布拉格国际马拉松男子组冠军。2002年，巴纽埃利亚在日本东京国际女子马拉松比赛中获得冠军。2003年，巴约·阿姆纳伊在东京国际马拉松比赛中夺得男子组冠军。2005年，在里约热内卢举行的世界田径锦标赛上，萨姆维尔·姆维拉获得男子900米冠军。在2006年英联邦运动会马拉松比赛中，拉马达尼（Samson Ramadhani）夺得男子组冠军。

20世纪80年代，坦桑尼亚培养出一批拳击运动员，在东中非地区属于中上水平。在1987年8月于肯尼亚举行的第四届非洲运动会上，坦桑尼亚在拳击项目上获得1枚银牌、4枚铜牌。

坦桑尼亚在篮球、手球、乒乓球、橄榄球等体育项目上，也曾取得好成绩。篮球主要在军队和学校开展。哈希姆·泰比特（Hasheem Thabeet）是俄克拉荷马雷霆队的队员，他是第一位来自坦桑尼亚的NBA球员。1987年4月在内罗毕举行的中东非手球赛中，坦桑尼亚男队获得亚军，女队获得冠军。1984年以来，在中国乒乓球教练训练下，曾涌现出一批有希望的选手，菲力克斯在1986年蒙巴萨国际乒乓球公开赛中获得男子单打冠军。2006年，在非洲橄榄球乙级队联赛中，坦桑尼亚队以20∶10击败尼日尔队，获得冠军。

2008年，坦桑尼亚举办国际刑事法庭板球联赛分区比赛，此后板球在坦桑尼亚快速发展。

2006年11月6日，坦桑尼亚游泳协会被批准加入国际泳联。

314

　　1964 年，坦桑尼亚第一次参加奥林匹克运动会，此后，除了 1976 年抵制奥运会以外，坦桑尼亚每次都派团参加夏季奥运会，但没参加过冬季奥运会。1980 年，坦桑尼亚运动员在莫斯科奥运会上获得两枚银牌，从那以后，坦桑尼亚运动员再没拿过奖牌。坦桑尼亚尽管参加了更多的奥林匹克比赛项目，但奥运队规模不大。2004 年雅典奥运会上，坦桑尼亚只派出 9 名运动员参赛。2008 年北京夏季奥运会上，坦桑尼亚派出了第一支游泳队参加比赛，参赛者中包括首位女性国家队员。

第五节　新闻出版

一　新闻出版简史

　　坦桑尼亚的媒体发展可以分为四个阶段。第一个时期是德国统治时期，当时，传教士编辑了一些报纸。1888 年，坦桑尼亚大陆出现了第一份英文报纸《新闻报》（*The Msimulizi*），1894 年出现了第一份斯瓦希里文报纸《新闻月报》（*Habari Za Mwezi*）。1910 年，坦桑尼亚大陆出版了斯瓦希里文报纸《沿海与内陆》（*Pwani na Bara*）。第二阶段是英国殖民时期，这一时期，英国殖民当局以报刊为工具，维持其殖民统治。1930 年，英国伦敦和罗得西亚矿业与地产公司（London & Rhodesian Mining & Land Company，LONRHO）创办了《坦噶尼喀旗帜报》。1937 年，在达累斯萨拉姆出版了新闻周刊《我们的祖国》，这是非洲人在坦噶尼喀创办的第一份报纸。1954 年，殖民政府接管《坦噶尼喀旗帜报》，把它办成政府报纸。在这一时期，出现了要求独立的具有民族主义色彩的报刊，如《新坦噶尼喀报》（*Tanganyika Mpya*）、《甘地》（*Gandi*）、《领导人》（*Kiongozi*）等。1957 年，坦盟出版了《坦噶尼喀非洲民族联盟之声》。

　　独立后，媒体发展进入第三阶段，媒体以社会主义原则自主发展，私营媒体被改造。80 年代中期以来，媒体发展进入第四阶段，私营媒体被允许存在和发展。

二 新闻出版管理体制与政策

早在"自治"期间，坦、桑政府就接管了殖民政府主管新闻工作的公共关系部，并改组为坦噶尼喀新闻局，由总理办公室直接负责。1961年以后，新闻工作管理部门屡经变迁，目前，坦桑尼亚大陆的新闻工作由总理办公室直接领导，在总理办公室内，设有坦桑尼亚新闻局，负责政府（大陆）新闻工作和报刊管理工作；同时设有广播局，负责电台和电视台的管理工作。

1964年桑给巴尔与坦噶尼喀联合组成坦桑尼亚联合共和国后，桑给巴尔地方政府另设新闻、文化、旅游和青年部，其下属的新闻局和广播局具体负责当地的新闻广播工作。1988年，桑给巴尔通过了《新闻代理机构、报纸和图书出版法》，同年还通过了建立桑给巴尔新闻委员会的决议。新闻委员会就桑给巴尔新闻事业发展有关问题向政府提出咨询建议。1997年，依据《桑给巴尔广播委员会法》，建立了桑给巴尔广播委员会，负责桑给巴尔电台和电视台的注册和管理工作。

独立后的坦桑尼亚特别强调媒体的政治功能，对媒体所有权、新闻内容的生产、新闻人的资质以及新闻教育实行全方位的管控。政府对媒体实行了国有化改造，改造后的媒体强调其动员者、教育者和鞭策者的角色。

1976年通过的《坦桑尼亚报纸法案》规定，在认为某出版物会危害公众利益的情况下，总统可授权行政当局查禁它，信息部长也享有同样的权力。1976年生效的《坦桑尼亚通讯社法》，要求对媒体内容进行直接控制。

1985年以后，坦桑尼亚推行了一系列改革。官方媒体垄断新闻的局面被打破。1992年5月，国民议会修改了《坦桑尼亚通讯社法》，宣布坦桑尼亚实行新闻自由，取消了坦桑尼亚通讯社对国内外新闻收集与传播的垄断地位。

1993年通过的媒体行业管理法案规定建立新闻人注册制度和成立媒体委员会。《坦桑尼亚通讯社法》试图一方面放开私人办报刊，另一方面通过规定新闻人注册的资质和赋予媒体委员会撤销新闻人资格的权力管控新闻界。

1993 年通过的《坦桑尼亚广播法》，允许私人开办电台和电视台。根据这项立法，政府设立了坦桑尼亚广播委员会。坦桑尼亚广播委员会的主要职责为：颁发广播许可证，控制、监督广播行为；负责频道的标准化和管理；以维护公众利益或国家安全为由，处罚记者或媒体。法案对广播电台和电视台的所有权做出规定，电台的股份至少有 51% 掌握在坦桑尼亚国民手中，才能够申请广播许可证。法案还规定：私营电台一般只允许用调频频道播音，少数可用中波波段；每家私营电台每周有一天转播坦桑尼亚达累斯萨拉姆电台的新闻节目；私营电视台播放节目的覆盖率不得超过大陆土地面积的 25%，即只能覆盖大陆 21 个省区中的 5 个省区。

2003 年制定的新的信息和广播政策是政府、媒体及利益相关者协商的结果。文件承认，目前坦桑尼亚媒体覆盖率低，一方面是由于资金短缺导致的基础设施落后，另一方面源于法令对媒体发展的限制。它承认了新闻自由的重要性和必要性。新的信息和广播政策阐释了政府在营造良好媒体环境方面需要做出的努力，阐释了如何建立自由、多元的媒体市场，还具体规定了媒体的权利、自由和责任。

坦桑尼亚新闻界于 1997 年成立了自己的媒体委员会（MCT，与 1993 年法案规定的委员会不是一个组织），以自律来实行自治。媒体委员会致力于创造性地推动媒体发展，促进坦桑尼亚走向民主和公正，远景是使坦桑尼亚的新闻界更自由、更负责任和更有效。媒体委员会设定了一些具体的工作目标，如监督记者、编辑、制片人等新闻业的从业者，使其以较高的职业和道德标准工作，推动新闻专业化等。媒体委员会在全国各地建立新闻俱乐部。媒体委员会还发布媒介观察报告，使媒体利益相关者和受众获知新闻界的动态。媒体委员会制定了行业道德规范，以此调解行业内的冲突。媒体委员会 98% 的决议都被行业认可并得到严格遵守。

三　主要新闻媒体

在媒体自由度排名中，坦桑尼亚连续多年在东非国家中位居第一。

（一）报纸

坦桑尼亚大陆独立后，坦盟在《坦噶尼喀非洲民族联盟之声》的基础上创办了斯瓦希里文周报《自由报》，1964 年改为日报，同年又创刊英文日报《民族主义者》（The Nationalist）。1967 年创刊斯瓦希里语的《工人报》，作为工会组织机关报。1967 年《阿鲁沙宣言》发表之后实现了报刊国有化，私营报刊退出新闻领域。

1995 年 1 月 11 日出版的私营的英文日报《卫报》，打破了政府报纸《每日新闻》对坦桑尼亚新闻长达 30 年的垄断。以后，坦桑尼亚的私营报纸发展迅速。

坦桑尼亚的报刊主要是英文和斯瓦希里文。一般说来，英文报纸只报道坦桑尼亚发生的重大事件，用尽可能多的篇幅报道国际新闻；斯瓦希里文报纸则相反，只报道国际上的重大新闻，然后用尽可能多的篇幅报道国内新闻。英美报纸在各主要城市都能买到。由于肯尼亚缺少斯瓦希里文报纸，坦桑尼亚的斯瓦希里文报纸在肯尼亚也很受欢迎。

坦桑尼亚报刊注册大部分都在达累斯萨拉姆、多多马、桑给巴尔、阿鲁沙、姆万扎和莫罗戈罗。城镇地区发行量约占总发行量的 90%，达累斯萨拉姆市报纸订户占全国报纸订户的 50% 左右。

坦桑尼亚的主要日报有以下几家。

《每日新闻》（Daily News），坦桑尼亚政府报、英文日报。由坦桑尼亚旗帜报报业有限公司出版，内容包括国内外新闻、社论、国际或国内问题专稿、"读者来信"、非洲及邻国政治、经济和社会发展等。发行到全国各地和邻国。网址：http：//www.dailynews.co.tz。

《自由报》（Uhuru），坦桑尼亚革命党机关报，斯瓦希里文。内容包括国内外新闻、社论和读者来信、经济、社会、文化、卫生、诗歌、文艺、娱乐、体育等。网址：http：//www.uhuru.co.tz。

《公民报》（Mwananchi），斯瓦希里语日报，2000 年创刊，是坦桑尼亚发行量最大的报纸，强于政治议题报道，发行量占坦桑尼亚印刷版报纸发行量的一半以上。

《公民报》（The Citizen），1999 年创刊，总部设在达累斯萨拉姆。以英文出版，包括地方、国家、地区、商业、娱乐以及国际新闻等栏目。

《卫报》（*Guardian*），1994 年创刊，英文日报，由卫报报业有限公司发行，是 IPP 新闻媒体集团标志性产品。主要刊登国内外新闻、商业、文化和体育报道。

《东非人报》（*The East African*），东非地区报纸，在肯尼亚、乌干达、坦桑尼亚、布隆迪和卢旺达都有发行，主要报道市场和经济新闻。

此外，还有《每日经济新闻报》、《每日邮报》、《消息报》（斯瓦希里文）、《晚报》（斯瓦希里文）、《时报》、《今日达累斯萨拉姆》、《非洲人》（*The African*）、《坦桑尼亚人》（*Mtanzania*）等日报。

坦桑尼亚主要的周报有以下几家。

《商业时报》（*Business Times*），英文周报，商业时报有限公司出版，由当地黑人工商企业界人士创办，总部设在达累斯萨拉姆市。创刊于1988 年 11 月，以本国经济、贸易和金融为主要报道内容，在商贸和金融界及外国驻坦桑尼亚使团中影响较大。网址：http：//www.bcstimes.com。

《工人报》（*Mfanyakazi*），坦桑尼亚工会组织机关报，斯瓦希里文，每周三、周六出报。主要报道坦桑尼亚工人的劳动、生活，反映他们的要求，报道工会组织开展的各种活动。

《家庭镜报》（*The Family Mirror*），1988 年 6 月创刊，私营英文报纸，每半月出版一期。以对本国政治、经济和社会问题的专题报道为主，在社会上有一定影响。由私营的大众出版有限公司编辑出版。

《民族主义者报》（*Mzalendo*），《自由报》的星期日版，较《自由报》的日常版增加了反映经济和社会发展、坦桑尼亚与外国合作及国际问题的专题报道。

《阿鲁沙时报》（*Arusha Times*），总部和发行都在阿鲁沙，星期六出版。在坦桑尼亚拥有相当大的读者群。

《光明报》（*An-Nuur-Arabic Light*），1993 年由坦桑尼亚穆斯林最高委员会在达累斯萨拉姆创刊，每周三出版。主要在坦桑尼亚沿海地区和桑给巴尔发行。网址：http：//www.islamtz.org/an-nuur/index.html。

《建议》（*Nasaha*），周刊，1998 年 7 月由坦桑尼亚穆斯林职员协会在达累斯萨拉姆创刊，每周三出版，主要在坦桑尼亚沿海地区和桑给巴尔发行。网址：http：//www. islamtz. org/nasaha/index. html。

除此之外，还有《快报》、《星期日新闻》、《星期日观察家报》、《星期日消息报》（斯瓦希里文）、《闲谈》（*Kasheshe*）、《我们的民族》（*Taifa Letu*，斯瓦希里文）、《娱乐报》（*Lete Raha*）、《运动员》（*Mwana Spoti*）等。

截至 2017 年 1 月，坦桑尼亚合法注册的报纸有 428 家。

（二）电台和电视台

广播电视是坦桑尼亚比较普及、受众较多的媒体形式，产业开放度高，竞争激烈，广播节目多以新闻、音乐为主，电视节目除政府电视台外主要制作当地新闻，其他节目多依赖外国媒体提供。

1951 年，殖民当局在达累斯萨拉姆建立了坦桑大陆第一座广播电台"达累斯萨拉姆之声"，后改名为坦噶尼喀广播公司。坦噶尼喀独立后，政府接管了坦噶尼喀广播公司，改名为坦噶尼喀政府电台。1965 年 7 月，改称坦桑尼亚达累斯萨拉姆电台，一直到 90 年代中期，这家电台仍是坦桑尼亚唯一的电台。90 年代，媒体对私人开放，私营电台由此得到发展。

坦桑尼亚的电视业起步较晚，1993 年，坦桑尼亚电视局制定了发展电视事业的计划，提出 10 年内逐步向全国范围提供电视服务。2001 年，首家坦桑尼亚电视台——坦桑尼亚国家电视台创办，随后一些私营电视台也得以创办。目前，坦桑尼亚已经有 28 家电视台。电视台后来居上，开始挑战传统电台的垄断地位。数字电视也开始在坦桑尼亚风行。

坦桑尼亚达累斯萨拉姆电台（Radio Tanzania Dar es salaam，RTD）是政府电台，也是坦桑尼亚影响最大的电台，可覆盖全国 85% 的地区，几乎所有政府声明都首先从这里播出。达累斯萨拉姆电台播出 5 套节目，即斯瓦希里语节目、英语节目、教育节目、对外广播和商业节目。2004 年，该电台与坦桑尼亚国家电视台合并为坦桑尼亚广播公司。

坦桑尼亚大陆的私营电台主要包括隶属于 IPP 新闻媒体集团、坦桑尼亚影响最大的私营电台"一台"（Radio One），该电台主要播出音乐、戏剧和国内外新闻节目。

1999 年，云媒体集团成立，其旗下的"云中娱乐"调频台开始播出，它是面向青年人的受到广泛欢迎的电台，已经成为中东非最受欢迎的电台之一。

坦桑尼亚的宗教电台有天主教会办的"希望电台"、大陆西部地区的"玛丽亚电台"和"奎泽拉电台"、路德教会在莫希办的"福音之声"、坦桑尼亚穆斯林最高委员会创办的"古兰经调频电台"等。节目大部分为斯瓦希里语节目，英语节目很少。

坦桑尼亚还有一类教育电台，是为了推动教育事业的发展。比如圣奥古斯丁大学创办的圣奥古斯丁电台等。这些电台主要建在城镇地区，听众主要是青年人，用英语和斯瓦希里语两种语言播出。

截至 2016 年底，坦桑尼亚全国获得许可的电台共有 123 家，其中 70 多家是商业电台，多数用斯瓦希里语播出。根据法律规定，坦桑尼亚的电台广播只能用斯瓦希里语或英语播出。

坦桑尼亚乡村地区 90% 的民众依靠收音机了解国内外新闻。

坦桑尼亚国家电视台（TBC）隶属于坦桑尼亚广播公司，是坦桑尼亚第一家电视台，2000 年 3 月 15 日开播。电视台主要报道有关总统、政府官员和执政党领导人活动和讲话的新闻，关于反对党和其他组织的报道很少。80% 的节目由自己制作，大体可以覆盖全国。

独立电视台（ITV）是坦桑尼亚最有影响力的私营电视台，由 IPP 新闻媒体集团创办，节目以国内国际新闻、体育报道和文化娱乐为主，另辟专题报道和评论。以斯瓦希里语为主，60% 的节目由自己制作。该台同英国广播公司、美国有线电视新闻网、德国和法国电视台签有转播电视节目协议，也是目前坦桑尼亚唯一能通过卫星与非洲其他一些国家电视台连接的电视台。

达累斯萨拉姆电视台（DTV）是一家私营电视台，由坦桑尼亚和肯尼亚私人投资者合办的非洲新闻媒体集团创建，1995 年开播。节目包括斯瓦希里语和英语两种。除转播英国天空电视网新闻节目外，还播出用斯瓦希里语播送的晚间和早间新闻节目和专门介绍科技、历史、医学和生态环境等方面的专题节目。

滨海电视新闻网（CTN）是坦桑尼亚大陆第一家私营电视台，1994年2月开播，除了播放当地的新闻节目外，主要转播美国有线电视新闻网的新闻节目和其他西方电视台的节目。

东非电视台（EATV）位于达累斯萨拉姆，是面向坦桑尼亚、肯尼亚和乌干达的免费电视台，目标人群是 18～35 岁的青年。东非电视台的节目涵盖了新闻、时事、生活方式、娱乐和社交等方面的内容，是坦桑尼亚乃至整个地区本地内容的主要报道者。节目质量高，形式多样，很受听众欢迎。

此外，坦桑尼亚大陆还建立了许多有线电视广播站，均为商人所办。在坦桑尼亚大陆，一些市、镇委员会也经营电视业务，向当地观众转播其他的电视台节目。这些电视转播站有可能发展成完全独立的电视台。

从 2013 年起，坦桑尼亚成为撒哈拉以南地区首个采用数字电视的国家。截至 2017 年 5 月，坦桑尼亚有 39 家注册登记的电视台，其中 16 家是商业性质的，大多数电视台用斯瓦希里语播出。

（三）通讯社

1976 年 10 月 2 日，坦桑尼亚通讯社成立。长期以来，它是坦桑尼亚唯一拥有向国外发布坦桑尼亚新闻和抄收并传播国际新闻权利的新闻机构。坦通社的经费曾一直依靠政府拨款。20 世纪 80 年代中期以来，拨款减少。1992 年通过的《坦桑尼亚通讯社法》取消了坦通社对国内外新闻收集与传播的垄断地位，通讯社的供稿收入大大减少。2000 年，坦通社解散，坦桑尼亚新闻局接管了坦通社的工作，开始身兼二职，现已成为坦桑尼亚政府报纸、电台、电视台和革命党报消息的主要来源，并向私营新闻媒体供稿。

IPP 新闻媒体集团建立了坦桑尼亚新闻服务有限公司（PST），它既向 IPP 集团的报刊供稿，也向其他媒体（如调频电台）供稿。

（四）桑给巴尔媒体情况

独立前，在桑给巴尔的印度人和阿拉伯人办报比较积极。独立以来，桑给巴尔新闻市场基本上为官方的报纸、电台和电视台所垄断。

1951 年由殖民当局建立的电台"桑给巴尔之声"被接管，成为政府电台。

桑给巴尔政府报纸主要是桑给巴尔新闻局出版的《灯塔报》，为斯瓦希里文双周刊，于 1992 年 1 月 12 日创办。此外，新闻局还出版《新闻稿》和不定期的英文版《政府公报》。桑给巴尔政府电台是坦桑尼亚桑给巴尔之声，每天三次播音，主要是斯瓦希里语节目。桑给巴尔政府的电视台是桑给巴尔电视台（TVZ），1971 年建立，1973 年建成撒哈拉以南非洲国家的第一个彩色电视台，并在奔巴岛建成一个电视转播台。电视台以斯瓦希里语节目为主，包括新闻、儿童节目、成人教育、文化体育和宗教节目。其中，75% 的节目是自制的，成人教育节目由教育部协助制作。

改革开放以来，桑给巴尔出现了两种私营报纸。一种是 2002 年 12 月出版的斯瓦希里文周刊《指南针》；另一种是《论坛》，也是斯瓦希里文周刊。

（五）新媒体

据 2017 年的统计，坦桑尼亚的网民超过 1900 万，约占总人口数的 38%。坦桑尼亚的手机拥有量高，手机流量费为全非洲最低，每千兆流量费用仅为 0.89 美元，便利了坦桑尼亚民众获取资讯。

2007 年，坦桑尼亚大陆地区 26 个省和 185 个区共计 211 个政府网站正式上线，面向公众提供信息。

四 书刊出版业

1966 年，成立了坦桑尼亚出版社，同年颁布了《坦桑尼亚版权法》。独立后，统一管理外资和本国私营出版社，出版了大量斯瓦希里文教科书、政治理论书、科学普及读物、小说、诗歌等，其中影响较大的有 1981 年出版的第一部由本国学者编写的《斯瓦希里语词典》，以及后来用斯瓦希里文翻译出版的英文版八卷本《非洲通史》（联合国教科文组织出版），同时也出版了不少英文书籍。

据统计，1977～1981 年坦桑尼亚共出版各类图书 634 种。20 世纪 80 年代以后，由于经济困难加剧，纸张、油墨等严重短缺，许多出版社停业，出书数量越来越少，甚至连教科书印数的需要都不能满足，各种报刊的发行不断减少。1986 年以来，政府恢复和发展经济的政策带动了出版业的发展，此外政府还出台了一些具体政策支持出版业。20 世纪 90 年代，坦桑尼亚共出版图书 360 多种。

1991 年，政府在教育文化部下设立出版署，负责出版公司的注册和管理。政府规定：对出版、销售图书和报刊征收营业税和所得税；对进口的教育类图书和报刊予以免税。同年，政府开始实施"教科书政策"，试图打破政府出版机构对供应教科书的垄断，鼓励私营公司投资，实行教科书供应商业化，通过竞争保证教科书的供应时间、数量和质量。1994 年，教育文化部还制订了一项"儿童图书计划"来推动儿童图书的出版和发行。

坦桑尼亚的期刊主要有《非洲评论》、《东非法律评论》、《永久教育》、《思想》、《工会新闻》、《建筑》、《领导人》、《卫报》、《火炬》、《我们的国家》、《光》、《航船》、《本省之声》、《倾听》、《坦桑尼亚旅游》、《坦桑尼亚贸易潮流》、《自由与和平》和《现代农场》等。

此外，坦桑尼亚还是《世界版权公约》成员国。

第八章

外　交

第一节　外交政策

坦桑尼亚自独立以来，维护民族独立和国家主权，积极支持非洲人民的解放斗争，大力推动南南合作，"以仗义执言、主持公正的道德形象出现在国际社会"，[1] 为坦桑尼亚留下了一笔丰富而宝贵的外交遗产。

20世纪90年代以来，坦桑尼亚对外交政策做出重大调整，强调以经济利益为核心的"经济外交"，重视改善和发展同所有捐助国、国际组织和跨国公司的关系，以谋求更多的外援和外资。

目前，坦桑尼亚同115个国家建立了外交关系。

一　尼雷尔时期的外交政策

尼雷尔时期奉行"积极的不结盟政策"。这是出于坦桑尼亚独立后捍卫民族独立、建设国家的需要，也是由当时非洲争取民族独立和解放斗争形势和冷战时期复杂的国际环境决定的。尼雷尔本人强烈的民族感情和对殖民主义、白人种族主义的痛恨，对坦桑尼亚的外交政策也有极其重大的影响。

（一）疏远西方、转向东方

坦噶尼喀独立后，尼雷尔宣布实行共和制，割断了与宗主国英国的联

---

① 李保平：《理想与现实结合　西倾与东向并举——坦桑尼亚外交特色与绩效评析》，《外交评论》2007年第10期，第71页。

系。在尼雷尔领导下，坦噶尼喀支持尚未独立的南部非洲国家争取民族独立和南非人民反对种族歧视、争取解放的斗争，支持刚刚独立的非洲国家捍卫民族独立的斗争。桑给巴尔"一月革命"取得成功后，尼雷尔不仅给予支持，而且推动坦噶尼喀同桑给巴尔联合成立了坦桑尼亚联合共和国。在其他国际事务中，坦桑尼亚也强烈反对殖民主义行径，这就引发了坦桑尼亚与美国等西方国家以及南非种族主义政权的对立，导致坦桑尼亚与美国、联邦德国、英国关系恶化。

在与美国关系上，尼雷尔反对美国 1964 年 11 月派兵干涉刚果（利）[即刚果（金）] 内政，反对美国扩大越南战争，引起美国的不满。尼雷尔允许德意志民主共和国（民主德国）、苏联和中国等社会主义国家的代表在桑给巴尔存在，甚至邀请他们对坦噶尼喀进行援助，美国担心"共产党国家的进入"，同坦桑尼亚"交涉"，但毫无"效果"。美国转而开始对坦桑尼亚进行威胁，甚至要阴谋推翻尼雷尔政权。1965 年 1 月，坦桑尼亚以阴谋推翻桑给巴尔政府为由驱逐美国驻坦桑尼亚使馆参赞罗伯特·戈登和驻桑给巴尔代办弗兰克·卡卢奇。

桑给巴尔革命成功后，民主德国迅速承认桑给巴尔人民共和国，并向桑给巴尔提供援助。坦噶尼喀和桑给巴尔联合后，尼雷尔希望德意志联邦共和国（联邦德国）承认坦桑尼亚联合共和国，但遭到反对。1965 年 2 月，坦桑尼亚决定同意民主德国在桑给巴尔设立总领事馆，联邦德国立即宣布取消对坦噶尼喀的军援，并撤走其在坦噶尼喀的空军和海军专家组。尼雷尔进行反击，要联邦德国取消对坦噶尼喀的所有援助，包括新承诺的 300 万英镑的技术援助。

1965 年 11 月 11 日，英国支持罗得西亚少数白人政权单方面宣布独立，坦桑尼亚坚决反对，并于 12 月 15 日宣布与英国断交。

在与西方国家关系紧张的情况下，坦桑尼亚的外交政策转向"东方"，得到了中国、苏联和东欧一些国家的支持和援助。

（二）支持民族独立和解放运动

20 世纪 60 年代初开始，坦桑尼亚一直支持津巴布韦、莫桑比克、安哥拉、纳米比亚和南非人民争取民族独立和解放的斗争。非洲统一组织解放委员会总部设在达累斯萨拉姆，尼雷尔长期担任该委员会主席。许多南部非洲国家民族解放运动的总部都曾设在达累斯萨拉姆，在坦桑尼亚境内设立了游击队训练营地。坦桑尼亚为非洲大陆非殖民化运动做出了杰出贡献。

（三）反对外来侵略

坦桑尼亚在国际事务中支持各国人民反对外来侵略和干涉的斗争。坦桑尼亚同越南民主共和国建立外交关系，反对美国以所谓"共产党颠覆活动"为借口扩大越南战争；1970年初又宣布承认越南南方共和临时革命政府。谴责美国侵略柬埔寨，支持柬埔寨王国民族团结政府。1973年10月中东战争爆发后，坦桑尼亚宣布同以色列断交，重申支持埃及和其他阿拉伯国家反击以色列侵略的正义斗争，并且给埃及和叙利亚以物质支持；坦桑尼亚还一再重申，不恢复被驱逐的巴勒斯坦人民的权利，中东问题就得不到解决。

（四）反对霸权主义

坦桑尼亚认为两个超级大国是第三世界的大敌，第三世界和不结盟国家应站在一起，挫败超级大国及其盟友的强权政治和霸权主义。针对超级大国在印度洋的争夺，坦桑尼亚主张建立印度洋和平区，反对两霸在印度洋的争夺，反对一切外来军事势力进入该地区。坦桑尼亚反对超级大国在非洲的扩张行径，曾谴责美国是西方"帝国主义的头子""南非白人种族主义的后台"。

（五）号召发展中国家团结与合作

冷战时期，坦桑尼亚在不结盟运动、77国集团和非洲统一组织等地区和国际组织中都发挥了重要作用，尼雷尔曾被誉为"第三世界的代言人"。尼雷尔认为，发展中国家只有团结起来，才能获得它们应该享有的权益。他号召第三世界国家加强政治和经济等领域的全面合作。坦桑尼亚要求建立国际政治、经济新秩序，缓和国际紧张局势，维护世界和平与安全。坦桑尼亚主张加强南南合作，开展南北对话。尼雷尔认为，发展中国家要建立自己的经济机构，共同控制价格及其资源，只有在取得与工业化国家相抗衡力量的基础上，才有可能进行有效的南北对话。

二　经济外交

坦桑尼亚独立后，虽然取得不少成绩，但经济发展不尽如人意，与乌干达的一场战争耗资不小，经济和财政出现困难。冷战结束后，美国成为唯一的超级大国，非洲国家在全球化浪潮的冲击下，面临被进一步边缘化的危险，可能成为"被遗忘的大陆"。因此，坦桑尼亚政府决定，把发展本国经济、提高人民生活水平作为国家的首要任务。与此相适应，坦桑尼亚外交淡化了以往的理想主义和国际主义色彩，转而采取更为务实的做法，确定了外交为经济服务的战略，推行经济外交政策。

（一）修复与国际组织的关系

由于强调维护主权和民族尊严，尼雷尔时期始终未能理顺与国际货币基金组织、世界银行和西方大国的关系，一直拒绝以放弃社会主义的指导方针为条件接受国际贷款和外援。

1985 年当选的姆维尼总统调整了对外政策，明确提出外交要为国内经济发展创造条件。他宣布，恢复同国际货币基金组织的对话。1986 年，坦桑尼亚同国际货币基金组织达成协议，基本上接受了国际货币基金组织拟定的结构调整和财政稳定的方案，得到西方的援款和重新安排债务的许诺，缓解了外汇紧张状况，为恢复经济增加了推动力。

此后，坦桑尼亚政府奉行以私有化、市场化、自由化为核心内容的经济结构调整政策，注意改善投资环境和国际形象，加强同所有捐助国、国际组织和跨国公司的关系，同主要援助国和国际金融组织保持频繁、有效的沟通，在良政、民主、经济调整与改革方面努力满足后者的要求，获得了国际金融机构和西方援助国的认可。

（二）修复与西方国家的关系

为争取更多的外援，从 1986 年开始，坦桑尼亚重点修补和加强了同英国、美国和联邦德国及其他一些西欧国家的关系。在坦桑尼亚政府接受国际货币基金组织的贷款条件、按"结构调整计划"制定了经济恢复计划（1986/1987～1988/1989 年度）以后，英国、美国、联邦德国和其他一些西方国家对坦桑尼亚的经济恢复计划纷纷表示支持，多数国家都增加了对坦桑尼亚的援助。

（三）避免过多介入国际事务

冷战时期，坦桑尼亚积极参与国际事务，支持南部非洲民族解放运动，支持各国人民反对外来侵略和干涉。推行经济外交政策以后，一方面，坦桑尼亚仍旧重视国际主义和人道主义关怀，呼吁建立公正合理的世界秩序，积极调解周边地区的国际冲突，帮助邻国，接纳难民；另一方面，在不涉及周边国家的国际问题上表态谨慎，避免过多介入。对与本国利益无直接关系的事务，如科索沃问题、伊拉克问题、伊朗核问题等，大都低调回应或不公开表态，避免开罪西方捐助国。即便对发生于非洲大陆的塞拉利昂内战、埃塞俄比亚和厄立特里亚边界冲突、索马里战争等非周边问题，也不高调表态。坦桑尼亚也不再公开卷入地区冲突，对军事介入尤其是对远离本土的地区冲突的介入持谨慎态度。

（四）重视与亚洲国家的关系

冷战结束后，坦桑尼亚意识到，西方发达国家会因增加对东欧重建的援助而相应地降低援助非洲的力度，所以，有意识地加强与东亚、东南亚和中东国家的联系，吸引这些国家的投资和援助。坦桑尼亚也重视学习中国、印度等亚洲国家经济发展的经验。"向东看"便成了坦桑尼亚外交政策的另一个重要特点。在这种政策指导下，坦桑尼亚重视开拓同东亚、东南亚和中东国家的经贸关系，着力发展同日本、韩国、印度、东盟各国，以及阿联酋、阿曼、伊朗、沙特阿拉伯、埃及等中东国家的关系。

（五）促进区域合作

体现"经济外交"的另一个重要方面是促进区域合作，推进东非一体化进程。坦桑尼亚在东非共同体建设上发挥着重要作用。

（六）经略周边

经济发展需要稳定、安全的周边环境，坦桑尼亚致力于消除周边地区的战乱，在涉及布隆迪内战、刚果（金）冲突等大湖地区问题上，坦桑尼亚一直是十分积极和关键的调停者，对消弭战端、维护地区和平与稳定做出了贡献。

多年来，坦桑尼亚还本着人道主义精神，收留来自布隆迪、卢旺达、

刚果（金）等周边国家的难民。坦桑尼亚在接纳难民方面承受了巨大的经济和社会负担，表现出一个负责任东非大国的国际形象。

第二节　同美国的关系

1961 年，坦桑尼亚与美国建交。独立初期，坦噶尼喀与美国关系较好。1965 年因美国"阴谋颠覆尼雷尔政权"，两国关系一度紧张，1969 年底坦桑尼亚驱逐全部美国"和平队"成员，并谴责美国侵略越南和支持南非种族主义政权。美国中断了对坦桑尼亚的援助。1971 年，坦桑尼亚同美国关系缓和。1974 年，美国恢复并增加了对坦桑尼亚的援助。1978 年，坦桑尼亚和乌干达爆发冲突，美国公开支持坦桑尼亚。1979 年 1 月，两国签署了美国重新向坦桑尼亚派出"和平队"的协定。1961～1984 年，美国共向坦桑尼亚提供近 4 亿美元的援助，其中一半为贷款，另一半是赠款。20 世纪 90 年代以来，两国领导人互访频繁。美国重视坦桑尼亚发挥地区大国作用及其发展潜力。

反恐促进了美国与坦桑尼亚的安全合作。1998 年，美国驻达累斯萨拉姆大使馆发生恐怖爆炸事件后，美国增加了对坦桑尼亚的援助和在坦桑尼亚的直接投资，双方把双边合作扩大到反恐和加强法治建设等领域。"9·11"事件发生后，坦桑尼亚强烈谴责恐怖主义者对美国的袭击，表示愿意同美国政府合作反恐，两国反恐合作进一步加强。

美国支持坦桑尼亚的经济改革，是坦桑尼亚主要投资国和援助国之一。1995 年 11 月，美国雷诺兹烟草公司购买坦桑尼亚烟草公司 51％ 的股份，成为其在非洲第一家合资企业。美国公司现已进入坦桑尼亚的电信业、农业、采矿业和旅游业等行业。美国还帮助坦桑尼亚成立了首家"风险资本基金会"，旨在推动坦桑尼亚私营企业的发展。进入 21 世纪后，美国政府意识到非洲经济在世界经济格局中地位的上升，相继出台了多项举措促进美非经济往来。2001 年 4 月，美国给予坦桑尼亚向美国出口的商品零关税待遇。2013 年，奥巴马推出"贸易非洲"的举措，以促进美国对非洲特别是东非地区的贸易与投资，坦桑尼亚是"贸易非洲"首期五个对象国之一。奥巴马称,"贸易非洲"将使这五国对美国的出口额增长40%。

坦桑尼亚对美国出口以农产品、矿产品和纺织品为主,进口小麦、农业设备、运输设备、化学品、旧衣服和机械。2000年,美国与非洲国家签署了《非洲增长与机遇法案》,依据该法案,包括坦桑尼亚在内的非洲40个国家的6400种商品可以免关税、免配额进入美国市场,然而,过去15年,坦桑尼亚从这一法案中获得的实际利益不多。由于坦桑尼亚企业经营规模小,没有形成产业链,政府资金扶持有限,产品质量得不到保证,难以向美国市场长期、稳定供货。

美国与坦桑尼亚所属区域组织——东非共同体签订了贸易和投资框架协议,双方没有签订双边投资或税收协定。

美国对坦桑尼亚的援助包括由美国国际开发署提供资金,以改善公共卫生和基础教育的质量、生物多样性保护和自然资源管理。美国的"保障未来粮食供给"(Feed the Future)计划提供资金,以促进农业增长和提高生产率,推动市场发展和贸易扩张,实现农村经济公平增长,投资全球创新和研究,解决母亲和儿童营养不良。在这一计划下,2009年10月,美国国际开发署启动了"坦桑尼亚农业生产效率项目",目标是在五年内,通过提高农业生产效率,帮助25000名小农场主提高收入。

在卫生领域,有支持抗击坦桑尼亚艾滋病的"总统防治艾滋病紧急救援计划";有旨在帮助包括坦桑尼亚在内的17个非洲国家减少疟疾和贫困的"美国总统疟疾倡议",美国疾病控制和预防中心还帮助坦桑尼亚应对新兴公共健康的威胁和甲型H1N1流感、裂谷热、麻疹和禽流感等传染性疾病。

此外,还有"经济发展计划"的经济增长伙伴关系,即通过与政府、私营部门和公民社会合作,促进可持续的、基础广泛的经济增长,释放在能源和农村道路方面新的投资来源。美国还派出"和平队"志愿者,在坦桑尼亚从事教育、健康和环保活动。

90年代中期,美国政府通过美国国际开发署每年向坦桑尼亚提供的援助都在2000万美元以上,援助的重点在农业、改善交通运输网、支持私营部门发展计划、防治艾滋病感染和艾滋病、计划生育、加强民主和政府管理等领域。2008~2013年,美国千年挑战公司向坦桑尼亚提供了一揽子援助，其中包括 6.98 亿美元无偿援助，帮助坦桑尼亚改善道路、供电及供水等基础设施。这是美国千年挑战公司设立以来美国向单个国家提供的最大一笔经援。由于项目完成良好，千年挑战公司计划与坦桑尼亚政府签署下一阶段援助协议，协议金额为 9.78 亿美元，主要用于电力基础设施建设及相关政策、法规、机构改革等。

2011 年 6 月，美国承诺向坦桑尼亚提供总计 1 亿美元的援助，用于坦桑尼亚农业发展和粮食安全以及应对艾滋病等项目。此外，美国还免除了坦桑尼亚的债务。

在经济领域，美国与坦桑尼亚存在纠纷。2014 年 12 月 11 日，美国宣布，因坦桑尼亚独立电力公司第三方托管资金丑闻有违良政，美国千年挑战公司决定暂停与坦桑尼亚政府签署下一期援助协议，以此敦促坦桑尼亚政府彻查此次事件并采取适当措施，同时要求对坦桑尼亚能源部门进行改革，以防止再次出现类似事件。

在民主化改造方面，美国与坦桑尼亚冲突较大。2016 年，美国千年挑战基金发表声明，称桑给巴尔在 2016 年 3 月 20 日的选举违反了坦桑尼亚对"民主、自由、公平选举"的承诺，受到反对党公民联合阵线的抵制，因此坦桑尼亚不符合受援国标准，决定取消对坦桑尼亚 4.72 亿美元的援助。坦桑尼亚总统马古富力反应强烈。他表示，现在是时候结束外国援助了，因为"这些援助总是附加很多条件"。他号召坦桑尼亚人民努力工作，结束对外来援助的依赖，实现国家自力更生。[①]

两国在安全领域也有冲突，坦桑尼亚明确反对美国在非洲建立美军司令部。

第三节　同英国的关系

坦桑尼亚过去长期受英国殖民统治，独立后，坦桑尼亚仍留在英联邦

---

① 《坦桑总统呼吁自力更生　应对美国千年挑战基金冻结援助》，中华人民共和国外交部网站，2016 年 3 月 31 日，http：//tz.mofcom.gov.cn/article/jmxw/201603/20160301287360.shtml。

内，双方关系密切。英国是坦桑尼亚主要援助国之一。坦噶尼喀独立及坦、桑联合初期，约80%的发展资金来自英国。1965年12月，由于英国纵容罗得西亚殖民主义者片面"独立"，坦桑尼亚宣布与英国断交。此后，坦桑尼亚谴责英国支持南罗得西亚史密斯政权，并向南非出售武器，宣布停付前英殖民官员的养老金。英国中断了对坦桑尼亚的援助。1968年7月两国复交，双边关系稳步发展。

复交后，英国恢复了对坦桑尼亚750万英镑的无息贷款，增加了对坦桑尼亚的援助。1979年4月，英国宣布，以后给坦桑尼亚的发展援助将以赠款方式提供。1986～1997年为坦桑尼亚提供了14亿英镑的援助。据英国国际发展部统计，2011年和2012年其对坦桑尼亚的双边援助分别为1.49亿和1.5亿英镑，并将保持每年1.5亿英镑的援助水平。这些援助主要为提高政府执行减贫战略计划能力提供技术和财政支持，其余则用于提高教育水平、搞好环境卫生、改进医疗服务、增加供水设施、改良农业、加强环境保护、提高劳动生产率和加强"良政"建设等项目。英国还通过欧盟、欧洲发展基金、紧急援助和非政府组织等途径，向坦桑尼亚提供资金和粮食援助。

1997年，英国免除了坦桑尼亚1.18亿英镑的全部债务，并积极支持国际货币基金组织和世界银行等国际金融机构减免坦桑尼亚债务。

英国是坦桑尼亚重要的贸易伙伴，2011/2012年度，英国是坦桑尼亚第九大进口贸易伙伴。坦桑尼亚出口英国的主要是茶叶、烟草和宝石等原材料，在非洲以外国家，英国是坦桑尼亚茶叶的最大买家。英国出口坦桑尼亚的主要是汽车和电子产品。总的来说，进口额远远大于出口额（见表9-1）。

表9-1 坦桑尼亚与英国的贸易

单位：百万英镑

年份 项目	2008	2009	2010	2011	2012	2013	2014	2015
贸易总额	121.5	111.6	139.8	246.3	219.5	212.7	193.8	143.4
坦桑尼亚从英国进口额	95.7	96.9	118.2	219.6	175.3	170.9	165.2	120.3
坦桑尼亚向英国出口额	25.8	14.7	21.6	26.7	44.2	41.8	28.6	23.1

资料来源：英国皇家税务与海关总署（HM Revenue and Customs），https：// www. gov. uk/。

在投资方面，两国签有促进和保护投资协定。1990~2014年，英国对坦桑尼亚直接投资项目956个，实现就业273702人，投资金额52.38亿美元，是坦桑尼亚第一大投资国，投资领域包括采矿业、制造业和农业。

英国还向坦桑尼亚派出专家和志愿人员。坦桑尼亚则向英国派出大量留学生，所学专业包括农业、畜牧、医药、卫生保健、教育、工程、财政、行政管理等。

第四节　同德国的关系

坦噶尼喀曾是德国的殖民地，双方存在传统联系。坦噶尼喀独立后，即与当时的联邦德国建交，并于1962年与联邦德国签署了发展合作协议，协议规定联邦德国以贷款和赠款方式向坦噶尼喀提供经济发展援助。1964年坦桑尼亚联合共和国成立后，在承认民主德国问题上与联邦德国产生分歧，联邦德国停止了对坦桑尼亚的援助。20世纪70年代，两国关系改善，联邦德国恢复了对坦桑尼亚的经济援助，此后两国关系稳定发展。

德国是坦桑尼亚重要的贸易伙伴之一。坦桑尼亚主要向德国出口农产品，尤其是咖啡，从德国进口机械、化工产品和汽车等。2011~2012年，德国是坦桑尼亚第五大出口国，对德出口额占其出口总额的5.8%。

德国是向坦桑尼亚提供援助的10个主要捐助国之一，每年向坦桑尼亚提供2770万欧元的援助。双边合作集中在医疗卫生、供排水项目和自然资源的持续开发和利用方面，今后这种合作将集中在良好治理和行政管理方面。两国合作的主要发展项目还包括坦桑尼亚铁路、输电线路和输变电站设备、公路管理、城镇和乡村地区供水和自然资源管理等。2015年，德国与坦桑尼亚签署援助协定，规定德国在2016~2018年向坦桑尼亚提供1.75亿美元的资金和技术援助，用于资助生态多样性、医疗、饮用水、再生能源以及良政等领域的项目。

德国公司在坦桑尼亚投资规模较大，1990~2014年，德国对坦桑尼亚直接投资项目152个，投资金额3.15亿美元，名列第九。投资方向主要在贸易、零售贸易、纺织工业、农业等领域。德国 Mobisol 坦桑尼亚公司在坦桑尼亚启动太阳能系统计划，旨在改善未通电地区的数万名坦桑尼亚人的生活，促进经济和社会发展，同时为环境保护做出贡献。目前已经为坦桑尼亚 3.5 万户家庭提供了绿色可靠的太阳能电力。

德国支持免除坦桑尼亚沉重的债务负担，支持其脱贫计划，是最早100% 免除坦桑尼亚债务的国家之一。

德国是近年来到坦桑尼亚旅游人数最多的国家，每年都有几万人到坦桑尼亚旅游；德国向坦桑尼亚提供奖学金，为优秀的坦桑尼亚青年人提供深造的机会。

第五节　同欧盟的关系

坦桑尼亚与欧盟保持友好、密切的关系。坦桑尼亚一直是欧盟最大受援国之一，欧盟则一直是坦桑尼亚的主要贸易伙伴。坦桑尼亚是非洲、加勒比和太平洋地区国家集团（简称"非加太集团"）的成员，欧盟在1975 年同非加太集团签订《洛美协定》后，就开始向包括坦桑尼亚在内的非加太集团成员国提供援助。

20 世纪 80 年代中期以来，欧盟增加了对坦桑尼亚的援助。欧盟对坦桑尼亚的援助主要来自欧洲开发基金。欧洲开发基金第六期援助坦桑尼亚计划（1986～1990 年），提供 1.765 亿欧元的援助；第七期援助坦桑尼亚计划（1991～1995 年）援助 1.85 亿欧元；第八期援助坦桑尼亚计划（1996～2000 年）提供了 2.225 亿欧元的援助；第九期援助坦桑尼亚计划（2001～2007 年）承诺将援助金额增至 3.55 亿欧元。2009～2013 年，欧盟援助资金额度为 6.06 亿欧元，主要用于基础设施、通信、运输、贸易促进、区域一体化，以提升坦桑尼亚经济竞争力，促使坦桑尼亚更好利用国际和地区的贸易自由化机会。此外，欧洲开发基金还对坦桑尼亚国家发展战略的实施提供宏观经济支持。

2014～2020 年，欧洲开发基金将为坦桑尼亚提供了 6.26 亿欧元的援助，用于帮助穷人、促进可持续增长、加强良好治理，尤其是在公共财政、能源、安全、支持可持续农业以提高粮食和营养安全、自然资源和生

态系统管理，以及支持公民社会、商业和就业方面。

欧盟通过联合国千年发展基金向坦桑尼亚提供了 3.05 亿欧元的援助，以减贫为优先领域，其中包括农业、教育、能源、卫生、道路和水。在这一项目支持下，坦桑尼亚小学升学率大大提高，在基层工作的护士和助产士人数大幅增加，基本服务得到改善。

欧盟还通过其他机构或援助计划向坦桑尼亚提供援助，包括稳定出口收入计划、结构调整支持计划、非政府组织间合作计划、粮食援助和欧洲投资银行投资计划。自大湖地区冲突爆发以来，大批难民流入坦桑尼亚，欧盟人道主义救援处向坦桑尼亚提供了大量人道主义援助。

现在，欧盟每年向坦桑尼亚提供 1 亿多欧元的援助，均为赠款，坦桑尼亚所欠债务也被免除。

欧盟是坦桑尼亚主要贸易伙伴。从签署《洛美协定》起，坦桑尼亚就享有出口欧盟国家的所有商品免除关税和其他入关费用的最优惠待遇。坦桑尼亚出口到欧盟国家的产品包括咖啡、腰果、烟草、棉花以及矿产品和鱼类产品等；坦桑尼亚从欧盟国家进口的货物包括机器、生活消费品和交通运输设备等。

坦桑尼亚的外国游客多来自欧盟国家。

第六节　同北欧国家的关系

长期以来，坦桑尼亚同挪威、瑞典、丹麦、芬兰等北欧国家保持着传统的友好合作关系，高层往来频繁。坦桑尼亚执政的革命党和议会也同北欧国家相关政党和议会保持着高层往来。北欧国家对坦桑尼亚的援助不像其他西方国家那样附带较多的政治条件，受到坦桑尼亚的欢迎。

北欧国家是坦桑尼亚传统的捐助国，挪威、瑞典、丹麦、芬兰这四个国家从 20 世纪 60 年代就开始向坦桑尼亚提供援助，常年位居援坦捐助国前十名。开始阶段，援助包括贷款和赠款两个部分。20 世纪 70 年代和 80 年代，北欧四国先后免除了坦桑尼亚的（贷款）债务，对坦桑尼亚的援助全部改成无偿赠款。这一时期，北欧国家是除中国外对坦桑尼亚提供援助最多的国家。80 年代中期以来，北欧四国增加了对坦桑尼亚的援助。1986 年开始，北欧四国基本上每年都在坦桑尼亚 10 个主要援助国之列。根据 OECD 统计，坦桑尼亚是丹麦、芬兰、瑞典三个国家的第一大受援国，是挪威的第二大受援国。

北欧国家向坦桑尼亚提供援助，一般不承建相关项目，主要是提供资金，根据项目需要进口物资和设备，派遣专家和志愿人员对项目进行技术指导。

进入 21 世纪后，按照《减贫战略计划》的要求，坦桑尼亚开始执行《结构调整和减贫计划》，北欧四国称赞《减贫战略计划》，加大了对坦桑尼亚援助的力度。它们继续对坦桑尼亚政府的预算给予支持，近几年来四国每年对坦桑尼亚政府预算的支持总额都在 1 亿美元左右，重点支持教育、卫生、供水、道路、农业、司法和防治艾滋病等项目。它们还紧紧围绕坦桑尼亚《减贫战略计划》目标，根据坦桑尼亚实际需要，为其提供专项减贫援助或继续推进正在实施的援助项目并各有侧重。

挪威把对坦桑尼亚发展教育事业的援助列为优先领域之一，对阿鲁沙技术学院、穆达音乐学院提供了援助。挪威对坦桑尼亚的援助还集中于如下领域和项目：公共财政管理改革、税收现代化、税务管理、反洗钱、绿色农业、农业增收、妇女权利与性别平等、儿童健康、农村资源、小型水电、保护环境、支持桑给巴尔法律服务中心等。2007 年，坦桑尼亚总统基奎特访问挪威期间，挪威政府决定向坦桑尼亚政府提供 3400 万美元的援助，用于帮助坦桑尼亚实现联合国千年发展目标，降低儿童死亡率及提高妇女的健康水平。

丹麦重点支持坦桑尼亚公路发展计划，为坦桑尼亚医疗卫生部门发展计划提供援助，其在卫生、农业、基础设施和良政领域的援助改善了坦桑尼亚政府提供社会公益服务的能力，增强了减贫效果，

瑞典向坦桑尼亚的援助主要在减少贫困、农副产品加工、发展教育、科研合作等方面。多年来瑞典不断增加对坦桑尼亚的援助，援助金额从 2006/2007 财年的 550 亿坦桑尼亚先令（折合 4200 万美元）增加到 2008/2009 财年的 690 亿坦桑尼亚先令（5267 万美元）。2009 年，坦桑尼亚同

瑞典签订受援协议，瑞典将于 2009/2010 ~ 2012/2013 财年期间为坦桑尼亚提供 1.8 亿瑞典克朗（约合 3130 亿坦桑尼亚先令或 2.39 亿美元）的无偿援助，用于对坦桑尼亚预算的支持。

芬兰和坦桑尼亚都对全球化造成的贫富差距拉大和地区发展不平衡等问题表示关切，并同其他国家共同提出"赫尔辛基进程"，建立一个讨论全球化问题的论坛，通过对话与合作就应对全球化挑战提出具体建议。芬兰对坦桑尼亚的援助集中于支持坦桑尼亚地方政府的改革和林业管理。

第七节　同俄罗斯（苏联）的关系

冷战时期，苏联同坦桑尼亚的关系比较密切，向坦桑尼亚提供了许多援助。1966 年苏联与坦桑尼亚签订了经济技术合作协议，1977 年续签这一协议，将经济援助金额增至 3000 万美元。军事方面，1964 年桑给巴尔革命后，苏联曾派出军事专家帮助训练军队。1973 年，双方签署了文化、科学和技术领域合作协定。苏联向坦桑尼亚新闻、广播、书刊、图片和电影等单位提供帮助；为达累斯萨拉姆大学、工会、青年和妇女组织等提供小额援助和到苏联访问的机会；向坦桑尼亚提供奖学金。坦桑尼亚与苏联于 1974 年和 1980 年两次签订军援协议，以贷款方式向坦桑尼亚提供武器装备。20 世纪 80 年代，有 200 ~ 300 名苏军事人员在坦桑尼亚工作。戈尔巴乔夫执政期间，苏联逐渐停止了对坦桑尼亚的军援。苏联解体后，坦桑尼亚在平等互利的基础上继续发展与俄罗斯的友好关系，双边关系保持稳定。

2005 年 3 月，俄罗斯商会和坦桑尼亚商业、工业和农业协会签署合作协议。

俄罗斯在坦桑尼亚有合资企业，主要从事能源开采和海上运输。

在贸易方面，根据俄罗斯海关数据，2010 年双边贸易额为 8970 万美元，其中俄罗斯出口 4850 万美元，进口 4120 万美元，出口主要是黑色金属、机械和设备，进口主要是化肥、坚果、腰果、茶、咖啡、香料。

在安全领域，两国在新的历史条件下进行合作。2003 年 7 月，坦桑尼亚国防部与俄罗斯签署协议，从俄罗斯米格公司购买 6 架米格 - 29。

2007 年，10 名坦桑尼亚公安部官员在俄罗斯内务部接受培训。

两国在其他领域也开展了合作。1995 年，坦桑尼亚与俄罗斯签订了文化、技术合作协议，2008 年 7 月，俄罗斯联邦最高法院和坦桑尼亚上诉法院签署了合作协议。此外，俄罗斯还向坦桑尼亚提供政府奖学金名额。

第八节　同中国的关系

坦桑尼亚与中国的友好关系和传统友谊源远流长，两国关系一直在健康稳定地发展。两国都曾遭受帝国主义的剥削和压迫；在争取民族解放和独立的斗争中两国人民始终互相同情、互相支持；独立以后，两国都面临着反对外来干涉、巩固独立和发展生产、建设国家的任务，都承担了支持其他国家争取民族独立和解放斗争的任务。这是两国友好关系的牢固基础。尼雷尔执政期间先后 5 次访华，两国签订了《中华人民共和国和坦桑尼亚联合共和国友好条约》和经济、贸易、文化、卫生等领域的一系列合作协议。尼雷尔以后的坦桑尼亚领导人也一直十分重视中坦两国的友好关系。2018 年 9 月，参加中非合作论坛北京峰会的坦桑尼亚总理马贾利瓦指出：中国是坦桑尼亚最值得信赖的好兄弟。坦桑尼亚视中国为重要朋友和伙伴，感谢中方长期以来的宝贵支持。坦桑尼亚坚定奉行一个中国政策，愿积极参与共建"一带一路"，以带动本国基础设施建设和工业化进程，将坦中关系提升至新的水平。坦桑尼亚希望学习中国治国理政、减贫发展的成功经验，深化两国合作，将坦中关系打造成为非中关系的典范。

在国际事务中，两国互相磋商，协调立场，密切合作，维护发展中国家权益，在涉及国家主权、领土完整和稳定发展等核心利益问题上相互支持，建立和发展了兄弟般的友好合作关系。坦桑尼亚不顾西方国家的反对，坚持同中国发展关系，为恢复中国在联合国的合法权利做出了贡献。坦桑尼亚积极奉行一个中国政策，在中国加入 WTO 和台湾、西藏、南海等问题上一直是中国最坚定的支持者。2008 年北京奥运会火炬传递期间，达累斯萨拉姆是非洲唯一的火炬传递城市。中坦在联合国等国际机构保持密切沟通，在全球治理、气候变化、维和行动等事关人类命运和前途问题

上秉持相近立场。双方在涉及各自国家主权、领土完整和改革发展等核心利益问题上一贯相互理解和支持。

两国共同反对霸权主义和强权政治，推动建立公正、合理的国际新秩序，反对利用"民主"、"人权"和"良政"干涉别国内政。中国支持坦桑尼亚要求发达国家继续向发展中国家提供官方援助和减轻重债穷国外债的正当要求，并率先于 2000 年宣布减免坦桑尼亚等非洲国家拖欠中国的债务。

坦桑尼亚积极支持中国建设具有中国特色的社会主义，支持中国改革开放，赞扬中国在经济和社会发展方面取得的成就，并十分重视中国改革开放的做法和经验；中国支持坦桑尼亚政府根据本国情况进行政治和经济改革，赞扬坦桑尼亚在恢复和发展经济方面取得的成就，并提供力所能及的帮助。

中坦友谊由毛泽东主席、尼雷尔总统等两国老一辈领导人共同缔造和精心培育，是两国关系历久弥坚的战略资源和宝贵财富。中坦领导人对新形势下传承中坦友好、发展中坦关系高度重视。2013 年习近平就任国家主席后首次出访非洲，第一站就是坦桑尼亚。访问期间双方签署了旨在加强中坦友好合作的多项协议，一致同意构建和发展互利共赢的全面合作伙伴关系。马古富力担任总统后，多次强调加强中坦两国合作对坦桑尼亚国家发展、民生改善的重要意义，号召坦桑尼亚各界坚持"向东看"。两国在政治、经济、军事、文化等领域都开展了广泛合作，两国关系进入"朋友加兄弟的全天候友谊"的新阶段。两国领导人通过各种方式保持密切联系，进一步巩固传统友谊，增进政治互信，为两国关系未来发展指明了方向。

坦桑尼亚独立后，中国提供了大量的经济技术援助，帮助坦桑尼亚发展经济、巩固独立，这一援助一直没有中断。援建项目中，坦赞铁路影响最大。为修建坦赞铁路坦桑尼亚和赞比亚曾求助于西方国家，但均遭拒绝。中国领导人从支持非洲国家争取和维护民族独立、发展民族经济以及积极发展同第三世界国家友好合作的战略高度出发，援建了这条铁路。坦赞铁路 1970 年 10 月正式开工，全长 1860 公里，于 1976 年 7 月全部建成移交。中国政府提供无息贷款 9.88 亿元人民币，先后派遣工程技术人员近 5 万人次，高峰时期在现场施工的中国员工多达 16 万人。铁路建成后，为保障铁路的正常运营，中国继续提供无息贷款，予以技术合作援助，并派出专家和技术人员参与管理或提供咨询。

20世纪90年代以后，中国改革了单一的援助模式，实行包括发展贸易、投资、承包工程和提供经济技术援助等多种形式的外援政策。近年来，中国提高了对坦桑尼亚无偿援助的比例，重点帮助坦桑尼亚解决国计民生问题。

两国贸易往来历史长久。1974年，中国向坦桑尼亚的出口达到5300多万美元。20世纪80年代中期开始，坦桑尼亚进口萎缩。1989年，两国贸易额减少至750万美元。为此，中坦两国政府于1986年、1988年和1991年三次举行经贸混合委员会会议，研究如何解决双边贸易下滑等问题。

1990年以后，两国贸易回升。1997年，双边贸易额首次超过1亿美元。从2010年起，中国给予坦桑尼亚97%的输华产品免关税待遇。2013年，中国进一步承诺给予包括坦桑尼亚在内的同中国建交的最不发达国家97%的输华产品免关税待遇。上述举措促进了双边贸易的发展。2014年，坦桑尼亚与中国的贸易额达到44.3亿美元，在非洲与中国贸易往来规模前十位国家中居第10位（见表9－2）。

坦桑尼亚从中国进口的主要商品是手机、小电器等电子家电产品，机械器具及配件，汽车配件，建筑材料，鞋靴、服装等日用百货，以及汽车、民用飞机（以加工贸易方式）等。向中国出口的商品主要是矿产品，芝麻、棉花等农产品，腰果，鱼类产品，香料及其制品，生皮（毛皮除外）及皮革等。

表9－2 2014年非洲与中国贸易往来规模前十国家

单位：亿美元

排名	1	2	3	4	5	6	7	8	9	10
国家	南非	安哥拉	尼日利亚	埃及	阿尔及利亚	刚果（布）	加纳	肯尼亚	南苏丹	坦桑尼亚
贸易额	602.9	370.7	181	116.2	87.1	64.6	55.9	50.1	44	43.3

资料来源：李因才：《中非"命运共同体"建设及其进展》，《当代世界社会主义问题》2015年第2期，第84页。

两国的投资合作开始于 20 世纪 60 年代。90 年代以后，两国领导人就调整双边经贸合作方式达成共识：中国将继续提供力所能及的经济技术援助，提高无偿援助的比重，并决定以促进两国公司建立合资企业的方式加强两国的经济技术合作，鼓励和吸引更多的中国公司到坦桑尼亚投资。中国政府还于 1995 年设立了政府贴息优惠贷款等，对向坦桑尼亚等非洲国家投资的中国公司提供优惠贷款。

在两国政府推动下，中国的国有企业、民营公司和个体经营者纷纷到坦桑尼亚投资，涉及各个领域。到 2017 年，中国已成为坦桑尼亚最大的投资来源国，投资了 670 个项目，总额 57.7 亿美元。越来越多的中国投资进入坦桑尼亚的轻工、纺织、钢铁、建材、通信、能源等行业、填补了相关行业的空白。

20 世纪 90 年代，中国企业进入坦桑尼亚工程承包市场，经过 20 多年的发展，现已占据坦桑尼亚工程承包市场 70% 以上的份额。

2013 年，习近平主席访问坦桑尼亚，中坦两国正式签署双边投资保护协定。中国政府推动有实力的中国企业赴坦桑尼亚投资，鼓励中国金融机构为坦桑尼亚基础设施建设提供融资支持。2015 年 4 月 28 日，中坦双方草签了产能合作框架协议，产能合作成为未来中坦务实合作的优先领域。

截至 2015 年底，中坦贸易额突破 50 亿美元，中国在坦桑尼亚直接投资额突破 50 亿美元，中坦正在建设之中的合作项目金额突破 50 亿美元，中坦已经签约的合作协议投资额突破 50 亿美元。中国已成为坦桑尼亚第一大贸易伙伴、第二大投资来源国和第一大工程承包方。

2018 年 9 月，在中非合作论坛北京峰会上，中国政府宣布，在 2015 年向非洲提供 600 亿美元的资金支持的基础上，再向非洲提供 600 亿美元的资金支持。在推进中非"十大合作计划"基础上，同非洲国家密切配合，在未来 3 年和今后一段时间重点实施"八大行动"。受此激励，中国企业积极对坦桑尼亚投资，其中民营企业更是成为中坦产能合作的主力军。在坦桑尼亚投资中心注册的中国公司已有 700 多家。据不完全统计，中国民营企业对坦桑尼亚投资主要集中于钢铁、建材、日用化工、食用油、纺织、服装、制鞋等领域。2017 年 7 月，中坦两国签署了国际贸易中心合资协议、东非商贸物流中心合作开发协议等文件。

在坦桑尼亚投资的大型企业主要有中农垦坦桑尼亚公司（剑麻项目）、坦中合资友谊纺织有限公司、中国－坦桑尼亚联合海运公司、中国航空技术进出口总公司驻坦桑尼亚办事处、中国河南国际合作集团有限公司坦桑尼亚办事处、中色地科矿产勘察股份有限公司、河南豫矿国际矿业投资有限公司、江地非洲公司、四达传媒（坦桑尼亚）有限公司、华立药业坦桑尼亚有限公司、中铁、中土、中国电力、中石油等。

中国在坦桑尼亚在建或将建的特重大项目有巴加莫约经济特区项目、坦赞铁路维修改造项目、天然气输气管道项目、煤铁电一体化项目、天然气发电项目、输变电项目、多个综合工业园区和房地产开发项目等，单个项目投资都超过 5 亿美元，有些甚至接近百亿美元。

中资企业承建的东非第一座斜拉式跨海大桥——尼雷尔大桥以及在建的乌本戈立交桥、达累斯萨拉姆港和中央铁路升级改造等项目成为坦桑尼亚重大标志性工程。

中国的资金技术、管理理念和工艺标准正广泛融入坦桑尼亚发展进程。作为中国技术"走出去"的典型代表，中国通信建设集团有限公司承建的国家 ICT（信息通信技术）宽带骨干网与中国石油技术开发公司承建的天然气处理厂及管线输送项目正在打通坦桑尼亚的通信和能源两大通道，为坦桑尼亚实现工业化注入活力。

在坦桑尼亚投资的中国企业积极履行社会责任，不断为坦桑尼亚医院、学校、乡村做好事，捐赠药品、教学物资，建设供水设施，维修教室和校舍等，赢得了当地人的好评。

2014 年在坦桑尼亚的华人华侨有 6 万多人，2018 年有 1 万多人主要从事投资与贸易。投资领域广泛，涉及摩托车、鞋类、餐具、箱包、编织袋、钢管、塑料管、妇女卫生用品等诸多产品的生产，农业、畜牧业和矿业开发，以及港口等基础设施建设和发电等；贸易领域涉及各类生活服务品。

中坦经贸合作带动了坦桑尼亚人的就业。中资企业中的坦桑尼亚员工人数超过 15 万人，有超过 35 万坦桑尼亚人从事与中国贸易有关的工作。

农业一直是中坦发展合作的重要领域。20世纪70年代以来，中国政府向坦桑尼亚援建了鲁伏水稻农场、姆巴拉利农场、乌本加农场等大型农业项目，取得了很好的示范效果。2009年，成立了中国援坦桑尼亚农业技术示范中心，这是中非合作论坛北京峰会承诺的14个援非农业技术示范中心项目之一。示范中心2011年4月举行正式移交暨技术合作启动仪式。示范中心位于坦桑尼亚莫罗戈罗省，主要功能为试验研究、技术培训和示范推广，包括水稻、玉米、蔬菜、香蕉组培和蛋鸡养殖5个子专项。示范中心成立以来，专家们一直在坦桑尼亚进行试验、示范和技术培训，取得了突出成果。从中国引进杂交水稻品种20多个，表现突出。该中心已经成为援非农业示范中心中的亮点，产生重大影响。示范中心在坦桑尼亚积极推广农业技术，分享农业发展经验，帮助提高当地粮食产量。示范中心2014年启动"中国农业技术惠坦行"，充分利用中国援坦桑尼亚农业技术示范中心的科研试验示范基地平台，积极开展当地和从中国引进的农作物新品种新技术的试验示范、适用技术集成推广与服务以及人员培训和科技下乡、进村等技术传播与应用工作，收到非常好的效果。从2018年开始，"中国农业技术惠坦行"活动跨省开展，中国水稻栽培技术的示范推广区域已扩展至莫罗戈罗、桑给巴尔、滨海、姆万扎、姆贝亚和锡米尤等省的稻作区。

中国农业大学在帮助坦桑尼亚农村发展方面，也做出了重要尝试和贡献。2012～2017年，他们根据中国自身的发展经验和坦桑尼亚当地的实际情况，设计了一个以社区为基础的发展模式，开创了中方农业高等院校、坦桑尼亚地方政府、坦桑尼亚个体农户三方合作的新模式，呈现了中国劳动密集型、低资本投入的农业技术方案具有投资少、见效快、易推广的突出特点，进行试点后，试点项目村当地主粮玉米产量增长2～3倍。在此基础上，自2018年开始，项目组启动了"千户万亩玉米增产示范工程"，在坦桑尼亚莫罗戈罗省的10个县实现1000户10000亩玉米的增产。通过项目推动，坦桑尼亚人民更好地分享了"政府支持农业发展的中国经验"和"劳动密集型农业技术的中国经验"，当地政府支持发展的能力明显提升，当地政府、大学和农村社区三者之间的联系也有所加强。该项目还将探索更广范围内，基于民间交往、注重科技开发、关注粮食安全、侧重减贫的民心项目。

坦桑尼亚农业面临的一个最大问题就是有增长但没有减贫。农业仅仅解决了人们吃饭的问题，没有起到推动国家工业化发展和经济转型的作用。为了解决上述问题，中国国际扶贫中心与坦桑尼亚政府计划委员会于2011年共同启动了坦桑尼亚农村社区发展示范项目，并于2012年在坦桑尼亚莫罗戈罗省佩雅佩雅村建立了非洲第一个村级减贫学习中心。该中心为坦桑尼亚乃至非洲提供了学习中国减贫经验的实践案例，成为中国国际扶贫中心东部非洲社区减贫中心的实地交流平台。项目自实施以来，为坦桑尼亚的减贫工作做出了突出贡献。

在金融合作计划方面，中国银行的坦桑尼亚设立了代表处，中国民营企业家在坦桑尼亚成立了中国商业银行，2018年下半年还要新成立大盛银行，开展存款贷款、贸易融资、转账换汇等多元化业务。中国国家开发银行正在与坦桑尼亚农村合作发展银行商讨为坦桑尼亚中小企业提供专项贷款事宜。

中国坚定支持坦桑尼亚政府保护野生动物和生态环境。帮助坦桑尼亚开展地质科研，打造恩戈罗恩戈罗世界地质公园，积极支持坦桑尼亚保护生态环境、促进旅游业发展的努力。

两国分别在1962年和1992年签署了双边文化合作协议，强调教育、文化、科学、技术、医疗、旅游和媒体等领域的合作，并由中非合作论坛进一步推动，强调青年、妇女、非政府组织和学术机构等不同群体要展开密切合作和交流。

据不完全统计，截至2018年上半年，中国政府已向坦桑尼亚提供1700多个各类奖学金名额和5000多个职业技术培训名额。仅2015年一年，就有179名坦桑尼亚学生获得中国政府奖学金赴华留学，分别攻读油气工程、机械工程、通信工程、医学等专业。目前在中国的坦桑尼亚留学生已经超过500人。中国也向坦桑尼亚派出留学生，2015年中国公派10名留学生到坦桑尼亚。

中国一向重视对坦桑尼亚人才的培训工作，通过各种方式为坦桑尼亚培训了一大批专业骨干。在援建项目建成移交后，为帮助坦桑尼亚经营管理和技术人员掌握管理和专业技术，保证项目正常运营，中国总是以贷款或无偿援助的方式派出专家，进行技术合作。多年来，中国已派遣了上万名专家。

中国与联合国开发计划署等国际组织合作，按照《发展中国家技术合作协议》（TCDC）要求，为包括坦桑尼亚在内的发展中国家人员在华开办实用技术培训班。技术培训项目包括水稻栽培、太阳能应用、小水电、沼气、蘑菇栽培、国宾馆管理和服务、花卉技术、中医针灸、粮食仓储和养鱼等。

此外，中国政府还举办了"外交官培训班"和"中非经济管理官员研修班"等，对包括坦桑尼亚在内的发展中国家的年轻外交人员和经济管理人员进行短期培训。

根据 2009 年中非合作论坛第四次部长级会议通过的《沙姆沙伊赫行动计划（2010～2012）》，中国华东师范大学与坦桑尼亚达累斯萨拉姆大学成为"中非高校 20+20 合作计划"的伙伴大学，双方将建立长期稳定的合作关系，在各自的优势学科、特色学科领域进行有实质性的合作与交流。这一计划的实施，标志着中国与包括坦桑尼亚在内的非洲国家的教育合作，已经从单向援助发展为全方位的双向合作与交流，这既能提高坦桑尼亚高等教育能力，又能促进中国高等教育的国际化，促进中国对坦桑尼亚的深入了解。目前已有 6 所中国大学与坦桑尼亚的高等学府建立了交流合作关系。孔子学院也在坦桑尼亚落地。2013 年，两所孔子学院在坦桑尼亚落成。4 月，由多多马大学和中国郑州航空工业管理学院合作共建的多多马大学孔子学院正式启动。10 月 9 日，由浙江师范大学和达累斯萨拉姆大学合作成立的达累斯萨拉姆大学孔子学院正式启动。除这两所孔子学院外，还有桑给巴尔的孔子课堂。每年 5 月，孔子学院都会举办汉语桥比赛，第一名可前往中国参加全球汉语桥比赛。每年暑假，孔子学院都会组织坦桑尼亚学生前往中国参加夏令营活动。2018 年 5 月 15 日，达累斯萨拉姆大学举行中国研究中心揭牌仪式，该中心是非洲第三个、东非首个专门研究中国和中非关系的学术机构。

中学汉语教学也有新进展。坦桑尼亚教育、科学、技术和职业培训部选择达累斯萨拉姆、多多马和莫罗戈罗地区的 6 所中学作为汉语课程试点于 2016 年 1 月开始讲授汉语。汉语课程正从坦桑尼亚学生的选修课成为必修课。

坦桑尼亚民众对中国文化越来越有兴趣。2013 年以来，《奋斗》《媳妇的美好时代》等中国电视剧开始在坦桑尼亚电视上播放，赢得当地民众的好评。坦桑尼亚国家电视台调查显示，70% 的观众收看过《媳妇的美好时代》。2013 年 9 月 17 日至 24 日，在坦桑尼亚国家电视台举办"中国电视周"，向当地观众播放《中国人的活法》等 16 部中国纪录片。

2014 年 4 月 1 日，河南电影电视制作集团与坦桑尼亚 E 电视台（Easy Television LTD）合作创办的播出中国电影、电视剧的中国非洲电影频道在坦桑尼亚达累斯萨拉姆试播，2015 年正式开播，侧重播放体现中国现实、主流价值、民众生活和表达等内容的影视作品。2015 年 2 月，中国电视剧《温州两家人》在坦桑尼亚拍摄，这是中国和非洲国家电视台首次合作拍摄电视剧。

2015 年 12 月 1 日，中国文化中心在达累斯萨拉姆正式揭牌，这是东部非洲地区首个中国文化中心。

中国对坦桑尼亚政治、文化的研究和了解也在不断深入。2015 年，《尼雷尔文选》中文版出版，它具有重要的学术价值和现实意义。

在坦桑尼亚，目前有三家中文电视转播机构，分别为四达集团、蓝讯卫视和 Easy TV，每家都转播中文频道。在坦桑尼亚的中国人可以观看到近 20 个中文台。2014 年 1 月，坦桑尼亚首家华文报纸《华侨周报》开版印刷，但由于坦桑尼亚政府、法律不允许除英语、斯瓦希里语之外的报刊媒体存在，《华侨周报》只在华人圈子里刊行。除《华侨周报》外，中英文杂志《东非瞭望》（前身为《坦桑尼亚瞭望》）亦在 2014 年发行。

中国民众被塞伦盖蒂草原、恩戈罗恩戈罗火山口、桑给巴尔的海景所吸引，每年有 3 万多名中国游客赴坦桑尼亚观光旅游。坦桑尼亚将中国作

为旅游推介重点目的地，并积极准备开通达累斯萨拉姆到广州的直航航线。坦桑尼亚多部斯瓦希里语文学作品在华出版畅销。节奏明快的舞蹈、色彩艳丽的廷嘎廷嘎画深受中国人的喜爱。

医疗合作方面，中国政府长期向坦桑尼亚派遣医疗队。从 1968 年到 2015 年，中国山东省先后派遣 24 批共 1000 多名医疗专家到坦桑尼亚大陆开展医疗合作。目前分别在达累斯萨拉姆、多多马、塔波拉和马拉四个区的医疗点工作。中国江苏省从 1964 年开始，52 年间累计向坦桑尼亚、桑给巴尔派出 26 批医疗队。2013 年，中国援建的穆希比利国家医院心脏外科诊疗培训中心正式落成。2017 年 10 月，"和平方舟"号医疗船来到坦桑尼亚免费为当地人治疗。坦桑尼亚是艾滋病重灾区，从 1987 年开始，中国便派出专家赴坦桑尼亚从事艾滋病的研究与治疗。此外，中国还向坦桑尼亚政府多次赠送医疗器械和药品。目前，中国在坦桑尼亚的医疗机构已经超过 46 个。中方还向坦桑尼亚捐赠抗疟疾药物，开展中英坦三方抗疟疾合作项目，并在奔巴岛开展血吸虫病防治工作。

同时，中国政府还着力推进友谊项目，帮助坦桑尼亚基层弱势群体，援建女生宿舍、教师办公室，援助当地人打井供水，捐赠缝纫机、救护车、病床等，打造了一批造福基层、温暖民心的公益工程。

为了满足中坦关系快速发展带来的日益增长的需求，坦桑尼亚正计划在中国广州设立领事馆。

中坦友谊得到坦桑尼亚民众的认可。2015 年 2 月 25 日，业务覆盖非洲 44 国的民调机构 "非洲晴雨表"（Afrobarometer）在坦桑尼亚发布了一份报告。报告显示，中国在坦桑尼亚的影响力超过了南非、印度等与坦桑尼亚渊源深厚的区域大国，也超过了英国、美国等西方发达国家以及联合国、世界银行等国际组织。中国的发展模式、影响力、经济实力、对坦援助效果等指标均位居前列。在回答 "哪一个国家对坦桑尼亚最具影响力" 这一单选题时，回答是中国的占受访总人数的 40%（见表 9 - 3）。欢迎和认可中国的最主要原因是中国人在坦桑尼亚的商业投资（见表 9 - 4）。

表 9 - 3　对坦桑尼亚最具影响力的五个国家

单位：%

排序	国别	所占比例	排序	国别	所占比例
1	中国	40	4	英国	5
2	美国	31	5	印度	4
3	南非	6			

资料来源：吕友清：《为何坦桑尼亚人民最认可中国？》，http：//news. sina. com. cn/zl/zatan/ 2015 - 03 - 18/14163405. shtml。

表 9 - 4　欢迎和认可中国的原因

单位：%

排序	原　因	所占比例
1	中国人在坦桑尼亚的商业投资	31
2	中国产品的价格	22
3	中国对坦桑尼亚基础设施的投资	16

资料来源：吕友清：《为何坦桑尼亚人民最认可中国？》，http：//news. sina. com. cn/zl/zatan/ 2015 - 03 - 18/14163405. shtml。

第九节　同日本的关系

坦桑尼亚、日本早在 1961 年就建立了外交关系。建交初期两国关系一般，20 世纪 70 年代以后，尼雷尔总统开始注意发展同日本的关系。80 年代中期以来，坦桑尼亚加强了同日本的交往，两国领导人频繁互访，姆维尼总统把日本定位为"坦桑尼亚发展同东南亚国家关系的重点国家"。面对艰巨的"减贫战略"任务，此后的坦桑尼亚总统同样重视发展同日本的关系。

坦桑尼亚是日本在撒哈拉以南非洲的最大受援国。日本从 70 年代起开始向坦桑尼亚提供经济援助。据日方统计，截至 2008 年日本向坦桑尼亚提供优惠贷款总额 335 亿日元、赠款 1458 亿日元、技术合作总额 650 亿日元。2000 年以来，日本每年向坦桑尼亚提供约 1 亿美元无偿援款。

日本援助的项目主要集中于农业、基础设施、政府管理等领域。通过政府开发援助，日本帮助达累斯萨拉姆建设了 20% 的柏油路、40% 的电力网络和 30% 的通信网络。

日本是坦桑尼亚最大的贸易伙伴之一。20 世纪 60 年代末，坦桑尼亚开始从日本进口货物。2011～2012 年，日本是坦桑尼亚第七大进口国、第四大出口国。坦桑尼亚进口的主要是交通运输设备、机器和钢材等；向日本出口矿产品、咖啡、贵重金属、芝麻等。

日本重视在坦桑尼亚的投资。2014 年 3 月，日本宣布将向包括坦桑尼亚在内的 10 个非洲国家派驻投资顾问，以促进日本对这些国家的投资。2016 年 5 月 11 日《卫报》报道，日本光洋公司计划投资 10 亿美元在坦桑尼亚建设一座 1000 兆瓦的燃气电站，以缓解偏远地区供电不足的问题。

2016 年 3 月 30 日，坦桑尼亚和日本在达累斯萨拉姆签署 60 亿日元（约合 5340 万美元）的贷款协议。该联合融资贷款项目旨在改善坦桑尼亚商业环境，促进坦桑尼亚相关企业降低贷款和经营成本，加快发展具有选择性的劳动密集型产业，促进就业。该协议的签署，发生在美国千年挑战公司发布暂停援助坦桑尼亚声明的次日，有意突出日本对坦桑尼亚的重视。

目前，日本将关注重点转移到坦桑尼亚重要的战略基础设施上，希望在达累斯萨拉姆港口扩建、中央铁路、发电及电力传输等领域加强与坦桑尼亚的合作。同时，日本也希望销售更多的汽车等其他商品到坦桑尼亚。

2008 年以来，日本通过总体预算支持和赠款向坦桑尼亚提供了 8.4 亿美元援助，免除了坦桑尼亚全部债务，共计 8 亿美元。

此外，日本还通过国际协力机构（JICA）向坦桑尼亚派遣志愿者和技术专家，每年向坦桑尼亚提供 100 个奖学金名额。

第十节　同印度的关系

早在 19 世纪初，就有许多印度人就来这里经商，他们控制了坦桑尼亚的商业和部分工业，为两国友好关系的发展奠定了基础。独立后，两国关系一直很好。尼雷尔赞扬尼赫鲁的"非暴力"思想,赞同尼赫鲁的不结盟政策,两国在核裁军、反恐斗争、经济发展和环境保护等重大国际问题上存在广泛共识。1967 年,坦桑尼亚实行国有化政策,包括印度移民在内的商人受到打击,两国关系受到影响。1971 年后,两国关系开始好转,两国高层领导人互访频繁。尼雷尔总统先后 10 次访问印度;姆维尼总统先后于 1989 年 12 月和 1993 年 5 月两次访问印度。2008 年,基奎特总统访印并与印度总理共同主持首届印非论坛峰会。

两国签署了避免双重征税及防止偷税漏税的协议,同意加强在反恐及打击海盗等领域的合作,陆续签署了经济技术合作协议、航空服务协议、贸易协定、邮政和电信领域的技术合作备忘录等。

20 世纪 90 年代以来,两国贸易迅速发展。2017 年前 10 个月,印坦贸易额为 16.7 亿美元。其中,坦桑尼亚向印度出口 7.37 亿美元,从印度进口 9.34 亿美元。

坦桑尼亚出口印度最多的产品是黄金,以未加工、半加工或矿粉的形式出口,2017 年前 10 个月出口额为 4.87 亿美元,占对印出口总额的50% 以上;第二是椰子、巴西果和腰果,出口额为 8200 万美元;第三是豆类、蔬菜,出口额为 7300 万美元。坦桑尼亚从印度进口的商品主要为汽油、医药、石油焦、沥青、摩托车等。

根据印度进出口银行 2017 年 11 月报告,印度是坦桑尼亚第二大进口国,进口额占进口总额的 17.1%。

印度是坦桑尼亚重要外资来源地,是坦桑尼亚第四大投资国。从1990 年至 2017 年 5 月,印度总计在坦桑尼亚投资 420 个项目,共计 21.3亿美元,创造了 5.44 万个工作岗位。印度主要的投资领域为制造、交通、农业、旅游业、建筑、服务、能源、金融、自然资源、电信、人力资源、广播和计算机行业。印度还在坦桑尼亚境内出口加工管理区内投资 5.18亿美元,建立了 18 家企业,创造了 3644 个工作岗位。

印度在坦桑尼亚的投资企业主要为印度银行、塔塔汽车、国家矿业发展公司、印度全部六家主要保险公司、Kamal 工业公司和 Airtel 电信。

2002 年,印度宣布免除坦桑尼亚包括本息在内的全部债务。

2011 年 5 月，印度宣布，向坦桑尼亚提供 1.9 亿美元信贷支持改善供水和教育。2012 年 10 月，印度再次向坦桑尼亚提供 1.78 亿美元信贷。

从 1972 年起，印度开始为坦桑尼亚培训技术人员。印度在达累斯萨拉姆和桑给巴尔分别建立了技术培训中心，培训坦桑尼亚青年。

坦桑尼亚是印度提供奖学金最多的国家之一，印度每年为坦桑尼亚提供 17 个政府奖学金名额，目前有 5000 多名坦桑尼亚学生在印度自费学习。在坦桑尼亚，几乎所有政府部门及相关机构都有人在印度接受过高等教育或接受过技术培训。根据两国协议，印度计划为坦桑尼亚提供更多的高等院校奖学金名额，从坦桑尼亚招收更多的学生。

坦桑尼亚是印度裔侨民比较集中的非洲国家，印裔侨民总数超过 4 万人。

第十一节　同周边国家和非洲其他国家的关系

坦桑尼亚一向重视同邻国的关系，但由于历史、政治、外交、经济利益和边界等因素，坦桑尼亚同一些邻国的关系并非十分和谐，甚至出现过冲突。

20 世纪 80 年代中期以来，坦桑尼亚强调睦邻友好、加强合作的政策，同邻国关系得到改善，地区间经济合作得以加强。坦桑尼亚加强了同卢旺达、布隆迪和刚果（金）等国的联系，公路交通已经得到改善，与刚果（金）的航线也有所增加。

坦桑尼亚在地区事务中奉行"广交友、不树敌、促和平、谋发展"的政策，重视与周边邻国发展睦邻友好关系，同肯尼亚、乌干达、埃塞俄比亚等国关系密切；重视在地区事务中发挥影响力，致力于维护地区和平与稳定。

坦桑尼亚和肯尼亚同属东非共同体成员国，两国领导人交往频繁，在贸易、金融、交通、运输、旅游等领域合作关系密切，协调了两国在国际尤其是地区问题上的立场，在维护大湖地区的和平与稳定方面做出了共同努力。坦桑尼亚积极参与调解肯尼亚 2007 年大选引发的政治危机。

传统上，东非三国中，坦桑尼亚同乌干达接触较多，两国关系更为密切。阿明通过军事政变上台后，两国关系紧张。1978 年，两国间爆发战争。1986 年 1 月穆塞韦尼执政后，坦桑尼亚同乌干达的关系得到改善。两国在军事、贸易、能源、交通运输、金融和通信等领域合作密切。

坦桑尼亚同赞比亚有着传统的友好合作关系。在反对罗得西亚少数白人种族主义政权的封锁时密切合作，坦桑尼亚曾帮助赞比亚发展公路运输，两国政府还合作修建了坦赞铁路。20 世纪 70 年代后，两国间兴建的大型合作项目有坦赞输油管道和坦赞公路等。近年来，两国加强了友好合作关系，两国政府就发展边贸和联合打击跨边界犯罪活动达成协议，确定在两国边境地区定期举行睦邻友好会议；双边合作扩展到工业、农业和贸易领域，赞比亚还为坦桑尼亚提供电力支援。

马拉维与坦桑尼亚在马拉维湖划分问题上存在争端。马拉维坚称，根据 1890 年英德两国签署的《赫尔果兰条约》，整个马拉维湖均为其所有。坦桑尼亚则认为，根据国际准则和国际海洋法，两国应以湖面中间线划分边界。由于边界问题至今仍没有得到解决，两国关系的发展受到影响。2012 年，坦桑尼亚曾就马拉维政府与外国公司签署协议允许外国投资者在整个马拉维湖进行油气勘探一事，向马拉维发出警告。1985 年 5 月，两国建交。建交后，两国首先开始了在交通运输方面的双边合作，坦桑尼亚的出海口为马拉维提供了方便。两国边贸也有所发展。2003 年，两国决定共同开发尼亚萨湖和松圭（Songwe）河流域。

卢旺达与坦桑尼亚西北部相邻。两国关系一直比较友好。1990 年卢旺达爱国阵线与卢旺达政府爆发冲突后，坦桑尼亚积极从中调解，推动双方于 1993 年 8 月签订了《阿鲁沙和平协议》。1994 年 4 月，卢旺达发生大规模部族仇杀，50 多万胡图族人逃到坦桑尼亚，沦为难民，人数为世界之最。截至 2004 年底，在坦桑尼亚的绝大多数卢旺达难民都已安全回国。坦桑尼亚还积极调解战乱，支持联合国成立卢旺达国际法庭，审判有关罪犯，并同意将国际法庭设在阿鲁沙。

布隆迪是与坦桑尼亚接壤的内陆国，布隆迪一半以上的进出口货物都经坦桑尼亚转运。两国关系一直较好。1973 年，由于布隆迪的国内部族冲突，数十万布隆迪难民涌入坦桑尼亚西部，两国关系一度紧张。1977 年，坦桑尼亚同布隆迪和卢旺达签署了三国共同开发卡盖拉河流域的协

议，随后两国关系明显改善。1993～1996 年，布隆迪先后三次发生动乱，大量布隆迪人逃至坦桑尼亚，图西族军队追剿"反对派"，不断侵犯坦桑尼亚边境，骚扰边民。1995 年 3 月，坦桑尼亚关闭同布隆迪的边境，向边境地区增派军队，两国关系再趋紧张。1996 年 7 月，布隆迪军人再次发动政变，坦桑尼亚拒绝承认新政权，并立即推动召开东非和大湖地区 7 国首脑会议，一致决定对布隆迪进行经济制裁，由此两国关系严重恶化。1999 年 1 月，对布隆迪的经济制裁解除，两国关系改善。2001 年，两国达成协议，同意遣返坦桑尼亚境内的大约 50 万名布隆迪难民。2002 年，坦桑尼亚推动布隆迪各派在坦桑尼亚举行多轮和谈，并于 9 月成功地召开了布隆迪问题地区首脑会议。2002 年 3 月，坦桑尼亚、布隆迪、联合国难民署代表就遣返布隆迪难民问题达成协议，开始执行"自愿遣返回国计划"。2005 年 5 月布隆迪过渡政府与反对派武装在坦桑尼亚的推动下签署停火协议后，返回布隆迪的难民日益增多。

2015 年，布隆迪爆发国内危机，大量难民逃至坦桑尼亚。坦桑尼亚积极参与调解危机。

独立后，坦桑尼亚曾支持扎伊尔［现刚果（金）］爱国武装力量，致使两国关系紧张。1965 年以后，两国关系逐步改善。扎伊尔东部危机爆发后，坦桑尼亚积极参与斡旋并呼吁和平解决危机。1997 年 5 月 17 日，蒙博托政权被推翻，刚果民主共和国成立。坦桑尼亚支持新政府，反对西方国家对刚果（金）政府施加压力。

刚果（金）冲突发生后，坦桑尼亚积极参与调解冲突，呼吁通过和平谈判解决问题。2005 年 9 月，联合国难民署、刚果（金）和坦桑尼亚签了关于遣返难民的协议，安排在坦桑尼亚的 15 万刚果（金）难民陆续回国。

坦桑尼亚独立后，一贯积极支持南非人民反对少数白人政权推行的种族隔离政策和争取民族解放的斗争。从 20 世纪 60 年代起，坦桑尼亚一直是南非解放组织的大本营和根据地。

新南非诞生后，坦桑尼亚即与南非建交，两国关系发展较快。高层互访频繁，坦桑尼亚对南非带动坦桑尼亚经济起飞寄予厚望，多次呼吁南非企业来坦桑尼亚投资合作。目前，两国签署了经济、科技和文化交流协定，在航空、矿产、金融、饭店、酿造等领域的合作进展顺利，南非已经成为坦桑尼亚的主要贸易伙伴。

坦桑尼亚还大力斡旋科摩罗国内政治危机，关注索马里和平进程，为非盟驻索马里维和部队提供培训，向苏丹达尔富尔地区派遣维和部队。

坦桑尼亚和阿曼存在特殊的友好关系，这种友好关系可以追溯到19世纪。阿曼是非洲以外唯一以斯瓦希里语为第一语言的国家，两国人民有血缘关系。两国签署了一系列经济合作协议，通过创造有利的环境和提振投资者的信心，鼓励贸易和投资。这些协议包括《阿曼和坦桑尼亚相互促进和保护投资协议》《阿曼和坦桑尼亚政治协商协议》《阿曼和坦桑尼亚桑给巴尔高等教育合作谅解备忘录》《关于建立阿曼－坦桑尼亚合作联合常设委员会的协议》等。

古巴和坦桑尼亚的关系是由菲德尔·卡斯特罗和坦桑尼亚总统尼雷尔奠定的，两国一直保持着良好关系。近年来，两国关系的重点是经济合作。坦桑尼亚欢迎古巴到坦桑尼亚投资，尤其是在制药业和制糖业。

坦桑尼亚坚定支持巴勒斯坦。1988年11月24日，坦桑尼亚正式承认巴勒斯坦为主权国家。2011年10月，坦桑尼亚重申将全力支持巴勒斯坦获得联合国和其他国际组织的成员资格。

坦桑尼亚与越南也保持着良好关系。2014年，两国贸易额约为1.56亿美元。越南向坦桑尼亚出口价值1.05亿美元的商品，越南向坦桑尼亚的主要出口包括水泥和大米，坦桑尼亚是仅次于菲律宾的越南大米的第二大买家。2015年，两国贸易额增至2.05亿美元。越南是坦桑尼亚腰果的第二大进口国、原棉的第三大进口国。越南国家公司在坦桑尼亚电信领域投资，承诺为农村地区提供电信服务，初始投资额为7亿美元。越南投资者还希望将坦桑尼亚成为越南产品进入东非的门户。

第十二节　与国际组织的关系

坦桑尼亚致力于推进世界的发展、和平与稳定，通过各种地区组织和

国际组织与其他国家开展合作。坦桑尼亚是南部非洲发展共同体、东非共同体、和非洲联盟的成员，在大湖地区，是政治过渡调解的强有力参与者和和平谈判的中间人。

坦桑尼亚在东非共同体的建设中起着非常重要的作用。

英国殖民统治时期，坦桑尼亚、肯尼亚和乌干达三国就在经济和贸易方面建立了密切的合作关系，大体上形成了一个独立的自由贸易区。三国独立后，于1967年建立了东非共同体。共同体设立了统一的行政、财政与立法机构，组建了共同市场，实行自由贸易政策，互免关税；同时建立了三国铁路、航运、航空和邮电通信四大公司。由于缺乏管理经验，在利益分配等问题上出现矛盾，《阿鲁沙宣言》发表后坦桑尼亚与肯尼亚在意识形态方面产生分歧，加上阿明军事政变上台后坦桑尼亚与乌干达关系恶化，最终导致共同体于1977年解体。

20世纪90年代初，坦桑尼亚充分认识到地区合作对应对全球化、避免边缘化的重要意义，积极推动东非国家间的经济政治合作，促成东非共同体的恢复和发展。

在姆维尼总统的推动下，经过多次磋商，坦桑尼亚、肯尼亚和乌干达就加强三国经济合作达成共识。1994年11月26日，三国总统在坎帕拉签署协议，决定建立东非合作体。1999年11月30日，三国签署《东非共同体条约》，将合作体升格为共同体。2001年1月，东非共同体正式恢复；11月，东非议会和东非法院成立。

东非共同体恢复后，三国友好合作关系进一步发展，先后开始了三国货币的相互兑换，达成了避免双重征税协议，建立了东非证券调控局，成立了三国中央银行货币委员会，放宽了对人员和货物跨境流动的限制，颁发了东非护照。基础设施建设方面，制定了"东非合作发展战略"，确认了优先发展的基础设施项目。安全方面，三国先后召开军队和警察部门领导人会议，达成防务政策基础备忘录，建立了东非防务小组，并决定联合打击贩毒和边境犯罪等活动。

2004年3月，三国签署《东非共同体关税同盟议定书》。2005年1月1日，东非共同体关税同盟正式启动，旨在实现东非三国间自由贸易和零关税，并逐步实现劳动力和服务贸易的自由流动，实现货币统一，最终建立政治上统一的东非联邦。2006 年 4 月，东非共同体首脑会议正式批准组建共同市场的时间表，确定于 2010 年 1 月正式启动东非共同市场。2006 年 11 月，东非共同体决定接纳布隆迪和卢旺达为新成员，扩大了东非共同体的规模。

坦桑尼亚高度重视东非一体化，专设东非合作部负责处理相关事务，所起的作用在东非三国中是最重要和最关键的。基于以往区域经济合作的经验教训，坦桑尼亚政府在推进一体化的过程中采取审慎务实的态度，反对急于求成、盲目冒进的做法，不主张迅速建立"东非联邦"。

此外，坦桑尼亚还注意加强同南部非洲国家的友好关系，积极参与南部非洲发展共同体的合作进程，深化与各成员国之间的关系。

坦桑尼亚是联合国、世界银行、国际货币基金组织、世界贸易组织等国际机构活跃的成员国之一。目前，有 22 个国际机构在坦桑尼亚设立了代表处，包括联合国开发计划署、联合国工业发展组织、联合国粮农组织、世界粮食计划署、世界卫生组织、联合国难民事务高级专员公署、联合国教科文组织、联合国人口活动基金会、联合国儿童基金会、欧盟代表处、国际劳工组织、东非共同体、东部和南部非洲管理学院、非洲农村一体化发展中心、外交关系中心、东部和南部非洲矿产资源发展中心、东部和南部非洲大学研究规划院、国际合作联盟、国际货币基金组织、泛非邮政联盟总秘书处、世界银行、东部、中部和南部非洲英联邦地区卫生秘书处。

许多国际组织在坦桑尼亚有援助项目，比如东非农业生产力项目。东非农业生产力项目计划是世界银行项目，于 2010 年启动，为期 5 年，旨在帮助坦桑尼亚、埃塞俄比亚、肯尼亚、乌干达东非四国加强农业基础设施建设及培训、研究、科技使用，提升木薯、大米、小麦和小农乳制品四大农产品的价值等，进而提高东非的农业生产率，促进地区经济增长。世界银行提供了 1.2 亿美元资金支持这一项目。

大事纪年

360 万年前	猿人出现于坦桑尼亚大陆北部。
50 万～100 万年前	直立人出现于坦桑尼亚大陆。
4 万～5 万年前	狩猎兼采集者出现于坦桑尼亚，被认为是桑达维人和哈扎人的祖先。
3000 年前	操库希特语的牧民从东北部（今属埃塞俄比亚）迁入坦桑尼亚。
公元前 1000 年到公元前 1 世纪	能制造铁器的班图人从北部和南部迁入。
500～1500 年	东尼罗特人从今天的南苏丹迁入坦桑尼亚。
7 世纪	阿拉伯定居者在桑给巴尔、马菲亚和基瓦岛建城并带来伊斯兰教。
10 世纪末	阿拉伯人建立伊斯兰王国。
1200 年	波斯的设拉子人在桑给巴尔定居，创建了新王朝，他们与当地人通婚，形成了斯瓦希里人；他们与内地的贸易也得到发展。
1498 年	葡萄牙探险家达·伽马抵达坦桑尼亚海岸。
1506 年	葡萄牙人成功控制包括今天坦桑尼亚在内的多数非洲东南沿海地区。
1631 年	奔巴岛人反叛葡萄牙人，不久被镇压。
1652 年	阿曼阿拉伯人洗劫了桑给巴尔。
1698 年	葡萄牙人被阿曼阿拉伯人从包括桑给巴尔在内的东

	非驱逐。
1818 年	丁香树被从南太平洋的摩鹿加群岛引入。
1840 年	阿曼苏丹赛义德·萨义德（Seyyid Said）迁都桑给巴尔城，桑给巴尔成为阿拉伯奴隶贸易的中心。
1873 年	应英国要求，苏丹禁止从桑给巴尔出口奴隶。
1884 年	德国殖民协会开始在大陆获得领土。
1886 年	英国和德国签署瓜分的协议，承认德国在坦桑尼亚大陆的势力范围，沿海的狭窄地带处于桑给巴尔苏丹的统治下，英国充当其保护者。
1890 年	桑给巴尔成为英国"保护地"。
1897 年	桑给巴尔禁止奴隶制。
19 世纪	祖鲁人北上进入坦桑尼亚。
1905～1907 年	德国军队镇压坦桑尼亚大陆赫赫人发动的马及马及起义。
1907 年	桑给巴尔宣布取消奴隶制。
1917 年	英国占领德属东非。
1922 年	英国经国际联盟授权，托管原属德属东非的坦噶尼喀。
1926 年	坦噶尼喀立法会成立，指定的 20 名成员中没有非洲人。
1929 年	殖民政府的一些非洲官员和雇员成立坦噶尼喀非洲协会（Tanganyika African Association）。
1945 年	英国修改土地政策，为殖民政府霸占农民土地大开方便之门。
1946 年	根据联合国大会决议，坦噶尼喀成为英国"托管地"。
1954 年	坦噶尼喀非洲协会改为坦噶尼喀非洲民族联盟（Tanganyika African National Union，TANU），尼雷尔任主席。
1957 年	非洲-设拉子党（Afro-Shirazi Party）成立。
1958 年	坦噶尼喀举行第一次大选，坦盟获得绝大多数议

	席，其五名成员出任部长。
1959 年	在奥杜瓦伊峡谷发现 175 万前的一块完整的头骨和一根胫骨，命名为"鲍氏东非人"。
1960 年	在奥杜瓦伊峡谷发现能人化石，一起发现的还有粗糙的石器，被称作奥杜瓦伊文化。
1961 年 5 月 1 日	坦噶尼喀内部自治，尼雷尔任总理。
12 月 9 日	坦噶尼喀独立。
1962 年 12 月 9 日	成立坦噶尼喀共和国，尼雷尔任共和国总统。
1963 年 6 月 24 日	桑给巴尔获得自治，
12 月 10 日	宣告独立，成为苏丹统治的君主立宪国家。
12 月 11 日	桑给巴尔和中国建交。
1964 年 1 月	桑给巴尔非洲设拉子党发动革命，推翻得到英国支持的苏丹的统治，成立桑给巴尔人民共和国。
1964 年	坦噶尼喀全国工人联合会成立；制定临时宪法；制订第一个五年发展计划。
4 月 26 日	坦噶尼喀和桑给巴尔组成联合共和国。
9 月 1 日	坦桑尼亚人民国防军成立。
10 月 29 日	改国名为坦桑尼亚联合共和国，尼雷尔任总统，桑给巴尔非洲 - 设拉子党领导人阿贝德·阿马尼·卡鲁姆任第一副总统；与中国建交。
1965 年	制订新的临时宪法，规定联合共和国为一党制国家。
2 月	签订《中华人民共和国和坦桑尼亚联合共和国友好条约》和《中华人民共和国和坦桑尼亚联合共和国贸易协定》。
12 月	宣布与英国断绝外交关系。
1966 年 6 月	建立国家银行，收回货币发行权，发行本国货币。
1967 年	坦桑尼亚与肯尼亚、乌干达等国建立东非共同体，共同体于 1977 年解体；推出以保护和生产为重点的森林政策。

2 月	颁布《阿鲁沙宣言》,呼吁平等主义,社会主义和自力更生;强调发展必须从农村基层开始,坚持国家控制一切主要生产资料和交易手段的权利,制定防止形成特权精英阶层的"领导准则";大规模实施国家化。
2 月 19 月	尼雷尔建议在全国范围内建设自给自足的社会主义农村,即"乌贾马"村。
1968 年 3 月	根据 1967 年中坦两国签署的《关于中国派遣医疗队在坦桑尼亚工作的协议》,中国向坦桑尼亚派遣医疗队,以后从未中断。
7 月	与英国复交。
1969 年	坦桑尼亚石油公司成立。
1970 年	根据 1967 年 9 月签署的《中国、坦桑尼亚、赞比亚三国政府关于修建坦赞铁路的协定》,中国援建的坦赞铁路开工。
1971 年	国民议会通过《防治腐败法》。
1972 年	坦桑尼亚与乌干达之间爆发战争;坦桑尼亚政府推行去中心化(Decentralization),以促进更多的大众参与和自我管理。
1973 年	桑给巴尔电视台建立;颁布《所得税法》。
1974 年	坦桑尼亚议会决定把首都迁往内地城镇多多马;发现距今约 360~380 万年的莱托利人。
1975 年	政府推进雄心勃勃的工业化政策,通过提供基本工业化产品实现自力更生;修订《防治腐败法》。
1976 年	颁布《1976 年关税法》;在莱托利发现 300 万~400 万年前的南方古猿化石;坦赞铁路全线完工。
1977 年	坦噶尼喀非洲民族联盟和桑给巴尔非洲 - 设拉子党合并为革命党,该党被宣布为唯一合法政党;制定联合共和国宪法。

8 月	坦桑尼亚成为《保护世界遗产和自然遗产公约》缔约国。
9 月	坦桑尼亚革命党青年团成立。
1977～1978 年	坦桑尼亚应莫桑比克要求派出军队，抵抗罗得西亚史密斯少数白人政权的军事侵犯。
1978 年	坦桑尼亚工人联合会和坦桑尼亚革命党妇联先后成立；吉达马斯·沙汉加获得英联邦运动会马拉松比赛冠军。
10 月	乌干达入侵坦桑尼亚，坦桑尼亚与乌干达战争爆发。
1979 年	坦桑尼亚军队进入乌干达，占领乌干达首都坎帕拉，帮助推翻总统伊迪·阿明；制定桑给巴尔宪法；恩戈罗恩戈罗保护区作为自然遗产成为坦桑尼亚第一处世界文化和自然遗产。
9 月	坦桑尼亚革命党双亲协会成立。
1983 年	颁布《国家环境法》；首次发现艾滋病人。
1 月 11 日	中国国务院总理赵紫阳在访问坦桑尼亚期间宣布了中国同非洲国家开展经济技术合作的四原则，即平等互利、讲求实效、形式多样、共同发展。
1984 年	坦桑尼亚国民议会和桑给巴尔代表会议分别通过联合共和国宪法修正案和桑给巴尔宪法修正案，联合共和国宪法规定，联合共和国分设联合政府和桑给巴尔革命政府（1989 年，通过联合共和国宪法修正案和桑给巴尔宪法修正案；联合共和国分设联合政府和桑给巴尔革命政府区）。
1985 年	尼雷尔辞去总统职务，姆维尼继任。
1986 年	接受国际货币基金组织和世界银行的方案，实行结构调整计划。
1987 年	颁布《专利法》。
1990 年	姆维尼连任总统；尼雷尔辞去革命党（CCM）主席

职务；成立国家投资促进中心负责审批投资项目，并接受国内外投资商的咨询；桑给巴尔就是否独立举行全民公决；制订并执行《坦桑尼亚森林行动计划（1989/1990～2007/2008）》。

1991 年	修改《阿鲁沙宣言》，通过《桑给巴尔宣言》，为进一步改革提供理论依据；英国减免坦桑尼亚 5500 万美元的债务；颁布《坦桑尼亚投资促进法》，取消对私人（包括外资）的投资限制；出台《银行和金融机构法》，向国内外私人资本开放金融市场。修订《防治腐败法》；反对党全国建设和改革委员会和多党民主联盟先后成立。
1992 年	反对党公民联合阵线（又称人民党）和民主发展党先后成立；坦桑尼亚工人联合会解散，由坦桑尼亚工会组织取代；通过《外汇法》，取消《外汇管理法令》，允许私人拥有外汇；制订《国家供水计划》；制定《食物和营养政策》。
1 月	坦桑尼亚、肯尼亚、乌干达三国决定各国成立国家委员会，研究并确定共同合作的领域。
4 月	修改宪法，实行多党制。
1993 年	坦桑尼亚劳动党成立；通过《坦桑尼亚广播法》，允许私人建立电台和电视台，成立广播委员会，负责大陆电台和电视台的注册和管理；通过《医疗卫生改革法》。
1994 年	反对党联合民主党成立；通过《资本市场和债券法》，并据此设立资本市场和证券局。
1995 年 1 月	私营英文日报《卫报》出版，打破了政府报纸《每日新闻》对坦桑尼亚报业 30 年的垄断。
10 月	举行首次多党大选，姆卡帕当选总统。
1996 年	出台《工业可持续发展政策（1996～2020）》；通过

	《保险业法》，向私人资本开放保险业市场；通过新的《矿业法》；政府在达累斯萨拉姆设立了股票交易市场；制订《基础教育总体计划》《改善中学教育的总体计划》；东非合作组织成立。
1997 年	国民议会通过《远景发展规划 2025》，明确了未来 25 年的经济发展目标；出台畜牧业发展政策。
7 月	修改《国家投资促进法》，颁布《坦桑尼亚投资法》。
8 月	颁布关于文化和教育的文化政策。
1998 年	制定并实施《国家森林政策》。
8 月 12 日	美国驻坦桑尼亚大使馆遭到炸弹袭击。
1999 年	颁布新《工会法》《土地法案》《乡村土地法案》。
1999 年	制订《粮食安全计划》；制定《国家高等教育政策》。
2000 年	大陆地区工会联合组织（TUCTA）成立。成立部际委员会，专门研究吸引外资的政策；制订《减贫战略计划》；坦桑尼亚通讯社解散。
3 月	坦桑尼亚大陆第一家国有电视台——坦桑尼亚电视台正式开播。
10 月	姆卡帕连任总统，卡鲁姆当选桑给巴尔总统。
2001 年	成立以总统为首的"国家商业协会"；开始实施《减贫战略计划》。
1 月 15 日	东非共同体正式成立。
1 月 27～28 日	桑给巴尔爆发反对政府禁止反对派集会、要求重新选举的抗议活动，造成至少 31 人死亡。
4 月	成千上万的反对派支持者在达累斯萨拉姆示威游行，这是几十年来在野党第一次重大的联合示威游行。
5 月 2 日	成立以总理为首的投资指导委员会，以加大吸引国内外投资力度，加快企业民营化的步伐。
11 月 30 日	坦桑尼亚、肯尼亚、乌干达三国总统宣布正式成立

	东非共同体地区议会和法庭，就贸易、移民等问题立法。
2002 年	制定《中小企业发展政策》《国家贸易政策》；颁布《森林法案》《养蜂法》《出口加工区法案》；制订《中学教育发展计划》；国际货币基金组织将东非技术援助中心设在坦桑尼亚，这是其在非洲第一个技术援助中心。
6 月 24 日	一列客运列车因刹车失灵与货运列车相撞，造成近 300 人死亡。
2004 年	颁布《公共采购法》。
2005 年	通过《国家贸易政策》，确定以外贸带动国内生产总值增长的战略。
1 月	东非共同体关税同盟正式启动。
3～4 月	桑给巴尔发生政治骚乱。
10 月	执政的革命党（CCM）赢得桑给巴尔选举，反对派公民联合阵线（CUF）声称选举舞弊，宣布无限期抵制桑给巴尔议会。
12 月	前外长基奎特当选共和国总统，卡鲁姆蝉联桑给巴尔总统。
2006 年	颁布《反洗钱法》和《经济特区法》。
5 月	美国与坦桑尼亚签署《千年挑战合作协定》，美国将为坦桑尼亚反腐败提供 1115 万美元援助。
6 月	中国国务院总理温家宝访问坦桑尼亚，双方签署了卫生、交通和通信领域的协议。
8 月	非洲开发银行宣布，取消坦桑尼亚拖欠的超过 6.4 亿美元的债务，声称对坦桑尼亚的经济纪录和公共财政的问责水平印象深刻。
10 月	成立妇女发展基金会。
11 月	东非共同体政治联邦全民措施进程在坦桑尼亚、乌

干达和肯尼亚同时展开。

2007 年	修订《防治腐败法》，并更名为《防治和反腐败法》。
2008 年 1 月	宣布消灭裂谷热。
2 月	因腐败丑闻，总统基奎特解散内阁；美国总统奥巴马访问坦桑尼亚，两国签署《千年挑战合作协定》。
3 月 12 日	坦桑尼亚铁路公司工人举行全国大罢工，要求增加工资。
2009 年	出台国家公私合营政策。
2 月	中国国家主席胡锦涛对坦桑尼亚进行国事访问。
6 月	基奎特总统提出"农业第一"的发展理念，把农业预算占财政预算的比重提高到10%。
11 月	桑给巴尔反对党公民联合阵线，在即将举行选举前结束抵制。
2010 年 5 月	通过新的《矿业法》。
7 月	与邻国一起加入新的东非共同市场，旨在整合该地区的经济。
11 月	基奎特蝉联共和国总统，革命党候选人、原共和国副总统谢因当选桑给巴尔总统。
2011 年 1 月	政府提出"南部农业发展走廊"项目，吸引外资投资农业。
3 月	位于迪拜的温特沃斯（Wentworth）等 4 家公司组成的国际财团计划投资 20 亿美元，在坦桑尼亚建设化工厂。
4 月	俄罗斯 Zarubezhstroy 公司计划投资 7 亿美元在坦桑尼亚兴建水力发电厂，总统基奎特向投资者保证，国有化已不再是坦桑尼亚的经济政策，政府将致力于良政和法制。
5 月	印度总统辛格访问坦桑尼亚，宣布向坦桑尼亚提供

1.9 亿美元经济援助, 此前印度卡迈勒集团宣布, 将在坦桑尼亚建一座东非地区规模最大的炼钢厂。坦桑尼亚计划在 10 年内将大米产量从 90 万吨增加到 360 万吨。

6 月	坦桑尼亚制订第一个五年发展计划美国国务卿希拉里·克林顿访问坦桑尼亚, 意在加强美国与坦桑尼亚的双边关系, 支持坦桑尼亚民主体制的发展, 在教育、基础设施、能源、农业和防治流行性疾病以及避免冲突和加强海上安全防范等领域加强合作。
9 月	东共体制定一套适用于 5 个成员国的法律规定, 将成员国的保险法和退休金法统一起来; 中石油承建的坦桑尼亚天然气管道项目签约, 合同金额达 12.25 亿美元。
9 月 10 日	一艘渡轮因严重超载在桑给巴尔主岛与邻岛间沉没, 200 多名乘客丧生, 遇难者多为妇女和儿童。
12 月	暴雨导致达累斯萨拉姆发生洪灾, 死亡人数至少在 38 人, 约有 5000 多名灾民无家可归。
2012 年 2 月	坦桑尼亚公立医院医生开始全国大罢工, 要求提高工资, 改善工作条件。
5 月	总统基奎特在公共财务检查长宣称至少七个部滥用资金后, 解除了财政、能源、旅游、贸易、交通和卫生部长的职务。
6 月	爆发了更大规模的医生罢工。
7 月	美国国会以图瓦卢和坦桑尼亚在伊朗遭遇贸易禁运后, 允许伊朗油轮在国际海域悬挂它们的国旗为由, 要求奥巴马政府对两国实施制裁, 随后坦桑尼亚政府决定取消 36 艘伊朗油船在桑给巴尔的注册。
7 月 18 日	一艘客货两用船在从达累斯萨拉姆驶往桑给巴尔的途中沉没, 144 名乘客遇难。

8 月	因马拉维与外国公司签署了在整个马拉维湖进行油气勘探的协议,两国边界争端激化。坦桑尼亚声称,为了应对马拉维的挑衅,坦桑尼亚已经做好所有准备,两国关系一度高度紧张。
9 月	在抗艾滋病药品展览会上,坦桑尼亚食品药品监督局发现假冒伪劣药品,被媒体称作坦桑尼亚 2012 年最大丑闻。
10 月 12 日	在达累斯萨拉姆,穆斯林举行大规模示威游行,多家商店和基督教教堂被夷为平地,导致了坦桑尼亚大陆 50 年来从未有过的宗教冲突;姆万扎省有除恶抗暴英雄之称的警察局长被枪杀。
11 月	发生全国性"油荒"。
11 月 11 ~ 13 日	坦桑尼亚革命党第八次全国代表大会在多多马召开。
2012 年	达累斯萨拉姆城市快速交通项目正式启动,项目建设将提供 8 万个就业机会。
2013 年 2 月	英国天然气国际集团宣布,将在坦桑尼亚投资 100 亿 ~ 200 亿美元。
3 月	中国国家主席习近平首次出访非洲,对坦桑尼亚进行国事访问。
3 月 29 日	位于达累斯萨拉姆中心的一座在建的 16 层建筑倒塌,造成至少 20 多人死亡,17 人受伤。
4 月 28 日	多多马大学孔子学院举行揭牌仪式,成为坦桑尼亚首家孔子学院。
5 月	阿鲁沙一个新的罗马天主教会发生炸弹袭击,造成两人死亡,数十人受伤。
8 月	压力团体人权观察报道,成千上万的童工在坦桑尼亚的小型金矿工作,他们的健康受到损害。
12 月	四位内阁部长被指控在打击偷猎象牙时侵犯人权。
2014 年 4 月	第四届欧非峰会决定,欧盟未来 6 年向非洲提供

390 亿美元资金支持。

5 月	坦桑尼亚确认投入 3 亿美元发展铁路交通基础设施建设，建成从达累斯萨拉姆到萨卡的铁路，加强东非中央走廊和相邻地区的贸易联系。
12 月 11 日	美国宣布，因坦桑尼亚独立电力公司第三方托管资金丑闻有违良政，经美国千年挑战公司董事会决议通过，暂停与坦桑尼亚政府签署下一期援助协议。
2015 年 4 月	关于新宪法的全民公决被推迟。
11 月	马古富力当选坦桑尼亚总统。

参考文献

一 中文文献

伊·基曼博、阿·特穆：《坦桑尼亚史》，钟丘译，商务印书馆，1973。

李汝燊等：《非洲》，中国青年出版社，1961。

刘郧生：《坦桑尼亚经济发展面面观》，《西亚非洲》1986 年第 2 期。

许序雅：《坦桑尼亚高等教育研究》，中国社会科学出版社，2009。

二 主要网站

http：//news. enstday. com

http：//www. visittanzania. com. cn/

坦桑尼亚国家统计局，http：//www. nbs. go. tz。

中华人民共和国驻坦桑尼亚联合国大使馆，http：//tz. china - embassy. org/chn/。

中华人民共和国驻桑给巴尔总领馆经济商务室，http：// zanzibar. mofcom. gov. cn。

三 主要报纸

The Guardian，*Tanzania News Online*，*The East African*，*Tanzania Daily News.*

索　引

自由报　112，318，319

自由火炬　13，42，43

Z

朱利叶斯·坎巴拉吉·尼雷尔　110

后　记

　　本书为列国志《坦桑尼亚》第二版，由原书作者裴善勤和钱镇根据再版要求共同撰写。具体分工是：钱镇撰写第一、五、六、七、八、九章，裴善勤撰写第二、三、四章。写作过程中，曾得到中国援坦桑尼亚农业技术示范中心主任陈华林、坦桑尼亚国家动物管理局中国区代表陈见星以及达累斯萨拉姆大学孔子学院、山东省援坦桑尼亚医疗队等单位和个人的支持和帮助，在此一并表示感谢。

新版《列国志》总书目

非洲

阿尔及利亚
埃及
埃塞俄比亚
安哥拉
贝宁
博茨瓦纳
布基纳法索
布隆迪
赤道几内亚
多哥
厄立特里亚
佛得角
冈比亚
刚果共和国
刚果民主共和国
吉布提
几内亚
几内亚比绍
加纳
加蓬
津巴布韦
喀麦隆
科摩罗
科特迪瓦
肯尼亚
莱索托
利比里亚
利比亚
卢旺达

马达加斯加
马拉维
马里
毛里求斯
毛里塔尼亚
摩洛哥
莫桑比克
纳米比亚
南非
南苏丹
尼日尔
尼日利亚
塞拉利昂
塞内加尔
塞舌尔
圣多美和普林西比
斯威士兰
苏丹
索马里
坦桑尼亚
突尼斯
乌干达
西撒哈拉
赞比亚
乍得
中非

欧洲

阿尔巴尼亚
爱尔兰
爱沙尼亚

安道尔

奥地利

白俄罗斯

保加利亚

比利时

冰岛

波黑

波兰

丹麦

德国

俄罗斯

法国

梵蒂冈

芬兰

荷兰

黑山

捷克

克罗地亚

拉脱维亚

立陶宛

列支敦士登

卢森堡

罗马尼亚

马耳他

马其顿

摩尔多瓦

摩纳哥

挪威

葡萄牙

瑞典

瑞士

塞尔维亚

塞浦路斯

圣马力诺

斯洛伐克

斯洛文尼亚

乌克兰

西班牙

希腊

匈牙利

意大利

英国

美洲

阿根廷

安提瓜和巴布达

巴巴多斯

巴哈马

巴拉圭

巴拿马

巴西

玻利维亚

伯利兹

多米尼加

多米尼克

厄瓜多尔

哥伦比亚

哥斯达黎加

格林纳达

古巴

圭亚那

海地

洪都拉斯

加拿大

美国

秘鲁

墨西哥

尼加拉瓜

萨尔瓦多

圣基茨和尼维斯

圣卢西亚

圣文森特和格林纳丁斯

苏里南

特立尼达和多巴哥

危地马拉

委内瑞拉

乌拉圭

牙买加

智利

巴布亚新几内亚

斐济

基里巴斯

库克群岛

马绍尔群岛

密克罗尼西亚

纽埃

萨摩亚

所罗门群岛

汤加

图瓦卢

瓦努阿图

新西兰

大洋洲

澳大利亚

当代世界发展问题研究的权威基础资料库和学术研究成果库

国别国际问题研究资讯平台

列国志数据库 www.lieguozhi.com

列国志数据库是以"十二五"国家重点图书出版规划项目、中国社会科学院创新工程学术出版资助项目《列国志》丛书为基础，全面整合国别国际问题核心研究资源、研究机构、学术动态、文献综述、时政评论以及档案资料汇编等构建而成的数字产品，是目前国内唯一的国别国际类学术研究必备专业数据库、首要研究支持平台、权威知识服务平台和前沿原创学术成果推广平台。

从国别研究和国际问题研究角度出发，列国志数据库包括国家库、国际组织库、世界专题库和特色专题库4大系列，共175个子库。除了图书篇章资源和集刊论文资源外，列国志数据库还包括知识点、文献资料、图片、图表、音视频和新闻资讯等资源类型。特别设计的大事纪年以时间轴的方式呈现某一国家发展的历史脉络，聚焦该国特定时间特定领域的大事。

列国志数据库支持全文检索、高级检索、专业检索和对比检索，可将检索结果按照资源类型、学科、地区、年代、作者等条件自动分组，实现进一步筛选和排序，快速定位到所需的文献。

列国志数据库应用范围广泛，既是学习研究的基础资料库，又是专家学者成果发布平台，其搭建学术交流圈，方便学者学术交流，促进学术繁荣；为各级政府部门国际事务决策提供理论基础、研究报告和资讯参考；是我国外交外事工作者、国际经贸企业及日渐增多的广大出国公民和旅游者接轨国际必备的桥梁和工具。

数据库体验卡服务指南

※100元数据库体验卡目前只能在列国志数据库中充值和使用。

充值卡使用说明：

第1步 刮开附赠充值卡的涂层；

第2步 登录列国志数据库网站（www.lieguozhi.com），注册账号；

第3步 登录并进入"会员中心"→"在线充值"→"充值卡充值"，充值成功后即可使用。

声明

最终解释权归社会科学文献出版社所有。

数据库服务热线：400-008-6695

数据库服务QQ：2475522410

数据库服务邮箱：database@ssap.cn

欢迎登录社会科学文献出版社官网（www.ssap.com.cn）

和列国志数据库（www.lieguozhi.com）了解更多信息

社会科学文献出版社
SOCIAL SCIENCES ACADEMIC PRESS (CHINA)
列国志系列

卡号：8529957401267101

密码：

图书在版编目（CIP）数据

坦桑尼亚／裴善勤，钱镇编著 . -- 2 版 . -- 北京：
社会科学文献出版社，2019.5
　（列国志：新版）
　ISBN 978 - 7 - 5201 - 4083 - 6

　Ⅰ . ①坦…　Ⅱ . ①裴…　②钱…　Ⅲ . ①坦桑尼亚 - 概
况　Ⅳ . ①K942.5

中国版本图书馆 CIP 数据核字（2018）第 296470 号

·列国志·

坦桑尼亚（Tanzania）

编　　　著／裴善勤　钱　镇

出 版 人／谢寿光
责任编辑／高明秀　肖世伟

出　　　版／社会科学文献出版社（010）59367189
　　　　　　地址：北京市北三环中路甲 29 号院华龙大厦　邮编：100029
　　　　　　网址：www. ssap. com. cn
发　　　行／市场营销中心（010）59367081　　59367083
印　　　装／三河市尚艺印装有限公司

规　　　格／开　本：787mm × 1092mm　1/16
　　　　　　印　张：26　插　页：1　字　数：387 千字
版　　　次／2019 年 5 月第 2 版　2019 年 5 月第 1 次印刷
书　　　号／ISBN 978 - 7 - 5201 - 4083 - 6
定　　　价／89.00 元